Guido Krupinski

Führungsethik für die Wirtschaftspraxis

Grundlagen — Konzepte — Umsetzung

DUV Deutscher Universitäts Verlag
GABLER · VIEWEG · WESTDEUTSCHER VERLAG

Die Deutsche Bibliothek — CIP-Einheitsaufnahme

Krupinski, Guido:
Führungsethik für die Wirtschaftspraxis : Grundlagen —
Konzepte — Umsetzung / Guido Krupinski. — Wiesbaden : DUV,
Dt. Univ.-Verl., 1993
  (DUV : Wirtschaftswissenschaft) (Schriftenreihe "Technologie &
  Management")
Zugl.: Kaiserslautern, Univ., Diss., 1992
ISBN 3-8244-0181-9

D 386 (1993)

Der Deutsche Universitäts-Verlag ist ein Unternehmen der
Verlagsgruppe Bertelsmann International.

© Deutscher Universitäts-Verlag GmbH, Wiesbaden 1993

Das Werk einschließlich aller seiner Teile ist urheberrechtlich geschützt. Jede Verwertung außerhalb der engen Grenzen des Urheberrechtsgesetzes ist ohne Zustimmung des Verlags unzulässig und strafbar. Das gilt insbesondere für Vervielfältigungen, Übersetzungen, Mikroverfilmungen und die Einspeicherung und Verarbeitung in elektronischen Systemen.

Druck und Buchbinder: Lengericher Handelsdruckerei
Gedruckt auf chlorarm gebleichtem und säurefreiem Papier
Printed in Germany

ISBN 3-8244-0181-9

Meiner Mutter für ihre Zuneigung.
Meinem Vater für seine Weitsicht.
Meiner Frau für ihre Geduld.

Zum Geleit: Führung als Erfolgsfaktor

Führung ist der entscheidende **Erfolgs**faktor eines jeden Sozialsystems. Das gilt für jede Nation und für alle Ebenen der Politik, der Wirtschaft, der Wissenschaft und der Kultur. Lautet nicht in jedem Sozialsystem die zentrale strategische Frage: **"Wer kann führen, und wer will führen?"** oder mit anderen Worten: **"Wer kann Verantwortung tragen, und wer will Verantwortung tragen?"**

Führen heißt Verantwortung in einem Sozialsystem übernehmen. Das umfaßt das verantwortungsbewußte Treffen von Sachentscheidungen, den verantwortungsvollen Umgang mit Menschen und das verantwortliche Setzen von Zielen. Führen erfordert ein ständiges Abwägen zwischen **Machbarem** und **Wünschenswertem**, ein Abstimmen des technisch **Möglichen** mit dem wirtschaftlich und gesellschaftlich **Nützlichen**, schließlich das Verschmelzen von **Sachgemäßem** und **Menschengerechtem**. Davon handelt dieses Buch. Krupinski zielt auf die Schaffung von Sozialsystemen als **Gemeinschaft der Vernünftigen**. Führen wird dadurch zu einer Aufgabe mit einem hohen Gehalt an Ethik.

Dieses Buch ist eine Handreichung für Führungskräfte und für solche, die es werden wollen. Krupinski vermittelt ihnen das notwendige Grundwissen über Führungsverantwortung. Er hat eine reichhaltige Fülle von Ideen und Erkenntnissen aus über zwei Jahrtausenden zusammengetragen und - sein besonderes Verdienst - zu einer systematischen Ordnung zusammengeführt. Ohne Verzicht auf Sorgfalt hat Krupinski sich einer einfachen und klaren Darstellung befleißigt, so daß die Lektüre dieses Buches zu einem freudigen Erlebnis wird.

Krupinski zeigt den Führungskräften ihre Freiheiten, auch die Freiheit in der Wahl ihrer ethischen Orientierung. Damit überläßt er ihnen auch ihre Verantwortung, die er nicht durch dogmatisches Moralisieren einschränkt. Doch weist er Wege zur verantwortungsbewußten Nutzung der Freiheiten. Dieses Buch ist gleichzeitig

○ ein Orientierungsbuch für Praktiker,
○ ein Lehrbuch für Studenten,
○ ein Nachschlagewerk,
○ eine Ordnung der Vielfalt ethischer Prinzipien und
○ eine Brücke zwischen ethischen Grundsätzen und praktischem Handeln.

Prof. Dr. Heiner Müller-Merbach

Vorwort

Diese Arbeit über Führungsethik entstand während meiner Zeit als wissenschaftlicher Mitarbeiter an der **Universität Kaiserslautern**, einer Universität, die sich trotz ihrer vorwiegend technischen Orientierung offen zeigte für die philosophischen Fragen unserer Zeit.

Entscheidend beigetragen zu dieser Offenheit hat mein akademischer Lehrer, **Prof. Dr. Heiner Müller-Merbach.** Die grenzüberschreitende Weite und die Klarheit seines Denkens, die strikte Orientierung seines Handelns an größeren Sinn- und Sachzusammenhängen und seine unbeirrbare, vertrauenserweckende Geradlinigkeit haben mich nachhaltig beeindruckt und geprägt. Dafür schulde ich ihm großen Dank.

Dankbar bin ich auch meinen ehemaligen Kollegen am Lehrstuhl von Prof. Müller-Merbach, **Dr. Thomas Becker, Roland Hanebeck, Andreas Jacobsen, Rainer Kellerhals, Birgid Kränzle, Peter Lebesmühlbacher, Dr. Martin G. Möhrle** und **Christian Momm.** Sie alle haben in einem Klima des Vertrauens durch Verständnis, Aufgeschlossenheit und große Hilfsbereitschaft das Entstehen der Arbeit gefördert.

Sodann danke ich den **wissenschaftlichen Hilfskräften** des Lehrstuhls. Ihre tatkräftige und geduldige Unterstützung, teilweise mit erheblichem Arbeitsaufwand verbunden, hat mir während der gesamten Entstehungsphase der Arbeit geholfen. Drei von ihnen, **Wolfgang Hoffmann, Matthias Sonntag** und **Werner Weiss**, durchlebten und durcharbeiteten mit mir die besonders hektische Phase der Fertigstellung.

Ein besonderer Dank schließlich gebührt meiner Frau **Heidrun**. Sie hat mit fortdauerndem Verständnis auf einen Großteil gemeinsamer Freizeit verzichtet und dadurch die Grundlage für einen zügigen Abschluß der Arbeit geschaffen.

Guido Krupinski

Inhaltsverzeichnis

1. **Einleitung: Einheit von Sachgemäßem und Menschengerechtem** 1

2. **Führungsethik als Teil der Betriebswirtschaftslehre** 7
   2.1. Drei Dimensionen der Führung 10
   2.2. Dreiteilung der Betriebswirtschaftslehre 17
      2.2.1. Wissenschaft von der Unternehmung 19
      2.2.2. Verhaltenslehre 20
      2.2.3. Führungsethik 21
      2.2.4. Exkurs: Dreiteilung der Betriebswirtschaftslehre zur
             Überwindung des Werturteilsstreites 26
   2.3. Individualethik und Institutionalethik 28
      2.3.1. Individualethik: Verantwortung 28
      2.3.2. Institutionalethik: Eigeninteresse 33
   2.4. Resümee 41

3. **Moralisches Urteilen und moralisches Handeln** 43
   3.1. Piaget: Heteronomie und Autonomie moralischen Urteilens 45
   3.2. Kohlberg: Sechs Moralstufen 50
   3.3. Koslowski: Drei Optionen moralischen Handelns 58
   3.4. Typologie des Verantwortungsbewußtseins 64

4. **Grundlagen der Ethik** 69
   4.1. Drei Teilgebiete der Ethik 71
      4.1.1. Deskriptive Ethik: Beschreibung von Werthaltungen 73
      4.1.2. Normative Ethik: Formulierung und Begründung von Normen ... 78
      4.1.3. Analytische Ethik: Analyse von Normen 83
      4.1.4. Gegenseitige Ergänzung der drei Teilgebiete 88

4.2. Ansätze normativer Ethik 89
    4.2.1. Situationsethik versus Normenethik 89
    4.2.2. Teleologische Ethik versus deontologische Ethik 91
    4.2.3. Verantwortungsethik versus Gesinnungsethik 92
    4.2.4. Materiale Ethik versus formale Ethik 94
    4.2.5. Einheit der normativen Ethik 95

5. Ethik und Ökonomie 97

5.1. Verhältnis zwischen Ethik und Ökonomie 98
    5.1.1. Moralisierung der Ökonomie 100
    5.1.2. Ökonomisierung der Ethik 101
    5.1.3. Verflechtung von Ethik und Ökonomie 102

5.2. Ethik und Ökonomie: Makroebene, Mesoebene, Mikroebene 103
    5.2.1. Makroebene: Ethik der Wirtschafts- und Gesellschaftsordnung 104
    5.2.2. Mesoebene: Unternehmungsethik 105
    5.2.3. Mikroebene: Ethik der Person 107
    5.2.4. Führungsethik auf der Mesoebene und auf der Mikroebene ...107

5.3. Resümee 109

6. Konzepte der philosophischen Ethik 111

6.1. Eudämonismus und Hedonismus: Freude 117
6.2. Utilitarismus: Gemeinwohl 122
6.3. Schleiermacher: Tugendlehre, Pflichtenlehre, Güterlehre 126
6.4. Sartre: Ethik der absoluten Verantwortung 131
6.5. Jonas: Zukunftsethik 136
6.6. Goldene Regel 140
6.7. Kant: Vernunftethik 143
6.8. Habermas: Diskursethik 150
6.9. Rawls: Gerechtigkeitsethik 154
6.10. Zusammenstellung: Leitideen normativer Führung 158

7. **Konzepte der Wirtschaftsethik** 161

    7.1. Rich: Einheit von Sachgemäßem und Menschengerechtem 163
    7.2. Koslowski: Verantwortungsvolles Handeln als Korrektiv gegen
         Marktversagen 173
    7.3. Ulrich: Ökonomische Umorientierung 181
    7.4. Zusammenstellung: Leitideen normativer Führung 187

8. **Konzepte der ethisch-normativen Betriebswirtschaftslehre** 189

    8.1. Schär: Gesamtwirtschaftliche Sicht 192
    8.2. Dietrich: Erhalt des Betriebes 198
    8.3. Nicklisch: Lehre von der Betriebsgemeinschaft 203
    8.4. Kalveram: Grundgesetz der Wirtschaft 209
    8.5. Staehle: Demokratisierung der Wirtschaft 214
    8.6. Zusammenstellung: Leitideen normativer Führung 219

9. **Normative Führung: Ein Katalog von Leitideen** 221

10. **Wertesystem einer Unternehmung** 227

    10.1. Gestaltung eines Wertesystems 230
        10.1.1. Pluralistische Gestaltung eines Wertesystems 232
        10.1.2. Autonome Gestaltung eines Wertesystems 235
        10.1.3. Normativer Anspruch und praktische Wirklichkeit 236
        10.1.4. Kodifizierung von Unternehmungsgrundsätzen 237

    10.2. Vermittlung eines Wertesystems 238
    10.3. Durchsetzung eines Wertesystems 243
    10.4. Vermittlung und Durchsetzung im Vergleich 247

11. Ausbildung in Führungsethik 249

    11.1. Drei Ausbildungsziele der Führungsethik 251
        11.1.1. Vermittlung von ethischem Wissen 252
        11.1.2. Entwicklung von Verantwortungsfähigkeit 253
        11.1.3. Erhöhung von Verantwortungsbereitschaft 254
        11.1.4. Wesensunterschiede zwischen den drei Ausbildungszielen 256
        11.1.5. Einheit der drei Ausbildungsziele 257

    11.2. Drei Ausbildungsmethoden der Führungsethik 258
        11.2.1. Vorlesungen 259
        11.2.2. Normative Diskussionen 259
        11.2.3. Übertragung von Verantwortung 262
        11.2.4. Atmosphäre des Vertrauens 263
        11.2.5. Einheit der drei Ausbildungsmethoden 264

    11.3. Didaktik der gebundenen Freiheit 265
        11.3.1. Dogmatismus als These 265
        11.3.2. Relativismus als Antithese 267
        11.3.3. Gebundene Freiheit als Synthese 268

    11.4. Integration der Führungsethik in die Betriebswirtschaftslehre 271

12. Zusammenfassung und Ausblick 275

Glossar: Grundbegriffe der Führungsethik 279

Literaturverzeichnis 291

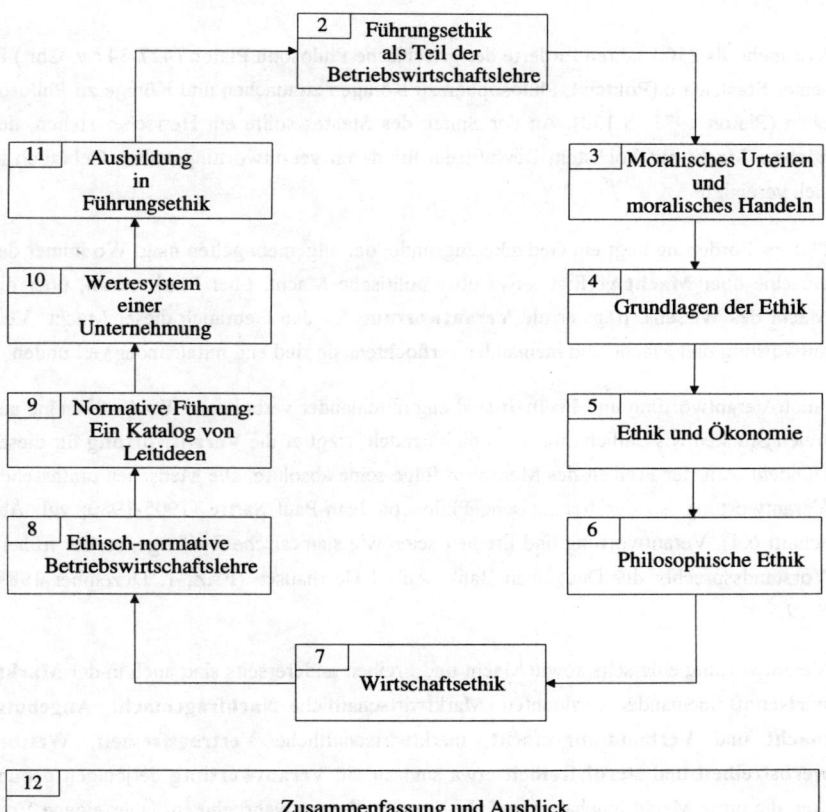

1. Einleitung: Einheit von Sachgemäßem und Menschengerechtem

Vor mehr als 2300 Jahren forderte der griechische Philosoph Platon (427-347 v. Chr.) in seiner Staatslehre (Politeia), Philosophen zu Königen zu machen und Könige zu Philosophen (Platon 1973, S.190). An der Spitze des Staates sollte ein Herrscher stehen, der höchste Macht mit höchstem Bewußtsein für deren verantwortungsvollen Gebrauch in sich vereinigte.

Platons Forderung liegt ein Gedanke zugrunde, der allgemein gelten mag. Wo immer der einzelne über **Macht** verfügt, etwa über politische Macht, über Marktmacht, über die Macht des Wissens, trägt er die **Verantwortung** für den Gebrauch dieser Macht. Verantwortung und Macht sind ineinander verflochten, sie sind eng miteinander verbunden.

Auch Verantwortung und **Freiheit** sind eng miteinander verbunden. Wo der einzelne aus freien Stücken wissentlich und willentlich handelt, trägt er die **Verantwortung** für dieses Handeln. Aus der Freiheit des Menschen folge seine absolute, alle Menschen umfassende Verantwortung, so der französische Philosoph Jean-Paul Sartre (1905-1980; vgl. Abschnitt 6.4). Verantwortung und Freiheit seien wie siamesische Zwillinge, so der frühere Vorstandssprecher der Deutschen Bank, Alfred Herrhausen (FAZ, 1. Dezember 1989, S.19).

Verantwortung einerseits sowie Macht und Freiheit andererseits sind auch in der **Marktwirtschaft** ineinander verflochten. Marktwirtschaftliche **Nachfragemacht**, **Angebotsmacht** und **Verhandlungsmacht**, marktwirtschaftliche **Vertragsfreiheit**, **Wettbewerbsfreiheit** und **Berufsfreiheit** etwa sind an die **Verantwortung** derjenigen gebunden, die diese Macht innehaben und die diese Freiheiten wahrnehmen. Über eigene Vorteils- und Nutzenerwägungen hinaus trägt jeder Teilnehmer am Markt mit seinem wirtschaftlichen Handeln Verantwortung für das Ganze.

Die Verantwortung wirtschaftlichen Handelns bildet einen fruchtbaren Ansatzpunkt für die Verknüpfung von **Ethik** und **Ökonomie**. Beide Disziplinen beziehen sich - wenn auch teilweise mit einem unterschiedlichen gedanklichen Hintergrund - auf das vernunftgeleitete, verantwortungsvolle Handeln des Menschen. Die **moralische Verantwortung** wirtschaftlichen Handelns (etwa für den Erhalt der Umwelt oder für zukünftige Generationen) und die **ökonomische Verantwortung** wirtschaftlichen Handelns (etwa für die

Erzielung eines angemessenen Gewinnes) existieren nicht nebeneinander, sondern bilden im Handeln selbst, in der Vernunft, im Verantwortungsbewußtsein eine **Einheit**.

Im Überschneidungsbereich ethischer und ökonomischer Überlegungen erscheint wirtschaftliches Handeln nur dann vollständig vernünftig und verantwortungsvoll, wenn es **gleichermaßen** moralisch dem Menschen gerecht wird und ökonomisch der Sache entspricht. Es könne, so Rich (1985, S.81), nicht wirklich **menschengerecht** sein, was dem **Sachgemäßen** widerspreche; ebenso könne nicht wirklich **sachgemäß** sein, was dem **Menschengerechten** zuwiderlaufe (vgl. Abschnitt 7.1).

Zwei Grundgedanken der Führungsethik

Die Idee, Sachgemäßes und Menschengerechtes in Einklang zu bringen, gab dieser Arbeit über **Führungsethik** wichtige Impulse. Im Mittelpunkt der Arbeit steht der Versuch, ethische und ökonomische Überlegungen miteinander zu verbinden.

Der Blick ist dabei auf die **Führungspraxis** gerichtet. Die Führungsethik wird hier als **Lehre von der normativen Führung** verstanden, als Lehre vom verantwortungsvollen Handeln in der Führungspraxis (vgl. Kapitel 2).

Die praktische Ausrichtung der Arbeit wird insbesondere von zwei miteinander verflochtenen **Grundgedanken** getragen:

O Zum einen soll das vornehmlich in den philosophischen Fakultäten verfügbare und dort gehütete **ethische Wissen** in seinen Grundlagen ebenso wie in seiner Verflechtung zur Ökonomie **einem breiten Leserkreis zugänglich** gemacht werden, auch und gerade denjenigen interessierten Lesern, die bisher nur wenig über ethische Kenntnisse verfügen (vgl. insbesondere die Kapitel 4 bis 8).

O Zum anderen sollen aus dem ethischen Wissen entwickelte **Leitideen** als eine konkrete **inhaltliche Unterstützung für die Führungspraxis** dienen. Die Leitideen sollen Wege aufzeigen, Richtungen vorgeben für ein verantwortungsvolles Handeln in der Führungspraxis (vgl. insbesondere die Kapitel 6 bis 9).

Diese beiden Grundgedanken werden in dreifacher Hinsicht erweitert:

O Erstens wird die Dichotomie zwischen moralischem Urteilen und moralischem Handeln näher beleuchtet; sie gibt wichtige Hinweise auf das Verantwortungsbewußtsein als eine **Voraussetzung verantwortungsvollen Handelns** (vgl. Kapitel 3).

○ Zweitens werden Vorschläge zur Realisierung eines Wertesystems auf der Unternehmungsebene unterbreitet; hier geht es um eine **Umsetzung verantwortungsvollen Handelns** in der Führungspraxis (vgl. Kapitel 10).

○ Drittens wird die pädagogische Seite der Führungsethik untersucht; im Mittelpunkt steht dabei die **Ausbildung zu verantwortungsvollem Handeln** in der Führungspraxis (vgl. Kapitel 11).

Aufbau der Arbeit in vier Blöcken

Die Arbeit ist in zwölf Kapitel gegliedert (vgl. die graphische Übersicht vor diesem Kapitel). Die Kapitel 2 bis 11 seien hier der besseren Übersicht halber zu vier Blöcken vereinigt; in Kapitel 12 wird die Arbeit zusammengefaßt:

Der erste Block (Kapitel 2 und 3) soll dem Leser einen **Einblick in das Thema** der Führungsethik gewähren. Dieser Einblick umfaßt zweierlei, zum einen die Eingliederung der Führungsethik in die Betriebswirtschaftslehre (Kapitel 2), zum anderen die Bedeutung moralischen Urteilens und Handelns für das Verantwortungsbewußtsein (Kapitel 3).

○ Eingangs wird die **Führungsethik** als ein eigenständiger **Teil der Betriebswirtschaftslehre** vorgestellt, der gleichwohl mit dem Ganzen der Betriebswirtschaftslehre verbunden bleibt. Die Führungsethik wird in zwei Bereichen angesiedelt, der **Individualethik** und der **Institutionalethik**. Die Individualethik zielt auf die Verantwortung des einzelnen, die Institutionalethik auf die Nutzung des Eigeninteresses für die Gesellschaft als Ganzes (Kapitel 2).

○ Anschließend werden das **moralische Urteilen** und das **moralische Handeln** des einzelnen untersucht und miteinander verbunden. Zwischen beiden bestehen Wesensunterschiede. Doch können sie gemeinsam als **Indikatoren für das Verantwortungsbewußtsein** eines Menschen herangezogen werden (Kapitel 3).

Im zweiten Block (Kapitel 4 und 5) soll dem Leser **ethisches Grundlagenwissen**, auch in seiner Verflechtung mit der Ökonomie, vermittelt werden. Dieses Grundlagenwissen mag zu einem vertieften Verständnis insbesondere der im dritten Block folgenden ethischen und ethisch-ökonomischen Morallehren beitragen:

○ Zum einen werden **Grundlagen der Ethik** beschrieben. Es wird ein Überblick über wichtige Teilgebiete der Ethik (deskriptive, normative und analytische Ethik) und über verschiedene Ansätze der normativen Ethik gegeben (Kapitel 4).

○ Zum anderen wird das grundsätzliche Verhältnis zwischen **Ethik und Ökonomie** beleuchtet (Kapitel 5). Hier sei für eine innere Verflechtung beider Disziplinen plädiert. Das gilt gleichermaßen für die Makroebene (Ethik der Wirtschafts- und Gesellschaftsordnung), die Mesoebene (Unternehmungsethik) und die Mikroebene (Ethik der Person).

Im dritten Block (Kapitel 6 bis 9) werden aufbauend auf dem ethischen Grundlagenwissen insgesamt siebzehn ethische und ethisch-ökonomische Morallehren vorgestellt; sie werden in dieser Arbeit als **Konzepte** bezeichnet. Durch diese Bezeichnung soll die grundsätzliche Offenheit der Konzepte für eine gegenseitige Verflechtung charakterisiert werden. Die Konzepte stammen aus **drei Themengebieten**:

○ Aus der **philosophischen Ethik** sind insgesamt neun Konzepte nachgezeichnet (Kapitel 6).

○ Drei weitere Konzepte stammen aus der **Wirtschaftsethik** (Kapitel 7).

○ Nochmals fünf Konzepte werden aus der **ethisch-normativen Betriebswirtschaftslehre** beigesteuert (Kapitel 8).

Aus den siebzehn Konzepten werden in den drei Kapiteln insgesamt **zwanzig Leitideen normativer Führung** gewonnen. Sie sind in einem **gemeinsamen Katalog** zusammengestellt (Kapitel 9).

Im vierten und letzten Block (Kapitel 10 und 11) geht es um eine **Umsetzung der Führungsethik**, zum einen auf der Ebene der Unternehmung (Kapitel 10), zum anderen für die akademische Ausbildung (Kapitel 11).

○ Auf der Ebene der Unternehmung wird die Gestaltung, Vermittlung und Durchsetzung eines Wertesystems beschrieben. Unter dem **Wertesystem einer Unternehmung** sei ein gemeinsamer normativer Rahmen verstanden, ein gemeinsames moralisches Fundament für alle Unternehmungsaktivitäten (Kapitel 10).

○ Für die akademische **Ausbildung in Führungsethik** schließlich werden Methoden und eine Didaktik vorgeschlagen, wie ethisches Wissen vermittelt und Verantwortungsbewußtsein ausgebildet werden kann (Kapitel 11).

Die Ergebnisse der Arbeit werden **zusammengefaßt**. Hier wird auf das **Potential der Führungsethik** zur Unterstützung der normativen Führung hingewiesen. Gleichzeitig wird aber auch die Notwendigkeit der individuellen **moralischen Eigenleistung** hervorgehoben, insbesondere die Notwendigkeit eines stetigen Bemühens um eigenes Verantwortungsbewußtsein (Kapitel 12).

Um dem Leser den Umgang mit der ethischen und der ethisch-ökonomischen Terminologie und damit den Zugang zur Führungsethik zu erleichtern, sind die wichtigsten in dieser Arbeit benutzten Fachbegriffe als **Grundbegriffe der Führungsethik** in einem **Glossar** zusammengestellt.

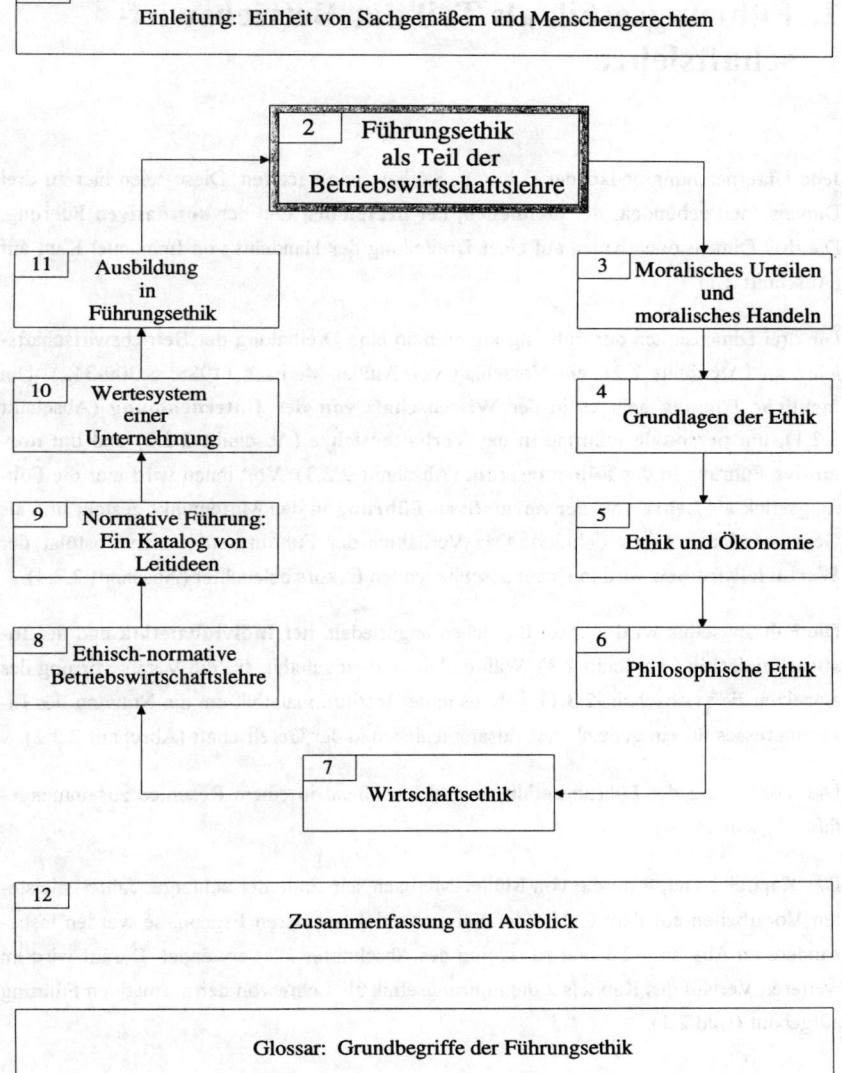

2. Führungsethik als Teil der Betriebswirtschaftslehre

Jede Unternehmung bedarf der Führung. Sie hat viele Facetten. Diese seien hier zu drei Dimensionen gebündelt, der **fachlichen**, der **personalen** und der **normativen** Führung. Die drei Dimensionen bauen auf einer Dreiteilung des Handelns von Immanuel Kant auf (Abschnitt 2.1).

Die drei Dimensionen der Führung knüpfen an eine Dreiteilung der Betriebswirtschaftslehre an (Abschnitt 2.2), ein Vorschlag von Müller-Merbach (1988, S.309-312). Um **fachliche** Führung geht es in der **Wissenschaft von der Unternehmung** (Abschnitt 2.2.1), um **personale** Führung in der **Verhaltenslehre** (Abschnitt 2.2.2) und um **normative** Führung in der **Führungsethik** (Abschnitt 2.2.3). Von ihnen wird hier die Führungsethik als **Lehre von der normativen Führung** in den Mittelpunkt gestellt und als Gegenstand der Arbeit definiert. Das Verhältnis der Führungsethik zum Postulat der **Werturteilsfreiheit** wird in einem abschließenden Exkurs beleuchtet (Abschnitt 2.2.4).

Die Führungsethik wird in zwei Bereichen angesiedelt, der **Individualethik** und der **Institutionalethik** (Abschnitt 2.3). Während die Individualethik auf die Verantwortung des einzelnen zielt (Abschnitt 2.3.1), geht es in der Institutionalethik um die Nutzung des Eigeninteresses für ein gedeihliches Zusammenleben in der Gesellschaft (Abschnitt 2.3.2).

Die Vorstellung der Führungsethik wird abschließend in einem Resümee zusammengefaßt (Abschnitt 2.4).

Das Kapitel 2 knüpft an die von Müller-Merbach seit Ende der achtziger Jahre geleisteten Vorarbeiten auf dem Gebiet der Führungsethik an; deren Ergebnisse werden insbesondere im Abschnitt 2.1 und zu Beginn des Abschnittes 2.2 verwendet. Darauf wird im weiteren Verlauf des Kapitels 2 die Führungsethik als Lehre von der normativen Führung aufgebaut (Bild 2.1).

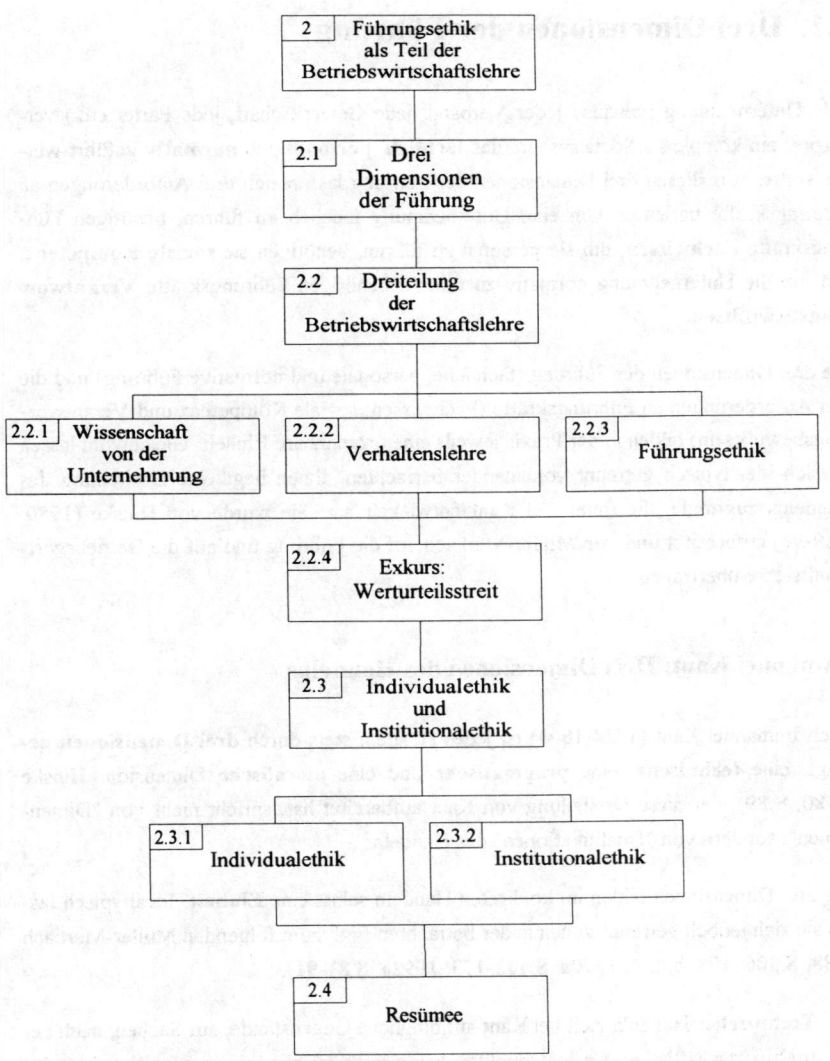

Bild 2.1: Gedankenflußplan zu Kapitel 2

2.1. Drei Dimensionen der Führung

Jede Unternehmung (genauso jeder Verband, jede Gewerkschaft, jede Partei etc.) verkörpert ein komplexes Sozialsystem, das **fachlich, personal** und **normativ** geführt werden sollte. Aus diesen drei Dimensionen der Führung lassen sich drei Anforderungen an Führungskräfte herleiten: Um eine Unternehmung fachlich zu führen, benötigen Führungskräfte **Fachwissen**, um sie personal zu führen, benötigen sie **soziale Kompetenz**, und um die Unternehmung normativ zu führen, benötigen Führungskräfte **Verantwortungsbewußtsein**.

Die drei Dimensionen der Führung (fachliche, personale und normative Führung) und die drei Anforderungen an Führungskräfte (Fachwissen, soziale Kompetenz und Verantwortungsbewußtsein) bilden in der Praxis jeweils eine untrennbare Einheit. Gleichwohl lassen sie sich idealtypisch getrennt voneinander betrachten. Ihnen liegt eine Dreiteilung des Handelns zugrunde, die Immanuel Kant entwickelt hat. Sie wurde von Hinske (1980, S.89-98) aufbereitet und von Müller-Merbach auf die Führung und auf die Betriebswirtschaftslehre übertragen.

Immanuel Kant: Drei Dimensionen des Handelns

Nach Immanuel Kant (1724-1804) ist jedes Handeln stets durch **drei Dimensionen** geprägt, eine **technische**, eine **pragmatische** und eine **moralische** Dimension. Hinske (1980, S.89), der diese Dreiteilung von Kant aufbereitet hat, spricht nicht von "Dimensionen", sondern von "Qualifikationen" des Handelns.

Die drei Dimensionen bilden im konkreten Handeln selbst eine **Einheit**. Idealtypisch lassen sie sich jedoch getrennt voneinander betrachten (vgl. zum folgenden Müller-Merbach 1988, S.306; 1989b, S.4; 1990a, S.172-173; 1992a, S.81-91).

O **Technisches** Handeln zielt bei Kant auf dingliche Gegenstände, auf Sachen, nach betriebswirtschaftlichen Gesichtspunkten heute etwa zu gliedern in Material, Maschinen, Energie, Kapital und Information. Gütemaßstab des technischen Handelns ist nach Kant die **Geschicklichkeit**. Es handelt derjenige technisch gut, der geschickt handelt, derjenige technisch schlecht, der ungeschickt handelt.

O **Pragmatisches** Handeln bezieht sich bei Kant auf die Menschen als Individuen und auf ihr Zusammenleben in der Gesellschaft. Gütemaßstab des pragmatischen Handelns ist nach Kant die **Klugheit**. Es handelt derjenige pragmatisch gut, der klug handelt, derjenige pragmatisch schlecht, der unklug handelt.

O **Moralisches** Handeln betrifft bei Kant die Sittlichkeit des einzelnen Menschen, seine Verantwortung (vgl. Abschnitt 6.7) für sich, für seine Mitmenschen, für die Gesellschaft als Ganzes. Gütemaßstab des moralischen Handelns ist nach Kant die **Weisheit**. Es handelt derjenige moralisch gut, der weise handelt, derjenige moralisch schlecht, der töricht handelt (Bild 2.2).

Dimension des Handelns	Gütemaßstab
technisch	Geschicklichkeit
pragmatisch	Klugheit
moralisch	Weisheit

Bild 2.2: Drei Dimensionen des Handelns und die zugehörigen Gütemaßstäbe nach Kant

Kants Hierarchie der Imperative

Als Anleitungen zu gutem, also zu **geschicktem, klugem** und **weisem** Handeln, ordnet Kant den drei Dimensionen des Handelns **Imperative** zu. Diese Imperative bringt Kant in eine **Hierarchie** (vgl. zum folgenden Hinske 1980, S.106-114; Müller-Merbach 1988, S.307-308).

Auf den beiden unteren Stufen in der Hierarchie stehen bei Kant die **hypothetischen Imperative** als Anleitungen zu **geschicktem** und **klugem** Handeln. Auf der obersten Stufe steht der **kategorische Imperativ** als Anleitung zu **weisem** Handeln.

Im Gegensatz zum kategorischen Imperativ setzen die **hypothetischen Imperative** ein Ziel (einen Zweck, eine Absicht) voraus, dem das Handeln als Mittel dient. Kant (1991,

S.43) schreibt im zweiten Abschnitt seiner "Grundlegung zur Metaphysik der Sitten" (vgl. Hinske 1980, S.111; Müller-Merbach 1988, S.307):

"Wenn nun die Handlung bloß **wozu anderes**, als Mittel, gut sein würde, so ist der Imperativ **hypothetisch**; wird sie als **an sich** gut vorgestellt, mithin als notwendig in einem an sich der Vernunft gemäßen Willen, als Prinzip desselben, so ist er **kategorisch**."

Weiter schreibt Kant (1991, S.43; vgl. Hinske 1980, S.111; Müller-Merbach 1988, S.307):

"Der hypothetische Imperativ sagt also nur, daß die Handlung zu irgendeiner **möglichen** oder **wirklichen** Absicht gut sei."

Auf die **mögliche** Absicht einer Handlung bezieht Kant den **problematisch-praktischen** Imperativ, auf die **wirkliche** Absicht einer Handlung hingegen den **assertorisch-praktischen** Imperativ.

○ **Problematisch-praktischer Imperativ für geschicktes Handeln:** Auf unterster Stufe in Kants Hierarchie der Imperative steht der **problematisch-praktische** Imperativ als Anleitung zu technisch gutem, also geschicktem Handeln. Er fordert zu einem Handeln auf, dessen Ziel (Zweck, Absicht) bereits bestimmt ist und nicht mehr in Frage gestellt wird.

Dieses Ziel kann jedes **mögliche** Ziel sein. Es wird als gegeben akzeptiert und aus der Dimension des technischen Handelns nicht mehr hinterfragt. Das Handeln ist (technisch) gut, wenn es als Mittel zur Erreichung des jeweiligen Zieles dient - **unabhängig** davon, ob das **Ziel selbst** (moralisch) gut oder schlecht ist. Kant (1991, S.44) nennt ein Beispiel (vgl. Hinske 1980, S.112; Müller-Merbach 1988, S.307):

"Die Vorschriften für den Arzt, um seinen Mann auf gründliche Art gesund zu machen, und für einen Giftmischer, um ihn sicher zu töten, sind in so fern von gleichem Wert, als eine jede dazu dient, ihre Absicht vollkommen zu bewirken."

○ **Assertorisch-praktischer Imperativ für kluges Handeln:** Auf mittlerer Stufe in Kants Hierarchie der Imperative steht der **assertorisch-praktische** Imperativ als Anleitung zu pragmatisch gutem, also klugem Handeln. Er rät dem Menschen, gemäß der individuellen Absicht auf **Glückseligkeit** zu handeln. Diese Absicht sieht Kant als naturgegebene, als **wirkliche** Absicht (als wirklichen Zweck) des Menschen an. Kant (1991, S.44-45) schreibt dazu (vgl. Hinske 1980, S.112-113; Müller-Merbach 1988, S.308):

"Es ist gleichwohl **ein** Zweck, den man bei allen vernünftigen Wesen ... als wirklich voraussetzen kann, und also eine Absicht, die sie nicht etwa bloß haben **können**, sondern von der man sicher voraussetzen kann, daß sie solche insgesamt nach einer Naturnotwendigkeit **haben**, und das ist die Absicht auf **Glückseligkeit**."

Worin der einzelne seine Glückseligkeit konkret sucht, welchen Interessen, Wünschen, Hoffnungen und Neigungen er nachgeht, das freilich kann individuell verschieden sein.

○ **Kategorischer Imperativ für weises Handeln:** Auf oberster Stufe in Kants Hierarchie der Imperative steht der **kategorische** Imperativ als Anleitung zu moralisch gutem, also weisem Handeln. In der "Grundlegung zur Metaphysik der Sitten" schreibt Kant (1991, S.51):

"Der kategorische Imperativ ist also nur ein einziger, und zwar dieser: **handle nur nach derjenigen Maxime, durch die du zugleich wollen kannst, daß sie ein allgemeines Gesetz werde**" (vgl. Abschnitt 6.7).

Im ersten Buch seiner "Kritik der praktischen Vernunft" formuliert Kant den kategorischen Imperativ als **"Grundgesetz der reinen paktischen Vernunft"**. Dieses Grundgesetz lautet (Kant 1991, S.140):

"Handle so, daß die Maxime deines Willens jederzeit zugleich als Prinzip einer allgemeinen Gesetzgebung gelten könne."

Im Gegensatz zum problematisch-praktischen und zum assertorisch-praktischen Imperativ setzt der kategorische Imperativ gerade **kein** Ziel (keine Absicht, keinen Zweck) des Handelns voraus. Vielmehr ist der einzelne aufgerufen, sich seine Ziele selbst zu suchen bzw. über ihm vorgegebene Ziele selbständig zu reflektieren.

Bei der Suche eigener und der Reflexion vorgegebener Ziele solle sich der einzelne an solchen Grundsätzen (Kant spricht von Maximen) orientieren, die nach eigenem Willen als "allgemeines Gesetz" gelten können. Unter einem **allgemeinen Gesetz** versteht Kant nicht positiv gesetztes Recht, sondern **moralische Gesetzmäßigkeiten**, die unabhängig etwa von einer bestimmten Kultur oder einer bestimmten Epoche für alle Menschen in allen Situationen eine universale Gültigkeit beanspruchen (vgl. Abschnitt 6.7). Solche moralischen Gesetzmäßigkeiten nennt Kant (1991, S.125) auch praktische Gesetze; sie werden in dieser Arbeit als **Normen** bezeichnet (vgl. Abschnitt 4.1.2).

Drei Dimensionen von Verantwortungsbewußtsein (bzw. drei Dimensionen von Vernunft)

Kants Dreiteilung in technisches, pragmatisches und moralisches Handeln läßt sich auf eine **Dreiteilung des Verantwortungsbewußtseins** (bzw. **der Vernunft**) übertragen. In diesem Sinne sei unterschieden zwischen

- dem **technischen Verantwortungsbewußtsein** (bzw. der technischen Vernunft),
- dem **pragmatischen Verantwortungsbewußtsein** (bzw. der pragmatischen Vernunft) und
- dem **moralischen Verantwortungsbewußtsein** (bzw. der moralischen Vernunft).

Das **technische** und das **pragmatische** Verantwortungsbewußtsein (bzw. die technische und die pragmatische Vernunft) liegen auf den Stufen der **hypothetischen** Imperative von Kant. Sie sind **eingeschränkt**, denn sie umfassen keine Reflexion über moralische Ziele, keine Gedanken an die moralischen Folgen des Handelns. Horkheimer (1974) sprach später in diesem Zusammenhang von **instrumenteller Vernunft**.

Erst das **moralische** Verantwortungsbewußtsein (bzw. die moralische Vernunft) ist **umfassend** und schließt die Reflexion moralischer Ziele mit ein. Dieses umfassende moralische Verantwortungsbewußtsein (bzw. diese umfassende moralische Vernunft) wird vom einzelnen auf der Stufe des **kategorischen Imperativs** verlangt.

Im folgenden sowie im weiteren Verlauf der Arbeit sei unter dem Begriff des **Verantwortungsbewußtseins** stets das **moralische** Verantwortungsbewußtsein im Sinne der Dreiteilung Kants verstanden.

Drei "Handlungstypen" nach Jürgen Habermas

Eine der Kantischen Dreiteilung ähnliche Gliederung des Handelns hat der Frankfurter Soziologe und Philosoph Jürgen Habermas (geb. 1929) vorgeschlagen, allerdings ohne sich auf Kant zu beziehen. Habermas (1981, S.384) unterscheidet zwischen drei "Handlungstypen",

- dem **instrumentellen** Handeln als erfolgsorientiertem, nicht-sozialem Handeln, vergleichbar dem **technischen** Handeln nach Kant (Habermas verwendet den Begriff "instrumentell" in einem engeren Sinne als Horkheimer; vgl. oben),

○ dem **strategischen** Handeln als erfolgsorientiertem, sozialem Handeln, ähnlich dem **pragmatischen** Handeln nach Kant, und

○ dem **kommunikativen** Handeln als verständigungsorientiertem, sozialem Handeln, verwandt mit dem **moralischen** Handeln nach Kant.

Der wesentliche Unterschied zwischen der **Dreiteilung von Kant** und der **Gliederung von Habermas** liegt in der Dimension des **moralischen** Handelns und betrifft die jeweilige **Voraussetzung** für verantwortungsvolles Handeln. Für Kant liegt diese Voraussetzung in der **individuellen Vernunft** begründet (vgl. Abschnitt 6.7), für Habermas in der **kollektiven Verständigung** mit allen vom jeweiligen Handeln Betroffenen (vgl. Abschnitt 6.8).

Drei Dimensionen der Führung und drei Anforderungen an Führungskräfte

Kants drei Dimensionen (und Gütemaßstäbe) des Handelns und seine drei Imperative seien den drei Dimensionen der Führung und den drei Anforderungen an Führungskräfte zugrunde gelegt (Bild 2.3):

Dimension und Gütemaßstab des Handelns	Imperativ	Dimension der Führung	Anforderung an Führungskräfte
technisch, Geschicklichkeit	problematisch-praktisch (hypothetisch)	fachlich	Fachwissen
pragmatisch, Klugheit	assertorisch-praktisch (hypothetisch)	personal	soziale Kompetenz
moralisch, Weisheit	kategorisch	normativ	Verantwortungsbewußtsein

Bild 2.3: Kants drei Dimensionen des Handelns, die zugehörigen Gütemaßstäbe und seine drei Imperative als Grundlage für drei Dimensionen der Führung; daraus ergeben sich drei Anforderungen an Führungskräfte (in Anlehnung an Müller-Merbach 1988, S.309). Der inhaltliche Schwerpunkt dieser Arbeit ist durch Unterlegung hervorgehoben.

○ Führungskräfte sollten, dem **problematisch-praktischen** Imperativ folgend, technisch **geschickt** handeln, mit Sachen (Material, Maschinen, Energie, Kapital, Information etc.) umgehen können, um ihre Unternehmung in **fachlicher** Hinsicht zu führen:

Führungskräfte müssen Information verarbeiten, Kapital einsetzen, Bilanzen interpretieren, Kosten reduzieren, ihre Produkte kennen, die Fertigungsverfahren verstehen, Werkstoffe und ihr Verhalten beurteilen etc. Ebenso müssen sie in ihrer Branche kundig sein und die staatlichen Rahmenbedingungen kennen. Dafür brauchen sie ein entsprechendes **Fachwissen**.

○ Führungskräfte sollten auch, dem **assertorisch-praktischen** Imperativ gemäß, **klug** handeln, mit Menschen und ihren spezifischen Ansichten, Interessen, Wünschen, Hoffnungen und Neigungen umgehen können, um ihre Unternehmung in **personaler** Hinsicht zu führen:

"Führungskräfte ... müssen Mitarbeiter lenken, Kunden überzeugen, mit Lieferanten zusammenarbeiten, Kapitalgeber aktivieren, sich mit Wettbewerbern arrangieren, mit den Mitbestimmungsorganen ein Vertrauensverhältnis aufbauen" (Müller-Merbach 1992a, S.84). Dafür benötigen sie **soziale Kompetenz**, also Einfühlungsvermögen, pädagogisches Geschick und Überzeugungskraft, Dialogbereitschaft und Kompromißbereitschaft, aber auch Durchsetzungsstärke.

○ Führungskräfte sollten schließlich, dem **kategorischen** Imperativ folgend, **weise** handeln, mit den Werthaltungen von Menschen umgehen können, um ihre Unternehmung in **normativer** Hinsicht zu führen:

Führungskräfte sollten erkennen, daß es eine moralische Dimension der Lebenswelt gibt, die das Handeln aller Menschen bestimmend prägt. Sie sollten eigene und fremde Werthaltungen wahrnehmen, reflektieren und beurteilen können. Sie sollten über ihr Eigeninteresse hinaus ihre Verantwortung für ihre Unternehmung und für die Gesellschaft als Ganzes erkennen und dieser Verantwortung gemäß handeln. Dafür sollten Führungskräfte über **Verantwortungsbewußtsein** verfügen.

Als Richtlinien und als inhaltliche Bestimmung für die **normative Führung**, für verantwortungsvolles Handeln in der Führungspraxis, werden in dieser Arbeit zwanzig **Leitideen** entwickelt (Kapitel 6 bis 8). Sie sind in Kapitel 9 in einem Katalog zusammengestellt (vgl. Abschnitt 2.2.3).

2.2. Dreiteilung der Betriebswirtschaftslehre

Um Führungskräfte in fachlicher, personaler und normativer Führung zu unterweisen, um bei ihnen erstens Fachwissen, zweitens soziale Kompetenz und drittens Verantwortungsbewußtsein auszubilden, bietet sich eine **Dreiteilung der Betriebswirtschaftslehre** an.

Die Idee einer Dreiteilung der Betriebswirtschaftslehre hat Müller-Merbach in mehreren Veröffentlichungen (1987, S.60-61; 1988, S.309-312; 1989b, S.4-7; 1990a, S.172-176; 1992a, S.82-86) entwickelt und vertieft. Müller-Merbach (1988, S.322) liefert eine **Begründung** für eine solche Dreiteilung:

" • Sicher benötigen wir geschickte Kaufleute, die ihr Handwerk verstehen. Um technisch richtig handeln zu können, benötigen sie Fachwissen. Also besteht Bedarf an Wissenschaft von der Unternehmung.

• Sollten diese Führungspersonen nicht auch klug sein, klug im Sinne von Kants pragmatischem Handeln? Sie sollen Menschen führen können und müssen dazu Menschen verstehen. Daraus entsteht Bedarf an einer betriebswirtschaftlichen Führungslehre.

• Sollten Führungskräfte nicht auch Weisheit besitzen, um in Kants Terminologie moralisch anständig zu handeln? Sollten wir ihnen in den Universitäten daher nicht auch Verantwortungsbewußtsein zu vermitteln versuchen? Das ist die Domäne der Ethik ökonomischen Verhaltens" (im Original mit Hervorhebungen).

Die Dreiteilung der Betriebswirtschaftslehre wird hier übernommen (Bild 2.4), wobei unterschieden sei zwischen

O der **Wissenschaft von der Unternehmung** als Lehre von der **fachlichen Führung**, um **Fachwissen** auszubilden (erster Teil einer dreigeteilten Betriebswirtschaftslehre),

O der **Verhaltenslehre** als Lehre von der **personalen Führung**, um **soziale Kompetenz** auszubilden (zweiter Teil einer dreigeteilten Betriebswirtschaftslehre), und

O der **Führungsethik** als Lehre von der **normativen Führung**, um **Verantwortungsbewußtsein** auszubilden (dritter Teil einer dreigeteilten Betriebswirtschaftslehre).

Der Vorschlag Müller-Merbachs zur Dreiteilung der Betriebswirtschaftslehre wird von zwei eng verwandten Ideen flankiert, deren Ursprung bis in die späten vierziger Jahre zurückreicht:

O Schon 1949 schlug Esslinger unter expliziter Bezugnahme auf Kant eine Dreiteilung der Betriebswirtschaftslehre vor. Esslinger (1949, S.76) unterschied zwischen der

Wirtschaftstechnologie (entsprechend dem **technischen** Handeln), der **Wirtschaftspolitik** (analog zum **pragmatischen** Handeln) und der **Wirtschaftsethik** (gemäß dem **moralischen** Handeln).

Teil der Betriebswirtschaftslehre	Dimension der Führung	Anforderung an Führungskräfte
Wissenschaft von der Unternehmung	fachlich	Fachwissen
Verhaltenslehre	personal	soziale Kompetenz
Führungsethik	normativ	Verantwortungsbewußtsein

Bild 2.4: Drei Teile der Betriebswirtschaftslehre, drei Dimensionen der Führung und die drei sich daraus ergebenden Anforderungen an Führungskräfte, in Anlehnung an Müller-Merbach (1988, S.310). Der inhaltliche Schwerpunkt dieser Arbeit ist durch Unterlegung hervorgehoben.

○ Zehn Jahre später griff Wöhe (1959, S.106) den Vorschlag Esslingers auf. Wöhe schlug ebenfalls eine Dreiteilung der Betriebswirtschaftslehre vor, und zwar in die **Betriebswirtschaftliche Technik** (Regeln **technischer** Geschicklichkeit), die **Betriebspolitik** (Ratschläge **pragmatischer** Klugheit) und die **Ethik der Betriebswirtschaft** (Gebote **moralischer** Sittlichkeit). Diese Dreiteilung hat Wöhe jedoch später nicht mehr vertieft. Sie ging auch nicht in sein Hauptlehrwerk ein, die "Einführung in die allgemeine Betriebswirtschaftslehre" (Wöhe 1991).

Die Wissenschaft von der Unternehmung (Abschnitt 2.2.1), die Verhaltenslehre (Abschnitt 2.2.2) und die Führungsethik (Abschnitt 2.2.3) sind im folgenden näher beschrieben.

2.2.1. Wissenschaft von der Unternehmung

Der weitaus größte Teil der heutigen Betriebswirtschaftslehre ist der **Wissenschaft von der Unternehmung** zuzurechnen. Sie sei hier als erster Teil einer dreigeteilten Betriebswirtschaftslehre angesehen. Im Mittelpunkt der Wissenschaft von der Unternehmung steht die Schaffung und Vermittlung von **Fachwissen**, das zur **fachlichen Führung** (vgl. Abschnitt 2.1) befähigen soll.

"Es geht dabei jeweils um Fragen der (in Anlehnung an Kants Terminologie) **geschickten** Gestaltung und Lenkung ökonomischer Prozesse, letztlich um die ununterbrochen fortgesetzte Realisierung des ökonomischen Prinzips, um die wirtschaftliche Verwendung von Kapital, Maschinen, Werkstoffen, Energie, Informationen und um den Einsatz von Personal als den in einer versachlichten Form, nämlich als Produktionsfaktor, gesehenen Menschen" (Müller-Merbach 1989b, S.5).

Eine so verstandene Wissenschaft von der Unternehmung ist wesentlich geprägt vom **ökonomischen Prinzip** und vom Modell des **Homo oeconomicus**.

○ **Ökonomisches Prinzip:** Das ökonomische Prinzip besagt sinngemäß: Zur Erreichung eines **frei bestimmbaren** Zieles sind Ziel und Mittel (im wirtschaftlichen Sinne) optimal aufeinander abzustimmen. Um welches Ziel es sich dabei handelt, ist für die Anwendung des ökonomischen Prinzips ohne Bedeutung.

   In dieser Allgemeinheit verkörpert das ökonomische Prinzip einen Grundsatz allen **vernünftigen Handelns** (Koslowski 1988a, S.66; Molitor 1989a, S.65), allerdings nur im Sinne einer **technischen Vernunft** (vgl. Abschnitt 2.1). Schon Gutenberg (1929, S.30) betonte in diesem Zusammenhang:

   "'Unvernünftig handeln' heißt überhaupt unzweckmäßig handeln, heißt, die Mittel nicht richtig auf den Zweck (das Ziel; Anmerkung des Verfassers), dessen Erreichung sie dienen sollen, abgestimmt haben. **Welcher Art dieser Zweck sei, der zu realisieren ist, bleibt dabei** (für das ökonomische Prinzip als solches; Anmerkung des Verfassers) **ohne Belang**" (Hervorhebungen durch den Verfasser).

○ **Homo oeconomicus:** Das ökonomische Prinzip ist mit dem Modell des **Homo oeconomicus** verknüpft. Der Homo oeconomicus, der "ökonomische Mensch", ist das Modell eines wirtschaftenden Menschen, der sein Handeln ausschließlich an ökonomischer Vorteilhaftigkeit ausrichtet.

   Wie jedes Modell bildet auch der Homo oeconomicus nur **Ausschnitte** der komplexen menschlichen Realität ab. Sein Handeln ist nicht etwa eine **Norm** für das Handeln des wirtschaftenden Menschen überhaupt, sondern eine **Annahme** für Vorhersagen und analytische Zwecke. Diese Annahme "taugt schlecht zum ethischen Buhmann" (Molitor 1989a, S.66), weil es hier lediglich um die **ökonomische** (in Kants Terminologie: technische) Dimension von Zielen und Mitteln geht, nicht aber um deren **moralische** Dimension (vgl. Abschnitt 2.1).

Durch die Schaffung und Vermittlung von Fachwissen bleibt die Wissenschaft von der Unternehmung auf die **fachliche** Führung der Unternehmung beschränkt. Sie gibt noch keine Anleitungen für die **personale** und die **normative** Führung.

2.2.2. Verhaltenslehre

Die fachliche Führung (Abschnitt 2.2.1) sollte ergänzt werden durch die **personale** Führung. Dafür benötigen Führungskräfte neben dem Fachwissen auch **soziale Kompetenz**, die Fähigkeit, in vielfacher Weise auf die Individualität der Menschen mit ihren spezifischen Ansichten, Interessen, Wünschen, Hoffnungen und Neigungen einzugehen, sie zu ermuntern, anzuspornen oder zur Mäßigung anzuhalten, mit ihnen zusammenzuarbeiten, zu Dialog, Kompromiß und gemeinsamen Lösungen bereit zu sein (vgl. Abschnitt 2.1).

Soziale Kompetenz sollte in der **Verhaltenslehre** vermittelt werden, dem zweiten Teil einer dreigeteilten Betriebswirtschaftslehre. Statt von Verhaltenslehre wird häufig auch von Führungslehre oder Führungswissenschaft gesprochen.

Im Mittelpunkt der Verhaltenslehre steht das Verhalten des Menschen in seinem Zusammenwirken von (innerer) Motivation und (äußerem) Handeln. Hier geht es um Fragen der (in Anlehnung an Kants Terminologie) **klugen** Beeinflussung, Lenkung und Steuerung dieses Verhaltens, um Möglichkeiten und Grenzen der Motivation, um eine Einbindung des Handelns "in die Konfiguration von Aufgabe, Gruppenumwelt und Organisation" (Gablers Wirtschaftslexikon, 1979, Sp.1575).

Gegenüber der **Wissenschaft von der Unternehmung** (vgl. Abschnitt 2.2.1) wird die **Verhaltenslehre** in der deutschsprachigen Betriebswirtschaftslehre eher vernachlässigt; ihr Gewicht ist vergleichsweise gering. Umfassende, für die Praxis unmittelbar brauchbare Werke wie etwa von von Rosenstiel, Regnet und Domsch (1991) bilden eher die Ausnahme. Das wird der Bedeutung der personalen Führung kaum gerecht. Doch auch die Verhaltenslehre gibt noch keine Anleitung für die **normative** Führung der Unternehmung.

2.2.3. Führungsethik

Die fachliche Führung (Abschnitt 2.2.1) und die personale Führung (Abschnitt 2.2.2) sollten schließlich ergänzt und abgerundet werden durch die **normative** Führung (vgl. Abschnitt 2.1). Dafür reichen Fachwissen und soziale Kompetenz nicht aus. Vielmehr benötigen Führungskräfte auch **Verantwortungsbewußtsein** (vgl. Krupinski 1990). Hier setzt die **Führungsethik** an, der dritte Teil einer dreigeteilten Betriebswirtschaftslehre.

Die Führungsethik bildet als **Lehre von der normativen Führung** den **Gegenstand dieser Arbeit**; sie sei hier in drei Schritten grob umrissen:

○ Zum ersten werden die Begriffe der **Verantwortung** und des **Verantwortungsbewußtseins** definiert. Beide Begriffe sind grundlegend für das Verständnis der Führungsethik in dieser Arbeit.

○ Zum zweiten wird ein **Fundament normativer Führung** gelegt, bestehend aus der Verantwortungsfähigkeit und der Verantwortungsbereitschaft (als zwei Komponenten des Verantwortungsbewußtseins) sowie dem ethischen Wissen.

○ Zum dritten und aufbauend auf dem Fundament normativer Führung werden in dieser Arbeit Richtlinien für verantwortungsvolles Handeln in der Führungspraxis entwickelt, sogenannte **Leitideen normativer Führung**.

Verantwortung und Verantwortungsbewußtsein

Als **Verantwortung** sei die persönliche Zuständigkeit jedes Menschen für die (direkten und indirekten) Folgen seines Handelns bezeichnet. Verantwortung entsteht immer dort, wo der Mensch wissentlich zwischen verschiedenen Alternativen des Handelns wählt und in diesem Sinne **nach freiem Willen** handelt. Hier trägt er als Urheber seines Handelns die Verantwortung. Höffe (1982, S.34) formuliert das so:

"Wenn man ein Tun und Lassen als wissentlich oder willentlich auffaßt, so wird es ... dem Handelnden selbst zugerechnet, und zwar in dem präzisen Sinn, daß er als der dafür verantwortliche Urheber gilt."

Der Begriff der Verantwortung sei hier **ganzheitlich** verstanden. Er umfaßt erstens alle drei Dimensionen des Handelns nach Kant (vgl. Abschnitt 2.1), zweitens sämtliches Handeln und drittens sämtliche soziale Rollen eines Menschen:

○ Die Verantwortung eines Menschen umfaßt erstens sein **technisches**, **pragmatisches** und **moralisches Handeln** (vgl. Abschnitt 2.1). Ebenso wie diese drei Dimensionen des Handelns in der Praxis eine Einheit bilden, so verkörpert auch die Verantwortung für das Handeln eine Ganzheit.

○ Die Verantwortung eines Menschen umfaßt zweitens sein **sämtliches Handeln** (und Unterlassen) gegenüber allen von diesem Handeln tatsächlich oder möglicherweise Betroffenen (einschließlich seiner selbst und einschließlich zukünftiger Generationen). Verantwortung ist, im Sinne Kants, **allgemeingültig**. Sie kann daher weder mit dem Hinweis auf "Sachzwänge" (die möglicherweise existieren) an übergeordnete Instanzen oder "Mechanismen" abgewälzt noch durch gemeinsames Handeln auf mehrere oder viele Personen verteilt werden. Die Verantwortung wird auch nicht geringer beim Handeln im Auftrage anderer oder im Falle einer bloß empfundenen Abhängigkeit.

○ Die Verantwortung eines Menschen umfaßt drittens seine **sämtlichen sozialen Rollen**, etwa als Familienmitglied, Staatsbürger oder Führungskraft. Verantwortung ist **unteilbar**. Der Mensch besitzt nicht eine familiäre, eine bürgerliche, eine gesellschaftliche etc. Verantwortung, die nebeneinander stehen und konkurrieren, sondern eine alle sozialen Rollen umfassende ganzheitliche Verantwortung.

Als vernunftbegabtes Wesen kann der Mensch sich seiner Verantwortung bewußt werden, sie innerlich erkennen, erfassen und sich ihrer handelnd annehmen; er kann **Verantwortungsbewußtsein** empfinden. Durch sein Verantwortungsbewußtsein mag sich der Mensch zugleich als Mitglied einer "Weltgemeinschaft der Vernünftigen" dem Ganzen verpflichtet fühlen.

Ein Fundament normativer Führung

Aufbauend auf dem Verantwortungsbewußtsein sei hier ein **Fundament normativer Führung** gelegt. Es umfaßt gleichermaßen **Voraussetzungen** wie eine **inhaltliche Grundlage** für die normative Führung.

Das Fundament sei aus drei Bausteinen zusammengesetzt (Bild 2.5). Die ersten beiden Bausteine bilden zwei Komponenten des Verantwortungsbewußtseins, die **Verantwortungsfähigkeit** (als eine intellektuelle Voraussetzung für die normative Führung) und die **Verantwortungsbereitschaft** (als eine praktische Voraussetzung für die normative Führung). Ergänzt werden beide um einen dritten Baustein, das **ethische Wissen** (als eine inhaltliche Grundlage für die normative Führung).

	Baustein des Fundamentes normativer Führung	Bedeutung für die normative Führung
Verantwortungsbewußtsein {	Verantwortungsfähigkeit	intellektuelle Voraussetzung
	Verantwortungsbereitschaft	praktische Voraussetzung
	ethisches Wissen	inhaltliche Grundlage

Bild 2.5: Ein Fundament normativer Führung, bestehend aus der Verantwortungsfähigkeit und der Verantwortungsbereitschaft (als zwei Komponenten des Verantwortungsbewußtseins) sowie ethischem Wissen.

Erster Baustein: Verantwortungsfähigkeit

Unter dem Begriff der Verantwortungsfähigkeit seien hier Fähigkeiten zusammengefaßt, die gemeinsam als eine **intellektuelle Voraussetzung** für die normative Führung (sowie für verantwortungsvolles Handeln im allgemeinen) gelten mögen.

Die Verantwortungsfähigkeit (als eine erste Komponente des Verantwortungsbewußtseins) bildet hier den ersten Baustein für ein Fundament normativer Führung. Sie sei gegliedert in die Wahrnehmungsfähigkeit, die Reflexionsfähigkeit und die Urteilsfähigkeit. Alle drei Begriffe werden hier (und im weiteren Verlauf der Arbeit) in ihrer **moralischen** Dimension betrachtet (vgl. Abschnitt 2.1).

O **Wahrnehmungsfähigkeit:** Als Wahrnehmungsfähigkeit sei die Fähigkeit bezeichnet, die moralische Dimension der Lebenswelt, etwa individuelle und kollektive Werthaltungen, **wahrzunehmen** - auch und gerade dort, wo die moralische Dimension nicht unmittelbar offenkundig ist. Hierzu bedarf es gewissermaßen einer sensiblen "moralischen Antenne".

O **Reflexionsfähigkeit:** Um über die empfangenen "moralischen Signale" **reflektieren** zu können, um etwa wahrgenommene Werthaltungen nach tieferen Ursachen und Gründen hinterfragen zu können, bedarf es der Reflexionsfähigkeit. Von ihr hängt es wesentlich ab, ob und in welchem Umfang der Mensch **Zielkonflikte** empfindet, wie sie sich etwa aus differierenden Werthaltungen möglicherweise ergeben.

O **Urteilsfähigkeit:** Um über wahrgenommene und reflektierte "moralische Signale", etwa Werthaltungen, **urteilen** zu können, benötigt der Mensch Urteilsfähigkeit. Von ihr hängt es mit ab, ob der Mensch empfundene oder erkannte Zielkonflikte angemessen **bewältigen** kann, also Lösungen findet, auf die sich alle Beteiligten oder Betroffenen einigen könnten oder einigen (vgl. Lempert 1988, S.12).

Zweiter Baustein: Verantwortungsbereitschaft

Verantwortungsfähigkeit alleine reicht jedoch nicht aus, um verantwortungsvoll zu handeln. Vielmehr bedarf es auch einer entsprechenden **Verantwortungsbereitschaft**, der Bereitschaft, das als "gut" oder "richtig" beurteilte Handeln in die Tat umzusetzen. Die Verantwortungsbereitschaft (als eine zweite Komponente des Verantwortungsbewußtseins) bildet hier den zweiten Baustein für ein Fundament normativer Führung.

Die Verantwortungsbereitschaft sei hier als eine **praktische Voraussetzung** für die normative Führung (sowie für verantwortungsvolles Handeln im allgemeinen) angesehen - angelehnt an Erich Kästners Ausspruch: **"Es gibt nichts Gutes, außer man tut es"** (zitiert nach Sihler 1991, S.1).

Dritter Baustein: ethisches Wissen

Ethisches Wissen bildet hier den dritten Baustein für ein Fundament normativer Führung. Es soll der normativen Führung (sowie verantwortungsvollem Handeln im allgemeinen) als eine **inhaltliche Grundlage** dienen. Mit Hilfe ethischen Wissens mögen Führungskräfte insbesondere die **moralische Dimension** (vgl. Abschnitt 2.1) praktischer Probleme leichter erfassen und diese Probleme auch leichter einer Lösung zuführen können.

Ethisches Wissen steht im Mittelpunkt dieser Arbeit. Es umfaßt hier **Grundlagen der Ethik** (Kapitel 4), das Verhältnis zwischen **Ethik und Ökonomie** (Kapitel 5) sowie Konzepte der **philosophischen Ethik** (Kapitel 6), der **Wirtschaftsethik** (Kapitel 7) und der **ethisch-normativen Betriebswirtschaftslehre** (Kapitel 8).

Einheit des Fundamentes normativer Führung

Die drei Bausteine des Fundamentes normativer Führung,

- die Verantwortungsfähigkeit,
- die Verantwortungsbereitschaft und
- das ethische Wissen,

bilden idealerweise eine Einheit. Einzeln hingegen scheinen die Bausteine isoliert und das Fundament unvollständig zu bleiben:

Verantwortungsbereitschaft ohne Verantwortungsfähigkeit bleibt blind, hilflos und verworren. **Verantwortungsfähigkeit** ohne Verantwortungsbereitschaft hingegen bleibt wirkungslos. Ebenso bleibt Verantwortungsbewußtsein (als Zusammenspiel von Verantwortungsfähigkeit und Verantwortungsbereitschaft) ohne **ethisches Wissen** häufig orientierungslos, und ethisches Wissen ohne Verantwortungsbewußtsein bleibt theoretisch und passiv, da es nicht angewendet werden kann.

Es ist die Aufgabe jeder Führungskraft, sich Verantwortungsfähigkeit, Verantwortungsbereitschaft und ethisches Wissen anzueignen und sich damit ein Fundament normativer Führung, auch ein Fundament verantwortungsvollen Handelns im allgemeinen, aufzubauen. Das Bemühen darum wird niemals abgeschlossen sein; eher gleicht es einem dauerhaften Streben bei grundsätzlicher Unvollendbarkeit.

Leitideen normativer Führung

Aufbauend auf dem Fundament normativer Führung werden in dieser Arbeit insgesamt zwanzig **Leitideen normativer Führung** entwickelt (Kapitel 6 bis 8, gemeinsamer Katalog in Kapitel 9).

Die Leitideen sollen in gänzlich **undogmatischem** Sinne als **Richtlinien für verantwortungsvolles Handeln in der Führungspraxis** und damit zugleich als inhaltliche Bestimmung der normativen Führung dienen. Sie stammen aus drei Themengebieten, der philosophischen Ethik (Kapitel 6), der Wirtschaftsethik (Kapitel 7) und der ethisch-normativen Betriebswirtschaftslehre (Kapitel 8). Diese drei Themengebiete bilden zugleich den Schwerpunkt der Arbeit.

2.2.4. Exkurs: Dreiteilung der Betriebswirtschaftslehre zur Überwindung des Werturteilsstreites

Wo von Verantwortung und verwandten Begriffen die Rede ist, werden Aussagen schnell wertgeladen. Für solche Aussagen gibt es keine empirisch überprüfbaren oder logisch beweisbaren Wahrheitskriterien: sie sind **Normen**, keine **Tatsachenaussagen**.

Nicht nur in der Betriebswirtschaftslehre, sondern in den gesamten Wirtschafts- und Sozialwissenschaften entstand immer wieder ein lebhafter Streit darüber, ob Normen (häufig als **Werturteile** bezeichnet) und Tatsachenaussagen eine **Einheit** bilden sollten oder aber voneinander zu **trennen** seien. Dieser Streit - häufig als **Werturteilsstreit** bezeichnet (vgl. Wuchterl 1986, S.244-246) - ließe sich jedoch in Anlehnung an die Dreiteilung der Betriebswirtschaftslehre (vgl. die Abschnitte 2.2.1 bis 2.2.3) überwinden.

In Kasten 2.1 sind zunächst die Forderung nach einer **Einheit** von Normen und Tatsachenaussagen (These) und die Forderung nach einer **Trennung** von Normen und Tatsachenaussagen (Antithese) gegenübergestellt. Beide werden dann (in einer Synthese) aufgehoben, indem für eine methodische **Trennung** von Normen und Tatsachenaussagen unter einem **gemeinsamen** "inhaltlichen Dach" plädiert wird.

Dadurch wird der Weg frei für eine **Führungsethik**, in der Normen Raum haben und die dennoch an normenfreie Teile der Betriebswirtschaftslehre (insbesondere an die Wissenschaft von der Unternehmung) angebunden ist (vgl. Müller-Merbach 1988, S.311-312).

Kasten 2.1: Verhältnis zwischen Normen und Tatsachenaussagen - Überwindung des Werturteilsstreites
Der Werturteilsstreit wird aus zwei Positionen heraus geführt, die sich wie These und Antithese gegenüberstehen:

● **These: Einheit von Normen und Tatsachenaussagen:** Wissenschaftliche Aussagen seien, so sagen die einen, auf die **Einheit** von Werthaltungen und Tatsachen in der Realität zu beziehen. Daher komme eine theoretische Trennung von Normen und Tatsachenaussagen nicht in Betracht.

Diese Ansicht wurde im Rahmen der deutschsprachigen Betriebswirtschaftslehre insbesondere in der ersten Hälfte dieses Jahrhunderts durch eine **ethisch-normative** Richtung (vgl. Kapitel 8) vertreten. Allerdings gewann diese Richtung nie einen bestimmenden Einfluß innerhalb der Betriebswirtschaftslehre. Ihre Vertreter wurden verschiedentlich kritisiert, auch daher, weil Normen und Tatsachenaussagen häufig nicht sauber voneinander getrennt wurden.

● **Antithese: Trennung von Normen und Tatsachenaussagen:** Insbesondere durch die Forderung des Nationalökonomen und Soziologen Max Weber (1864-1920) nach der **Werturteilsfreiheit wissenschaftlicher Aussagen** wurde die Trennung zwischen Normen und Tatsachenaussagen maßgeblich verfestigt.

Bei der Werturteilsfreiheit handelt es sich für Weber "doch um die an sich höchst triviale Forderung, daß der Forscher und Darsteller die Feststellung empirischer Tatsachen ... und seine praktisch wertende, d.h. diese Tatsachen ... als erfreulich oder unerfreulich beurteilende, in diesem Sinne: wertende Stellungnahme unbedingt auseinanderhalten solle" (zitiert nach Löffelholz 1976, Sp.4551).

Weber wies mit großer Eindringlichkeit darauf hin, daß "einerseits die Geltung eines praktischen Imperativs als Norm und andererseits die Wahrheitsgeltung einer empirischen Tatsachenfeststellung in absolut heterogenen Ebenen der Problematik liegen" (zitiert nach Gölz 1978, S.20).

● **Synthese: Trennung von Normen und Tatsachenaussagen unter einem gemeinsamen Dach:** Der Werturteilsstreit ließe sich in Anlehnung an die Dreiteilung der Betriebswirtschaftslehre überwinden, indem die **Wissenschaft von der Unternehmung** (vgl. Abschnitt 2.2.1), die **Verhaltenslehre** (vgl. Abschnitt 2.2.2) und die **Führungsethik** (vgl. Abschnitt 2.2.3) getrennt voneinander entwickelt und gelehrt werden, gleichzeitig aber im Rahmen der **Betriebswirtschaftslehre** ein gemeinsames Dach besitzen. Unter diesem gemeinsamen Dach sind - wie in der Realität - alle drei Teile miteinander verbunden:

"Die **Wissenschaft von der Unternehmung** sei werturteilsfrei, also Wissenschaft im Sinne aller Vertreter der wertfreien Lehre. Die Wertlehre, die **Ethik ökonomischen Verhaltens** (hier: die **Führungsethik**; Anmerkung des Verfassers), sollte davon getrennt werden. Zwischen beiden stellt die **Führungslehre** (hier: die **Verhaltenslehre**; Anmerkung des Verfassers) die Verbindung her" (Müller-Merbach 1988, S.312).

2.3. Individualethik und Institutionalethik

Sowohl im Rahmen der Ethik als auch im Spannungsfeld zwischen Ethik und Ökonomie wird häufig zwischen zwei Bereichen unterschieden, der **Individualethik** und der **Institutionalethik** (auch als **Sozialethik** bezeichnet). Beide Bereiche sind, wenn auch in Art und Umfang verschieden, für die Führungsethik von Bedeutung.

Die Unterscheidung zwischen Individualethik und Institutionalethik hat eine lange Tradition. Sie findet sich schon bei Eisler (1927, S.409) und bei Hoffmeister (1955, S.221), neuerdings ausführlich bei Hubig (1982), dann bei Ropohl (1987, S.149-176), Homann, Hesse et al. (1988, S.19-26), Koslowski (1988a, S.135), Müller-Merbach (1988, S.316-318; 1989b, S.8-15), Molitor (1989a, S.29-33), Werner (1991, S.139-141) und Krupinski (1991, S.17-19).

In der **Individualethik** (Abschnitt 2.3.1) geht es um die **Verantwortung** des einzelnen, um verantwortungsvolles Handeln aus Einsicht, aus innerer Überzeugung. Hingegen steht in der **Institutionalethik** (Abschnitt 2.3.2) das Gestalten gesellschaftlicher Beziehungen im Vordergrund, durch die individuelles **Eigeninteresse** für die Gesellschaft als Ganzes genutzt werden kann.

2.3.1. Individualethik: Verantwortung

Im Mittelpunkt der **Individualethik** stehen Appelle an die **Verantwortung** jedes einzelnen Menschen. Die Individualethik ist an das Verantwortungsbewußtsein des einzelnen gerichtet, an seine Vernunft, an seine Einsicht in die Bedeutung von Verantwortung für das Zusammenleben aller Menschen, für die Gesellschaft als Ganzes. Der einzelne solle aus innerer Überzeugung, nicht aus äußerem Zwang, verantwortungsvoll handeln.

Fünf Zitate mögen die auf den einzelnen Menschen und seine Verantwortung bezogene Ausrichtung der Individualethik dokumentieren:

O Nach Hoffmeister (1955, S.221) ist die Individualethik bezogen "auf das Handeln und den sittlichen Wert der Einzelpersönlichkeit ..."

O Für Höffe (1982, S.38-39) betrifft die Individualethik "die personale Seite menschlicher Praxis: den einzelnen Handelnden ..., seine Grundsätze, Einstellungen, letztlich seinen Charakter, seine Existenzweise und Lebensstrategie; und zwar betrifft sie ebenso das Verhalten des Menschen zu sich selbst wie ... das zu seinen Mitmenschen und zur Natur ..."

- Nach Schischkoff (1982, S.310) "verlangt" die Individualethik "vom Einzelnen sittliche Selbstverwirklichung und persönliche Verantwortung."
- Ropohl (1987, S.158) spricht nicht von Individualethik, sondern von individualistischer Verantwortungsethik. Sie sei "vor allem dadurch gekennzeichnet, daß als Subjekt der Verantwortung ... die einzelne Person angenommen wird."
- Für Homann, Hesse et al. (1988, S.15) stehen im Mittelpunkt der Individualethik die Gesinnung und das Gewissen des einzelnen; hierbei geht es um eine Beurteilung des Handelns unter dem Aspekt "moralischer Verantwortung".

Wie an jeden Menschen im allgemeinen, so ist die Individualethik auch an **Führungskräfte** im besonderen gerichtet. Ihnen fällt eine umfassende **Verantwortung** gegenüber allen **Anspruchsgruppen** der Unternehmung zu, insbesondere für die Bewältigung von **Zielkonflikten**, die sich aus unterschiedlichen Ansprüchen ergeben können. Häufig trägt die Verantwortung von Führungskräften **öffentlichen Charakter**.

Verantwortung gegenüber Anspruchsgruppen

Führungskräfte tragen als Repräsentanten und Entscheidungsträger ihrer Unternehmung **Verantwortung** für die Unternehmung und für die Gesellschaft als Ganzes (in welche die Unternehmung eingebettet ist). Diese Verantwortung umfaßt eine Vielzahl von **Anspruchsgruppen**.

Als Anspruchsgruppe sei jede Personengruppe bezeichnet, "who can affect or is affected by the achievement of the firm's objectives" (Freeman 1984, S.25). Zu ihnen gehören etwa

nach **innen**

- die Eigentümer (einschließlich der Kleinaktionäre) und
- die Mitarbeiter (auch die Gewerkschaften)

sowie nach **außen**

- die Kunden (bis hin zu den Endverbrauchern),
- die Lieferanten (und alle Vorlieferanten),
- die Fremdkapitalgeber,
- die Konkurrenten,
- der Staat,

O   alle sonstigen direkt oder indirekt Betroffenen (darunter auch zukünftige Generationen) sowie
O   die natürliche Umwelt (in Anlehnung an Müller-Merbach 1988, S.313).

Aufzählungen dieser Art findet man in der Literatur häufig, so bei Sandig (1953, S.59-67), im Davoser Manifest (Steinmann 1973), bei Schröder (1978, S.62-63), bei Peter Ulrich und Fluri (1986, S.66), bei Tuchfeldt (1988, S.66), bei Dahm (1989, S.62), bei Koch (1989, S.741), bei Detzer (1990, S.5), bei Hill (1991, S.11) und bei Staehle (1991, S.575).

Anspruchsgruppen stehen nach Binz (1991, S.53) mit der Unternehmung in kurz- oder langfristiger **Geschäftsbeziehung** (etwa Kunden oder Lieferanten), können auf deren Entscheidungen **Einfluß nehmen** (etwa der Staat oder der Betriebsrat) oder sind von den Entscheidungen direkt oder indirekt **betroffen** (etwa Konsumenten oder die Gesellschaft als Ganzes).

Anspruchsgruppen stellen an die Unternehmung eine Vielzahl unterschiedlicher **Ansprüche**. Beispiele dafür nennt Sihler (1991, S.5-6):

"Wirtschaftsunternehmungen ... sollen Gewinne erzielen, um das eingesetzte Kapital angemessen zu verzinsen und die eigene Existenz zu sichern. Sie sollen humane Arbeitsplätze in möglichst großer Zahl bereitstellen. Sie sollen zu möglichst niedrigen Preisen die Bedürfnisse ihrer Kunden erfüllen. Sie sollen die Umwelt nicht schädigen. Sie sollen einen positiven Beitrag zur politischen und sozialen Entwicklung ihres jeweiligen Gastlandes leisten."

Wären Führungskräfte nur einer einzigen Anspruchsgruppe verantwortlich, so ließen sich deren Ansprüche vermutlich relativ einfach erfüllen. Schwieriger wird die Erfüllung von Ansprüchen dort, wo Führungskräfte verschiedenen Anspruchsgruppen gleichzeitig verantwortlich sind. Hier entstehen potentiell **Zielkonflikte**.

Verantwortung für die Bewältigung von Zielkonflikten

Die an eine Unternehmung gestellten Ansprüche verschiedener Anspruchsgruppen können miteinander konkurrieren. Hierbei können sich Führungskräfte **Zielkonflikten** gegenübersehen: Welche Ansprüche sollen in welchem Maße mit welcher Priorität erfüllt werden?

Zielkonflikte in Sachfragen sind etwa: Erhalt und Schaffung von Arbeitsplätzen versus Kostensenkung, Erhöhung der Produktqualität (und der Produktsicherheit) versus Kostensenkung, Minderung der Umweltbelastung versus Kostensenkung. Zielkonflikte in organisatorischen Fragen sind etwa: Befehlsstrukturen versus Partizipation, Abteilungsegoismus versus Gesamtinteresse, Gruppengeist versus (persönliches) Verantwortungsbewußtsein etc. (ähnlich Dahm 1989, S.61).

Zur Bewältigung eines Teiles solcher Zielkonflikte mag der **Markt** beitragen; von einem anderen Teil potentieller Zielkonflikte können Führungskräfte möglicherweise durch **Regelwerke** (etwa durch finanzielle Anreize zur Schaffung neuer Arbeitsplätze) und durch **Gebote und Verbote** (beispielsweise hinsichtlich gewisser Mindeststandards in der Produktsicherheit) entlastet werden. Auf solche Mechanismen der Konfliktbewältigung und Konfliktentlastung wird im Rahmen der Institutionalethik (Abschnitt 2.3.2) näher eingegangen.

Doch gibt es auch Zielkonflikte, die **nicht** (oder nicht hinreichend) über den Markt bewältigt werden können und von denen Führungskräfte auch **nicht** (oder nicht hinreichend) durch Regelwerke oder Gebote und Verbote entlastet werden.

Solche Zielkonflikte können etwa aus Ansprüchen resultieren, die sich auf eine Humanisierung der Arbeit, eine umweltgerechtere Produktion, freiwillige Sozialleistungen oder gesündere Nahrungsmittel beziehen. Die Berücksichtigung und Erfüllung solcher Ansprüche und die Bewältigung der aus ihnen möglicherweise resultierenden Zielkonflikte liegt weitgehend in der **Verantwortung von Führungskräften** selbst.

In diesem Zusammenhang wird häufig von **gesellschaftlicher** oder **sozialer** Verantwortung (Hodges 1966, Schröder 1978, Böhm 1979, Weitzig 1979, Tuchfeldt 1988) von Führungskräften (bzw. von Unternehmungen) gesprochen. Die gesellschaftliche Verantwortung bildet jedoch nur einen Teil der Verantwortung als Ganzes (vgl. Abschnitt 2.2) und existiert keinesfalls neben dieser oder gar gegen sie. Daher sei hier lediglich von **Verantwortung** gesprochen.

Für die Wahrnehmung dieser Verantwortung gibt es **keine Patentrezepte**. Vielmehr müssen Führungskräfte bei jedem Zielkonflikt aufs neue sorgfältig abwägen und entscheiden. Als **Unterstützung** für dieses Abwägen und Entscheiden läßt sich aus der Ethik und aus dem Überschneidungsbereich von Ethik und Ökonomie eine Fülle von Richtlinien ableiten. Solche Richtlinien werden in dieser Arbeit als **Leitideen normativer Führung** in den Kapiteln 6 bis 8 entwickelt. Sie sind in Kapitel 9 in einem Katalog zusammengefaßt.

Öffentlicher Charakter der Verantwortung

Führungskräfte müssen ihr Handeln nicht nur vor sich selbst oder innerhalb der Unternehmung, sondern in besonderem Maße auch **öffentlich verantworten** können. Der Grund hierfür liegt in den vielfachen (wirtschaftlichen, ökologischen, sozialen etc.) Auswirkungen von Unternehmungsaktivitäten auf die Gesellschaft als Ganzes. Die Verantwortung von Führungskräften trägt hier einen **öffentlichen Charakter**.

Der öffentliche Charakter der Verantwortung wird besonders deutlich, wenn eine Unternehmung unter **öffentlichen Druck** gerät. Öffentlicher Druck droht etwa dort, wo die Ansprüche von Verbrauchervereinigungen, Bürgerinitiativen, Umweltschutzverbänden, Kirchen etc. in den Augen dieser Anspruchsgruppen von seiten der Unternehmung ignoriert oder nicht genügend beachtet werden.

Öffentlicher Druck kann einen **Imageverlust** der gesamten Unternehmung nach sich ziehen. Zudem kann er sowohl negative **wirtschaftliche Konsequenzen** für die Unternehmung haben (indem sich etwa das Kosumentenverhalten ändert) als auch negative **rechtliche Konsequenzen** nach sich ziehen, im Einzelfall beispielsweise (teure) Prozesse, allgemein etwa eine Verschärfung von Geboten und Verboten (vgl. Abschnitt 2.3.2). Mit diesen möglichen Konsequenzen verbunden kann öffentlicher Druck nicht zuletzt ein **persönliches Unbehagen** einzelner oder vieler Führungskräfte bewirken.

In Anbetracht solcher Konsequenzen warnen Peter Ulrich und Fluri (1986, S.50) Führungskräfte davor, "unzulänglich durchdachte Nebenwirkungen ('externe Effekte') bei der Verfolgung der Unternehmungsziele in Kauf zu nehmen, die sich eines Tages höchst kontraproduktiv auswirken können, beispielsweise indem sie image- und geschäftsschädigende Reaktionen kritischer gewordener Bezugsgruppen (Anspruchsgruppen; Anmerkung des Verfassers) der Unternehmung oder der Öffentlichkeit provozieren."

Durch den potentiellen öffentlichen Druck auf Unternehmungen kommt der Verantwortung von Führungskräften innerhalb ihrer grundsätzlichen **moralischen Bedeutung** somit auch eine an **"harten Argumenten"** orientierte Bedeutung zu. Solche "harten Argumente" können etwa ein möglicher Imageverlust sowie wirtschaftliche und rechtliche Konsequenzen bei einem tatsächlichen oder vermuteten Mißbrauch von Verantwortung sein.

2.3.2. Institutionalethik: Eigeninteresse

Der **Individualethik** (Abschnitt 2.3.1) steht die **Institutionalethik** (auch als **Sozialethik** bezeichnet) gegenüber. In ihr geht es um die Gestaltung von Mechanismen, durch die individuelles oder kollektives **Eigeninteresse** für die Gesellschaft als Ganzes genutzt werden kann. Solche Mechanismen werden häufig als **Institutionen** bezeichnet (Schmitz 1986, S.61; Homann, Hesse et al. 1988, S.15; vgl. auch Biervert und Held 1989).

Grenzen individualethischer Verantwortung

Für das gedeihliche Zusammenleben in einer Gesellschaft, für das gesellschaftliche Wohlergehen, für das **Gemeinwohl** scheinen Institutionen dort notwendig zu sein, wo die individualethische Verantwortung (vgl. Abschnitt 2.3.1) an Grenzen stößt. Die Grenzen individualethischer Verantwortung seien hier in einer doppelten **moralischen Überforderung** und in möglichen **moralischen Defiziten** gesehen:

O Zum einen würde es den Menschen schon von seiner **Natur** her **moralisch überfordern**, sollte er bei jeder Handlung an die Gesellschaft als Ganzes und an deren Gemeinwohl denken. Der Mensch ist nicht nur das zur Verantwortung fähige Vernunftwesen, sondern auch das zu Emotionen neigende Gefühlswesen mit einer Vielzahl eigener Antriebe, Wünsche, Hoffnungen und Neigungen. Eine permanente moralische Inanspruchnahme würde den vielfachen Verflechtungen zwischen Vernunft und Emotionen auf die Dauer kaum gerecht werden.

O Zum zweiten wäre der Mensch selbst als reines Vernunftwesen mit einem ausgeprägten Willen zu verantwortungsvollem Handeln als **Mitglied der Gesellschaft** vielfach **moralisch überfordert**. Individuelles und kollektives Handeln ist so stark in die Komplexität gesellschaftlicher Handlungszusammenhänge eingebunden, daß die Folgen dieses Handelns in ihrer Wirkungsganzheit häufig nicht hinreichend überblickt, abgesehen, eingeschätzt werden können.

O Zum dritten mag es über die grundsätzliche moralische Überforderung hinaus auch **moralische Defizite** einiger oder vieler Mitglieder einer Gesellschaft geben. Darunter seien individuelle oder kollektive Mängel in der Verantwortungsfähigkeit, in der Verantwortungsbereitschaft oder im ethischen Wissen (vgl. Abschnitt 2.2.3) verstanden.

Dort, wo individualethische Verantwortung ihre Grenzen findet, setzen Institutionen an.

Institutionalethische Funktionen: Entlastung und Kompensation

Institutionen sollen das gedeihliche Zusammenleben in einer Gesellschaft, das Gemeinwohl, auch dort ermöglichen, wo die Mitglieder der Gesellschaft moralisch überfordert sind oder moralische Defizite aufweisen. Hier sollen Institutionen etwa **entlastend** und **kompensierend** wirken.

O Institutionen sollen zum einen die Mitglieder einer Gesellschaft **von moralischer Überforderung entlasten**, selbst dort, wo der Wille zu verantwortungsvollem Handeln vorhanden ist (ähnlich Höffe 1986, S.120). Hier geht es darum zu verhindern, "daß individuelles Handeln, das im Einzelfall moralisch gut begründet werden könnte, Nachteile für die Gesellschaft insgesamt mit sich bringt" (Homann, Hesse et al. 1988, S.22-23).

O Institutionen sollen zum anderen **moralische Defizite** gemeinwohlverträglich **kompensieren**. Durch Institutionen soll auch dort noch zu einem gedeihlichen Zusammenleben in der Gesellschaft und damit zum Gemeinwohl beigetragen werden, wo es einzelnen oder vielen Mitgliedern der Gesellschaft an Verantwortungsfähigkeit, an Verantwortungsbereitschaft oder an ethischem Wissen gebricht.

Gleichrichtung von Eigeninteresse und Gemeinwohl

Um entlastend und kompensierend wirken zu können, setzen Institutionen am **Eigeninteresse** des einzelnen an. Dieses Eigeninteresse gilt es für die Gesellschaft als Ganzes zu nutzen. Durch Institutionen wird eine **Gleichrichtung von Eigeninteresse und Gemeinwohl** angestrebt, eine "künstliche Harmonie der Interessen" (Bentham, in: Birnbacher und Hoerster 1976, S.168), eine "Zielparallelität von Individuum und Gesamtsystem" (Müller-Merbach 1988, S.316).

Institutionen sollen als künstlich geschaffene Mechanismen wirken, "innerhalb deren die einzelnen Menschen ... dem Interesse anderer dienen, indem sie ihrem Eigeninteresse folgen" (Schmitz 1986, S.61, mit Bezug auf Brennan und Buchanan 1985, S.X). Damit lösen Institutionen idealerweise "den grundsätzlichen Konflikt zwischen dem individuellen freien Willen (dem Eigeninteresse; Anmerkung des Verfassers) und den Anforderungen einer Gesellschaft an ihre Mitglieder bis zu einem gewissen Grade auf" (Ochsenbauer 1989, S.193).

Gruppen von Institutionen: Markt, Regelwerke, Gebote und Verbote

Jede Gesellschaft verfügt über verschiedene Arten von Institutionen. Sie seien hier zu drei Gruppen zusammengefaßt,

- O dem **Markt**,
- O **Regelwerken** und
- O **Geboten und Verboten**.

Die drei Gruppen werden im folgenden einzeln beschrieben und jeweils auf ihre **entlastende** und **kompensierende** Funktion hin untersucht.

Markt als erste Gruppe von Institutionen

Unter dem Begriff des **Marktes** wird gemeinhin der ökonomische Ort des Tausches verstanden. Durch angebots- und nachfrageabhängige Preisbildung soll der Markt eine effiziente Versorgung der Gesellschaft mit Gütern und Dienstleistungen ermöglichen und dadurch zum Gemeinwohl beitragen.

Der Markt sei als eine Gruppe verschiedener, eng ineinander verflochtener Institutionen verstanden. Zu ihnen seien hier beispielsweise die Vertragsfreiheit, das Privateigentum (einschließlich der damit verbundenen Verfügungsrechte) und die Gewerbe- und Berufsfreiheit gezählt (vgl. Molitor 1989a, S.77-79). Diese Institutionen ermöglichen den Mitgliedern einer Gesellschaft, am Markt teilzunehmen und dort ihrem Eigeninteresse nachzugehen.

Entsprechend der Metapher der **"unsichtbaren Hand"** von Adam Smith (vgl. Molitor 1989b, S.27-29) vermag das **Eigeninteresse** der Marktteilnehmer zum **Gemeinwohl** einer Gesellschaft beizutragen. Das beschreibt etwa Engels (1986, S.168):

"Ein Unternehmer, der nur seinen eigenen Gewinninteressen folgt, dient damit auf funktionsfähigen Märkten gleichzeitig dem Gemeinwohl - ob er das will oder nicht und ob er das weiß oder nicht. Der eigentliche Trick der marktwirtschaftlichen Organisation liegt darin, daß sie den Eigennutz in den Dienst des Gemeinwohls stellt."

Der "Trick", von dem Engels spricht, liegt im Wesen des Tausches begründet. Die Marktteilnehmer fördern im Tausch ihr **Eigeninteresse**, indem sie Güter oder Dienstleistungen liefern, die anderen einen Nutzen stiften und dadurch zum **Gemeinwohl** beitragen (ähnlich Buchanan und Tullock 1965, S.19; zitiert nach Rapoport 1990, S.204). Der Tausch dient also dem **Eigeninteresse** aller Beteiligten - oder er unterbleibt. Jeder Tausch bringt allen Beteiligten potentiell einen Nutzen und fördert dadurch potentiell das **Gemeinwohl**.

Institutionalethische Funktion: Aus institutionalethischer Perspektive kann der Markt insbesondere **entlastend**, weniger hingegen **kompensierend** wirken:

Am Markt kann das **Eigeninteresse als Richtschnur des Handelns** eingesetzt werden. Dadurch **entlastet** der Markt die Teilnehmer bis zu einem gewissen Grade **von moralischer Überforderung**: Die Marktteilnehmer können ihrem Eigeninteresse nachgehen und dadurch (bewußt oder unbewußt) zum Gemeinwohl beitragen.

Hingegen kann der Markt **moralische Defizite** in der Regel und auf die Dauer **nicht** kompensieren. Im Gegenteil: Er stellt bestimmte **Anforderungen an das Verantwortungsbewußtsein** (vgl. Abschnitt 2.2.3) der Teilnehmer (ähnlich Molitor 1989a, S.79). Vier Aussagen mögen das illustrieren:

○ Schon Adam Smith erkannte, der Markt mache "die Moral (das Verantwortungsbewußtsein; Anmerkung des Verfassers) nicht unnötig, sondern er ist im Gegenteil auf sie angewiesen, wenn er ... das einzelwirtschaftliche Erfolgsstreben auf gemeinsame Ziele hinlenken soll" (Sautter 1983, S.604). Auch Steinmann und Löhr (1991, S.26) zitieren Adam Smith; dieser habe "richtigerweise darauf hingewiesen, daß jede Marktwirtschaft nur auf der Grundlage gemeinsam geteilter Moralvorstellungen (Vertragstreue, Zahlungsmoral, Respekt für den Marktpartner etc.) funktionsfähig ist."

○ Müller-Merbach (1983, S.815) weist insbesondere auf die Bedeutung von Vertrauen für die Marktwirtschaft hin:

"Vertrauen ist das Grundprinzip einer Marktwirtschaft. Vertrauen ermöglicht Freiheit, und Freiheit ist die Wurzel für Motivation zur Leistung."

○ Koslowski (1987b, S.18; vgl. Abschnitt 7.2) warnt vor einer übertriebenen Markteuphorie:

"Der Markt ... führt nur mit dem Willen der Handelnden zum Guten zum sozialen Optimum. Die Annahme, daß bloßes Eigeninteresse (im Sinne von Egoismus; Anmerkung des Verfassers) zum Allgemeinwohl führt, ist zu optimistisch und angenehm, als daß sie von ihrer Wahrheit überzeugen könnte. Die unsichtbare Hand des

Marktes funktioniert, aber nicht so wundersam, daß sie bloßen Egoismus ohne jeden Willen zum Allgemeinwohl mittels Externalitäten in Gemeinwohl verwandelt."

○ Rich (1990, S.338; vgl. Abschnitt 7.1) betont lakonisch:

"Alle Marktwirtschaft beruht auf dem Eigeninteresse **und** der Eigenverantwortung der verschiedenen Wirtschaftssubjekte" (Hervorhebung durch den Verfasser).

Nur solange die Marktteilnehmer das Eigeninteresse auch jedem anderen zugestehen und die eigene Freiheit nicht auf Kosten der Freiheit anderer mißbrauchen, kann der Markt "die mächtige Kraft des Eigeninteresses in vielen Handlungsbereichen" so kanalisieren, "daß das Gemeinwohl besser gefördert wird als durch Appell an den Altruismus" (Fleischmann 1986, S.82).

Regelwerke als zweite Gruppe von Institutionen

Dem Markt sind insbesondere dort praktische Grenzen gesetzt, wo von seinem Mechanismus nicht erfaßte **negative externe Effekte** auftreten. Dazu zählen insbesondere soziale und ökologische Belastungen, die der Verursacher auf die Gesellschaft abwälzt ("externalisiert") und für die er nicht selbst die Kosten trägt. Hier bedarf der Markt der Ergänzung durch weitere Institutionen.

Die schon erwähnte "Zielparallelität von Individuum und Gesamtsystem" muß für ein gedeihliches Zusammenleben in der Gesellschaft auch für den Fall hergestellt werden können, daß das **Eigeninteresse die Verantwortungsbereitschaft dominiert oder gar verdrängt** und zum **Egoismus** wird. Man dürfe sich, so Hesse (1989, S.3), "nicht auf die Moral (im Sinne von Verantwortungsbewußtsein; Anmerkung des Verfassers) als einziges Steuerungsinstrument verlassen, sondern muß dafür Sorge tragen, daß niemand erst in die Lage kommt, seinen egoistischen Vorteil zum Nachteil anderer verwirklichen zu können ..." Das betont auch Lachmann (1988, S.297):

"Das gesellschaftliche System muß funktionsfähig bleiben, auch wenn die 'moralische Qualität' der Marktteilnehmer nicht der Zielerreichung entspricht."

Hier setzen aus institutionalethischer Perspektive **Regelwerke** an, etwa das Steuer- und Abgabensystem, staatliche Signale oder finanzielle Anreizsysteme. Durch Regelwerke soll selbst aus egoistischem Handeln ein Nutzen für die Gesellschaft gezogen werden. Drei Beispiele mögen das Funktionieren von Regelwerken erläutern:

○ Bei **Steuern und Abgaben** spielt es hinsichtlich ihrer **Höhe** keine Rolle, wie der abzuführende Betrag erwirtschaftet wurde: ob auf ehrliche oder unehrliche Weise - er dient auf jedem Fall dem Staat zur weiteren Verwendung für das Gemeinwohl.

○ Auch **staatliche Signale** wie die **Leitzinsen** der Deutschen Bundesbank verkörpern solche Regelwerke: Bei höheren Leitzinsen steigt die Spareignung des einzelnen, bei niedrigeren Leitzinsen steigen Konsum und Investition. Jeweils aus Eigeninteresse dient der einzelne damit dem Gemeinwohl, hier insbesondere der Geldwertstabilität (vgl. Krupinski 1991, S.19).

○ Ebenso dienen **finanzielle Anreizsysteme**, etwa **Finanzierungsbeihilfen** für Investitionen in den neuen Bundesländern (steuerliche Vorteile, Finanzierungszulagen, staatliche Bürgschaften und dadurch verbilligte Kredite etc.) als Regelwerke: Wiederum aus Eigeninteresse trägt der einzelne zum Gemeinwohl bei, hier insbesondere zum Aufbau der neuen Bundesländer.

Solche Regelwerke tragen dazu bei, daß "diese Ordnung (die marktwirtschaftliche Organisation; Anmerkung des Verfassers) (funktioniert) ..., **gleichgültig, ob ihre Unternehmer nun Helden oder Schurken sind**" (Engels 1986, S.168; Hervorhebung durch den Verfasser).

Institutionalethische Funktion: Regelwerke können aus institutionalethischer Perspektive gleichermaßen **entlastend** und **kompensierend** wirken:

Durch **Hinweise** auf individuell vorteilhaftes und zugleich gesellschaftlich erwünschtes Handeln (etwa in Form von Leitzinsen oder finanziellen Anreizsystemen) **entlasten** Regelwerke die Mitglieder einer Gesellschaft **von moralischer Überforderung**. Zudem **kompensieren Regelwerke moralische Defizite**, weil sie selbst unredlich Erworbenes teilweise dem Gemeinwohl zuführen (etwa über Steuern und Abgaben).

Gebote und Verbote als dritte Gruppe von Institutionen

Wo es nicht gelingt, auch egoistisches Handeln durch Regelwerke dem Gemeinwohl nutzbar zu machen, sondern wo im Gegenteil **Schäden** für die Gesellschaft drohen, werden **Gebote und Verbote** notwendig. Das betonte schon Edmund Burke 1791 (zitiert nach ASU 1990, S.3):

"Die Gesellschaft kann nicht existieren, ohne daß irgendwo eine Bremse des ungezügelten Willens und Appetits eingebaut wird, und je weniger die Menschen selbst in ihrem eigenen Inneren darüber verfügen, um so mehr muß sie ihnen von außen angelegt werden."

Auch durch Gebote und Verbote soll das **Eigeninteresse** für die Gesellschaft als Ganzes, für das **Gemeinwohl**, genutzt werden - allerdings in einer anderen Weise als durch den Markt und durch Regelwerke:

○ **Markt und Regelwerke** setzen direkt am **Eigeninteresse** an. Das Eigeninteresse soll für das Gemeinwohl genutzt werden. Hierbei werden **individuelle Entfaltungsmöglichkeiten** geschaffen, welche die Mitglieder einer Gesellschaft im Eigeninteresse wahrnehmen **können**. Markt und Regelwerke dienen somit einer potentiellen Steigerung des Gemeinwohls.

○ **Gebote und Verbote** hingegen gehen vom **Gemeinwohl** aus. Beeinträchtigungen des Gemeinwohls sollen per Gesetz vermieden werden. Hierbei werden den Mitgliedern einer Gesellschaft **kollektive Beschränkungen** auferlegt, die sie (aus institutionalethischer Perspektive) im Eigeninteresse einhalten **müssen**, um Sanktionen zu vermeiden. Durch Gebote und Verbote kann das Gemeinwohl kaum gesteigert, bestenfalls vor Beeinträchtigung bewahrt werden.

Gebote und Verbote schränken die unternehmerische Freiheit ein. Sie führen zu einem faktischen Machtverlust auf der Ebene der Unternehmung, etwa bei einem Mißbrauch von Marktmacht oder bei einem Auftreten negativer externer Effekte, die nicht anderweitig (etwa durch Regelwerke) internalisiert werden können.

In der Einschränkung unternehmerischer Freiheit spiegelt sich das **Iron Law of Responsibility** wider, demzufolge jede Person oder Institution auf Dauer diejenige Macht verliert, die sie nicht verantwortungsvoll einsetzt (vgl. Staehle 1991, S.576).

Beispiele für das eiserne Gesetz der Verantwortung gibt es in Fülle: Belasten Unternehmungen (und alle anderen Teilnehmer am Wirtschaftsgeschehen) die Umwelt übermäßig, werden Umweltgesetze erforderlich. Mißbrauchen Gewerkschaften ihre Streikrechte, drohen ihnen gesetzliche Einschränkungen der Arbeitskampfprozeduren (vgl. Müller-Merbach 1989b, S.13). Kommt ein Schuldner auf Dauer seinen Zahlungsverpflichtungen nicht nach, so wird ihm der Kreditrahmen eingeschränkt werden müssen. Gelangen qualitativ minderwertige Nahrungsmittel auf den Markt, wird eine Verschärfung der Nahrungsmittelgesetze notwendig. Entsprechen Lieferungen nicht bestimmten Qualitätsstandards, werden strengere Eingangskontrollen erforderlich.

Institutionalethische Wirkung: Wie schon Regelwerke, so können auch Gebote und Verbote gleichermaßen **entlastend** und **kompensierend** wirken:

Gebote und Verbote geben bestimmte **Handlungsmuster** vor; dadurch **entlasten** sie die Mitglieder einer Gesellschaft **von moralischer Überforderung**. Zudem **kompensieren** Gebote und Verbote **moralische Defizite**, weil sie den einzelnen zum Beitrag am Gemeinwohl **verpflichten** - unabhängig davon, ob er das einsieht oder nicht.

Flexible Gestaltung von Institutionen

In jeder Gesellschaft mögen die **Anteile** der drei Gruppen von Institutionen (Markt, Regelwerke sowie Gebote und Verbote) flexibel gestaltet werden und dementsprechend verschieden hoch sein. In welchem Umfang hierbei durch den **Markt** und durch **Regelwerke** individuelle Entfaltungsmöglichkeiten (und damit Freiräume) geschaffen werden **können**, durch **Gebote und Verbote** hingegen kollektive Beschränkungen auferlegt werden **müssen**, hängt auch davon ab, wie verantwortungsvoll die Mitglieder einer Gesellschaft mit den ihnen bereits zugestandenen Freiräumen umgehen.

Normative Führung: Eingebundenheit und Gestaltung

Aus institutionalethischer Perspektive umfaßt die normative Führung (vgl. Abschnitt 2.1) sowohl eine eher passive **Eingebundenheit in Institutionen** als auch eine aktive **Gestaltung von Institutionen**:

○ Als Repräsentanten und Entscheidungsträger einer Unternehmung sind Führungskräfte einerseits, wie alle Teilnehmer am Wirtschaftsgeschehen, wie alle Mitglieder der Gesellschaft, in Institutionen der Wirtschafts- und Gesellschaftsordnung **eingebunden**. Der Markt, Regelwerke sowie Gebote und Verbote verkörpern Gruppen von Institutionen, innerhalb derer Führungskräfte im **Eigeninteresse** ihrer Unternehmung (etwa dem langfristigen Bestand) handeln und so zum **Gemeinwohl** beitragen sollen.

○ Der Mechanismus der Gleichrichtung von Eigeninteresse und Gemeinwohl spielt jedoch nicht nur auf der Ebene der Wirtschafts- und Gesellschaftsordnung eine Rolle, sondern ebenso auf der Ebene der Unternehmung. Dort müssen Führungskräfte selbst Institutionen **gestalten**, um das **Eigeninteresse** aller Mitglieder der Unternehmung mit dem **übergeordneten Interesse** der Unternehmung gleichzurichten (vgl. Abschnitt 10.3). Je stärker diese Gleichrichtung gelingt, desto eher kann die Unternehmung ihrerseits zum Gemeinwohl beitragen.

Bei der **Gestaltung von Institutionen** sind die Institutionalethik und die Individualethik miteinander verflochten. Je nach Betrachtungsweise dominiert eher die Institutionalethik oder mehr die Individualethik:

Die Gestaltung von Institutionen setzt einerseits am **Eigeninteresse** aller in die Institutionen **eingebundenen** Mitglieder der Unternehmung an. Das rechtfertigt ihre Zuordnung zur **Institutionalethik**. Doch tragen Führungskräfte als diejenigen, welche die Institutionen **gestalten**, die **Verantwortung** für diese Gestaltung. Insofern bildet die Gestaltung von Institutionen auch wieder den Gegenstand der **Individualethik** (vgl. Abschnitt 2.3.1).

2.4. Resümee

In diesem Kapitel wurde die Führungsethik als Teil der Betriebswirtschaftslehre konzipiert. Das geschah in drei Schritten:

○ In einem ersten Schritt wurde zwischen der **fachlichen**, der **personalen** und der **normativen Führung** unterschieden. Diese drei Dimensionen zielen jeweils auf Unterschiedliches, die fachliche Führung auf **Sachen**, die personale Führung auf **Menschen**, die normative Führung auf **Werthaltungen**. Durch diese Dreiteilung sollte insbesondere die normative Führung als eigenständige, moralische Dimension der Führung herausgearbeitet werden. Doch bilden alle drei Dimensionen in der Realität, im Handeln selbst, eine **untrennbare Einheit** (vgl. Abschnitt 2.1).

○ In einem zweiten Schritt wurde an den drei Dimensionen der Führung zunächst eine **Dreiteilung der Betriebswirtschaftslehre** ausgerichtet: Die fachliche Führung bildet den Gegenstand der **Wissenschaft von der Unternehmung** (Abschnitt 2.2.1), die personale Führung den Gegenstand der **Verhaltenslehre** (Abschnitt 2.2.2), die normative Führung den Gegenstand der **Führungsethik** (Abschnitt 2.2.3). Durch diese Dreiteilung mag es gelingen, die Führungsethik trotz ihres wertgeladenen Inhaltes an wertfreie Teile der Betriebswirtschaftslehre (insbesondere an die Wissenschaft von der Unternehmung) anzukoppeln.

Im Rahmen der Dreiteilung der Betriebswirtschaftslehre wurde die **Führungsethik** als Lehre von der normativen Führung in den Mittelpunkt gestellt. Die normative Führung wurde dabei auf ein Fundament aus drei Bausteinen gestellt, erstens die **Verantwortungsfähigkeit** als eine intellektuelle Voraussetzung, zweitens die **Verantwortungsbereitschaft** als eine praktische Voraussetzung und drittens das **ethische Wissen** als eine inhaltliche Grundlage für die normative Führung.

O In einem dritten Schritt schließlich wurde zwischen zwei Bereichen, der **Individualethik** und der **Institutionalethik** unterschieden. Hierbei wurde die Bedeutung sowohl der individuellen Verantwortung (Individualethik) als auch der Gestaltung von Institutionen (Institutionalethik) für ein gedeihliches Zusammenleben in der Gesellschaft, für das Gemeinwohl, hervorgehoben (Abschnitt 2.3).

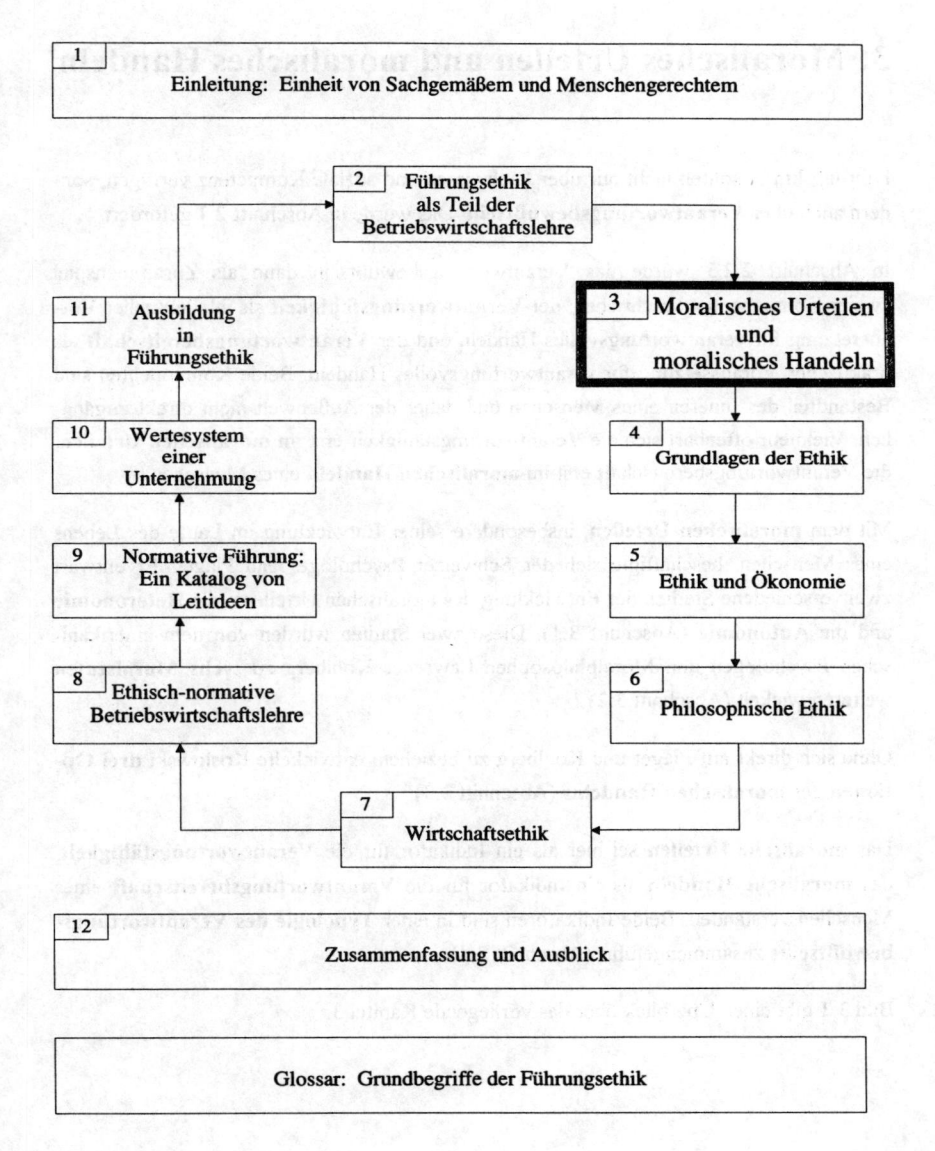

1
Einleitung: Einheit von Sachgemäßem und Menschengerechtem

| 2 | Führungsethik als Teil der Betriebswirtschaftslehre |

| 11 | Ausbildung in Führungsethik |

| 3 | **Moralisches Urteilen und moralisches Handeln** |

| 10 | Wertesystem einer Unternehmung |

| 4 | Grundlagen der Ethik |

| 9 | Normative Führung: Ein Katalog von Leitideen |

| 5 | Ethik und Ökonomie |

| 8 | Ethisch-normative Betriebswirtschaftslehre |

| 6 | Philosophische Ethik |

| 7 | Wirtschaftsethik |

| 12 | Zusammenfassung und Ausblick |

| Glossar: Grundbegriffe der Führungsethik |

3. Moralisches Urteilen und moralisches Handeln

Führungskräfte sollten nicht nur über Fachwissen und soziale Kompetenz verfügen, sondern auch über **Verantwortungsbewußtsein**. Das wurde in Abschnitt 2.1 gefordert.

In Abschnitt 2.2.3 wurde das Verantwortungsbewußtsein dann als Zusammenspiel zweier Komponenten beschrieben, der **Verantwortungsfähigkeit** als intellektueller Voraussetzung für verantwortungsvolles Handeln und der **Verantwortungsbereitschaft** als praktischer Voraussetzung für verantwortungsvolles Handeln. Beide Komponenten sind Bestandteil des Inneren eines Menschen und daher der Außenwelt nicht direkt zugänglich. Vielmehr offenbart sich die Verantwortungsfähigkeit erst im **moralischen Urteilen**, die Verantwortungsbereitschaft erst im **moralischen Handeln** eines Menschen.

Mit dem **moralischen Urteilen**, insbesondere seiner Entwicklung im Laufe des Lebens eines Menschen, beschäftigte sich der Schweizer Psychologe Jean Piaget. Er entwarf zwei verschiedene Stadien der Entwicklung des moralischen Urteilens, die **Heteronomie** und die **Autonomie** (Abschnitt 3.1). Diese zwei Stadien wurden von dem amerikanischen Psychologen und Moralphilosophen Lawrence Kohlberg zu **sechs Moralstufen** weiterentwickelt (Abschnitt 3.2).

Ohne sich direkt auf Piaget und Kohlberg zu beziehen, entwickelte Koslowski **drei Optionen** des **moralischen Handelns** (Abschnitt 3.3).

Das **moralische Urteilen** sei hier als ein Indikator für die **Verantwortungsfähigkeit**, das **moralische Handeln** als ein Indikator für die **Verantwortungsbereitschaft** eines Menschen verstanden. Beide Indikatoren sind in einer **Typologie des Verantwortungsbewußtseins** zusammengeführt (Abschnitt 3.4).

Bild 3.1 gibt einen Überblick über das vorliegende Kapitel 3.

```
┌─────────────────────────┐
│  3  │ Moralisches Urteilen│
│     │       und           │
│     │ moralisches Handeln │
└─────────────────────────┘
           │
    ┌──────┴──────┐
┌───────────┐   ┌──────────────┐
│ 3.1  Piaget:│ │ 3.2  Kohlberg:│
│ Heteronomie │ │ Sechs         │
│ und         │ │ Moralstufen   │
│ Autonomie   │ │               │
└───────────┘   └──────────────┘
           │
┌──────────────────┐
│ 3.3  Koslowski:  │
│ Drei Optionen    │
│ moralischen Handelns│
└──────────────────┘
           │
┌──────────────────┐
│ 3.4  Typologie des│
│ Verantwortungs-  │
│ bewußtseins      │
└──────────────────┘
```

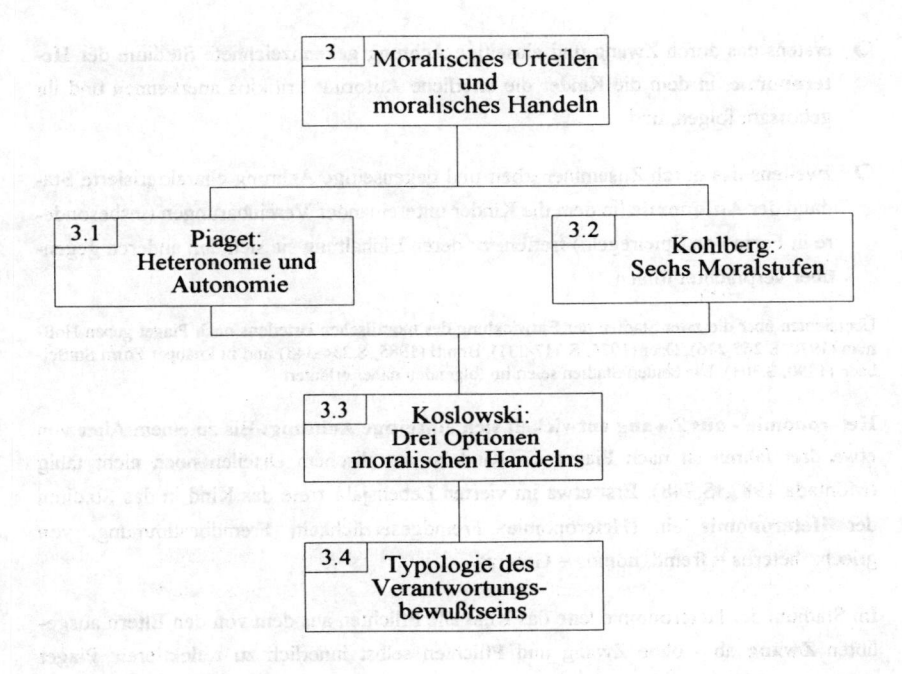

Bild 3.1: Gedankenflußplan zu Kapitel 3

3.1. Piaget: Heteronomie und Autonomie moralischen Urteilens

Der Schweizer Psychologe Jean Piaget (1896-1980) führte umfangreiche Befragungen mit fünf bis dreizehn Jahre alten Kindern durch. Er fragte die Kinder unter anderem nach der Herkunft von Spielregeln, nach der gerechten Verteilung von Gütern und Pflichten und nach der Gerechtigkeit unterschiedlicher Strafen für ein Vergehen (Montada 1987, S.748).

Aus dem moralischen Urteilen der Kinder leitete Piaget - insbesondere in seinem Werk "Das moralische Urteil beim Kinde" (französisch 1932, deutsch 1954) - zwei **nacheinander** auftretende Stadien der Entwicklung des moralischen Urteilens ab,

45

○ erstens das durch Zwang und einseitige Achtung gekennzeichnete Stadium der **Heteronomie**, in dem die Kinder die elterliche Autorität kritiklos anerkennen und ihr gehorsam folgen, und

○ zweitens das durch Zusammenarbeit und gegenseitige Achtung charakterisierte Stadium der **Autonomie**, in dem die Kinder untereinander Vereinbarungen (insbesondere in Form von Spielregeln) treffen, zu deren Einhaltung sie sich den anderen gegenüber verpflichtet fühlen.

Übersichten über die zwei Stadien der Entwicklung des moralischen Urteilens nach Piaget geben Hoffman (1970, S.265-276), Oser (1976, S.317-331), Brantl (1985, S.334-343) und in knapper Form Staffelbach (1990, S.301). Die beiden Stadien seien im folgenden näher erläutert.

Heteronomie - aus Zwang entwickelt sich einseitige Achtung: Bis zu einem Alter von etwa drei Jahren ist nach Piaget ein Kind zu moralischem Urteilen noch nicht fähig (Montada 1987, S.748). Erst etwa im vierten Lebensjahr trete das Kind in das Stadium der **Heteronomie** ein (Heteronomie: Fremdgesetzlichkeit, Fremdbestimmung, von griech.: heteros = fremd, nomos = Gesetz).

Im Stadium der Heteronomie leite das Kind alle Pflichten aus dem von den Eltern ausgeübten **Zwang** ab - ohne Zwang und Pflichten selbst innerlich zu reflektieren. Piaget (1954, S.378) schreibt:

"Die Moral des Zwanges ist die Moral der Pflicht und der reinen Heteronomie: das Kind nimmt vom Erwachsenen eine gewisse Anzahl Weisungen entgegen, denen es sich, gleichviel unter welchen Umständen, zu fügen hat. Gut ist, was diesen Geboten entspricht, böse, was ihnen zuwiderläuft ..."

Aus dem Zwang entwickele sich eine **einseitige Achtung** (Piaget 1954, S.379) vor der elterlichen Autorität mitsamt ihren Geboten und Verboten, gegenüber denen sich das Kind vollkommen verpflichtet fühle.

"Dieser ... Respekt, der zweifellos die Ursache des Pflichtgefühls ist, erzeugt im Kleinkind eine Moral des Gehorsams, die in ihrem Wesen durch eine Heteronomie gekennzeichnet ist" (Piaget und Inhelder 1974, S.125-126, zitiert nach Brantl 1985, S.339).

Die durch Zwang und **einseitige** Achtung gekennzeichnete Heteronomie stellt für Piaget selbst (1954, S.379) noch "keine stabile Form des Gleichgewichts" dar. Das Gleichgewicht, zu dem die Heteronomie strebe, sei "nichts anderes als die **gegenseitige** Achtung" (Hervorhebung durch den Verfasser).

Autonomie - aus Zusammenarbeit entwickelt sich gegenseitige Achtung: Insbesondere durch den Kontakt mit Gleichaltrigen werde das Kind mehr und mehr zur **Zusammenarbeit** mit anderen hingeführt. Piaget betont (1954, S.378):

"An der Grenze dieser (heteronomen; Anmerkung des Verfassers) Moral und dann im Gegensatz zu ihr entwickelt sich ... allmählich eine Moral der Zusammenarbeit, deren Prinzip die Solidarität ist und die allen Nachdruck auf die Autonomie des Gewissens ... legt."

Das Stadium der **Autonomie** (Eigengesetzlichkeit, Selbstbestimmung, von griech. autos = selbst, nomos = Gesetz) beginne, so Piaget, etwa um das zehnte Lebensjahr (Montada 1987, S.748). Das Kind lerne im Umgang mit Gleichaltrigen, Normen zu reflektieren, gegeneinander abzuwägen und zu relativieren. Normen würden nicht länger nur als autoritative Vorgaben, sondern ebenso als kooperative Übereinkunft, als gegenseitige Vereinbarung betrachtet. Solange die Übereinkunft gelte, sei man zur Einhaltung der Normen verpflichtet; im Einverständnis mit den anderen könnten die Normen jedoch abgeändert werden (Montada 1987, S.748).

Mit dem Eintritt in das Stadium der **Autonomie** beginne, so Piaget, das Kind, mehr und mehr die **ein**seitige Achtung von Autoritäten durch die **gegen**seitige Achtung von seinesgleichen zu ersetzen.

Moralisches Urteilen über die Gerechtigkeit von Strafen: Piaget stützt seine Thesen unter anderem auf das moralische Urteilen der Kinder über die Gerechtigkeit unterschiedlicher Strafen für ein Vergehen (Pieper 1985, S.15). Er fand heraus, daß ein Kind im Laufe der Entwicklung seines moralischen Urteilens von der Perspektive der Gerechtigkeit als Vergeltung und Sühne (Stadium der Heteronomie) über die Wiedergutmachung (Zwischenstadium zwischen Heteronomie und Autonomie) bis hin zur verzeihenden Gerechtigkeit (Stadium der Autonomie) wechsele.

Heteronomie und Autonomie bei Kant

Piagets empirische Untersuchungen bestätigen die Arbeiten von Immanuel Kant (1724-1804), der schon vor über 200 Jahren zwischen Heteronomie und Autonomie unterschied (Kant 1991, S.66) und beide Begriffe in die Philosophie einführte. Piaget (1954) selbst geht jedoch nicht systematisch zu dieser Quelle zurück, sondern erwähnt nur eher beiläufig die "Kantsche Lösung ..., welche die Autonomie durch den vernünftigen Willen erklärt" (Piaget 1954, S.403).

○ **Heteronomie** bedeutet für Kant die Abhängigkeit des Willens von Regeln aller Art, die nicht aus dem Willen selbst kommen, sondern persönlicher Willkür (Neigungen, Interessen, Wünschen, Begehren, Launen etc.) entspringen oder aus äußeren Zwängen resultieren. Ein solcher abhängiger Wille ist für Kant unfrei, fremdbestimmt, heteronom. Kant (1991, S.79):

"Allenthalben, wo ein Objekt des Willens zum Grunde gelegt werden muß, um diesem die Regel vorzuschreiben, die ihn bestimme, da ist die Regel nichts als Heteronomie ..."

○ **Autonomie** hingegen äußert sich für Kant in der Freiheit des Willens (vgl. Abschnitt 6.7), in der Unabhängigkeit von persönlicher Willkür und äußeren Zwängen. Durch die Autonomie ist der Mensch in der Lage, sich als moralisches Wesen seine Normen (Kant spricht von moralischen Gesetzen) selbst vorzugeben. Kant (1991, S.144) grenzt zu Beginn seines vierten Lehrsatzes in der "Kritik der praktischen Vernunft" die Autonomie von der Heteronomie ab:

"Die **Autonomie** des Willens ist das alleinige Prinzip aller moralischen Gesetze und der ihnen gemäßen Pflichten; alle **Heteronomie** der Willkür gründet dagegen nicht allein gar keine Verbindlichkeit, sondern ist vielmehr dem Prinzip derselben und der Sittlichkeit des Willens entgegen."

Zwang und Zusammenarbeit als Grundformen gesellschaftlicher Beziehungen

Piaget (1954, S.369-463) übertrug die Stadien der **Heteronomie** und der **Autonomie** auf gesellschaftliche Beziehungen. Diese könnten sowohl **durch Zwang geprägt** (dem Stadium der Heteronomie entsprechend) als auch **von Zusammenarbeit getragen** sein (dem Stadium der Autonomie entsprechend). Piaget (1954, S.450) schreibt dazu:

"Die Gesellschaft ist die Gesamtheit der sozialen Beziehungen. Innerhalb dieser nun aber lassen sich zwei extreme Typen unterscheiden: die Beziehung des Zwanges, deren Eigenheit es ist, dem Individuum von außen her ein System von Regeln mit verpflichtendem Inhalt aufzuzwingen, und die Beziehungen der Zusammenarbeit, deren Eigentümlichkeit darin besteht, daß sie in den Geistern selbst das Bewußtsein von idealen Normen entstehen lassen, welche alle anderen Regeln bestimmen."

Nach Piaget dominiert jedoch der **Zwang** die meisten **tatsächlichen** gesellschaftlichen Beziehungen, während die **Zusammenarbeit** eher deren **Ideal** verkörpere. Piaget (1954, S.450):

"Die aus der Autorität und der einseitigen Achtung hervorgegangenen Beziehungen des Zwanges kennzeichnen ... die meisten tatsächlichen Zustände der gegebenen Gesellschaft ... Die durch Gleichheit und gegenseitige Achtung gekennzeichneten Beziehungen der

Zusammenarbeit bilden dagegen eher die ideale Grenze eines Gleichgewichtes als ein statisches System."

Piagets Annahme wirkt allerdings dogmatisch und dürfte einer empirischen Prüfung kaum standhalten. Ob die Zusammenarbeit tatsächlich eher ideale (also nie erreichbare) gesellschaftliche Beziehungen charakterisiert, sei daher bezweifelt.

Eher scheinen viele gesellschaftliche Beziehungen geradezu auf Zusammenarbeit **angewiesen** zu sein, im wirtschaftlichen Sektor und erst recht im privaten Sektor. So bedarf es etwa einer Zusammenarbeit unter Kollegen, um gemeinsame Aufgaben bewältigen zu können, oder es bedarf einer Zusammenarbeit zwischen Arbeitgebern und Gewerkschaften auf der Suche nach tragfähigen und akzeptablen Kompromissen.

Hierbei kann die Zusammenarbeit sowohl **individualethisch** motiviert sein, also an der Verantwortung anknüpfen, als auch **institutionalethisch** motiviert sein, also am Eigeninteresse ansetzen (vgl. Abschnitt 2.3).

Konsequenzen für die normative Führung: Vertrauen und Kontrolle

Es scheint eine Frage des **Vertrauens** zu sein, in welchem Maße die Zusammenarbeit die gesellschaftlichen Beziehungen prägt. Je größer das gegenseitige Vertrauen ist, desto stabiler mag die Basis der Zusammenarbeit sein. Je mehr jedoch das Vertrauen schwindet, sei es aus Mißbrauch, sei es aus unbegründetem Argwohn, desto eher werden **Kontrollen** dominieren, desto stärker wird der Zwang die gesellschaftlichen Beziehungen beherrschen.

Beides, **Vertrauen und Kontrolle**, erscheint in einem gewissen Maße notwendig: Vertrauen (aber kein **blindes** Vertrauen), weil es menschenwürdige und systemnotwendige Freiräume schafft, Kontrolle (aber keine **totale** Kontrolle), weil sie eine Gesellschaft stabilisiert und vor dem Zerfall bewahrt.

Wird das Vertrauen permanent mißbraucht, so werden zusätzliche Kontrollen notwendig. Im Extremfall schwindet das Vertrauen gänzlich, und eine zentrale und gegenseitige Kontrolle dominiert die gesellschaftlichen Beziehungen. Das erinnert an den Ausspruch **"Vertrauen ist gut, Kontrolle ist besser"**, der auf Lenin zurückgehen soll (vgl. Müller-Merbach 1988, S.315).

Sicher ist Kontrolle vielfach notwendig, aber Vertrauen ist dem Menschen als vernunftbegabtes und zur Verantwortung fähiges Wesen **angemessener**. Zudem werden sich die gesellschaftlichen Beziehungen desto **effizienter** gestalten, je höher der Anteil an gegenseitigem Vertrauen ist. Je höher hingegen der Anteil an Kontrolle wird, desto stärker steigen Kontrollaufwand und Konfliktpotential, möglicherweise auch Trägheit der Beziehungen und Korruption der Mitglieder einer Gesellschaft.

Wie hoch der jeweilige Anteil an Vertrauen und an Kontrolle in einer Gesellschaft ist, bestimmen die Mitglieder letztlich durch ihr Handeln selbst.

So kann auch jede **Führungskraft** durch ihr Handeln Vertrauen rechtfertigen und dadurch sowohl zu vielen Kontrollen **entgehen** (individualethischer Aspekt) als auch selbst auf ein Übermaß an Kontrollen **verzichten** (institutionalethischer Aspekt). Beides mag zu einer fruchtbaren Zusammenarbeit etwa mit den Vorgesetzten, Kollegen und Mitarbeitern, mit den Kunden und Lieferanten, mit den Kapitalgebern, mit der Öffentlichkeit beitragen und so den Beziehungen zumindest teilweise denjenigen Zwang zu nehmen, der nach Piaget die gesellschaftlichen Beziehungen dominiert.

3.2. Kohlberg: Sechs Moralstufen

Im Anschluß an die Arbeiten von Piaget (Abschnitt 3.1) entwarf der amerikanische Psychologe und Moralphilosoph Lawrence Kohlberg (1927-1987) eine umfassende Theorie der Entwicklung des moralischen Urteilens im Leben eines Menschen. Kohlberg befragte Kinder zu moralischen Dilemmas, in denen verschiedene Normen miteinander konfligieren (Montada 1987, S.751).

Kohlbergs Arbeiten haben seit 1963 große Aufmerksamkeit erregt und viele Folgearbeiten ausgelöst. Eine Übersicht über Kohlbergs Arbeiten gibt Hoffman (1970, S.276-280). Montada (1987, S.750) erwähnt zudem den Überblick von Levine, Kohlberg und Hewer (1985) sowie kritische und weiterführende Analysen, etwa von Eckensberger und Silbereisen (1980). Auch Habermas (1983, S.127-206; 1986, S.291-318), Boyd (1986, S.181-204) und Puka (1986, S.241-290) setzen sich kritisch mit den Arbeiten Kohlbergs auseinander und liefern teils ergänzende, teils konträre Vorschläge.

Sechs Moralstufen auf drei Niveaus

Als Ergebnis seiner umfangreichen Befragungen hat Kohlberg sechs Stufen der Entwicklung des moralischen Urteilens (**Moralstufen**; im englischen Original: moral stages) herausgearbeitet (Kohlberg 1974, S.47-83; 1976, S.31-53; 1981, S.17-22; Kohlberg, Levine und Hewer 1983).

Zusammenfassungen und Übersichten über die sechs Moralstufen geben ausführlich Oser (1981, S.319-416), dann Habermas (1983, S.130-143), Brantl (1985, S.344-350), DeGeorge (1986, S.27-30), wiederum ausführlich Lempert (1988), dann Dyllick (1989, S.222-229), Osterloh (1989, S.147-149) und Staffelbach (1990, S.301-308).

Die sechs Moralstufen spiegeln jeweils eine bestimmte Perspektive, eine bestimmte **Orientierung** des moralischen Urteilens wider. Diese Orientierungen sind hier bezeichnet als

- **Fremdorientierung** (auf der **ersten** Moralstufe),
- **Eigenorientierung** (auf der **zweiten** Moralstufe),
- **Sozialorientierung** (auf der **dritten** Moralstufe),
- **Gesetzesorientierung** (auf der **vierten** Moralstufe),
- **Vertragsorientierung** (auf der **fünften** Moralstufe) und
- **Prinzipienorientierung** (auf der **sechsten** Moralstufe).

Je zwei der sechs Moralstufen bilden bei Kohlberg ein Niveau (häufig auch als Ebene bezeichnet; im englischen Original: level). Die erste und die zweite Moralstufe legt Kohlberg auf das **präkonventionelle** Niveau, die dritte und die vierte Moralstufe auf das **konventionelle** Niveau, die fünfte und die sechste Moralstufe auf das **postkonventionelle** Niveau. Im folgenden sind die drei Niveaus und die sechs Moralstufen im einzelnen beschrieben. Eine tabellarische Übersicht gibt Bild 3.2.

Auf dem ersten, dem präkonventionellen Niveau sieht der Mensch die eigene Person als Zentrum allen Geschehens und wertet alle Ereignisse nur selbstbezogen, also nach ihrer Bedeutung für die eigene Person (erste und zweite Moralstufe):

- **Fremdorientierung** (erste Moralstufe): An **Bestrafung und Gehorsam** orientiert urteilt der Mensch auf der ersten Moralstufe. Um die überlegene Gewalt von fremden Autoritäten (Eltern, Staat etc.) zu vermeiden (und nicht etwa aus Einsicht), sollen seiner Ansicht nach Verbote eingehalten und Gebote befolgt werden.

- **Eigenorientierung** (zweite Moralstufe): Am **Eigeninteresse** orientiert urteilt der Mensch auf der zweiten Moralstufe. Er grenzt sein Eigeninteresse von dem anderer ab und rechtfertigt mit diesem Eigeninteresse sein Handeln. Gleichzeitig gesteht er anderen deren (auch von den eigenen Interessen abweichende) Interessen zu.

Auf dem zweiten, dem konventionellen Niveau löst sich der Mensch von seinem ausschließlichen Selbstbezug. Er versteht sich als Wesen, das in Beziehungen zu anderen steht und dem aus diesen Beziehungen Verpflichtungen erwachsen (dritte und vierte Moralstufe).

- **Sozialorientierung** (dritte Moralstufe): An **Erwartungen ihm nahestehender Personen** orientiert urteilt der Mensch auf der dritten Moralstufe. Im Rahmen seiner so-

	Definition	exemplarische Norm

Präkonventionelles Niveau

Erste Moralstufe: *Fremdorientierung*	Gut ist der blinde Gehorsam gegenüber Vorschriften und gegenüber Autorität, Strafen zu vermeiden und kein körperliches Leid zuzufügen.	"Macht ist Recht!" (eine den Nazis zugeschriebene Parole, die auch von Kommunisten oder religiösen Fundamentalisten stammen könnte)
Zweite Moralstufe: *Eigenorientierung*	Gut ist es, eigenen oder fremden Bedürfnissen zu dienen und im Sinne des konkreten Austausches fair miteinander umzugehen.	"Eine Hand wäscht die andere!" (Volksweisheit)

Konventionelles Niveau

Dritte Moralstufe: *Sozialorientierung*	Gut ist es, eine (nette) Rolle zu spielen, sich um andere und ihre Empfindungen zu kümmern, sich Partnern gegenüber loyal und zuverlässig zu verhalten, und bereit zu sein, Regeln einzuhalten und Erwartungen gerecht zu werden.	"Was du nicht willst, das man dir tu', das füg' auch keinem andern zu!" (Goldene Regel, vgl. Abschnitt 6.6)
Vierte Moralstufe: *Gesetzesorientierung*	Gut ist es, seine Pflicht in der Gesellschaft zu erfüllen, die soziale Ordnung aufrechtzuerhalten und für die Wohlfahrt der Gesellschaft oder Gemeinde Sorge zu tragen.	"Ruhe ist die erste Bürgerpflicht!" (Teil der Bekanntmachung, die am Tag nach der verlorenen Schlacht bei Jena - 17.10.1805 - an den Straßenecken Berlins angeschlagen wurde)

Postkonventionelles Niveau

Fünfte Moralstufe: *Vertragsorientierung*	Gut ist es, die Grundrechte sowie die grundsätzlichen Werte und Verträge einer Gesellschaft zu unterstützen, auch wenn sie mit den konkreten Regeln und Gesetzen eines gesellschaftlichen Subsystems in Konflikt geraten.	"Eigentum verpflichtet. Sein Gebrauch soll zugleich dem Wohle der Allgemeinheit dienen." (Grundgesetz der Bundesrepublik Deutschland, Artikel 14[2])
Sechste Moralstufe: *Prinzipienorientierung*	Gut ist es, Prinzipien als maßgebend zu betrachten, denen die ganze Menschheit folgen könnte und sollte.	"... handle nur nach derjenigen Maxime, durch die du zugleich wollen kannst, daß sie ein allgemeines Gesetz werde." (Kants kategorischer Imperativ, vgl. Abschnitt 6.7)

Bild 3.2: Sechs Stufen der Entwicklung des moralischen Urteilens (Moralstufen) nach Kohlberg, in Anlehnung an Schreiner (1982, S.184-185). Je zwei Moralstufen sind zu einem Niveau zusammengefaßt. Jede Moralstufe ist durch eine Definition und eine exemplarische Norm gekennzeichnet.

zialen Beziehungen will er seiner Rolle als guter Sohn, guter Bruder, guter Freund etc. entsprechen.

O **Gesetzesorientierung** (vierte Moralstufe): An der **gesetzlich geregelten Ordnung** orientiert urteilt der Mensch auf der vierten Moralstufe. Pflichterfüllung und Achtung vor dem Gesetz erscheinen dem einzelnen notwendig, um die bestehende Ordnung gesellschaftlicher Beziehungen aufrechtzuerhalten.

Auf dem dritten, dem postkonventionellen Niveau reflektiert der Mensch gesellschaftliche Beziehungen grundlegend und prinzipiell (fünfte und sechste Moralstufe).

O **Vertragsorientierung** (fünfte Moralstufe): An **grundlegenden Normen gesellschaftlicher Beziehungen** orientiert urteilt der Mensch auf der fünften Moralstufe. Er entdeckt etwa die Norm des Gesellschaftsvertrages als Synonym für die Einigung aller Menschen auf Grundsätze des Zusammenlebens. Wo Normen wie der Gesellschaftsvertrag mit der gesetzlich geregelten Ordnung (vgl. vierte Moralstufe) konfligieren, urteilt der Mensch unter einem **Primat der Normen**.

O **Prinzipienorientierung** (sechste Moralstufe): An **selbstgesetzten Prinzipien** orientiert urteilt der Mensch auf der sechsten Moralstufe. Über Normen gesellschaftlicher Beziehungen hinaus entwickelt der Mensch aus freiem Willen (universal gültige) Prinzipien, denen er sich persönlich verbunden fühlt und zu deren Einhaltung er alle Menschen verpflichtet sehen will.

Zugehörigkeit zu einer Moralstufe

Kohlberg zog aus seinem Modell der sechs Moralstufen Folgerungen, die Habermas zusammengetragen und auf den Punkt gebracht hat. Die Darstellung bei Habermas (1983, S.138; vgl. Brantl 1985, S.344-345) ist hier vereinfachend wiedergegeben:

I) Die sechs Moralstufen bilden eine **invariante, unumkehrbare und konsekutive Folge**. Das bedeutet:

O Verschiedene Personen können dasselbe Ziel (eine Höherentwicklung im Rahmen der sechs Moralstufen) nicht über verschiedene Entwicklungspfade erreichen **(Invarianz)**;

O dieselbe Person kann nicht von einer höheren zu einer niedrigeren Moralstufe zurückkehren **(Unumkehrbarkeit)**;

○ eine Person kann im Laufe ihrer Entwicklung keine Stufe überspringen (**Konsekution**).

II) Die sechs Moralstufen bilden eine **Hierarchie** in dem Sinne, daß der Erkenntnisstand einer höheren Moralstufe denjenigen der jeweils niedrigeren Moralstufe in sich aufhebt, ihn also beseitigt, in reorganisierter Form bewahrt und um eine Moralstufe hinaufhebt.

III) Jede Moralstufe bildet eine in sich geschlossene Einheit. Keine Person kann daher **gleichzeitig** auf mehreren Moralstufen urteilen.

Den gegenwärtigen Entwicklungsstand des moralischen Urteilens eines Menschen, das heißt die **Zugehörigkeit zu einer der sechs Moralstufen**, bestimmt Kohlberg durch Testverfahren auf der Grundlage von Interviews, in denen Personen zu moralischen Dilemmas befragt werden (Kohlberg 1974, S.66-68).

Der gegenwärtige Entwicklungsstand des moralischen Urteilens drückt sich in der **Unfähigkeit** des einzelnen aus, die Orientierung, die Perspektive der nächsthöheren Moralstufe einzunehmen. Hier ließe sich von einer von der erreichten Moralstufe abhängigen **"moralischen Kurzsichtigkeit"** sprechen, die jedoch im Zuge der Entwicklung zu höheren Moralstufen mehr und mehr behoben wird.

Mit der Erkenntnis einer "moralischen Kurzsichtigkeit" ist jedoch keine moralische Qualifizierung verbunden. Denn auf jeder Moralstufe urteilt die einzelne Person nach bestem Wissen und Gewissen, "ehrlich und gerecht, aber in bezug auf ihr eigenes Verständnis und ihre Argumentation, die begrenzt ist durch die eigenen ... moralischen Schemata" (Oser 1981, S.323; zitiert nach Staffelbach 1990, S.305).

Empirischer Nachweis und normativer Charakter

Kohlberg (1976, S.47) war von seinem Modell zutiefst überzeugt. Er sprach ihm **universale Gültigkeit** zu:

"The claim is that anyone who interviewed children about moral dilemmas and who followed them longitudinally in time would come to our six stages and no others."

Ob die Einteilung in sechs Moralstufen wirklich so zwingend ist, wie Kohlberg behauptet, ließe sich sicher kontrovers diskutieren. So hat eine Reihe von Autoren (etwa Schreiner 1982, S.193-194; Habermas 1983, S.141; Dyllick 1989, S.224) die universale

Gültigkeit teils der sechs Moralstufen selbst, teils der Folgerungen aus den Moralstufen angezweifelt.

Dennoch haben sich die sechs Moralstufen (wenn auch mit autorenspezifischen Modifikationen) nicht nur in der Moralpsychologie, sondern auch in anderen Disziplinen (etwa in der Pädagogik; vgl. Kapitel 11) weitgehend durchgesetzt, insbesondere

O aufgrund des **empirischen Nachweises**, daß es die erste bis fünfte Moralstufe in allen Soziokulturen und bei allen Bevölkerungsschichten tatsächlich gibt (Staffelbach 1990, S.305; Lattmann 1988, S.17), sowie

O durch den **normativen Charakter** der sechsten Moralstufe als erstrebenswertes - wenn auch letztlich nie vollständig erreichbares - Ideal der Entwicklung des moralischen Urteilens.

Kohlberg gab auch eine **Verteilung** der interviewten Probanden auf die einzelnen Moralstufen an. Dieser Verteilung zufolge urteilen

O auf dem **präkonventionellen** Niveau die **meisten Kinder unter 9 Jahren**,
O auf dem **konventionellen** Niveau die **meisten Jugendlichen und Erwachsenen** und
O auf dem **postkonventionellen** Niveau lediglich **einige Erwachsene** (vgl. Schmidt 1983, S.49-50; zum seltenen Erreichen des postkonventionellen Niveaus auch Brantl 1985, S.355, und DeGeorge 1986, S.27).

Weiterentwicklung der zwei Stadien von Piaget

Zwischen Kohlbergs Modell der sechs Moralstufen und Piagets Stadien der **Heteronomie** und der **Autonomie** (vgl. Abschnitt 3.1) scheint es teilweise **Überschneidungen** zu geben:

Einerseits findet sich die **Heteronomie**, die Fremdbestimmung, in unterschiedlichem Maße auf der **ersten bis dritten** Moralstufe nach Kohlberg. Auf allen drei Moralstufen, am stärksten auf der ersten, über die zweite zur dritten hin abnehmend, dominieren fremde Einflüsse das moralische Urteilen: auf der ersten Moralstufe sind es Bestrafung und Gehorsam, auf der zweiten Moralstufe Interessen anderer (die im Eigeninteresse berücksichtigt werden), auf der dritten Moralstufe Erwartungen nahestehender Personen.

Andererseits ist die **Autonomie**, die Selbstbestimmung, Element der **zweiten bis sechsten** Moralstufe nach Kohlberg. Denn Solidarität, kooperative Übereinkunft und gegenseitige Achtung, Kennzeichen der Autonomie nach Piaget, entwickeln sich bereits auf der zweiten Moralstufe bei Kohlberg, wenn zunächst auch nur schwach ausgeprägt und nur im Eigeninteresse. Sie verstärken sich stufenweise und erreichen ihren Höhepunkt auf der sechsten Moralstufe, auf der die Notwendigkeit von Solidarität - längst losgelöst vom Eigeninteresse - aus allgemeingültigen Prinzipien abgeleitet wird.

Insgesamt scheinen die sechs Moralstufen Kohlbergs die zwei Stadien von Piaget nicht nur vollständig einzuschließen, sondern darüber hinaus weiter zu differenzieren. Die sechs Moralstufen werden daher im allgemeinen als eine **Weiterentwicklung des Modells der zwei Stadien** nach Piaget gesehen.

Moralisches Urteilen als Indikator für die Verantwortungsfähigkeit

Kohlbergs Arbeiten dokumentieren (in Anschluß an die Arbeiten Piagets) die stufenweise **Entwicklung** des moralischen Urteilens. Diese Entwicklung vollzieht sich nicht im Rahmen der körperlichen Entwicklung, also naturgegeben und ohne äußere Einflüsse, sondern ist eingebettet in die Entwicklung der **intellektuellen Fähigkeiten (kognitive** Entwicklung) eines Menschen. Das beschreibt auch Staffelbach (1990, S.533); er spricht allerdings nicht von intellektuellen Fähigkeiten, sondern von der Struktur des Denkens:

"Dabei (bei der Modellierung der moralischen Entwicklung; Anmerkung des Verfassers) wird von der Annahme ausgegangen, dass die moralische Entwicklung in die kognitive Entwicklung 'eingebettet' ist, und dass es die Struktur des Denkens ist, welche die Struktur des moralischen Urteils bestimmt ... Damit verbunden ist die Vorstellung, dass - bei entsprechenden kognitiven Voraussetzungen - jeder Mensch fähig wäre, den 'moral point of view', die 'ethische Optik', einzunehmen ..."

Gewisse intellektuelle Fähigkeiten des Menschen bestimmen also sein moralisches Urteilen, zumindest **beeinflussen** sie es wesentlich. Solche intellektuellen Fähigkeiten wurden in Abschnitt 2.2 zusammenfassend als **Verantwortungsfähigkeit** bezeichnet.

Wenn die Verantwortungsfähigkeit eines Menschen sein moralisches Urteilen beeinflußt, so kann umgekehrt aus dem moralischen Urteilen in einem gewissen Grade (insbesondere sofern das jeweilige Urteil nicht durch persönliche Emotionen verzerrt ist) auf die Verantwortungsfähigkeit des Urteilenden geschlossen werden. Damit kann das moralische Urteilen als ein **Indikator für die Verantwortungsfähigkeit** eines Menschen angesehen werden.

Wie die Entwicklung aller intellektuellen Fähigkeiten, so verkörpert auch die Entwicklung der Verantwortungsfähigkeit einen **Lernprozeß**. Zu diesem Lernprozeß kann der Mensch nach Kohlberg **stimuliert** werden, und zwar **ohne** ihm zugleich bestimmte Werthaltungen anzusozialisieren, aufzuzwingen, einzutrichtern (vgl. Staffelbach 1990, S.534).

Eine Stimulierung der Verantwortungsfähigkeit scheint zum einen eine Aufgabe für die **Pädagogik** zu sein. Darauf wird in Kapitel 11 im Rahmen der Ausbildung in Führungsethik näher eingegangen.

Zum anderen weist Kohlberg insbesondere auf die Bedeutung der **moralischen Atmosphäre von Sozialsystemen** hin, in die der Mensch eingebunden ist (Brantl 1985, S.350). Je besser die moralische Atmosphäre ist, je stärker also verantwortungsvolles Handeln und ein entsprechendes Vertrauen die Beziehungen der Mitglieder untereinander prägen, je eher man von einer **Atmosphäre des Vertrauens** sprechen kann, desto stärker wird der einzelne nach Kohlberg zur Entwicklung seiner Verantwortungsfähigkeit stimuliert.

Kohlbergs Modell der sechs Moralstufen und seine damit im Zusammenhang stehenden Forschungen fanden in vielen Disziplinen Beachtung, nicht nur in der Entwicklungspsychologie, sondern auch in der Philosophie, der Soziologie, der Pädagogik und weiteren benachbarten Disziplinen. Sie lassen sich auch für die **normative Führung** (vgl. Abschnitt 2.1) und für die **Ausbildung in Führungsethik** (vgl. Kapitel 11) nutzen.

Instrument normativer Führung

Beispielsweise kann Kohlbergs Modell der sechs Moralstufen als Instrument der normativen Führung genutzt werden, innerhalb der Unternehmung, außerhalb der Unternehmung sowie unmittelbar für die eigene Person:

O **Innerhalb der Unternehmung** kann man seine Mitarbeiter je nach deren Zugehörigkeit zu einer bestimmten Moralstufe (stufenorientiert) führen, insbesondere auch stimulieren, mit seinen Kollegen stufenorientiert kooperieren und sich auf seine Vorgesetzten stufenorientiert einstellen.

O **Außerhalb der Unternehmung** kann man mit Kunden, Lieferanten, Kapitalgebern, ebenso mit Konsumenten- oder Umweltschutzverbänden stufenorientiert verhandeln, mit ihnen umgehen und auf sie einwirken.

○ Schließlich kann man **sich selbst** einstufen und bei empfundener Unzufriedenheit über das eigene moralische Urteilen sich um eine weitergefaßte Orientierung, um die Erweiterung seiner Perspektive bemühen.

Grundmodell für die Ausbildung in Führungsethik

Das Modell der sechs Moralstufen von Kohlberg mag auch in der Ausbildung in Führungsethik (vgl. Kapitel 11) hilfreich sein. Dort kann es beispielsweise für eine stufenorientierte Stimulierung der Verantwortungsfähigkeit im Rahmen normativer Diskussionen eingesetzt werden (vgl. Abschnitt 11.2.2).

Gestaltungsaufgaben

Kohlberg erkannte die positive Wirkung einer **Atmosphäre des Vertrauens** auf die Entwicklung der individuellen Verantwortungsfähigkeit und auf einen entsprechenden "Aufstieg" in seinem Modell der sechs Moralstufen. Aus dieser Erkenntnis seien hier zwei Gestaltungsaufgaben abgeleitet, die erste im Rahmen der normativen Führung selbst, die zweite im Rahmen der Ausbildung in Führungsethik.

○ Im Rahmen der **normativen Führung** sollten Führungskräfte (zusammen mit allen Mitgliedern der Unternehmung) eine Atmosphäre des Vertrauens aufbauen und pflegen. Das gilt für die Unternehmung als Ganzes ebenso wie für einzelne Abteilungen oder Gruppen (vgl. Abschnitt 10.2).

○ Im Rahmen der **Ausbildung in Führungsethik** sollte der Lehrende (zusammen mit den Lernenden) ebenfalls eine Atmosphäre des Vertrauens schaffen. In ihr sollte der gegenseitige Umgang zwischen den Lehrenden und den Lernenden durch Respekt und Toleranz geprägt sein (vgl. Abschnitt 11.2.4).

3.3. Koslowski: Drei Optionen moralischen Handelns

Die Arbeiten von Piaget (Abschnitt 3.1) und von Kohlberg (Abschnitt 3.2) konzentrieren sich auf das **moralische Urteilen** eines Menschen. Das moralische Urteilen kann als Indikator für die **Verantwortungsfähigkeit** angesehen werden. Es gibt noch keinen Aufschluß über die individuelle **Verantwortungsbereitschaft**. Beides zusammen macht jedoch erst das Verantwortungsbewußtsein eines Menschen aus (vgl. Abschnitt 2.2.3).

Moralisches Handeln als Indikator für die Verantwortungsbereitschaft

Die Verantwortungsbereitschaft eines Menschen zeigt sich nicht in seinem moralischen **Urteilen**, sondern nur in seinem moralischen **Handeln**. Mit jedem Handeln muß der Mensch erneut seine Verantwortungsbereitschaft unter Beweis stellen. Insofern kann das moralische Handeln als ein **Indikator für die Verantwortungsbereitschaft** verstanden werden.

Wesensunterschied zwischen moralischem Urteilen und moralischem Handeln

Zwischen moralischem Urteilen einerseits und moralischem Handeln andererseits besteht ein Wesensunterschied. Dieser Unterschied wird in der Literatur besonders hervorgehoben, etwa von Höffe und von Pieper, auch schon von Kant:

O Höffe (1979, S.460) betont hinsichtlich der "sittlichen Kompetenz" (des Verantwortungsbewußtseins; Anmerkung des Verfassers) "die fundamentale Differenz von Einsicht und der Bereitschaft, der Einsicht zu folgen ..."

O Pieper (1985, S.87) weist wie Höffe darauf hin, "daß moralische Kompetenz (das Verantwortungsbewußtsein; Anmerkung des Verfassers) nicht nur die ... Einsicht in die Richtigkeit von Handlungen und Normen voraussetzt, sondern darüber hinaus den Willen, dieser Einsicht in der Praxis auch tatsächlich zu folgen." Pieper (1985, S.88) zeigt die Konsequenz auf: "Wenn das im moralischen Urteil Behauptete nicht zugleich auch willentlich bejaht und handelnd realisiert wird, bleibt es unvollständig, bloß theoretisch und wird nicht praxiswirksam."

O Den Wesensunterschied zwischen moralischem Urteilen und moralischem Handeln arbeitete schon Kant heraus. Er schrieb im Jahre 1773 in einem Brief an Markus Herz (zitiert nach Pieper 1985, S.88-89): "Wenn ich durch den Verstand urteile, daß die Handlung sittlich gut (verantwortungsvoll; Anmerkung des Verfassers) ist, so fehlt noch sehr viel, daß ich die Handlung tue, von der ich so geurteilt habe. ... Urteilen kann der Verstand freilich, aber diesem Verstandesurteil eine Kraft zu geben, daß es Triebfeder werde, den Willen zu bewegen, die Handlung auszuüben, das ist der Stein des Weisen."

Hier seien die Arbeiten von Koslowski (vgl. Abschnitt 7.2) angesetzt. Koslowski hat drei idealtypische Optionen des moralischen **Handelns** herausgearbeitet (1985, S.81-85; 1987b, S.15-16; 1988a, S.31-37; 1989, S.353-356). Aus ihnen läßt sich auf das Maß an individueller Verantwortungsbereitschaft schließen. Die drei Optionen seien hier bezeichnet als

○ **verantwortungsloses** Handeln (Koslowski spricht von unmoralischem Handeln), bei dem die individuelle Verantwortungsbereitschaft **niedrig** ist; diese Option stellt Koslowski anhand des **Gefangenendilemmas** dar;

○ **bedingt verantwortungsvolles** (bedingt moralisches) Handeln, bei dem die individuelle Verantwortungsbereitschaft von der Verantwortungsbereitschaft anderer **abhängig** ist; diese Option verdeutlicht Koslowski am **Isolationsparadox**; schließlich

○ **verantwortungsvolles** (unbedingt moralisches) Handeln, bei dem die individuelle Verantwortungsbereitschaft **hoch** ist; diese Option begründet Koslowski durch religiösen **Glauben**.

Die drei Optionen werden im folgenden näher betrachtet.

Verantwortungsloses Handeln, dargestellt am Gefangenendilemma

Der einzelne kann **verantwortungslos** handeln, indem er alle anderen auf bestimmte Normen verpflichtet wissen und nur für sich selbst eine Ausnahme machen will. Verantwortungsloses Handeln läßt auf eine **niedrige** Verantwortungsbereitschaft schließen.

Als **Beispiel** stelle man sich einen Mitarbeiter vor, der von allen anderen Einsatz, Leistung, Offenheit und Ehrlichkeit verlangt, nur für sich selbst lieber eine Ausnahme von diesen Tugenden macht.

Die Option verantwortungslosen Handelns wird häufig anhand des **Gefangenendilemmas** dargestellt: Hierbei kann mehreren Gefangenen ihre gemeinsame Schuld nicht nachgewiesen werden. Jeder Gefangene kann nun entweder sich und zugleich allen anderen Gefangenen helfen, indem er schweigt, oder aber sich auf Kosten der anderen Gefangenen einen persönlichen Vorteil verschaffen, indem er gegen sie aussagt und sich so entlastet.

Es liegt daher im Eigeninteresse jedes Gefangenen, daß alle anderen Gefangenen schweigen, nur er selbst aussagt. Verallgemeinert: Der einzelne hat ein Eigeninteresse daran, daß sich alle an die Normen (Koslowski spricht von ethischen Regeln) halten, nur er selbst nicht. Koslowski (1988a, S.31-32) führt aus:

"Wenn sich alle an die ethischen Regeln halten, wird der für alle zusammen beste Zustand verwirklicht. Jeder einzelne kann sich aber noch besserstellen, wenn er die Regeln nicht einhält, alle anderen sich jedoch an sie halten. Das Dilemma dieses einzelnen so Handelnden ist jedoch, daß er nicht sicher sein kann, ob nicht auch die anderen mit der Verletzung der Regeln reagieren, wenn er selbst sie nicht einhält, und dann jener selbst und alle anderen noch schlechter gestellt würden als bei allgemeiner Regelbefolgung."

Aus Zweifel über das Handeln der anderen wird **jeder** aussagen, wodurch **alle** schlechtergestellt wären, als wenn sie **gemeinsam** geschwiegen hätten. Fazit: "**Individuell rationales Handeln führt bei Interdependenz des Verhaltens zu kollektiver Irrationalität**" (Homann, Hesse et al. 1988, S.22, Fußnote 12).

Im Extremfall führt eine solche "kollektive Irrationalität", in der jeder aus Angst vor Übervorteilung gemeinsame Normen mißachtet, zu dem von Hobbes beschriebenen "**Krieg aller gegen alle**" (vgl. Müller-Merbach 1992a, S.27-40). In ihm werden Normen, das ist Koslowskis Schlußfolgerung, **zusammenbrechen**, wenn ihre Einhaltung nicht **von außen kontrolliert** oder aber von den einzelnen von **innen her gewollt** wird. Falls ihre Einhaltung von innen her gewollt wird - und nur dieser Fall deutet auf Verantwortungsbereitschaft hin -, kann **bedingt verantwortungsvolles Handeln** entstehen.

Bedingt verantwortungsvolles Handeln, dargestellt am Isolationsparadox

Der einzelne kann **bedingt verantwortungsvoll handeln**, indem er bereit ist, sich an Normen zu halten, wenn alle anderen oder doch die meisten anderen es auch tun. Hingegen ist er bereit, die Normen zu brechen, wenn er das Gefühl hat, "der Dumme zu sein". Bei dieser Option hängt die individuelle Verantwortungsbereitschaft von der Verantwortungsbereitschaft anderer ab.

Als **Beispiel** stelle man sich den oben erwähnten Mitarbeiter vor. Er würde Einsatz zeigen, Leistung bringen, Offenheit pflegen und Ehrlichkeit hochschätzen, wenn er in der Regel damit rechnen könnte, daß seine Kollegen, Mitarbeiter, Vorgesetzten, ebenso seine Kunden und Lieferanten etc. diese Tugenden gleichfalls verwirklichten.

Die Option bedingt verantwortungsvollen Handelns besitzt nach Koslowski (1988a, S.33) **für die meisten Menschen hohe Plausibilität**. Der einzelne **will** Normen einhalten, er ist bereit, verantwortungsvoll zu handeln unter der Bedingung, daß es auch die anderen tun. Seine Verantwortungsbereitschaft nimmt jedoch ab, wenn er das Gefühl hat, mit verantwortungsvollem Handeln dauerhaft Nachteile einzugehen.

Die Option bedingt verantwortungsvollen Handelns verdeutlicht Koslowski im Anschluß an Sen (1967, S.112) am sogenannten **Isolationsparadox**. Koslowski (1988a, S.33) erklärt:

"Das Isolationsparadox besagt, daß sich in der Isolation und unter Unsicherheit über das Verhalten anderer das Individuum nicht an die Regel halten wird, weil es fürchtet, übervorteilt zu werden, obgleich es grundsätzlich bereit ist, den Verallgemeinerungsgrundsatz auf sich selbst anzuwenden."

Fühlt sich der einzelne **isoliert** und ist daher **unsicher** über das Handeln der anderen, so kann er fürchten, benachteiligt zu werden. Daher hält er sich möglicherweise gerade **nicht an Normen**, **obwohl** er dazu **grundsätzlich** bereit wäre. Die Situation ist paradox: Der einzelne neigt dazu, Normen zu brechen, obwohl er diese (im Unterschied zum verantwortungslos Handelnden) prinzipiell anerkennt. Er neigt zum Bruch von Normen, weil er deren Einhaltung durch andere gefährdet sieht.

Will sich allerdings der einzelne auch in der Situation des Isolationsparadoxes **nicht** von der Einhaltung der Normen abbringen lassen, dann geht die Option des **bedingt** verantwortungsvollen Handelns über in die Option des **verantwortungsvollen Handelns**.

Verantwortungsvolles Handeln: Zusicherung durch Glauben?

Der einzelne kann **unbedingt**, das heißt unabhängig vom Handeln anderer, **verantwortungsvoll handeln**. Die Wahl dieser Option zeugt von **hoher** Verantwortungsbereitschaft.

Als **Beispiel** stelle man sich wiederum den oben erwähnten Mitarbeiter vor. Er würde, unabhängig vom Handeln anderer, in jeder Situation, gegenüber jedem anderen, zu jeder Zeit, also gänzlich unbedingt, Einsatz zeigen, Leistung bringen, Offenheit pflegen und Ehrlichkeit hochschätzen.

Koslowski erklärt verantwortungsvolles Handeln des einzelnen durch individuellen religiösen **Glauben**. Erst der Glaube gebe dem einzelnen die notwendige **Zusicherung**, daß verantwortungsvolles Handeln sinnvoll sei. Aus dem Glauben könne der einzelne für sich selbst annehmbare Gründe für verantwortungsvolles Handeln ableiten (vgl. Abschnitt 7.2).

Koslowski liefert mit dem Glauben jedoch nur **eine** mögliche Erklärung für verantwortungsvolles Handeln. Eine **andere** mögliche Begründung ist die **Einsicht in die Notwendigkeit** verantwortungsvollen Handelns als Voraussetzung für ein gedeihliches Zusammenleben in einer Gesellschaft. Diese Einsicht beruht auf äußerst praktischen Überlegungen; sie setzt allerdings eine entsprechende **Verantwortungsfähigkeit** voraus, entsprechend etwa der fünften oder sechsten Moralstufe nach Kohlberg (vgl. Abschnitt 3.2).

Konsequenzen für die normative Führung

Welche der drei Optionen des Handelns ein Mensch wählt, erlaubt Rückschlüsse auf seine **Verantwortungsbereitschaft**. Das hat Konsequenzen für die normative Führung, sowohl für die normative Selbstführung als auch für die normative Führung anderer:

Hinsichtlich der normativen Selbstführung scheint es eine Frage der **Persönlichkeitsstärke** zu sein, ob man lediglich bedingt verantwortungsvoll handelt oder aber unbedingt, also unabhängig vom Handeln anderer. Um Persönlichkeitsstärke muß sich jeder einzelne selbst bemühen. Dieses Bemühen verkörpert, wie auch das Bemühen um Verantwortungsbewußtsein und um ethisches Wissen (vgl. Abschnitt 2.2.3), einen niemals abgeschlossenen Prozeß.

Die normative Führung anderer sei hier aus einer **individualethischen** und aus einer **institutionalethischen** Perspektive (vgl. Abschnitt 2.3) betrachtet:

O Aus **individualethischer** Perspektive sollten die Mitglieder einer Unternehmung **intrinsisch** (von innen her, aus eigenem Antrieb) zu einer höheren Verantwortungsbereitschaft motiviert werden. Das kann etwa durch die **Übertragung von Verantwortung**, durch die **Einbindung in überschaubare Einheiten**, durch das Schaffen einer **offenen Unternehmungskultur** sowie allgemein durch den Aufbau und die Pflege einer **Atmosphäre des Vertrauens** geschehen (vgl. Abschnitt 10.2).

O Aus **institutionalethischer** Perspektive sollten die Mitglieder einer Unternehmung **extrinsisch** (von außen her) zu einer höheren Verantwortungsbereitschaft motiviert werden, beispielsweise durch **soziale oder finanzielle Anreizsysteme**, aber auch durch **Gebote und Verbote** (vgl. Abschnitt 10.3).

3.4. Typologie des Verantwortungsbewußtseins

Piaget (Abschnitt 3.1) und Kohlberg (Abschnitt 3.2) beschäftigten sich mit dem **moralischen Urteilen**. Daraus läßt sich auf die **Verantwortungsfähigkeit** schließen. Koslowski (Abschnitt 3.3) beschrieb drei Optionen **moralischen Handelns**. Daraus kann auf die **Verantwortungsbereitschaft** geschlossen werden.

Verantwortungsfähigkeit und Verantwortungsbereitschaft seien hier in einer **Verantwortungsmatrix** zusammengeführt. In ihr sind einerseits die sechs Moralstufen nach Kohlberg (vgl. Abschnitt 3.2) als Indikator für die **Verantwortungsfähigkeit** abgetragen, andererseits die drei Optionen moralischen Handelns nach Koslowski (vgl. Abschnitt 3.3) als Indikator für die **Verantwortungsbereitschaft**. Jeder Schnittpunkt zweier Geraden symbolisiert eine diskrete Ausprägung in einem Kontinuum des **Verantwortungsbewußtseins** (Bild 3.3).

Die vier Ecken der Verantwortungsmatrix seien als vier **Verantwortungstypen** bezeichnet.

○ Die Ecke links unten (**Armer Hund**) ist charakterisiert durch extrem niedrige Verantwortungsfähigkeit bei gleichzeitig extrem niedriger Verantwortungsbereitschaft. Der Arme Hund **kann nicht und will nicht** verantwortungsvoll handeln.

○ Die Ecke links oben (**Parasit**) ist charakterisiert durch extrem hohe Verantwortungsfähigkeit bei gleichzeitig extrem niedriger Verantwortungsbereitschaft. Der Parasit **kann zwar, will aber nicht** verantwortungsvoll handeln.

○ Die Ecke rechts unten (**Marionette**) ist charakterisiert durch extrem niedrige Verantwortungsfähigkeit bei gleichzeitig extrem hoher Verantwortungsbereitschaft. Die Marionette **kann nicht, will aber** verantwortungsvoll handeln.

○ Die Ecke rechts oben (**Star**) ist charakterisiert durch extrem hohe Verantwortungsfähigkeit bei gleichzeitig extrem hoher Verantwortungsbereitschaft. Der Star **kann und will** verantwortungsvoll handeln.

Die vier Verantwortungstypen kennzeichnen extreme Positionen. Sie mögen in der Realität das Verantwortungsbewußtsein jedes Menschen mit unterschiedlichem Gewicht prägen. Hilfreich ist diese viergeteilte Typologie sowohl für die **normative Führung** (vgl. Abschnitt 2.1) als auch für die **Ausbildung in Führungsethik** (vgl. Kapitel 11).

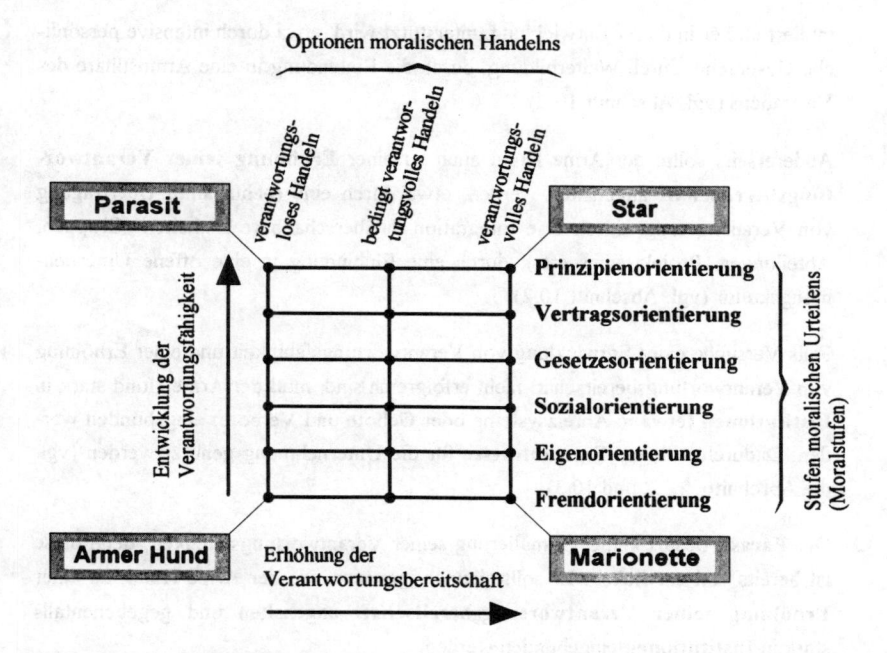

Bild 3.3: Verantwortungsmatrix. Auf der senkrechten (rechten) Achse sind von unten nach oben die sechs Moralstufen nach Kohlberg (vgl. Abschnitt 3.2) als Indikator für die **Verantwortungsfähigkeit** abgetragen, auf der waagrechten (oberen) Achse von links nach rechts die drei Optionen moralischen Handelns nach Koslowski (vgl. Abschnitt 3.3) als Indikator für die **Verantwortungsbereitschaft**. Jeder Schnittpunkt zweier Geraden symbolisiert eine diskrete Ausprägung in einem Kontinuum des **Verantwortungsbewußtseins**. Als idealtypisches Optimum sei die Ecke rechts oben (mit dem **Star** als Verantwortungstypen) angesehen, in der die Verantwortungsfähigkeit und die Verantwortungsbereitschaft optimal hoch sind.

Orientierungsschema für die normative Führung

Die **normative Führung** (vgl. Abschnitt 2.1) kann unmittelbar an den vier Verantwortungstypen orientiert werden.

O Der **Arme Hund** sollte einerseits von seiner extremen "moralischen Kurzsichtigkeit" entbunden werden, indem die **Entwicklung seiner Verantwortungsfähigkeit** stimuliert und er in dieser Entwicklung unterstützt wird, etwa durch intensive persönliche Gespräche, durch Weiterbildung, durch die Einbindung in eine Atmosphäre des Vertrauens (vgl. Abschnitt 10.2).

Andererseits sollte der Arme Hund auch zu einer **Erhöhung seiner Verantwortungsbereitschaft** angehalten werden, etwa durch eine (behutsame) Übertragung von Verantwortung, durch eine Integration in überschaubare Einheiten (Gruppen, Abteilungen, Projektteams etc.), durch eine Einbindung in eine offene Unternehmungskultur (vgl. Abschnitt 10.2).

Falls Versuche einer Entwicklung von Verantwortungsfähigkeit und einer Erhöhung von Verantwortungsbereitschaft nicht erfolgreich sind, muß der Arme Hund stark in **Institutionen** (etwa in Anreizsysteme oder Gebote und Verbote) eingebunden werden. Dadurch soll sein **Eigeninteresse** für die Unternehmung genutzt werden (vgl. die Abschnitte 2.3.2 und 10.3).

O Der **Parasit** bedarf keiner Stimulierung seiner Verantwortungsfähigkeit, denn diese ist bereits voll entwickelt. Er sollte jedoch, genauso wie der Arme Hund, zu einer **Erhöhung seiner Verantwortungsbereitschaft** angehalten und gegebenenfalls stark in **Institutionen** eingebunden werden.

O Die **Marionette** sollte, ebenso wie der Arme Hund, von ihrer "moralischen Kurzsichtigkeit" entbunden, also zu einer **Entwicklung ihrer Verantwortungsfähigkeit** stimuliert werden. Eine Einbindung in **Institutionen** hingegen erscheint nur in dem Maße erforderlich, wie die Marionette der Gefahr moralischer Überforderung ausgesetzt ist (Entlastungswirkung von Institutionen, vgl. Abschnitt 2.3.2).

O Der **Star** bedarf keiner normativen Führung mehr. Im Gegenteil, er bildet das **normative Ideal einer Führungskraft**.

Grundlage für die Ausbildung in Führungsethik

In der Ausbildung in Führungsethik (Kapitel 11) sollte gleichermaßen eine **Entwicklung von Verantwortungsfähigkeit** wie eine **Erhöhung von Verantwortungsbereitschaft** der Lernenden angestrebt werden. Hier mag die Verantwortungsmatrix als gedankliche Grundlage dienen.

Für die **Entwicklung von Verantwortungsfähigkeit** (entsprechend einer stufenweisen Verschiebung in der Verantwortungsmatrix von unten nach oben) wurden verschiedene Lehrmethoden entwickelt, unter anderem eine psychologisch fundierte Art der Diskussionsführung (die "+1-Konvention", vgl. Abschnitt 11.2.2).

Eine **Erhöhung von Verantwortungsbereitschaft** (entsprechend einer Verschiebung in der Verantwortungsmatrix von links nach rechts) ist in der Führungsethik durch eine paradoxe Situation gekennzeichnet: Einerseits kann eine Erhöhung von Verantwortungsbereitschaft im Rahmen der Ausbildung **nicht überprüft** werden, denn die Verantwortungsbereitschaft zeigt sich nur im praktischen Handeln selbst - und dieses liegt weitgehend außerhalb der eigentlichen Ausbildung. Andererseits muß eine Erhöhung von Verantwortungsbereitschaft **angestrebt** werden, soll die Führungsethik ihren Praxisbezug nicht verlieren. Diese paradoxe Situation gilt es in der Ausbildung in Führungsethik zu beachten (vgl. Abschnitt 11.1.4).

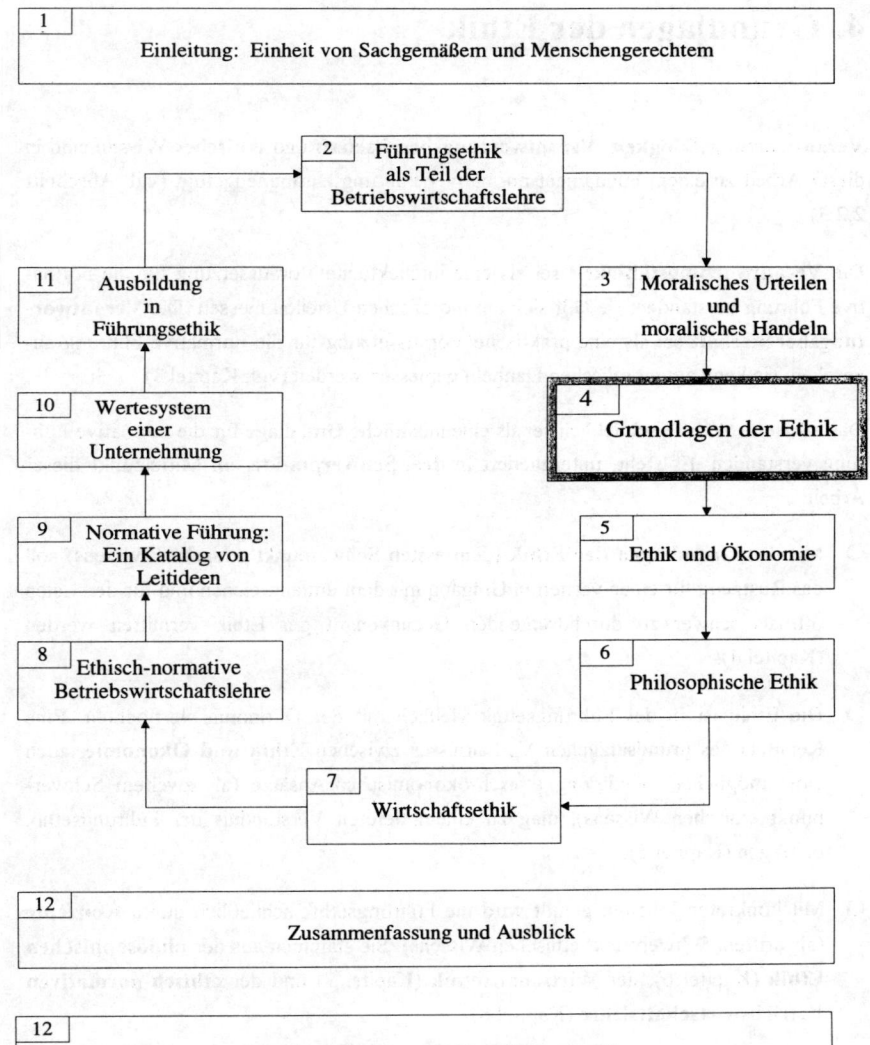

```
┌─────────────────────────────────────────────────────────────────┐
│ 1                                                               │
│         Einleitung: Einheit von Sachgemäßem und Menschengerechtem│
└─────────────────────────────────────────────────────────────────┘

                          ┌──────────────────────────┐
                          │ 2   Führungsethik        │
                          │     als Teil der         │
                          │     Betriebswirtschaftslehre│
                          └──────────────────────────┘

┌──────────────────┐                      ┌──────────────────────┐
│ 11   Ausbildung  │                      │ 3  Moralisches Urteilen│
│      in          │                      │      und             │
│      Führungsethik│                     │    moralisches Handeln│
└──────────────────┘                      └──────────────────────┘

┌──────────────────┐                      ┌──────────────────────┐
│ 10  Wertesystem  │                      │ 4                    │
│      einer       │                      │   Grundlagen der Ethik│
│      Unternehmung│                      │                      │
└──────────────────┘                      └──────────────────────┘

┌──────────────────┐                      ┌──────────────────────┐
│ 9  Normative Führung:│                  │ 5                    │
│    Ein Katalog von  │                   │   Ethik und Ökonomie │
│    Leitideen        │                   │                      │
└──────────────────┘                      └──────────────────────┘

┌──────────────────┐                      ┌──────────────────────┐
│ 8  Ethisch-normative│                   │ 6                    │
│    Betriebswirtschaftslehre│            │   Philosophische Ethik│
└──────────────────┘                      └──────────────────────┘

                    ┌──────────────────────┐
                    │ 7                    │
                    │    Wirtschaftsethik  │
                    └──────────────────────┘

┌─────────────────────────────────────────────────────────────────┐
│ 12                                                              │
│              Zusammenfassung und Ausblick                       │
└─────────────────────────────────────────────────────────────────┘

┌─────────────────────────────────────────────────────────────────┐
│ 12                                                              │
│              Glossar: Grundbegriffe der Führungsethik           │
└─────────────────────────────────────────────────────────────────┘
```

4. Grundlagen der Ethik

Verantwortungsfähigkeit, Verantwortungsbereitschaft und **ethisches Wissen** sind in dieser Arbeit zu einem Fundament normativer Führung zusammengefügt (vgl. Abschnitt 2.2.3).

Die **Verantwortungsfähigkeit** sei als eine intellektuelle Voraussetzung für die normative Führung verstanden; sie läßt sich am moralischen Urteilen messen. Die **Verantwortungsbereitschaft** sei als eine praktische Voraussetzung für die normative Führung angesehen; sie kann am moralischen Handeln gemessen werden (vgl. Kapitel 3).

Das **ethische Wissen** schließlich sei als eine inhaltliche Grundlage für die normative Führung verstanden. Es steht, untergliedert in **drei Schwerpunkte**, im Mittelpunkt dieser Arbeit:

○ Mit den **Grundlagen der Ethik** (dem ersten Schwerpunkt ethischen Wissens) soll das Rüstzeug für einen vertieften Umgang mit dem umfangreichen und für den Laien oftmals schwer zu durchdringenden Gedankengut der Ethik vermittelt werden (Kapitel 4).

○ Die Ethik ist in der Führungsethik vielfach mit der Ökonomie verflochten. Eine Kenntnis des grundsätzlichen Verhältnisses zwischen **Ethik und Ökonomie**, auch einer möglichen Gliederung ethisch-ökonomischer Ansätze (als zweitem Schwerpunkt ethischen Wissens), mag zu einem tieferen Verständnis der Führungsethik beitragen (Kapitel 5).

○ Mit konkreten Inhalten gefüllt wird die Führungsethik schließlich durch **Konzepte** (als drittem Schwerpunkt ethischen Wissens). Sie stammen aus der **philosophischen Ethik** (Kapitel 6), der **Wirtschaftsethik** (Kapitel 7) und der **ethisch-normativen Betriebswirtschaftslehre** (Kapitel 8).

Die **Grundlagen der Ethik** (hier in Kapitel 4) seien in zwei Abschnitten dargestellt (Bild 4.1):

○ Zunächst wird eine häufig gebrauchte Gliederung der Ethik in drei Teilgebiete, die **deskriptive Ethik**, die **normative Ethik** und die **analytische Ethik**, nachgezeichnet. Alle drei Teilgebiete sind für die Führungsethik von Bedeutung, wenn auch in verschiedenem Umfang (Abschnitt 4.1).

O Anschließend werden verschiedene grundlegende **Ansätze der normativen Ethik** paarweise gegenübergestellt: **Situationsethik** versus **Normenethik, teleologische Ethik** versus **deontologische Ethik, Verantwortungsethik** versus **Gesinnungsethik** und **materiale Ethik** versus **formale Ethik**. In jedem Ansatz wird die Frage nach moralisch gutem, nach verantwortungsvollem Handeln unterschiedlich beantwortet (Abschnitt 4.2).

Grundlegende, einführende und zugleich allgemeinverständliche Literatur zur Ethik erschien in neuerer Zeit von Ginters (1976), Höffe (1979, 1981a), Mackie (1981), Ricken (1983), MacIntyre (1984), Apel, Böhler und Rebel (1984), Pieper (1985) und, als kleines Lesebuch, von Gfeller (1986).

4.1. Drei Teilgebiete der Ethik

Die Ethik wird häufig in drei Teilgebiete gegliedert, die **deskriptive Ethik**, die **normative Ethik** und die **analytische Ethik** (auch als **Metaethik** bezeichnet).

In neueren Arbeiten wird die Dreiteilung in deskriptive, normative und analytische Ethik etwa beschrieben von Kutschera (1982, S.39-41), von Rich (1985, S.20), von Brantl (1985, S.305-306; 1988, Sp.2740), von Höffe (1986, S.54-55) und von Frankena (1986, S.20-21).

O In der **deskriptiven Ethik** werden individuelle und kollektive **Werthaltungen**, wie sie erfahrbar und beobachtbar sind, **beschrieben** (Abschnitt 4.1.1).

O In der **normativen Ethik** werden **Normen** formuliert und begründet. Normen sollen als **Richtlinien für verantwortungsvolles Handeln** dienen (Abschnitt 4.1.2).

O In der **analytischen** Ethik werden **Normen** dann sprachlich **analysiert**, insbesondere unter dem Aspekt ihrer objektiven Erkennbarkeit (Abschnitt 4.1.3).

Werthaltungen einerseits und **Normen** andererseits weisen **Wesensunterschiede** auf:

O **Werthaltungen** können einem **Wandel** unterliegen; sie sind **relativ**: Verschiedene Personen oder Personengruppen, verschiedene Unternehmungen, verschiedene Verbände, Vereine, Gewerkschaften, verschiedene Länder und Kulturen, verschiedene Epochen weisen häufig verschiedene, sich teilweise widersprechende Werthaltungen auf, die sich zudem permanent wandeln können.

○ **Normen** hingegen unterliegen (definitionsgemäß) gerade **keinem Wandel**. Normen gelten **absolut**, **allgemein**, überall und immer, in jedem Land, in jeder Kultur, in jeder Epoche. Durch ihre absolute Gültigkeit bilden Normen (als Richtlinien für verantwortungsvolles Handeln) einen Maßstab für die moralische Qualität von Werthaltungen.

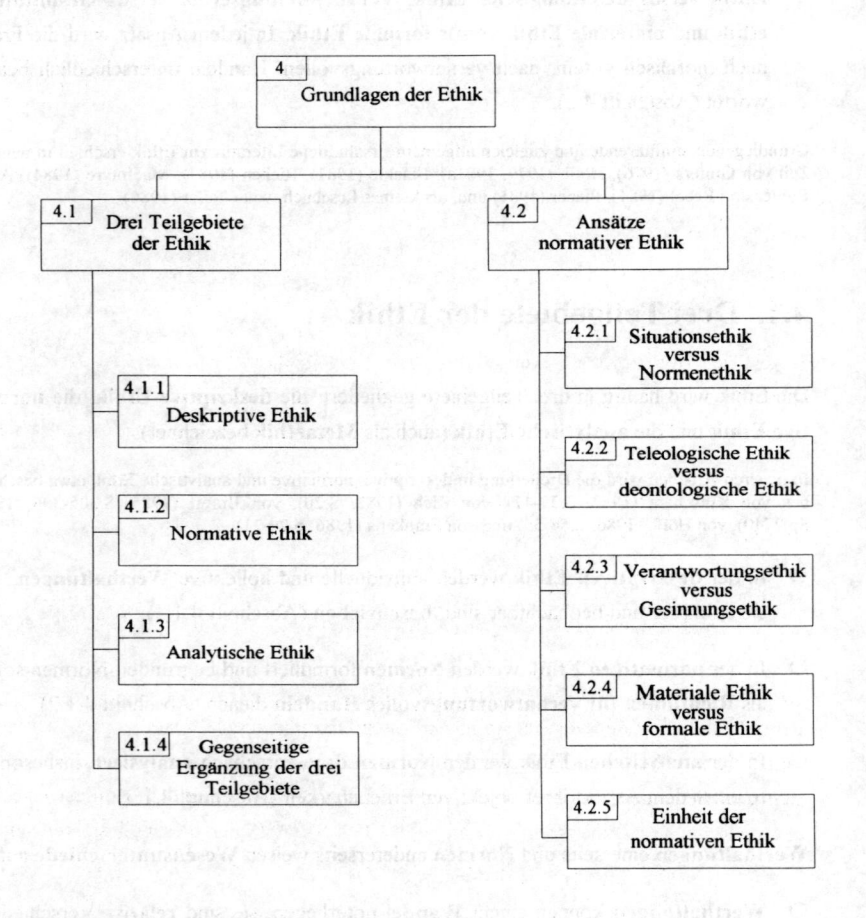

```
                          ┌─────────────────┐
                          │ 4               │
                          │ Grundlagen      │
                          │ der Ethik       │
                          └────────┬────────┘
                 ┌─────────────────┴─────────────────┐
        ┌────────┴─────────┐                ┌────────┴─────────┐
        │ 4.1              │                │ 4.2              │
        │ Drei Teilgebiete │                │ Ansätze          │
        │ der Ethik        │                │ normativer Ethik │
        └────────┬─────────┘                └────────┬─────────┘
                 │                                   │
                 │                          ┌────────┴──────────┐
                 │                          │ 4.2.1             │
                 │                          │ Situationsethik   │
                 │                          │ versus            │
                 │                          │ Normenethik       │
                 │                          └───────────────────┘
        ┌────────┴─────────┐                ┌───────────────────┐
        │ 4.1.1            │                │ 4.2.2             │
        │ Deskriptive      │                │ Teleologische     │
        │ Ethik            │                │ Ethik versus      │
        │                  │                │ deontologische    │
        │                  │                │ Ethik             │
        └──────────────────┘                └───────────────────┘
        ┌──────────────────┐                ┌───────────────────┐
        │ 4.1.2            │                │ 4.2.3             │
        │ Normative Ethik  │                │ Verantwortungs-   │
        │                  │                │ ethik versus      │
        │                  │                │ Gesinnungsethik   │
        └──────────────────┘                └───────────────────┘
        ┌──────────────────┐                ┌───────────────────┐
        │ 4.1.3            │                │ 4.2.4             │
        │ Analytische      │                │ Materiale Ethik   │
        │ Ethik            │                │ versus            │
        │                  │                │ formale Ethik     │
        └──────────────────┘                └───────────────────┘
        ┌──────────────────┐                ┌───────────────────┐
        │ 4.1.4            │                │ 4.2.5             │
        │ Gegenseitige     │                │ Einheit der       │
        │ Ergänzung der    │                │ normativen Ethik  │
        │ drei Teilgebiete │                │                   │
        └──────────────────┘                └───────────────────┘
```

Bild 4.1: Gedankenflußplan zu Kapitel 4

Die Wesensunterschiede zwischen Werthaltungen und Normen prägen auch die Unterschiede zwischen den drei Teilgebieten der Ethik, der deskriptiven, der normativen und der analytischen Ethik. Die drei Teilgebiete werden in den folgenden drei Abschnitten (4.1.1 bis 4.1.3) im einzelnen beschrieben und anschließend in ihrer gegenseitigen Ergänzung zusammengeführt (Abschnitt 4.1.4).

4.1.1. Deskriptive Ethik: Beschreibung von Werthaltungen

In der **deskriptiven Ethik** werden individuelle und kollektive Werthaltungen so **beschrieben** (describere, lat.: beschreiben), wie sie im moralischen Urteilen und Handeln (vgl. Kapitel 3) erfahren und beobachtet werden können. Weil die Beschreibung von Werthaltungen auf Erfahrung und Beobachtung beruht, wird die deskriptive Ethik häufig auch als **empirische Ethik** bezeichnet.

In der deskriptiven Ethik werden Werthaltungen in ihren vielfachen, teilweise unterschiedlichen, teilweise sogar gegensätzlichen Ausprägungen in verschiedenen Kulturen und Epochen, Berufsständen, gesellschaftlichen Gruppen oder bei einzelnen Menschen beschrieben. Sie werden jedoch **nicht bewertet**. Die deskriptive Ethik ist (definitionsgemäß) wertungsfrei konzipiert. Damit steht sie im Gegensatz zur normativen Ethik, in der Werthaltungen ethisch bewertet werden (vgl. Abschnitt 4.1.2).

Grundlegende Einsichten aus verschiedenen Disziplinen

Die Beschreibung von Werthaltungen ist in verschiedene Disziplinen eingebunden, in deren Mittelpunkt der Mensch steht. Zu diesen Disziplinen gehören etwa die **Anthropologie**, die **Psychologie**, die **Biologie** und die **Soziologie**. Aus ihren Erkenntnissen lassen sich grundlegende Einsichten in die Entwicklung, Entstehung und Wirkungsweise von Werthaltungen gewinnen (ähnlich Lattmann 1988, S.14). Einige dieser Einsichten sind im folgenden skizziert (vgl. Lattmann 1988, S.14-19; Pieper 1985, S.66-72):

○ **Anthropologie:** Aus der **Anthropologie** stammen Erkenntnisse über das **Wesen des Menschen**. Dieses Wesen, die "typisch menschliche" Beschaffenheit, ist u.a. charakterisiert durch einen gegenüber Tieren stark ausgeprägten Verlust von Instinkten, durch einen weitgehenden Verlust einer natürlichen Handlungsorientierung. Demgegenüber kann (nur) der Mensch sich selbst als persönlich zuständig für die Folgen des eigenen Handelns fühlen, also Verantwortungsbewußtsein empfinden (vgl. Abschnitt 2.2.3).

Aus **anthropologischer** Perspektive ersetzen Werthaltungen in Form kultureller Bindungen (Gewohnheiten, Konventionen, Traditionen) weitgehend die natürliche Handlungsorientierung. Kulturelle Bindungen geben dem Menschen eine erfahrbare und erlernbare Handlungsorientierung vor, damit er als Mitglied der Gesellschaft (in deren jeweiliger kultureller Ausprägung) bestehen kann.

○ **Psychologie:** Auf einen Ausschnitt des Wesens des Menschen, auf das psychische **Erleben** (Pieper 1985, S.67), ist die **Psychologie** gerichtet. Aus der Psychologie stammen etwa Erkenntnisse über den Einfluß von Affekten (Trieben, Emotionen, Gefühlen, Erregungen) auf individuelle Werthaltungen. Um verantwortungsvoll handeln zu können, muß der Mensch sich bis zu einem gewissen Grade von diesen Affekten befreien, insbesondere indem er sein Verantwortungsbewußtsein ausbildet (vgl. Abschnitt 2.2.3 und Kapitel 3).

Aus **psychologischer** Perspektive wird der Ausbildung von Verantwortungsbewußtsein große Aufmerksamkeit geschenkt. Hier haben die Entwicklungspsychologen Piaget (vgl. Abschnitt 3.1) und Kohlberg (vgl. Abschnitt 3.2) wichtige Arbeiten vorgelegt.

○ **Biologie:** Im Unterschied zur Psychologie steht in der **Biologie** weniger das **Erleben** im Vordergrund, sondern mehr das menschliche **Leben** selbst. Bestimmte biologische Teilsysteme dieses Lebens (etwa die Sinne, das Gehirn, das Zentralnervensystem) bilden bei jedem Menschen einen "unverrückbaren Rahmen, innerhalb dessen sich sein Fühlen, Denken und Wollen auszufalten vermag" (Lattmann 1988, S.14). Ein solcher Rahmen ist konstitutiv für individuelle Werthaltungen und damit auch für verantwortungsvolles Handeln.

Aus **biologischer** Perspektive wird durch die Existenz eines "unverrückbaren Rahmens" insbesondere allzu kühnen Entwürfen eines "neuen Menschen" (wie etwa im Kommunismus), eines "Übermenschen" (wie bei Nietzsche) oder ähnlichen ideologischen, dogmatischen, utopischen Anforderungen an den Menschen und seine Verantwortung eine Absage erteilt. Diese Absage findet auch in dem Sprichwort seinen Niederschlag: "Man muß die Menschen nehmen, wie sie sind" (Zoozmann 1960, S.308).

○ **Soziologie:** Während die Anthropologie, die Psychologie und die Biologie eher auf den einzelnen Menschen bezogen sind, geht es in der **Soziologie** mehr um das **Zusammenleben** von Menschen in Sozialsystemen, um Struktur, Funktionen und Entwicklungen dieses Zusammenlebens.

Aus der Soziologie lassen sich Einsichten etwa in die Entstehung und Wirkungsweise kollektiver Werthaltungen gewinnen. Ebenso wird der (auf individuellen Werthaltungen beruhende) Einfluß des einzelnen auf Sozialsysteme beleuchtet; hier ist die Soziologie mit den auf den einzelnen Menschen bezogenen Disziplinen verbunden.

Aus **soziologischer Perspektive** wird **Verantwortungsbewußtsein** zur Voraussetzung eines gedeihlichen Zusammenlebens in Sozialsystemen (Unternehmungen, Gewerkschaften, Verbänden, auch der Gesellschaft als Ganzes): Wo es mehreren oder vielen Mitgliedern an Verantwortungsbewußtsein gebricht, drohen Sozialsysteme im Chaos unterzugehen. Daraus entsteht die Notwendigkeit einer Ausbildung von Verantwortungsbewußtsein (vgl. Kapitel 11).

Die Erkenntnisse der vier genannten Disziplinen ergänzen sich gegenseitig zu einer Einheit. Erst als Einheit ermöglichen sie grundlegende Einsichten in die Entstehung, Entwicklung und Wirkungsweise von Werthaltungen. Das Zusammenfließen zu einer Einheit sei hier verdeutlicht:

Der Mensch ist von Natur aus arm an Instinkten, also in gewissem Sinne "orientierungslos". Er benötigt daher kulturelle Bindungen, etwa Gewohnheiten, Konventionen, Traditionen (**Anthropologie**). Um innerhalb dieser Bindungen verantwortungsvoll handeln zu können, muß der Mensch sein Verantwortungsbewußtsein ausbilden (**Psychologie**). Das Verantwortungsbewußtsein bleibt stets in einen "unverrückbaren Rahmen" eingebunden, ihm sind natürliche Grenzen gesetzt (**Biologie**). Trotz dieser natürlichen Grenzen ist Verantwortungsbewußtsein für ein gedeihliches Zusammenleben von Menschen in verschiedenen Sozialsystemen notwendig (**Soziologie**).

Beschreibung von Werthaltungen in der Wirtschaft

Mit besonderem Bezug auf die Wirtschaft werden in der deskriptiven Ethik etwa die **Werthaltungen in anderen Ländern oder Kulturkreisen** beschrieben, ebenso die **Wertesysteme von Unternehmungen** und die Werthaltungen speziell von **Führungskräften**. Weniger oft hingegen werden bisher die Werthaltungen von **Anspruchsgrup-**

pen (Kunden, Lieferanten, Arbeitnehmer, der Gesellschaft als Ganzes) zum Gegenstand der deskriptiven Ethik gemacht.

Die Kenntnis dieser vier Wertsphären,

○ der **Werthaltungen in anderen Ländern und Kulturen**,
○ der **Wertesysteme von Unternehmungen**,
○ der **Werthaltungen von Führungskräften** und
○ der **Werthaltungen von Anspruchsgruppen**,

vermag Hilfestellungen für die normative Führung zu geben. Auf die vier Wertsphären und ihre Bedeutung für die normative Führung wird im folgenden einzeln eingegangen.

○ **Werthaltungen in anderen Ländern und Kulturen:** Gelegentlich werden im Rahmen der deskriptiven Ethik Werthaltungen in anderen Ländern und Kulturen beschrieben, wie sie sich etwa aus religiösen Überzeugungen herausbilden können.

Hier hat der Soziologe und Nationalökonom Max Weber (1864-1920) wichtige Arbeiten geleistet, insbesondere mit seinen religionssoziologischen Untersuchungen zur **Wirtschaftsethik der Weltreligionen**. Weber sah in den geistigen Grundlagen verschiedener Weltreligionen eine maßgebliche Determinante für die Entstehung und Entwicklung der Wirtschaft und der Wirtschaftsethik verschiedener Länder und Kulturen.

Im einzelnen beschrieb Weber den Konfuzianismus und den Taoismus (Weber 1991a), aber auch den Hinduismus, den Buddhismus, das Christentum, den Islam und das Judentum, teilweise jedoch nur in Fragmenten und Studien. Weithin bekannt geworden ist sein Aufsatz: "Die protestantische Ethik und der Geist des Kapitalismus" (Weber 1991b, S.27-114). Webers Gesamtwerk zur Wirtschaftsethik der Weltreligionen blieb allerdings unvollendet.

Die Kenntnis von Werthaltungen anderer Länder und Kulturen mag insbesondere für international tätige Unternehmungen hilfreich sein (vgl. Schwarz 1988, Dülfer 1991). Beziehungen mit Unternehmungen anderer Länder oder anderer Kulturkreise können häufig nicht in dem Maße auf gemeinsame Werthaltungen gestützt werden, wie dies im eigenen Lande möglich ist.

Hier wird es gelegentlich einer Anpassung der **normativen Führung** an das "moralische Klima im Ausland", an fremde Werthaltungen bedürfen, einer Anpassung, die trotzdem nicht mit den eigenen Werthaltungen bricht. Aus dem Abwägen zwischen eigenen und fremden Werthaltungen können Zielkonflikte resultieren. Als Hilfestellung zur Lösung, zumindest zur Entschärfung, solcher Zielkonflikte könnten die **Leitideen normativer Führung** dienen, wie sie in den Kapiteln 6 bis 8 formuliert werden (gemeinsamer Katalog in Kapitel 9).

○ **Wertesysteme von Unternehmungen:** Neben den Werthaltungen in anderen Ländern und Kulturen werden in der (auf die Wirtschaft bezogenen) deskriptiven Ethik häufig auch die Wertesysteme speziell von Unternehmungen, gewissermaßen ihr "moralisches Klima", beschrieben. Sie sind eingebettet in die jeweilige Kultur einer Unternehmung, die **Unternehmungskultur**.

Über das Phänomen der "Unternehmungskultur" erschien insbesondere seit den späten siebziger Jahren eine Vielzahl an Veröffentlichungen, etwa von Hans Ulrich (1981b), Deal und Kennedy (1982), Peters und Waterman (1984), Zürn (1985), Kobi und Wüthrich (1986), Heinen (1987), Schnyder (1989), Keller (1990), Schlegelmilch (1990) und Weßling (1992). Einen ausführlichen Überblick über die Unternehmungskultur gibt Binz (1991); dort ist auch weitere Literatur angegeben.

Die Kenntnis des Wertesystems der **eigenen** Unternehmung und der ihnen zugrunde liegenden Werthaltungen ihrer Mitglieder bildet die Grundlage für dessen Gestaltung, Vermittlung und Durchsetzung im Rahmen der **normativen Führung** (vgl. Kapitel 10).

Die Kenntnis des Wertesystems **anderer** Unternehmungen, etwa von Marktpartnern (Kunden, Lieferanten etc.), mag grundsätzliche Gestaltungsmöglichkeiten der gegenseitigen Beziehungen aufzeigen. Diese Beziehungen könnten sich umso fruchtbarer gestalten, je größer die Gemeinsamkeiten in den Wertesystemen zwischen den Marktpartnern sind.

○ **Werthaltungen von Führungskräften:** Häufig werden die Werthaltungen speziell von Führungskräften zum Gegenstand der deskriptiven Ethik, insbesondere von empirischen Untersuchungen, gemacht.

Zum Thema "Werthaltungen von Führungskräften" sind in den letzten Jahren zahlreiche Veröffentlichungen erschienen, so von Fiedler-Winter (1977), Gabele, Kirsch und Treffert (1977), Hans Ulrich und Probst (1982), Gabele und Kretschmer (1985), Hans Ulrich, Probst und Studer (1985), Kaufmann, Kerber und Zulehner (1986), Ullmann (1988), von Rosenstiel u.a. (1989) und Schlegelmilch (1990).

Eine Kenntnis der Werthaltungen **anderer** Führungskräfte, eine Kenntnis des "moralischen Klimas in den Führungsetagen", mag Führungskräften eine größere Klarheit über die **eigenen** Werthaltungen verschaffen und deren Artikulation und argumentative Anwendung erleichtern. Dadurch wiederum mag die **normative Füh-**

rung stärker vermittelbar und transparent werden, sowohl nach innen (etwa gegenüber den Mitarbeitern, den Kollegen und den Vorgesetzten), als auch nach außen (etwa gegenüber der Gesellschaft).

O **Werthaltungen von Anspruchsgruppen:** Wertesysteme von Unternehmungen (insbesondere im Rahmen der Unternehmungskultur) und Werthaltungen von Führungskräften bilden den Gegenstand vieler Veröffentlichungen. Hingegen existieren nur wenige Untersuchungen über **Werthaltungen von Anspruchsgruppen**, die mit Unternehmungen in Geschäftsbeziehungen stehen (etwa Kunden und Lieferanten), auf die Unternehmung Einfluß nehmen (etwa Gewerkschaften) oder von Unternehmungsaktivitäten betroffen sind (etwa die Konsumenten oder die Bürger in ihrer Gesamtheit, auch als Vertreter der natürlichen Umwelt).

Zwar gibt es auch hier Ansätze, etwa die "öffentliche Meinung" empirisch zu untersuchen, so von Noelle-Neumann (1980). Jedoch sind diese Ansätze zumeist recht allgemein und wenig differenziert nach einzelnen Anspruchsgruppen.

Kenntnisse über die Werthaltungen von Anspruchsgruppen würden für die **normative Führung** eine große Hilfe darstellen. Sie würden es etwa erlauben, Kundenwünsche zu antizipieren (denn diesen Wünschen liegen häufig bestimmte Werthaltungen zugrunde), neue Märkte zu erschließen (indem aus Werthaltungen Bedürfnisse abgeleitet werden), auch bestehende Märkte besser zu durchdringen und zu bearbeiten.

Analog zu Untersuchungen über das "moralische Klima im Ausland" (Werthaltungen in anderen Ländern und Kulturen), das "moralische Klima der Unternehmung" (Wertesystem der Unternehmung) und das "moralische Klima in den Führungsetagen" (Werthaltungen von Führungskräften) sollten daher in Theorie und Praxis auch Untersuchungen über das "moralische Klima des unternehmungsrelevanten Umfeldes" (Werthaltungen von Anspruchsgruppen) angestrengt werden.

4.1.2. Normative Ethik: Formulierung und Begründung von Normen

Der **deskriptiven** Ethik (Abschnitt 4.1.1) steht die **normative Ethik** gegenüber. Die normative Ethik bildet das **Kernstück** der Führungsethik, wie sie in dieser Arbeit konzipiert wird. Im Mittelpunkt der normativen Ethik steht die **Formulierung und Begründung von Normen**.

Formulierung von Normen

Mit der Formulierung von Normen wird eine Antwort gesucht auf die Frage: "**Was sollen wir tun?**" Es ist die Frage nach Orientierungshilfen, nach Richtlinien für das Handeln, die es dem Menschen erlauben, seiner Verantwortung gerecht zu werden.

Solche Richtlinien für verantwortungsvolles Handeln seien hier als **Normen** bezeichnet. **Beispiele** für Normen sind: Du sollst nicht lügen, du sollst nicht betrügen, du sollst nicht stehlen, du sollst die Umwelt schonen, du sollst deinen Nächsten achten (wie dich selbst) etc.

Normen seien hier zweifach näher charakterisiert, zum einen durch ihre **Allgemeingültigkeit**, zum anderen durch ihre **Reflexionsbedürftigkeit**.

O **Allgemeingültigkeit von Normen:** Normen stehen nicht nur oberhalb individueller Interessen, Wünsche, Hoffnungen und Neigungen, sondern auch oberhalb verschiedener Werthaltungen (vgl. Abschnitt 4.1.1). Normen gelten (definitionsgemäß) **allgemein**, das heißt überall und immer; darauf wies mit besonderer Deutlichkeit Kant hin (vgl. Abschnitt 6.7). Normen verkörpern allgemeingültige, für alle Menschen, an allen Orten, für alle Zeiten universal geltende Richtlinien für verantwortungsvolles Handeln, "deren Gültigkeit unzweifelhaft feststeht, ob sie nun eingehalten werden oder nicht", "die man zwar schuldhaft übertreten, doch nie außer Geltung setzen kann" (Rich 1985, S.28).

Höffe (1981a, S.60) beschreibt die Allgemeingültigkeit von Normen (als "sittlichen Verbindlichkeiten"):

"Die sittlichen Verbindlichkeiten sind also von persönlichen Stimmungen, glücklichen mitmenschlichen Beziehungen und darüber hinausreichenden Zielen und Absichten unabhängig gültig. Dann aber handelt es sich dem Begriff nach um Verbindlichkeiten, die für sich selbst und als solche Geltung beanspruchen; es sind unbedingt gültige oder schlechthin höchste Verbindlichkeiten. ...

... Weil die sittlichen Verbindlichkeiten die Absichten des handelnden Subjekts nicht als letzten Bestimmungsgrund anerkennen, von den Absichten vielmehr abstrahieren, sind sie über-subjektiv, sind sie objektiv und allgemein gültig. Das gesuchte Moralprinzip heißt daher Verallgemeinerbarkeit der Handlungsgründe; es heißt Universalisierbarkeit der Regeln, Normen oder Grundsätze unseres Tun und Lassens. Jene Gründe sind sittlicher Natur, die schlechthin allgemein gültig sind."

○ **Reflexionsbedürftigkeit von Normen:** Die Allgemeingültigkeit von Normen darf jedoch **nicht als Dogma mißverstanden** werden. Vielmehr bedürfen Normen stets einer der Situation angemessenen **Reflexion**. In bestimmten Situationen kann es dann durchaus notwendig werden, Normen außer Kraft zu setzen. Das betont auch Rich und nennt ein Beispiel (1985, S.28):

"So ist etwa die Wahrhaftigkeitsforderung eine Norm von undiskutabler Geltung, wiewohl es erfahrungsgemäß kaum einen Menschen geben dürfte, der in seinem Leben nie gelogen hätte, und wiewohl konkrete Fälle möglich sind, wo das doktrinäre Offenlegen der Wahrheit Unheil stiften muß."

So wie die Ethik im allgemeinen kein "Rezeptbuch sittlicher Praxis" (Höffe, zitiert nach Staffelbach 1990, S.399) ist, so sind auch Normen im besonderen keine Rezepte zu verantwortungsvollem Handeln, keine Checklisten, die unhinterfragt angewandt werden können.

Vielmehr verkörpern Normen Richtlinien in Form von Orientierungen. Normen sind einem **Kompaß** vergleichbar, der zwar die Richtung vorgibt, den konkreten Weg aber dem einzelnen überläßt. Pieper (1985, S.63-64) schreibt mit Bezug auf das Wesen von Normen (vgl. Staffelbach 1990, S.322, Fußnote 1):

"Wer einen Kompaß benutzt, um an sein Ziel zu gelangen, hat dieses Instrument mißverstanden, wenn er meint, darauf seinen Standort und den Weg zu seinem Ziel einfach ablesen zu können. Weder über das eine noch über das andere gibt der Kompaß eine direkte Auskunft; er zeigt immer nur in eine Richtung, nämlich nach Norden. Trotzdem führt er den Wanderer ans Ziel, vorausgesetzt, er weiß, wohin er will und somit auch die Himmelsrichtung, in der sich von seinem Standort aus gesehen sein Ziel befindet. Der Kompaß schreibt somit nicht direkt den richtigen Weg vor, sondern gibt an, wie der richtige Weg zu ermitteln ist."

Die Ermittlung des (moralisch) richtigen Weges ist die unaufhebbare Aufgabe jedes einzelnen Menschen. Normen unterstützen den Menschen in dieser Aufgabe, nehmen sie ihm aber nicht ab.

Eine erfolgreiche Anwendung von Normen setzt die einsichtige, an der Vernunft, am Verantwortungsbewußtsein ausgerichtete Reflexion dieser Normen voraus. Hierfür bedarf es **eigener** Verantwortungsfähigkeit, insbesondere **eigener** Reflexionsfähigkeit, auch **eigener** Urteilsfähigkeit (vgl. Abschnitt 2.2.3).

Begründung von Normen durch Prinzipien

In dem Maße, wie der Mensch über Verantwortungsfähigkeit verfügt, wird er nach **Begründungen** für Normen fragen. Solche Begründungen werden in der normativen Ethik häufig durch **Prinzipien** geleistet.

Prinzipien geben an, **warum** die Gültigkeit einer Norm "unzweifelhaft" feststehe, warum Normen also allgemein gelten. Durch Prinzipien sollen Normen so begründet werden, daß der einzelne die Norm versteht und ihr freiwillig aus vernünftiger Einsicht in ihre Notwendigkeit folgt.

Der Zusammenhang zwischen Normen und Prinzipien sei an einem **Beispiel** verdeutlicht. Es gelte die **Norm**: Schade nicht deinem Geschäftspartner!

Diese Norm kann durch verschiedene **Prinzipien** begründet werden. Zwei mögliche Begründungen sind: Schade nicht deinem Geschäftspartner, weil auch du keinen Schaden von ihm wünschst (Prinzip der **Gegenseitigkeit**). Oder: Schade nicht deinem Geschäftspartner, weil dieser damit möglicherweise nicht einverstanden wäre (Prinzip des **Konsenses**).

Gemäß dem Prinzip der **Gegenseitigkeit** gilt nur ein solches Handeln als verantwortungsvoll, das man auch gegen sich selbst gelten lassen würde (vgl. Abschnitt 6.6). Nach dem Prinzip des **Konsenses** gilt nur ein solches Handeln als verantwortungsvoll, mit dem alle Betroffenen einverstanden sind oder zumindest sein könnten (vgl. Abschnitt 6.8).

Formulierung von Normen durch Ableitung aus Prinzipien

Normen können durch Prinzipien nicht nur **begründet** werden, sondern sie lassen sich umgekehrt auch aus Prinzipien **ableiten**.

Beispielsweise kann aus dem Prinzip der **Gegenseitigkeit** (vgl. Abschnitt 6.6) eine Vielzahl von Normen abgeleitet werden, etwa: Schade nicht deinem Geschäftspartner! Achte deine Mitarbeiter! Baue ein Vertrauensverhältnis zu deinen Kollegen auf! Sei loyal gegenüber deinen Vorgesetzten!

Die **Formulierung von Normen** durch Ableitung aus Prinzipien trägt zumeist nur Beispielcharakter. Häufig soll sie zum eigenen Nachdenken, zum eigenen Reflektieren, insbesondere zur **Formulierung eigener Normen** anregen. Erst die Formulierung eigener

Normen bzw. das Handeln nach selbstgesetzten Normen kennzeichnet nach Kant den (moralisch) mündigen Menschen. Der Mensch solle sich, so Kant, die Normen seines Handelns selbst vorgeben (vgl. Abschnitt 6.7). Dabei können ihm die Prinzipien als individuelle **Richtlinien für die Formulierung eigener Normen** dienen.

Konzepte im Mittelpunkt der Führungsethik

Die Formulierung und Begründung von Normen liegt auch der normativen Ethik zugrunde, wie sie hier konzipiert ist. Als Kernstück der Führungsethik fließt die normative Ethik in dieser Arbeit in **drei Themengebiete** ein, in

- die **philosophische Ethik** (Kapitel 6),
- die **Wirtschaftsethik** (Kapitel 7) und
- die **ethisch-normative Betriebswirtschaftslehre** (Kapitel 8).

In jedem Themengebiet werden mehrere **Konzepte** vorgestellt (insgesamt 17 Konzepte aus den drei Themengebieten). Jedes Konzept enthält die Kerngedanken einer bestimmten Richtung (etwa des Utilitarismus, vgl. Abschnitt 6.2) oder eines bestimmten Autors (etwa von Kant, vgl. Abschnitt 6.7) zur normativen Ethik, teilweise (insbesondere in den Kapiteln 7 und 8) einschließlich derem Überschneidungsbereich mit der Ökonomie.

Im Mittelpunkt jedes Konzeptes steht ein **Prinzip** (selten mehrere Prinzipien). Aus diesem Prinzip werden Normen für die Führungspraxis abgeleitet. Diese Normen werden als **Leitideen normativer Führung** bezeichnet.

Die **Leitideen normativer Führung** sollen Führungskräften als Richtlinien für verantwortungsvolles Handeln in der Führungspraxis dienen. Trotz ihrer prinzipiellen ethischen Verbindlichkeit sollten diese Richtlinien nicht als Dogma verstanden werden, sondern als Orientierungshilfe, nicht als Checkliste, sondern als Unterstützung für die Führungspraxis.

Inwieweit hierbei Leitideen normativer Führung (oder allgemeiner: Normen) **objektiv** als **richtig** erkennbar sind, wird in der Ethik kontrovers diskutiert. Diese Kontroverse steht im Mittelpunkt der analytischen Ethik (Abschnitt 4.1.3).

4.1.3. Analytische Ethik: Analyse von Normen

Die in der normativen Ethik (Abschnitt 4.1.2) formulierten Normen werden in der **analytischen Ethik** sprachlich analysiert. Das geschieht gewissermaßen von einer höheren, über den Normen selbst liegenden Sprachebene (Metaebene) aus. Daher wird die analytische Ethik häufig auch als **Metaethik** bezeichnet (Birnbacher und Hoerster 1976, S.10).

Die analytische Ethik entwickelte sich erst in diesem Jahrhundert zu einem eigenständigen Teilgebiet der Ethik (vgl. den Überblick bei Pieper 1971). Ihre Argumentationen knüpfen an die formale Logik und an die begriffliche und logische Analyse wissenschaftlicher Theorien in der Wissenschaftstheorie an (Mittelstraß 1980, S.596).

Normen als Resultat subjektiver Vorstellungen oder als Resultat objektiver Erkennbarkeit?

In der analytischen Ethik werden Normen insbesondere auf ihre objektive Erkennbarkeit hin untersucht (analysiert). Hier lassen sich vor allem zwei Richtungen unterscheiden, der **Nonkognitivismus** und der **Kognitivismus** (Kutschera 1982, S.47; Ricken 1983, S.30).

Normen seien das Resultat **subjektiver Vorstellungen** und daher objektiv nicht erkennbar, behaupten die Vertreter des **Nonkognitivismus** (non cognoscere, lat.: nicht erkennen). Im Gegenteil, Normen seien **objektiv erkennbar**, erwidern die Vertreter des **Kognitivismus**. Der Nonkognitivismus und der Kognitivismus werden häufig nochmals in je zwei Teilbereiche unterschieden (Bild 4.2),

O der **Nonkognitivismus** in den **Emotivismus** und in den **Präskriptivismus**,
O der **Kognitivismus** in den **Naturalismus** und in den **Intuitionismus**.

Nonkognitivismus: Normen als Resultat subjektiver Vorstellungen

Für Vertreter des Nonkognitivismus entspringen Normen lediglich **subjektiven Vorstellungen** (Beauchamp 1982, S.358-359). Eine von subjektiven Vorstellungen unabhängige Existenz von Normen sei für den Menschen objektiv nicht erkennbar.

```
                    ┌─────────────────────┐
                    │  Analytische Ethik  │
                    └──────────┬──────────┘
                ┌──────────────┴──────────────┐
        ┌───────┴────────┐           ┌────────┴───────┐
        │ Nonkognitivismus│           │  Kognitivismus │
        └───────┬────────┘           └────────┬───────┘
         ┌─────┴──────┐                ┌──────┴──────┐
         │ Emotivismus│                │ Naturalismus│
         └────────────┘                └─────────────┘
         ┌──────────────┐              ┌──────────────┐
         │Präskriptivismus│            │ Intuitionismus│
         └──────────────┘              └──────────────┘
```

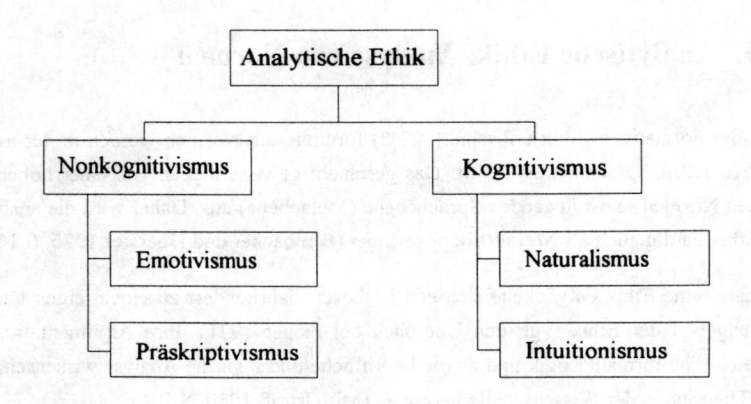

Bild 4.2: Unterteilung der analytischen Ethik

Innerhalb des Nonkognitivismus wird häufig zwischen zwei Teilbereichen unterschieden, dem **Emotivismus** und dem **Präskriptivismus** (MacIntyre 1984, S.242; Höffe 1986, S.163-164; Rebstock 1988, S.56).

O **Emotivismus:** Für die Emotivisten sind Normen lediglich Ausdruck persönlicher **Emotionen**, Einstellungen, Gefühle, Überzeugungen (Ricken 1983, S.36). Normen würden formuliert, um den Adressaten zu einem bestimmten (durch die Normen vorgeschriebenen) Handeln zu veranlassen.

Aus der Sicht des **Emotivismus** gilt beispielsweise die Norm "Schade nicht deinem Geschäftspartner!" auch dann, wenn sie lediglich den Wunsch desjenigen ausdrückt, der die Norm formuliert. Der Betreffende will nicht, daß andere (an die er die Norm richtet) ihren Geschäftspartnern schaden; womöglich will er das deshalb nicht, um nicht selbst Schaden zu erleiden.

Ob eine Norm nun in einem **objektiven** Sinne **richtig** sei (so wie es eine Tatsachenaussage sein kann; vgl. Abschnitt 2.2.4), sei grundsätzlich, so die Ansicht der Emotivisten, nicht zu erkennen. Die Formulierung von Normen bleibe daher stets dem persönlichen Gutdünken und Dafürhalten jedes einzelnen überlassen; sie sei kasuistisch, zufällig, beliebig.

Übersichten, Hinweise und Einzelheiten über den Emotivismus beschreiben Birnbacher und Hoerster (1976, S.100), Mittelstraß (1980, S.539-540), Ricken (1983, S.31-35), MacIntyre (1984, S.234-238), Brantl (1985, S.378-383), Höffe (1986, S.164) und Rebstock (1988, S.57).

○ **Präskriptivismus:** Wie für die Emotivisten liegt auch für die Präskriptivisten der Ursprung von Normen lediglich in subjektiven Vorstellungen; die Existenz von Normen sei also objektiv nicht erkennbar.

Im **Unterschied** zu den Emotivisten halten es jedoch die Präskriptivisten für zwingend erforderlich, die als Normen formulierten Vorschriften (praescribere, lat.: vorschreiben) zu **begründen**.

Aus der Sicht des **Präskriptivismus** bedarf beispielsweise die Norm "Schade nicht deinem Geschäftspartner!" einer plausiblen Begründung durch denjenigen, der die Norm formuliert hat. Eine mögliche Begründung wäre etwa (vgl. Abschnitt 4.1.2): "Schade nicht deinem Geschäftspartner, weil dieser damit eventuell nicht einverstanden wäre."

Im Präskriptivismus sind Normen also nicht dem Gutdünken des einzelnen anheimgestellt (wie im Emotivismus), sondern bedürfen einer **Begründung**, die allgemein einleuchten kann. Insbesondere könne der einzelne, so die Vertreter des Präskriptivismus, von anderen nur etwas fordern, das er auch gegen sich selbst gelten lassen würde (MacIntyre 1984, S.239).

Der Präskriptivismus wird in Übersichten, Hinweisen und Einzelheiten u.a. behandelt bei Birnbacher und Hoerster (1976, S.98-100), Ricken (1983, S.36-37; Ricken verwendet den Ausdruck Dezisionismus), MacIntyre (1984, S.238-242), Brantl (1985, S.386-393), Höffe (1986, S.164) und Rebstock (1988, S.58).

Kognitivismus: Normen als Resultat objektiver Erkennbarkeit

Im Gegensatz zum Nonkognitivismus wird im Kognitivismus von einer **objektiven Erkennbarkeit** von Normen ausgegangen (Mackie 1981, S.22; Ricken 1983, S.43). Innerhalb des Kognitivismus wird häufig zwischen zwei Teilbereichen unterschieden, dem **Naturalismus** und dem **Intuitionismus** (Kutschera 1982, S.49; Rich 1985, S.24; Höffe 1986, S.164).

○ **Naturalismus:** Die Naturalisten nehmen an, Normen ließen sich aus einer jedem Menschen grundsätzlich gleichen Erfahrung ableiten (ähnlich Frankena 1986, S.118). Auch die den Normen zugrunde liegenden normativen Begriffe ließen sich aus dieser Erfahrung ableiten. So bedeute der Begriff **gut** in einer Norm nichts anderes als etwa **nützlich** (oder lustvoll etc.), und dies sei eine aus allgemeiner Erfahrung ableitbare Eigenschaft.

Aus der Sicht des **Naturalismus** gilt eine Norm wie "Es ist gut, seinem Geschäftspartner nicht zu schaden." daher, weil die Schädigung eines Geschäftspartners erfahrungsgemäß allgemein (also unter Einbezug des Geschädigten) einfach nicht nützlich sei (wenngleich sie dem Schädigenden zumindest kurzfristig von Nutzen sein mag).

Dem Naturalismus wird von seinen Gegnern ein **naturalistischer Fehlschluß** vorgeworfen (Mackie 1981, S.79; Ricken 1983, S.47; Rich 1985, S.24). Der Vorwurf geht in zwei Richtungen:

Argument der offenen Frage: Hinter aus der Erfahrung ableitbaren (und daher von Naturalisten für gut befundenen) Eigenschaften wie etwa nützlich (oder lustvoll etc.) verberge sich stets die **offene Frage**, ob diese Eigenschaften auch **wirklich gut** seien (Lattmann 1988, S.20-21), also welches das (hinter der Erfahrung liegende) Kriterium für "gut" sei. Bei jeder Angabe eines Kriteriums könne dieselbe Frage erneut gestellt werden. Die Frage nach dem "Guten" sei eine offene Frage, die nicht auf der Ebene der Erfahrung endgültig beantwortet werden könne.

Schluß vom Sein auf das Sollen: Eng mit dem Argument der offenen Frage zusammen hängt der naturalistische **Schluß vom Sein auf das Sollen**, von (aus der Erfahrung ableitbaren) Tatsachen auf (nur begründbare) Normen. Der Schluß vom Sein auf das Sollen sei, so die Gegner des Naturalismus, stets **unzulässig**. Aus der Erfahrung könne aus formallogischen Gründen niemals auf das geschlossen werden, was sein solle (Mackie 1981, S.79; Ricken 1983, S.43-47). Der (unzulässige) Schluß vom Sein auf das Sollen spiegelt sich insbesondere im Werturteilsstreit (vgl. Abschnitt 2.2.4) wider.

Übersichten, Hinweise und Einzelheiten über den Naturalismus, teilweise auch zum Argument der offenen Frage und zum Schluß vom Sein auf das Sollen, beschreiben Brugger (1976, S.257-258), Kutschera (1982, S.49-54), Ricken (1983, S.43-50), Mittelstraß (1984, S.964-966), Rich (1985, S.24), Brantl (1985, S.394-397), Frankena (1986, S.117-124), Höffe (1986, S.164) und Rebstock (1988, S.61-62; Rebstock spricht von Reduktionismus).

○ **Intuitionismus:** Die Intuitionisten gehen wie die Naturalisten von der objektiven Erkennbarkeit von Normen aus. Allerdings halten sie Normen für **selbstevident** und daher für nicht aus der Erfahrung ableitbar. Wegen ihrer Selbstevidenz seien Normen jedem Menschen durch **Intuition**, durch Anschauung (intuitio, lat.: Schau, Anschauung) zugänglich (Kutschera 1982, S.49; Rich 1985, S.24).

Aus der Sicht des **Intuitionismus** gilt eine Norm wie "Schade nicht deinem Geschäftspartner!" einfach daher, weil sie jedem Menschen durch bloße Anschauung zugänglich sei. Jeder Mensch käme, so die Intuitionisten, bei Kenntnis der Norm und bei reiflicher Überlegung selbst darauf, daß die betreffende Norm gelte. Ihre Gültigkeit bedürfe daher keiner weiteren Begründung.

Damit vermeiden Intuitionisten zwar den naturalistischen Fehlschluß (vgl. oben: Naturalismus), scheinen aber gleichzeitig einem **intuitionistischen Fehlschluß** zum Opfer zu fallen. Denn wenn Normen nur durch **subjektive** Intuition jedes einzelnen erkannt werden können, entfällt die (für die kognitive Ethik entscheidende) Notwendigkeit einer **objektiven** Begründung von Normen. Zu einer solchen objektiven Begründung von Normen leisten Intuitionisten, wie Brantl (1985, S.434) betont, keinen Beitrag.

Übersichten, Hinweise und Einzelheiten zum Intuitionismus beschreiben Kutschera (1982, S.49), Ricken (1983, S.51-54), Mittelstraß (1984, S.286-289), Brantl (1985, S.374-377), Rich (1985, S.24), Höffe (1986, S.164) und Frankena (1986, S.124-127).

Synthese aus Nonkognitivismus und Kognitivismus

Für die **Nonkognitivisten** sind Normen objektiv nicht erkennbar. Sie seien lediglich der Ausdruck persönlicher Emotionen (so die Emotivisten) oder begründeter Vorschriften (so die Präskriptivisten). Durch ihre fehlende objektive Erkennbarkeit seien Normen auch der Wissenschaft nicht zugänglich. Sie gründeten, so Sombart, "in einer viel grösseren Tiefe, als der, in die das Senkblei der Wissenschaft hinabreicht" (zitiert nach Lattmann 1988, S.2).

Für die **Kognitivisten** hingegen sind Normen sehr wohl objektiv erkennbar, etwa durch Erfahrung (so die Naturalisten) oder durch Intuition (so die Intuitionisten). Damit seien Normen auch der Wissenschaft zugänglich.

Der Nonkognitivismus und der Kognitivismus stehen sich wie These und Antithese gegenüber. Beide seien hier in einer **Synthese** aufgehoben und für die Führungsethik genutzt. In der Synthese hängt es vom jeweiligen **Erkenntniskriterium** und damit von der jeweiligen **Dimension der Vernunft** ab, ob Normen objektiv erkennbar sind:

○ Werden als Erkenntniskriterien die **empirische Überprüfbarkeit** oder die **logische Beweisbarkeit** von Normen angelegt, so scheinen Normen (im Gegensatz zu Tatsachenaussagen; vgl. Abschnitt 2.2.4) **objektiv nicht erkennbar** zu sein (nonkognitiver Teil der Synthese). Allerdings bleiben beide Erkenntniskriterien auf die im Kantischen Sinne **technische** und **pragmatische Vernunft**, auf eine **instrumentelle Vernunft** (Horkheimer 1974) beschränkt (vgl. Abschnitt 2.1).

○ Wird als Erkenntniskriterium hingegen eine allen Menschen gemeinsame Erfahrung und eine allen Menschen gemeinsame ganzheitliche, auch die **moralische** Dimension umfassende **Vernunft** zugrunde gelegt, so scheinen Normen durchaus **objektiv erkennbar** zu sein. In diesem Falle gewinnt der Begriff "objektiv" die Bedeutung von "intersubjektiv", alle Menschen betreffend (kognitiver Teil der Synthese). Eine solche umfassende, allen Menschen gemeinsame Vernunft legte Kant seinem Denken zugrunde (vgl. Abschnitt 6.7).

Die Synthese zwischen Nonkognitivismus und Kognitivismus liegt auch der **Führungsethik** zugrunde, wie sie in dieser Arbeit konzipiert wird. Aus **nonkognitiver** Perspektive tritt, wie allgemein üblich in der normativen Ethik, an die Stelle einer Überprüfbarkeit oder Beweisbarkeit von Normen ihre **Begründung** durch Prinzipien (vgl. Abschnitt 4.1.2).

Aus **kognitiver** Perspektive sei von einer **Allgemeingültigkeit von Normen** ausgegangen (vgl. Abschnitt 4.1.2). Die Allgemeingültigkeit sei hier abgeleitet aus der potentiellen Vernunft jedes einzelnen Menschen und damit zugleich aus der potentiellen **gemeinsamen Vernunft** aller Menschen.

4.1.4. Gegenseitige Ergänzung der drei Teilgebiete

Die drei Teilgebiete der Ethik, die deskriptive Ethik (Abschnitt 4.1.1), die normative Ethik (Abschnitt 4.1.2) und die analytische Ethik (Abschnitt 4.1.3), greifen gedanklich ineinander und ergänzen sich gegenseitig. Das sei hier an der normativen Führung als Gegenstand der Führungsethik gezeigt.

○ Die normative Führung setzt insbesondere an den empirisch feststellbaren **Werthaltungen** der Teilnehmer am Wirtschaftsgeschehen an (**deskriptive Ethik**).

○ Als Bewertungsmaßstab für unterschiedliche Werthaltungen und damit als Richtlinien für verantwortungsvolles Handeln werden häufig **Normen** herangezogen. Sie werden hier mit Bezug auf die Führungspraxis als **Leitideen normativer Führung** bezeichnet. Normen (bzw. Leitideen normativer Führung) können durch **Prinzipien** begründet werden (**normative Ethik**).

○ Eine Begründung durch Prinzipien ersetzt die nicht gegebene empirische Überprüfbarkeit oder logische Beweisbarkeit von Normen (bzw. Leitideen normativer Führung). Hierbei sei die **Allgemeingültigkeit** von Normen (bzw. Leitideen normativer Führung) abgeleitet aus einer allen Menschen gemeinsam möglichen **Vernunft** (**analytische Ethik**).

4.2. Ansätze normativer Ethik

Im Laufe der Entwicklung der Ethik wurde in der **normativen Ethik** (Abschnitt 4.1.2) eine Vielzahl verschiedener grundlegender **Ansätze** herausgebildet. Hier seien acht Ansätze beschrieben, wobei jeweils zwei Ansätze als paarweise gegenläufig gegenübergestellt werden. Im einzelnen handelt es sich um die

○ **Situationsethik** versus **Normenethik** (Abschnitt 4.2.1),
○ **teleologische Ethik** versus **deontologische Ethik** (Abschnitt 4.2.2),
○ **Verantwortungsethik** versus **Gesinnungsethik** (Abschnitt 4.2.3) und
○ **materiale Ethik** versus **formale Ethik** (Abschnitt 4.2.4).

Trotz ihrer Unterschiedlichkeit liegt den Ansätzen eine **Einheit der normativen Ethik** zugrunde (Abschnitt 4.2.5).

4.2.1. Situationsethik versus Normenethik

Ist es angesichts der Vielfalt verschiedener Situationen des Handelns überhaupt sinnvoll, allgemeingültige (also auch situationsunabhängige) Normen zu formulieren? Die Antwort auf diese Frage trennt die **Situationsethik** von der **Normenethik**.

○ **Situationsethik - Formulierung von Normen ist nicht sinnvoll:** In der Situationsethik wird die **Einzigartigkeit jeder Situation** betont. Jede Situation wird interpretiert als eine einzigartige, einmalige Konstellation von Handelndem und äußeren Umständen, die so kein zweites Mal wiederkehrt.

Daher bedürfe jedes moralische Handeln eines auf die jeweilige Situation zugeschnittenen, **spezifischen** Grundsatzes. Die Formulierung von Normen als über konkrete Situationen hinaus **allgemeingültige** Grundsätze sei somit nicht sinnvoll (Purtill 1977, S.74; Frankena 1986, S.35).

Rich (1985, S.32) deutet die mögliche Konsequenz der Situationsethik an:

"In extremis führt das zu einer 'Moral ohne Normen', zu einem Handlungs- und Entscheidungskonzept, aufgrund dessen der Mensch in der ihn fordernden Situation radikal sich selber überlassen bleibt, also auch selbst zu verantworten hat, was "jetzt" das Normative, ... das Gute ... sei."

Näheres zur **Situationsethik**, Übersichten, Hinweise und Einzelheiten, beschreiben Diemer (1962, S.526), Brugger (1976, S.361-362; dort weitere Literaturhinweise), Ginters (1976, S.17-26 und S.102-108), Meyers kleines Lexikon Philosophie (1987, S.387-388); vgl. auch das Stichwort "Situation" und die Verbindungen zum Existentialismus Sartres (vgl. Abschnitt 6.4) bei Schischkoff (1982, S.640); vgl. ebenfalls Birnbacher und Hoerster (1976, S.208-222) sowie Mackie (1981, S.157-163), die nicht von Situationsethik, sondern mit Bezug auf den Utilitarismus (vgl. Abschnitt 6.2) von Aktutilitarismus sprechen.

○ **Normenethik - Formulierung von Normen ist notwendig:** Die Normenethik steht im Gegensatz zur Situationsethik. In der Normenethik wird die Formulierung von Normen nicht nur als sinnvoll, sondern als notwendig angesehen (Meyers kleines Lexikon Philosophie 1987, S.98), da auch verschiedene Situationen ein ähnliches oder gleiches moralisches Handeln erfordern könnten.

Hierbei wird dem vernünftigen, dem verantwortungsbewußten Menschen zugetraut, **allgemeingültige Normen situationsgerecht anwenden** zu können, also eigenständig zu reflektieren, ihrem Sinn gemäß als Orientierungen, nicht als Dogma zu verstehen und dementsprechend verantwortungsvoll umzusetzen (vgl. Abschnitt 4.1.2).

Weiteres zur **Normenethik**, Übersichten, Hinweise und Einzelheiten beschreiben Ginters (1976, S.26-50 und S.108-127) und Rich (1985, S.28); vgl. auch Birnbacher und Hoerster (1976, S.208-222) sowie Mackie (1981, S.173-178), die nicht von Normenethik, sondern in besonderem Bezug auf den Utilitarismus (vgl. Abschnitt 6.2) von Regelutilitarismus sprechen; vgl. ferner das Stichwort "Norm" bei Schischkoff (1982, S.496) und die dort angegebenen Hinweise auf weiterführende Literatur zur Normenethik.

Führungsethik als Normenethik: Für den Entwurf einer Führungsethik scheint die Situationsethik eine wenig geeignete Grundlage zu bilden, denn in ihr wird letztlich nur der Ratschlag gegeben, "sich selbst zu helfen".

Daher scheint eine Normenethik unerläßlich, in der **unabhängig** von der jeweiligen Situation, unabhängig auch von unternehmungsspezifischen, branchenspezifischen, länderspezifischen, kulturspezifischen Besonderheiten **Normen** als **allgemeingültige** Richtlinien für verantwortungsvolles Handeln in der Führungspraxis, als **allgemeingültige Leitideen normativer Führung** formuliert werden (vgl. die Kapitel 6 bis 9).

4.2.2. Teleologische Ethik versus deontologische Ethik

Neben der allgemeinen Frage nach dem Sinn der Formulierung von Normen (Situationsethik versus Normenethik; Abschnitt 4.2.1) wird häufig der teleologische bzw. der deontologische Bezug von Normen diskutiert. Dementsprechend wird zwischen **teleologischer** und **deontologischer** Ethik unterschieden (Höffe 1981a, S.63-65, und 1986, S.184; DeGeorge 1986, S.42; Frankena 1986, S.32; Enderle 1988b, S.23).

O **Teleologische Ethik - ausschlaggebend sind die Folgen des Handelns:** In der teleologischen Ethik beziehen sich die Normen auf die **Folgen des Handelns** (Birnbacher und Hoerster 1976, S.200; Kutschera 1982, S.63). Tragen die Folgen des Handelns zu einem guten Zweck (einem guten Ziel) bei, so ist auch das Handeln selbst gut (telos, griech.: Zweck, Ziel).

Beispielsweise gilt in der teleologischen Ethik das **Lügen** dann als erlaubt, ja sogar als angebracht, als gut, wenn es dazu beiträgt, größeren Schaden (als das Lügen selbst) zu vermeiden. In diesem Zusammenhang wird häufig von einer "Notlüge" gesprochen. Ob der einzelne tatsächlich zu einer Notlüge greifen sollte oder nicht, bedarf des persönlichen Abwägens. Dieses Abwägen muß allerdings über eigeninteressierte Vorteilserwägungen hinausgehen. Es muß **allgemein** sein, also **alle** Betroffenen mit einbeziehen.

Näheres zur **teleologischen Ethik**, Übersichten, Hinweise und Einzelheiten beschreiben Birnbacher und Hoerster (1976, S.199), Ginters (1976, S.72-142), Höffe (1981a, S.63), Kutschera (1982, S.63-66), Brantl (1985, S.165, S.171 und S.178), Frankena (1986, S.32-35), DeGeorge (1986, S.42), Meyers klei-nes Lexikon Philosophie (1987, S.421), Rebstock (1988, S.44-50) sowie Hoffmann und Rebstock (1989, S.672).

O **Deontologische Ethik - ausschlaggebend ist das Handeln selbst:** In der deontologischen Ethik beziehen sich die Normen nicht auf die Folgen des Handelns (wie in der teleologischen Ethik), sondern auf das Handeln selbst. Ist eine Norm als **in sich gut** erkannt worden, so ist auch jedes dieser Norm entsprechende Handeln gut. Daraus entsteht für den Handelnden die Pflicht (deon, griech.: Pflicht), dieser Norm entsprechend zu handeln - unabhängig von den (möglicherweise auch nachteiligen, negativen) Folgen des Handelns.

So gilt beispielsweise das **Lügen** in der deontologischen Ethik als in sich schlecht, die Norm: "Du sollst nicht lügen!" (eines der Zehn Gebote) hingegen als in sich gut, unabhängig von den jeweiligen Folgen. Selbst eine "Notlüge" würde in der deontologischen Ethik unter keinen Umständen als gerechtfertigt anerkannt werden.

Häufig wird die Ethik **Immanuel Kants** (vgl. Abschnitt 6.7) als **die** deontologische Ethik überhaupt angesehen. Die **Pflicht** des einzelnen spielt in Kants Ethik eine entscheidende Rolle. Kant grenzt die Pflicht insbesondere gegen die Neigung ab (vgl. Störig 1990, S.414). Auch in der Ethik **Schleiermachers** (vgl. Abschnitt 6.3) spielen Pflichten eine entscheidende Rolle. Ebenso bilden die **Zehn Gebote** ein anschauliches Beispiel für Normen einer deontologischen Ethik.

Weiteres zur **deontologischen Ethik**, Übersichten, Hinweise und Einzelheiten, beschreiben Birnbacher und Hoerster (1976, S.199), Ginters (1976, S.17-50), Höffe (1981a, S.63), Kutschera (1982, S.66-70), Frankena (1986, S.35-37), DeGeorge (1986, S.42), Meyers kleines Lexikon Philosophie (1987, S.97-98), Rebstock (1988, S.50-55) sowie Hoffmann und Rebstock (1989, S.672).

Teleologische und deontologische Führungsethik: Der Entwurf einer Führungsethik beruht in dieser Arbeit auf Elementen sowohl der teleologischen Ethik als auch der deontologischen Ethik. Allerdings wird ein deutlicher Schwerpunkt auf der teleologischen Ethik liegen. Denn **einerseits** sei zwar die Existenz an sich guter Normen (der Standpunkt der **deontologischen** Ethik) durchaus anerkannt. Jedoch enthebt **andererseits** die Anwendung auch solcher Normen den einzelnen nicht aus der Notwendigkeit, die Folgen seines Handelns in seine Überlegungen mit einzubeziehen. Vielmehr kommt den Folgen des Handelns eine überragende Bedeutung zu (der Standpunkt der **teleologischen** Ethik).

4.2.3. Verantwortungsethik versus Gesinnungsethik

Der Unterscheidung zwischen teleologischer Ethik und deontologischer Ethik (Abschnitt 4.2.2) entspricht im wesentlichen die Trennung von **Verantwortungsethik** und **Gesinnungsethik** (Birnbacher und Hoerster 1976, S.199). Diese Trennung geht auf den Soziologen und Nationalökonomen Max Weber (1864-1920) zurück (Apel, Böhler und Rebel 1984, S.466-467; Wuchterl 1986, S.170).

O **Verantwortungsethik - Verantwortung für die Folgen des Handelns:** Im Mittelpunkt der Verantwortungsethik steht die **Verantwortung** des einzelnen Menschen. Diese Verantwortung kann darin gesehen werden, die Folgen des eigenen Handelns (für alle Betroffenen) zu bedenken und unter Berücksichtigung dieser Folgen zu handeln. Insofern entspricht die Verantwortungsethik der teleologischen Ethik (vgl. Abschnitt 4.2.2), wenn auch in der teleologischen Ethik in der Regel nicht explizit von Verantwortung gesprochen wird.

Zum Beispiel des **Lügens** aus Abschnitt 4.2.2 wird in der Verantwortungsethik eine eindeutige Antwort gegeben, die ganz auf den einzelnen bezogen ist: Lügen ist erlaubt, wenn es der einzelne mit Blick auf die Folgen des Lügens (für alle Betroffenen) verantworten kann, und eine Lüge ist sogar geboten, wenn es die Verantwortung des einzelnen erforderlich macht.

Damit werden in der Verantwortungsethik hohe Anforderungen an das Verantwortungsbewußtsein des einzelnen (vgl. Abschnitt 2.2.3) gestellt. Aus diesem Grunde bedarf eine Verantwortungsethik stets auch einer pädagogischen, auf die Ausbildung des individuellen Verantwortungsbewußtseins abzielenden Komponente (vgl. Kapitel 11).

Näheres zur **Verantwortungsethik**, Übersichten, Hinweise und Einzelheiten, beschreiben Hoffmeister (1955, S.221; er spricht von Erfolgsethik), Birnbacher und Hoerster (1976, S.199), Frankena (1986, S.87-89), Höffe (1986, S.263-264), Wuchterl (1986, S.170-171), Meyers kleines Lexikon Philosophie (1987, S.442-443), Enderle (1987, S.436-437), Enderle (1988b, S.53); vgl. auch das Stichwort "Verantwortung" bei Brugger (1976, S.430-431) und "Verantwortungsbewußtsein" bei Schischkoff (1982, S.723; dort auch weiterführende Literatur zur Verantwortungsethik). Im übrigen sei auf die Literatur zur teleologischen Ethik verwiesen (vgl. Abschnitt 4.2.2).

O **Gesinnungsethik - Gesinnung des Handelnden:** In der Gesinnungsethik ist die **Gesinnung** des Handelnden maßgeblich, sein Willen, seine Absicht (Kutschera 1982, S.78). Nur die Gesinnung eines Menschen, nicht aber sein Handeln selbst, könne ohne Einschränkung gut sein.

Wolle beispielsweise jemand **lügen**, so wird in der Gesinnungsethik darin ausnahmslos eine schlechte Gesinnung gesehen. Daher wird, wie schon in der deontologischen Ethik (vgl. Abschnitt 4.2.2), die Lüge grundsätzlich - unabhängig von ihren möglichen oder wirklichen Folgen - abgelehnt.

Eine Gesinnungsethik in extremer Form läuft Gefahr, in Weltfremdheit zu enden oder gar in Dogmatismus auszuarten - vor allem dort, wo die Folgen des Handelns aus den Überlegungen ausgeklammert bleiben. Darauf wies insbesondere Max Weber hin. Er prägte mit Blick auf die Gesinnungsethiker den berühmt gewordenen Satz: "Der Christ tut recht und stellt den Erfolg Gott anheim" (vgl. Werner 1991, S.131).

Max Weber bekannte sich eindeutig zur Verantwortungsethik und griff die Gesinnungsethiker als Dogmatiker, ja sogar als Phantasten an, die "mehr Unheil als Segen auf die Menschheit bringen" (Wuchterl 1986, S.171). Auch Zahn (1982, S.15) betont, daß "die grossen Übel dieser Welt meist nicht die Folgen böser Absichten, sondern die Folgen eines unbegrenzten Willens zum Guten" seien.

Weiteres zur **Gesinnungsethik**, Übersichten, Hinweise und Einzelheiten, beschreiben Hoffmeister (1955, S.221), Birnbacher und Hoerster (1976, S.199), Frankena (1986, S.86-87), Höffe (1986, S.84-85), Wuchterl (1986, S.170-171), Meyers kleines Lexikon Philosophie (1987, S.442-443; dort in das Stichwort "Verantwortungsethik" integriert), Enderle (1987, S.436-437; 1988b, S.53). Des weiteren sei auf die Literatur zur deontologischen Ethik verwiesen (vgl. Abschnitt 4.2.2).

Führungsethik als Verantwortungsethik: Führungsethik wird hier in erster Linie als **Verantwortungsethik** konzipiert. Hingegen scheint die Gesinnungsethik dort, wo die Folgen des Handelns vernachlässigt werden, wo die Bedeutung der Verantwortung für die Folgen des Handelns nicht hervorgehoben wird, für die normative Führung ebensowenig auszureichen wie die deontologische Ethik (vgl. Abschnitt 4.2.2).

Einen Vorrang der Verantwortungsethik vor der Gesinnungsethik für die normative Führung fordert auch Sihler (1991, S.21). Er schreibt:

"Nicht Gesinnungen sind vom Manager gefordert, sondern Verantwortung. Verantwortungsethik heißt ja, ein bestimmtes Wertsystem nicht zu 'verabsolutieren', sondern die möglichen Ergebnisse der eigenen Handlungen im Hinblick auf ihre Übereinstimmung mit den angestrebten Werten (Normen; Anmerkung des Verfassers) zu prüfen."

4.2.4. Materiale Ethik versus formale Ethik

Die sechs bisher vorgestellten Ansätze normativer Ethik, die Situationsethik versus Normenethik (Abschnitt 4.2.1), die teleologische Ethik versus deontologische Ethik (Abschnitt 4.2.2) und die Verantwortungsethik versus Gesinnungsethik (Abschnitt 4.2.3), beziehen sich jeweils direkt auf **Normen**. Hingegen beziehen sich die beiden hier vorgestellten Ansätze, die **materiale versus formale Ethik**, auf die Begründungen von Normen, auf **Prinzipien** (vgl. Abschnitt 4.1.2).

Prinzipien werden der **materialen** Ethik zugerechnet, wenn sie bestimmte **Inhalte** zum Ausdruck bringen. Sie werden zur **formalen** Ethik gezählt, wenn sie einen (von Inhalten unabhängigen) **Formalismus** verkörpern.

Die Unterscheidung zwischen "material" und "formal" wurde zuerst von Kant in die Ethik eingeführt (Höffe 1986, S.60) und seitdem beibehalten. Die Unterscheidung wird beschrieben von Hoffmeister (1955, S.220), Diemer (1962, S.512 und 518), Mittelstraß 1980, S.594), dort (mit explizitem Bezug auf Kant) als materiale Bestimmung versus formales Prinzip, in Meyers kleinem Lexikon Philosophie (1987, S.133-134), dort als Güterethik versus Formalethik, Koslowski (1988a, S.46-137, insbesondere S.96-99).

○ **Materiale Ethik - inhaltliche Prinzipien:** Der materialen Ethik werden gewöhnlich jene Prinzipien zugerechnet, die Normen **inhaltlich begründen,** die also bestimmte sittliche Inhalte (wie Glück, Zufriedenheit, Freude, Nutzen, Gemeinwohl, Güter, Tugenden, Pflichten etc.) zur Begründung von Normen heranziehen.

So kann etwa die Norm "Schade nicht deinem Geschäftspartner!" inhaltlich mit den Prinzipien der **Freude** (vgl. Abschnitt 6.1) oder des **Gemeinwohls** (vgl. Abschnitt 6.2) begründet werden. Nach dem Prinzip der **Freude** solle man deshalb nicht einem Geschäftspartner schaden, weil der dabei vermutlich keine Freude verspüren wird. Nach dem Prinzip des **Gemeinwohls** solle man deshalb nicht einem Geschäftspartner schaden, weil eine Schädigung von Geschäftspartnern auf Dauer und in großer Zahl dem Gemeinwohl abträglich wäre.

○ **Formale Ethik - formale Prinzipien:** Der formalen Ethik werden in der Regel solche Prinzipien zugerechnet, durch die Normen **formal begründet** werden, die also bestimmte sittliche Formalismen (etwa Gegenseitigkeit, Allgemeingültigkeit, Konsens, Übereinkunft) zur Begründung von Normen heranziehen.

Die Norm: "Schade nicht deinem Geschäftspartner!" kann formal etwa mit den Prinzipien der **Allgemeingültigkeit** (vgl. Abschnitt 6.7) oder des **Konsenses** (vgl. Abschnitt 6.8) begründet werden. Nach dem Prinzip der **Allgemeingültigkeit** solle man deshalb nicht einem Geschäftspartner schaden, weil das Schädigen eines Geschäftspartners vernünftigerweise nicht als allgemeingültige Norm denkbar ist. Nach dem Prinzip des **Konsenses** solle man deshalb nicht einem Geschäftspartner schaden, weil über eine Schädigung von Geschäftspartnern mit den Geschäftspartnern kein Konsens zu erzielen sein dürfte.

Führungsethik als Synthese aus materialer und aus formaler Ethik: Die Führungsethik, wie sie in dieser Arbeit konzipiert wird, umfaßt sowohl materiale als auch formale Prinzipien, aus denen Leitideen normativer Führung entwickelt werden (vgl. die Kapitel 6 bis 8, gemeinsamer Katalog der Leitideen in Kapitel 9).

4.2.5. Einheit der normativen Ethik

Die vorgestellten acht Ansätze der normativen Ethik, die

○ **Situationsethik** versus **Normenethik** (Abschnitt 4.2.1),

○ **teleologische Ethik** versus **deontologische Ethik** (Abschnitt 4.2.2),
○ **Verantwortungsethik** versus **Gesinnungsethik** (Abschnitt 4.2.3) und
○ **materiale Ethik** versus **formale Ethik** (Abschnitt 4.2.4),

bilden trotz ihrer teilweise erheblichen Unterschiede in gewissem Sinne in der normativen Ethik eine **Einheit**, denn alle beziehen sich direkt oder indirekt auf dieselbe Frage der normativen Ethik: "Was sollen wir tun?" Freilich fallen die Antworten verschieden aus:

○ In der **Situationsethik** bleibt die Antwort (nach dem "guten", dem "richtigen" Handeln) dem Handelnden selbst überlassen, in der **Normenethik** werden ihm hingegen Normen als Richtlinien verantwortungsvollen Handelns an die Hand gegebene.

○ In der **teleologischen Ethik** wird der Handelnde insbesondere auf die Folgen seines Handelns für alle Betroffenen hingewiesen, in der **deontologischen Ethik** wird ihm die Pflicht auferlegt, sittliche Normen prinzipiell einzuhalten.

○ In der **Verantwortungsethik** wird der Handelnde auf seine umfassende Verantwortung (vgl. Abschnitt 2.2.3) aufmerksam gemacht, in der **Gesinnungsethik** wird die besondere Bedeutung der Gesinnung, des Willens, der Absicht des Handelnden betont.

○ In der **materialen Ethik** schließlich werden Normen als Richtlinien verantwortungsvollen Handelns durch bestimmte sittliche Inhalte (wie Glück, Zufriedenheit, Freude etc.) begründet, in der **formalen Ethik** durch bestimmte sittliche Formalismen (wie Gegenseitigkeit, Konsens etc.).

Die große Spannweite möglicher Antworten auf die Frage: "Was sollen wir tun?" ist ein Zeichen für die Vielseitigkeit der normativen Ethik. Dem einzelnen Menschen werden mannigfache Hinweise, Unterstützungen, Hilfestellungen, Richtlinien für verantwortungsvolles Handeln gegeben. Eine Antwort auf die Frage zu finden, was wir tun sollen, bleibt aber letztlich dem Menschen selbst aufgetragen, seiner Vernunft anheimgestellt, seinem Verantwortungsbewußtsein überlassen.

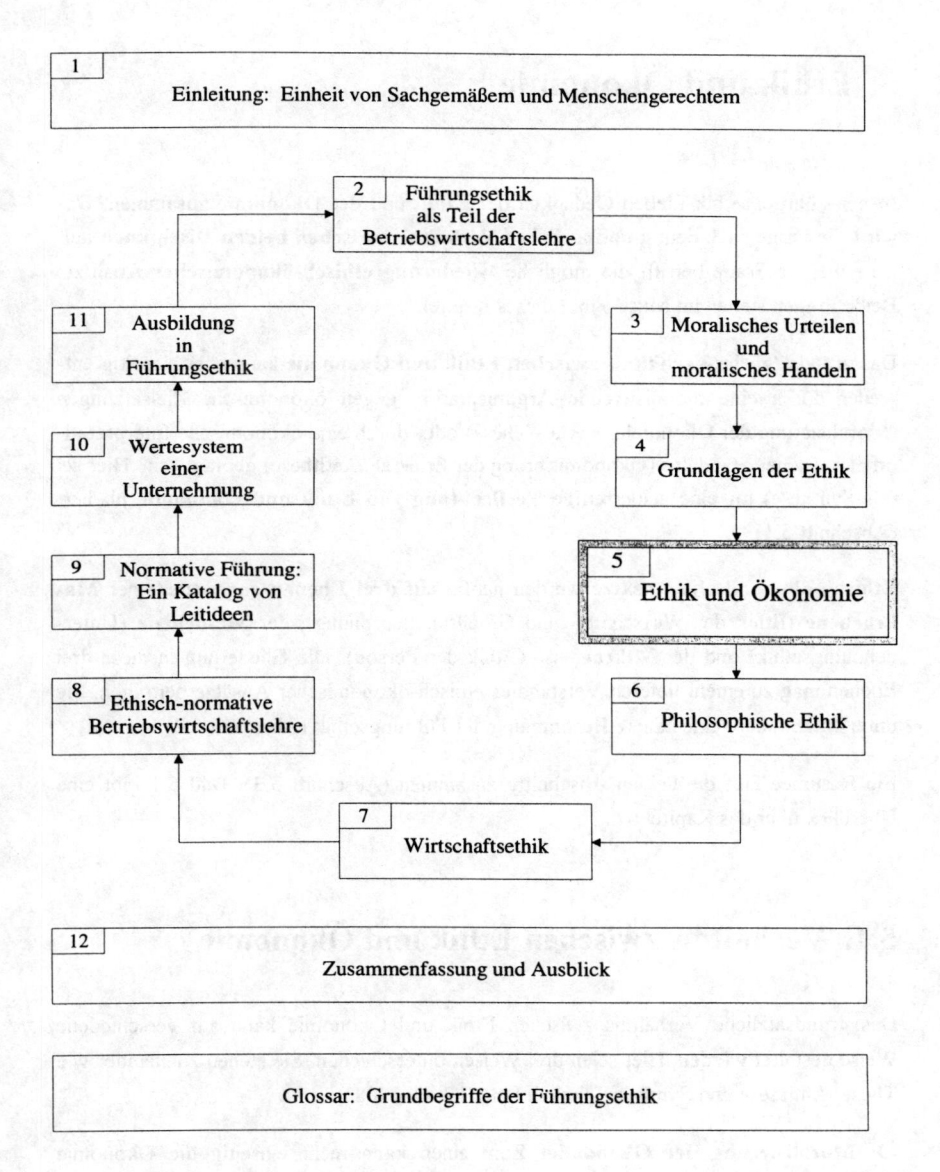

```
┌─────────────────────────────────────────────────────────────────────┐
│ 1                                                                   │
│       Einleitung: Einheit von Sachgemäßem und Menschengerechtem     │
└─────────────────────────────────────────────────────────────────────┘

                              ┌──────────────────────┐
                              │ 2   Führungsethik    │
                   ┌─────────▶│     als Teil der     │
                   │          │ Betriebswirtschafts- │
                   │          │        lehre         │
                   │          └──────────┬───────────┘
    ┌──────────────┴──┐                  │      ┌──────────────────────┐
    │ 11  Ausbildung  │                  └─────▶│ 3  Moralisches Urteilen │
    │       in        │                         │         und          │
    │  Führungsethik  │                         │  moralisches Handeln │
    └────────▲────────┘                         └──────────┬───────────┘
             │                                             │
    ┌────────┴────────┐                         ┌──────────▼───────────┐
    │ 10  Wertesystem │                         │ 4                    │
    │      einer      │                         │  Grundlagen der Ethik│
    │   Unternehmung  │                         └──────────┬───────────┘
    └────────▲────────┘                                    │
    ┌────────┴────────┐                         ┌──────────▼───────────┐
    │ 9 Normative     │                         │ 5                    │
    │   Führung:      │                         │   Ethik und Ökonomie │
    │ Ein Katalog von │                         │                      │
    │   Leitideen     │                         └──────────┬───────────┘
    └────────▲────────┘                                    │
    ┌────────┴─────────────┐                    ┌──────────▼───────────┐
    │ 8 Ethisch-normative  │                    │ 6                    │
    │ Betriebswirtschafts- │                    │  Philosophische Ethik│
    │       lehre          │                    └──────────┬───────────┘
    └────────▲─────────────┘                               │
             │          ┌──────────────────────┐           │
             │          │ 7                    │           │
             └──────────┤   Wirtschaftsethik   │◀──────────┘
                        └──────────────────────┘
```

```
┌─────────────────────────────────────────────────────────────────────┐
│ 12                                                                  │
│                   Zusammenfassung und Ausblick                      │
└─────────────────────────────────────────────────────────────────────┘

┌─────────────────────────────────────────────────────────────────────┐
│             Glossar: Grundbegriffe der Führungsethik                │
└─────────────────────────────────────────────────────────────────────┘
```

5. Ethik und Ökonomie

In der Führungsethik fließen Gedanken der **Ethik** und der **Ökonomie** zusammen. Das wirft die Frage nach dem grundsätzlichen **Verhältnis zwischen beiden Disziplinen** auf. Eine weitere Frage betrifft die mögliche **Gliederung ethisch-ökonomischer Ansätze**. Beide Fragen stehen im Mittelpunkt dieses Kapitels.

Das grundsätzliche **Verhältnis zwischen Ethik und Ökonomie** kann eher einseitig entweder durch eine moralisierende Argumentation gegen ökonomische Zielsetzungen (Moralisierung der Ökonomie, hier als These) oder durch eine ökonomische Interpretation moralischen Handelns (Ökonomisierung der Ethik als Antithese) geprägt sein. Hier sei (als Synthese) für eine beiderseitige **Verflechtung von Ethik und Ökonomie** plädiert (Abschnitt 5.1).

Ethisch-ökonomische Ansätze werden häufig auf **drei Ebenen** angesiedelt, der **Makroebene** (Ethik der Wirtschafts- und Gesellschaftsordnung), der **Mesoebene** (Unternehmungsethik) und der **Mikroebene** (Ethik der Person). Die Gliederung in diese drei Ebenen mag zu einem tieferen Verständnis ethisch-ökonomischer Ansätze beitragen. Sie unterstützt zudem eine nähere Bestimmung der Führungsethik (Abschnitt 5.2).

Ein Resümee faßt die beiden Abschnitte zusammen (Abschnitt 5.3). Bild 5.1 gibt eine Überblick über das Kapitel.

5.1. Verhältnis zwischen Ethik und Ökonomie

Das grundsätzliche Verhältnis zwischen Ethik und Ökonomie kann auf verschiedene Weise gestaltet werden. Hier seien drei Weisen unterschieden. Sie stehen zueinander wie These, Antithese und Synthese (ähnlich Peter Ulrich 1988c):

○ **Moralisierung der Ökonomie:** Zum einen kann recht einseitig die Ökonomie "moralisiert" werden (These). Hier wird aus einer ethischen Perspektive **gegen** die Ökonomie, insbesondere gegen ökonomische Zielsetzungen argumentiert (Abschnitt 5.1.1).

○ **Ökonomisierung der Ethik:** Zum zweiten kann ähnlich einseitig die Ethik "ökonomisiert" werden (Antithese). Hier dienen ökonomische Erwägungen zu einer Erklärung moralischen Handelns und damit zu einer Erklärung der Ethik (Abschnitt 5.1.2).

○ **Verflechtung von Ethik und Ökonomie:** Zum dritten können die Ethik und die Ökonomie beiderseitig miteinander verflochten werden (Synthese). Hier treten beide Disziplinen in eine intensive Wechselwirkung (Abschnitt 5.1.3).

```
                        ┌─────────────────┐
                        │ 5               │
                        │ Ethik und Ökonomie │
                        └─────────────────┘
                                │
          ┌─────────────────────┴─────────────────────┐
┌─────────────────┐                         ┌─────────────────────┐
│ 5.1             │                         │ 5.2  Ethik und Ökonomie: │
│ Verhältnis zwischen │                     │      Makroebene,    │
│ Ethik und Ökonomie │                      │      Mesoebene, Mikroebene │
└─────────────────┘                         └─────────────────────┘
       │                                              │
       │  ┌──────────────────┐                        │  ┌──────────────────┐
       ├──│ 5.1.1 Moralisierung │                     ├──│ 5.2.1 Makroebene: Ethik │
       │  │       der Ökonomie │                      │  │       der Wirtschafts- und │
       │  └──────────────────┘                        │  │       Gesellschaftsordnung │
       │                                              │  └──────────────────┘
       │  ┌──────────────────┐                        │  ┌──────────────────┐
       ├──│ 5.1.2 Ökonomisierung │                    ├──│ 5.2.2 Mesoebene:   │
       │  │       der Ethik    │                      │  │       Unternehmungsethik │
       │  └──────────────────┘                        │  └──────────────────┘
       │                                              │  ┌──────────────────┐
       │  ┌──────────────────┐                        ├──│ 5.2.3 Mikroebene:  │
       └──│ 5.1.3 Verflechtung von │                  │  │       Ethik der Person │
          │       Ethik und Ökonomie │                │  └──────────────────┘
          └──────────────────┘                        │  ┌──────────────────┐
                                                      └──│ 5.2.4 Führungsethik auf │
                                                         │       der Mesoebene und │
                                                         │       auf der Mikroebene │
                                                         └──────────────────┘
                                │
                        ┌─────────────────┐
                        │ 5.3  Resümee    │
                        └─────────────────┘
```

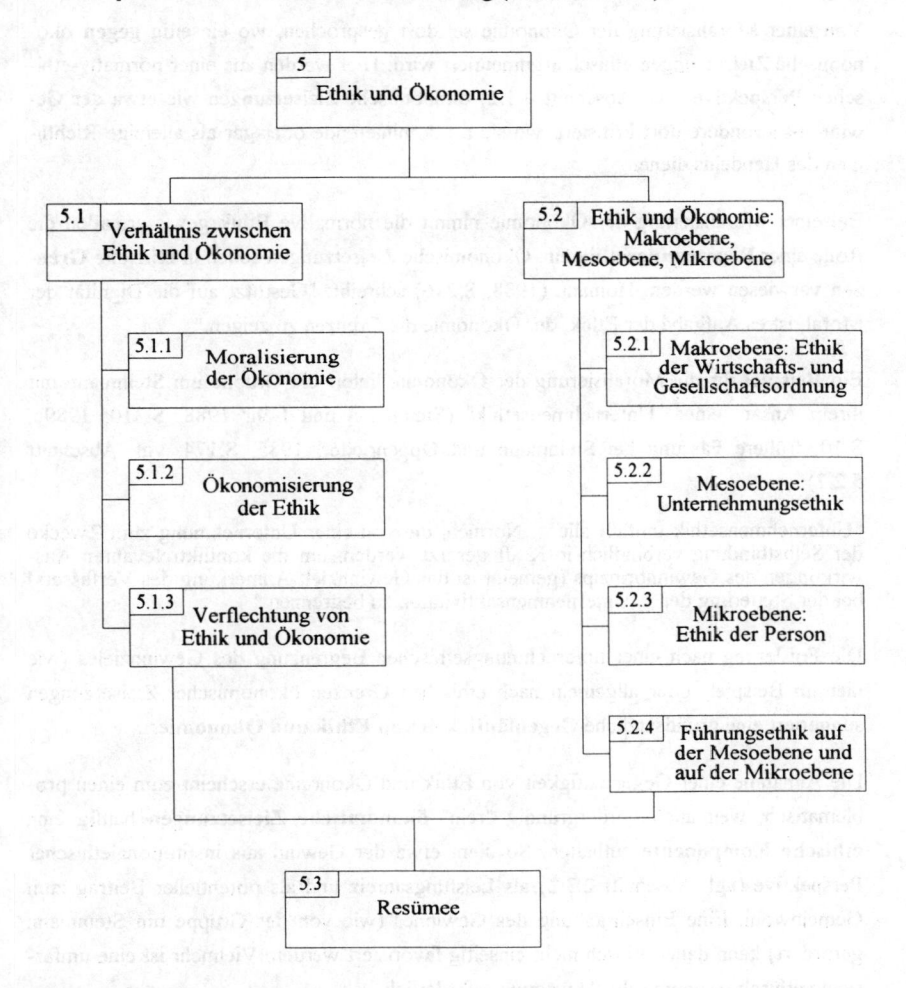

Bild 5.1: Gedankenflußplan zu Kapitel 5

Als **ökonomisch** sei ganz allgemein jenes Denken bezeichnet, das vom ökonomischen Prinzip (wirtschaftlich optimale Abstimmung von Zielen und Mitteln) geprägt und an ökonomischer Vorteilhaftigkeit ausgerichtet ist (vgl. Abschnitt 2.2.1).

5.1.1. Moralisierung der Ökonomie

Von einer Moralisierung der Ökonomie sei dort gesprochen, wo einseitig **gegen** ökonomische Zielsetzungen ethisch argumentiert wird. Hier werden aus einer normativ-ethischen Perspektive (vgl. Abschnitt 4.1.2) ökonomische Zielsetzungen wie etwa der Gewinn insbesondere dort kritisiert, wo sie als dominierende oder gar als alleinige Richtlinien des Handelns dienen.

Bei einer Moralisierung der Ökonomie nimmt die normative Ethik gewissermaßen die Rolle einer **Begrenzungsethik** ein. Ökonomische Zielsetzungen sollen in **ethische Grenzen** verwiesen werden. Homann (1988, S.216) schreibt: "Gestützt auf die Dignität der Moral, ist es Aufgabe der Ethik, der Ökonomie die Grenzen zu zeigen."

Ein **Beispiel** für die Moralisierung der Ökonomie liefert die Gruppe um Steinmann mit ihrem Ansatz einer "Unternehmensethik" (Steinmann und Löhr 1988, S.310; 1989c, S.10; frühere Fassung bei Steinmann und Oppenrieder, 1985, S.174; vgl. Abschnitt 5.2.2):

"Unternehmensethik umfaßt alle ... Normen, die von einer Unternehmung zum Zwecke der Selbstbindung verbindlich in Kraft gesetzt werden, um die konfliktrelevanten Auswirkungen des Gewinnprinzips (gemeint ist das Gewinn**ziel**; Anmerkung des Verfassers) bei der Steuerung der ... Unternehmensaktivitäten zu begrenzen."

Die Forderung nach einer unternehmungsethischen Begrenzung des Gewinnzieles (wie hier im Beispiel) oder allgemein nach ethischen Grenzen ökonomischer Zielsetzungen suggeriert eine grundsätzliche **Gegenläufigkeit von Ethik und Ökonomie**.

Die Annahme einer Gegenläufigkeit von Ethik und Ökonomie erscheint zum einen problematisch, weil auch vordergründig "rein" **ökonomische Zielsetzungen** häufig eine **ethische Komponente** enthalten. So dient etwa der Gewinn aus institutionalethischer Perspektive (vgl. Abschnitt 2.3.2) als Leistungsanreiz und als potentieller Beitrag zum Gemeinwohl. Eine Einschränkung des Gewinnes (wie von der Gruppe um Steinmann gefordert) kann daher ethisch nicht einseitig favorisiert werden. Vielmehr ist eine umfassende ethisch-ökonomische Abwägung erforderlich.

Zum anderen ist die Annahme einer Gegenläufigkeit von Ethik und Ökonomie mit der **Einheit des Handelns** unvereinbar. Jedes wirtschaftliche Handeln hat auch eine moralische Dimension (vgl. Abschnitt 2.1). **Ökonomische Zielsetzungen schränken moralisch verantwortungsvolles Handeln weder von vornherein ein noch schließen sie ein solches Handeln notwendigerweise aus.**

Beide Schwierigkeiten, die mangelnde Berücksichtigung ethischer Komponenten in ökonomischen Zielsetzungen und die Unvereinbarkeit mit der praktischen Einheit des Handelns, lassen eine Moralisierung der Ökonomie kaum als geeignete Grundlage für die Führungsethik erscheinen.

5.1.2. Ökonomisierung der Ethik

Der Moralisierung der Ökonomie (Abschnitt 5.1.1) steht die **Ökonomisierung der Ethik** gegenüber. Hier werden moralisches Handeln und ethische Konzepte, Normen, Prinzipien etc. ökonomisch erklärt, interpretiert, gerechtfertigt, begründet. Dadurch entsteht gewissermaßen eine **ökonomische Theorie der Moral** (vgl. Enderle 1988b, S.22-24). In ihrem Mittelpunkt steht die Frage: "Ist es ökonomisch vernünftig, moralisch richtig zu handeln?" (Meran 1990).

Ein **Beispiel** für die Ökonomisierung der Ethik gibt Koslowski (vgl. Abschnitt 7.2). In der Wirtschaft ließen sich, so seine Argumentation, durch ein moralisch verantwortungsvolles Handeln (Koslowski spricht von ethischen Einstellungen) ökonomische Vorteile erzielen; gleichzeitig werde die Notwendigkeit staatlicher Koordination vermindert. Koslowski (1988a, S.30) schreibt:

"Vertrauen, Zuverlässigkeit, Treu und Glauben setzen ethische Einstellungen der Wirtschaftenden voraus, die über das Modell bloßer Nutzenmaximierung hinausgehen. Da diese ethischen Haltungen Transaktionskosten senken, erhöhen sie die Leistungsfähigkeit des Marktes, reduzieren die Wahrscheinlichkeit von Marktversagen und verringern den Anreiz, zu staatlicher Zwangskoordination überzugehen."

Die ökonomische Begründung moralischen Handelns, die Ökonomisierung der Ethik, erscheint ähnlich einseitig wie die Moralisierung der Ökonomie - wenn auch in anderer Weise. Hier wird moralisches Handeln nur an ökonomischen Nutzenkriterien gemessen. **Die Ethik** wird auf die **Ökonomie reduziert.**

Durch die Reduktion der Ethik auf die Ökonomie geht zum einen die eigenständige Perspektive der Ethik **verloren**, anstatt idealerweise mit der ökonomischen Perspektive **verflochten** zu werden. Mögliche Zielkonflikte zwischen ethischen und ökonomischen Erwägungen werden so von vornherein ausgeblendet, anstatt umgekehrt thematisiert zu werden.

Zum anderen umfaßt ökonomisches Denken, die "ökonomische Rationalität", nur einen Teil der menschlichen **Vernunft**, etwa die **technische** Dimension der Vernunft im Sinne Kants, eine **instrumentelle** Vernunft nach dem Verständnis Horkheimers (vgl. Abschnitt 2.1), nicht aber notwendigerweise die **moralische** Dimension der Vernunft eines Menschen. Eine Reduktion ethischer Erwägungen auf ökonomisches Kalkül, eine Reduktion der Ethik auf die Ökonomie kommt daher einer grundsätzlichen **Einschränkung** der Vernunft gleich.

Aufgrund beider Schwierigkeiten, erstens dem Verlust einer eigenständigen ethischen Perspektive und zweitens einer potentiellen Einschränkung der menschlichen Vernunft, scheint auch die Ökonomisierung der Ethik als Grundlage für die Führungsethik wenig geeignet zu sein.

5.1.3. Verflechtung von Ethik und Ökonomie

Die Moralisierung der Ökonomie (Abschnitt 5.1.1) und die Ökonomisierung der Ethik (Abschnitt 5.1.2) stehen sich wie These und Antithese gegenüber. Sie seien hier in einer Synthese aufgehoben.

Ethik und Ökonomie beziehen sich in der Wirtschaft **gemeinsam** auf das vernunftgeleitete, verantwortungsvolle wirtschaftliche Handeln des Menschen (ähnlich Koslowski 1988a, S.1). Beide Disziplinen verkörpern zwar eigenständige Erkenntnisgebiete, sind aber über die **Einheit der Vernunft** und über die **Einheit des Handelns** (vgl. Abschnitt 2.1) gedanklich eng miteinander verbunden.

Weder können Ethik und Ökonomie daher in einem **gegenläufigen** Verhältnis stehen (wie bei einer Moralisierung der Ökonomie) **noch** kann die Ethik auf die Ökonomie einseitig **reduziert** werden (wie bei einer Ökonomisierung der Ethik). Vielmehr sind beide Disziplinen miteinander **verflochten**. Sie bilden eine Ganzheit, in der sie sich gegenseitig durchdringen.

Ein **Beispiel** für die Verflechtung von Ethik und Ökonomie beschreibt Peter Ulrich (1987c, S.411-413; 1988c; 1990). Ulrich grenzt die Verflechtung zugleich eindeutig von einer Moralisierung der Ökonomie und von einer Ökonomisierung der Ethik (bzw. der Moral) ab (1987c, S.412):

"Während die erstgenannte Position auf ein von ökonomischen Argumenten abgehobenes, 'sachfremdes' (?) Moralisieren **gegen** die betriebswirtschaftliche Rationalität und die zweite Position umgekehrt auf ein opportunistisches, sachzwanghaftes Ökonomisieren **gegen** 'störende' Ansprüche lebensweltlicher Moral hinausläuft, stellt sich der dritte Ansatz beiderseits dem konstitutiven unternehmensethischen Grundproblem."

Erst in ihrer Verflechtung und gegenseitigen Durchdringung bilden die Ethik und die Ökonomie eine geeignete Grundlage für die Führungsethik. Auf dieser Grundlage kann es gelingen, (ethisch) **Menschengerechtes** und (ökonomisch) **Sachgemäßes** (Begriffe von Rich; vgl. Abschnitt 7.1) im wirtschaftlichen Handeln miteinander in Einklang zu bringen.

5.2. Ethik und Ökonomie: Makroebene, Mesoebene, Mikroebene

Neben der Frage nach dem grundsätzlichen Verhältnis zwischen Ethik und Ökonomie (Abschnitt 5.1) stellt sich, bedingt durch die Vielzahl ethisch-ökonomischer Ansätze, auch die Frage nach einer geeigneten **Gliederung** dieser Ansätze. Hier seien, wie häufig in der Literatur, drei Ebenen unterschieden, die **Makroebene**, die **Mesoebene** und die **Mikroebene**.

Die Gliederung in Makroebene, Mesoebene und Mikroebene beschreiben Goodpaster (1985, S.509), Brantl (1985, S.351-369), DeGeorge (1989, S.442-443), Enderle (1989, S.170), Dahm (1989, S.61), Dyllick (1989, S.189), Staffelbach (1990, S.202-205), Steinmann und Löhr (1991, S.158-159) sowie Lenk und Maring (1992, S.19).

O Auf der **Makroebene** steht zumeist die Gestaltung der gesamtwirtschaftlichen Rahmenbedingungen im Mittelpunkt der Betrachtung. Hier sei die **Ethik der Wirtschafts- und Gesellschaftsordnung** angesiedelt (Abschnitt 5.2.1).

O Auf der **Mesoebene** werden einzelne Sozialsysteme (eine Unternehmung, eine Gewerkschaft, ein Verband etc.) betrachtet. Sofern Unternehmungen im Mittelpunkt des Interesses stehen, wird auf der Mesoebene insbesondere von **Unternehmungsethik** (oder Unternehmensethik) gesprochen (Abschnitt 5.2.2).

○ Auf der **Mikroebene** schließlich steht die einzelne **Person** im Vordergrund, als Führungskraft, als Mitarbeiter, als Kunde, als Lieferant etc. Hier sei die **Ethik der Person** verankert (Abschnitt 5.2.3).

Alle drei Ebenen sind in der Realität eng miteinander verflochten. Gleichwohl können sie idealtypisch voneinander getrennt werden. Hierbei sei die **Führungsethik** insbesondere auf der **Mesoebene** der Unternehmung und der **Mikroebene** der einzelnen Person angesiedelt. Hingegen bleibt die **Makroebene** der Führungsethik weitgehend übergeordnet, da Führungskräfte von Unternehmungen in der Regel kaum an der Gestaltung gesamtwirtschaftlicher Rahmenbedingungen mitwirken (Abschnitt 5.2.4).

5.2.1. Makroebene: Ethik der Wirtschafts- und Gesellschaftsordnung

Der **Makroebene** werden im allgemeinen ethisch-ökonomische Ansätze (Aspekte, Einzelfragen, Konzeptionen etc.) zugeordnet, die sich mit der Gestaltung der Wirtschafts- und Gesellschaftsordnung befassen, im weitesten Sinne mit gesamtwirtschaftlichen (nationalen und internationalen) Rahmenbedingungen. Hier sei von einer **Ethik der Wirtschafts- und Gesellschaftsordnung** gesprochen.

Die Ethik der Wirtschafts- und Gesellschaftsordnung umfaßt eine Vielzahl von **Themen**, sowohl zur nationalen Wirtschafts- und Gesellschaftsordnung, etwa zur **konkreten Gestaltung** der Wirtschafts-, Finanz-, Sozial-, Tarif- und Umweltpolitik, als auch zu internationalen Wirtschaftsbeziehungen, zur internationalen Schuldenkrise etc. Ebenso können **Grundsatzthemen** zu Wirtschaftssystemen, zur Verteilungsgerechtigkeit, zur Schattenwirtschaft, zu Arbeitslosigkeit und Subventionen, zur Inanspruchnahme der natürlichen Umwelt durch die Wirtschaft etc. auf der Makroebene verortet werden.

Die Ansätze auf der Makroebene weisen gedankliche Verbindungen zu verschiedenen **Disziplinen** auf, etwa zur Volkswirtschaftslehre, zu den Rechtswissenschaften, der Rechtsphilosophie und der Rechtssoziologie, häufig auch zur Theologie, etwa im Rahmen der katholischen Soziallehre. Viele Ansätze gerade jüngeren Datums sind **interdisziplinär** konzipiert.

Ansätze zur Ethik der Wirtschafts- und Gesellschaftsordnung beschreiben jeweils teilweise Enderle (1985), das Institut für Gesellschaftswissenschaften Walberberg (1986), die Loccumer Protokolle (1986, 1987a, 1987b, 1988a, 1988b, 1989, 1991), Koslowski (1986), Lachmann (1987), Biervert und Held

(1987, 1989), Hesse (1988), Molitor (1989a, 1989b), Barbier (1990), Matthiesen (1990), Rich (1990), Wörz, Dingwerth und Öhlschläger (1990), Hengsbach (1991) und Rothschild (1992).

Institutionalethik

Häufig stehen auf der Makroebene über eine grundsätzliche ethisch-ökonomische Reflexion hinaus konkrete Gestaltungsvorschläge im Vordergrund. Sie beziehen sich letztlich alle auf eine **Gestaltung von Institutionen**, durch die das Zusammenleben aller Mitglieder einer Gesellschaft gemeinwohlverträglich geregelt werden soll. Die Ethik der Wirtschafts- und Gesellschaftsordnung sei daher der **Institutionalethik** zugerechnet (vgl. Abschnitt 2.3.2).

5.2.2. Mesoebene: Unternehmungsethik

Auf der **Mesoebene** werden in der Regel ethisch-ökonomische Ansätze angesiedelt, in denen einzelne innerhalb der Wirtschafts- und Gesellschaftsordnung agierende Sozialsysteme betrachtet werden (etwa eine Unternehmung, eine Gewerkschaft, ein Verband etc.).

Sofern in erster Linie **Unternehmungen** Gegenstand der Betrachtung sind, wird überwiegend von **Unternehmungsethik** (Staffelbach 1987, S.463; Rebstock 1988; Hoffmann und Rebstock 1989; Dyllick 1989, S.187) oder von **Unternehmensethik** (Peter Ulrich 1987c, S.411; Molitor 1989a, S.99) gesprochen.

Auch die **Unternehmungsethik** umfaßt eine Vielzahl von **Themen**. Zu ihnen gehören etwa die Verantwortung für die Unternehmung, die Gestaltung einer Unternehmungskultur, Fragen der Mitbestimmung und der Kooperation in Unternehmungen, der Unternehmungsverfassung etc., auch das angemessene Agieren von Unternehmungen in fremden Kulturen oder fremden politischen Systemen, ebenso Aspekte des Mitarbeiterschutzes, des Umweltschutzes, freiwilliger Sozialleistungen, der Kulturförderung, insbesondere auch Fragen nach dem Umgang mit gesellschaftlichen Ansprüchen, der öffentlichen Meinung und der öffentlichen Akzeptanz der eigenen Unternehmung (vgl. Abschnitt 2.3.1) etc.

Ansätze zur Unternehmungsethik stammen im deutschsprachigen Raum von Peter Ulrich (1977, 1981, 1983, 1987a, 1987c, 1988a, 1988b, 1989), von der Gruppe um Steinmann (Steinmann und Löhr 1987a, 1987b, 1987c, 1989a, 1989b, 1989c, 1991, Steinmann und Oppenrieder 1985, Oppenrieder 1986,

Schreyögg 1989), von Enderle (1987, 1990a), von Ziegler (1987, 1988), von Rebstock (1988), aus dem Dialogprogramm Wirtschaft und Christliche Ethik (1989, 1990a, 1990b), aus Harvard Manager (1989) sowie von Molitor (1989a, S.99-114).

Die Unternehmung als moralischer Akteur?

Trotz der Unterschiedlichkeit der Themen auf der Mesoebene kristallisiert sich insbesondere eine zentrale Frage heraus, nämlich ob die Unternehmung als Ganzes als Träger von Verantwortung, gewissermaßen als **moralischer Akteur** interpretiert werden könne, vergleichbar dem Rechtskonstrukt der juristischen Person.

Diese Frage wird in der Literatur zumeist implizit oder explizit **bejaht**, so etwa von Steinmann und Oppenrieder (1985, S.174) sowie Steinmann und Löhr (1989c, S.10), von Enderle (1987, S.439; 1990a), insbesondere unter Bezugnahme auf führende Vertreter der US-amerikanischen Business ethics (etwa Donaldson, DeGeorge und Goodpaster), von Brantl (1988, Sp.2739), von Goodpaster und Matthews (1989, S.12-13), von Molitor (1989a, S.99), von Dyllick (1989, S.188), von Lenk und Maring (1992, S.27), von French (1992) und von Werhane (1992).

In einem abgeleiteten, etwa juristischen Sinne mögen zwar Teile der Verantwortung auf die **Unternehmung** übergehen können. Auch richten **Anspruchsgruppen** ihre verschiedenen Ansprüche zumeist an die Unternehmung als Ganzes, nicht aber an einzelne Mitglieder der Unternehmung. Doch bleibt auch hier die Verantwortung stets beim **Menschen** als dem handelnden Subjekt (vgl. Abschnitt 2.2.3).

Letztlich trägt daher nicht die **Unternehmung** die Verantwortung für das Handeln ihrer Mitglieder, sondern allgemein jedes Mitglied selbst sowie im besonderen die **Führungskräfte** als Repräsentanten und Entscheidungsträger der Unternehmung (vgl. Abschnitt 2.3.1).

Individualethik und Institutionalethik

Auf der Mesoebene der Unternehmung sind **Individualethik** und **Institutionalethik** miteinander verflochten. Einerseits zielt die Unternehmungsethik auf die **Verantwortung** aller Mitglieder der Unternehmung. Das rechtfertigt ihre Zuordnung zur **Individualethik** (vgl. Abschnitt 2.3.1).

Andererseits geht es in der Unternehmungsethik um die Gestaltung von Institutionen, durch die alle Mitglieder auch dann ihrer Unternehmung dienen, wenn sie vornehmlich ihrem **Eigeninteresse** folgen. Insofern umfaßt die Unternehmungsethik auch Aspekte der **Institutionalethik** (vgl. Abschnitt 2.3.2).

5.2.3. Mikroebene: Ethik der Person

Auf der **Mikroebene** werden im allgemeinen ethisch-ökonomische Ansätze verankert, in denen es um die **Verantwortung jeder einzelnen Person** geht, in ihrer Einbindung sowohl in die Wirtschafts- und Gesellschaftsordnung (Makroebene; Abschnitt 5.2.1) als auch in Sozialsysteme innerhalb der Wirtschafts- und Gesellschaftsordnung (Mesoebene; Abschnitt 5.2.2).

Auf der Mikroebene kann von einer **Ethik der Person** gesprochen werden. In ihr geht es um die Verantwortung des Arbeitgebers, des Arbeitnehmers, des Gewerkschafters, des Konsumenten, des Aktionärs etc. für das Ganze.

Zu den **Themen** auf der Mikroebene gehören Fragen des individuellen Verantwortungsbewußtseins (vgl. Abschnitt 2.2.3), der persönlichen Integrität und Loyalität (auch deren Grenzen), der Ehrlichkeit und Hilfsbereitschaft, insbesondere auch der Beachtung der Interessen anderer, etwa der Vorgesetzten, der Mitarbeiter und der Kollegen (allgemein: der Unternehmung), der Umgang mit Minderheiten etc.

Ansätze zu einer Ethik der Person in einem spezifisch ökonomischen Kontext stammen etwa von Lay (1983, 1988, 1989, 1991), Wirz (1984 und 1987), Bayer (1985), Enderle (1986, 1987), Schmidt (1986) und Staffelbach (1990, S.498-544).

Individualethik

Im Mittelpunkt der auf der Mikroebene angesiedelten ethisch-ökonomischen Ansätze steht die Verantwortung aller Teilnehmer am Wirtschaftsgeschehen, letztlich aller Mitglieder der Gesellschaft. Die auf der Mikroebene angesiedelte personale Ethik sei daher als Teil der **Individualethik** (vgl. Abschnitt 2.3.1) verstanden.

5.2.4. Führungsethik auf der Mesoebene und auf der Mikroebene

Alle drei Ebenen, auf denen ethisch-ökonomische Ansätze hier angesiedelt seien,

○ die **Makroebene der Wirtschafts- und Gesellschaftsordnung** (Abschnitt 5.2.1),
○ die **Mesoebene der Unternehmung** (Abschnitt 5.2.2) und

○ die **Mikroebene der einzelnen Person** (Abschnitt 5.2.3),

haben eine - wenn auch unterschiedliche - Bedeutung für die **normative Führung** (vgl. Abschnitt 2.1) und somit für die **Führungsethik**:

○ Auf der **Makroebene** der Wirtschafts- und Gesellschaftsordnung ist diese Bedeutung eher indirekt. Hier handeln die Führungskräfte einer Unternehmung im allgemeinen nicht selbst - wenngleich sie auf die Gestaltung der Wirtschafts- und Gesellschaftsordnung durchaus Einfluß nehmen können, etwa über öffentliches Wirken, Lobbyismus etc. In erster Linie bildet aber die Wirtschafts- und Gesellschaftsordnung den **übergeordneten Rahmen für die normative Führung**.

Hingegen besitzen die Mesoebene (mit der Unternehmung im Mittelpunkt) und die Mikroebene (die auf die einzelne Person bezogen ist) eine direkte Relevanz für die normative Führung:

○ Auf der **Mesoebene** sei derjenige Teil der normativen Führung verankert, der sich aus der öffentlichen Rolle von Führungskräften als Entscheidungsträgern und Repräsentanten der Unternehmung ergibt. Hier kann etwa die Gestaltung, Vermittlung und Durchsetzung des Wertesystems einer Unternehmung angesiedelt werden (vgl. Kapitel 10).

○ Auf der **Mikroebene** steht derjenige Teil der normativen Führung im Mittelpunkt, der aus der persönlichen Rolle von Führungskräften als Vorgesetzte, Kollegen, Mitarbeiter, Kunden, Lieferanten etc. resultiert.

Da die Wirtschafts- und Gesellschaftsordnung (auf der **Makroebene**) hier als übergeordneter Rahmen der normativen Führung verstanden wird, bleibt die **Führungsethik**, insbesondere bei der Entwicklung von Leitideen normativer Führung (vgl. die Kapitel 6 bis 9), in dieser Arbeit auf die **Mesoebene** und die **Mikroebene** beschränkt. Die Trennung in beide Ebenen wird dabei nur noch gelegentlich angesprochen (vgl. die Einleitung zu Kapitel 10); im allgemeinen sollte sie fortan als implizites gedankliches Gerüst dienen.

5.3. Resümee

Im Mittelpunkt dieses Kapitels stand zum einen das grundsätzliche **Verhältnis zwischen Ethik und Ökonomie** (Abschnitt 5.1), zum anderen eine **Gliederung ethisch-ökonomischer Ansätze** (Abschnitt 5.2).

O Das grundsätzliche Verhältnis zwischen Ethik und Ökonomie kann eher durch eine **Moralisierung der Ökonomie** oder durch eine **Ökonomisierung der Ethik** geprägt sein. Beides wurde als einseitig verworfen. Statt dessen wurde für eine gegenseitige **Verflechtung von Ethik und Ökonomie** plädiert, um (ökonomisch) Sachgemäßes und (ethisch) Menschengerechtes (vgl. Abschnitt 7.1) in Einklang miteinander zu bringen (Abschnitt 5.1).

O Um eine innere Ordnung in die Vielzahl ethisch-ökonomischer Ansätze zu bringen, wurden diese Ansätze auf **drei Ebenen** angesiedelt, der **Makroebene** (der Wirtschafts- und Gesellschaftsordnung) mit eher indirekter Bedeutung für die Führungsethik sowie der **Mesoebene** (der Unternehmung) und der **Mikroebene** (der einzelnen Person) mit direkter Relevanz für die Führungsethik (Abschnitt 5.2).

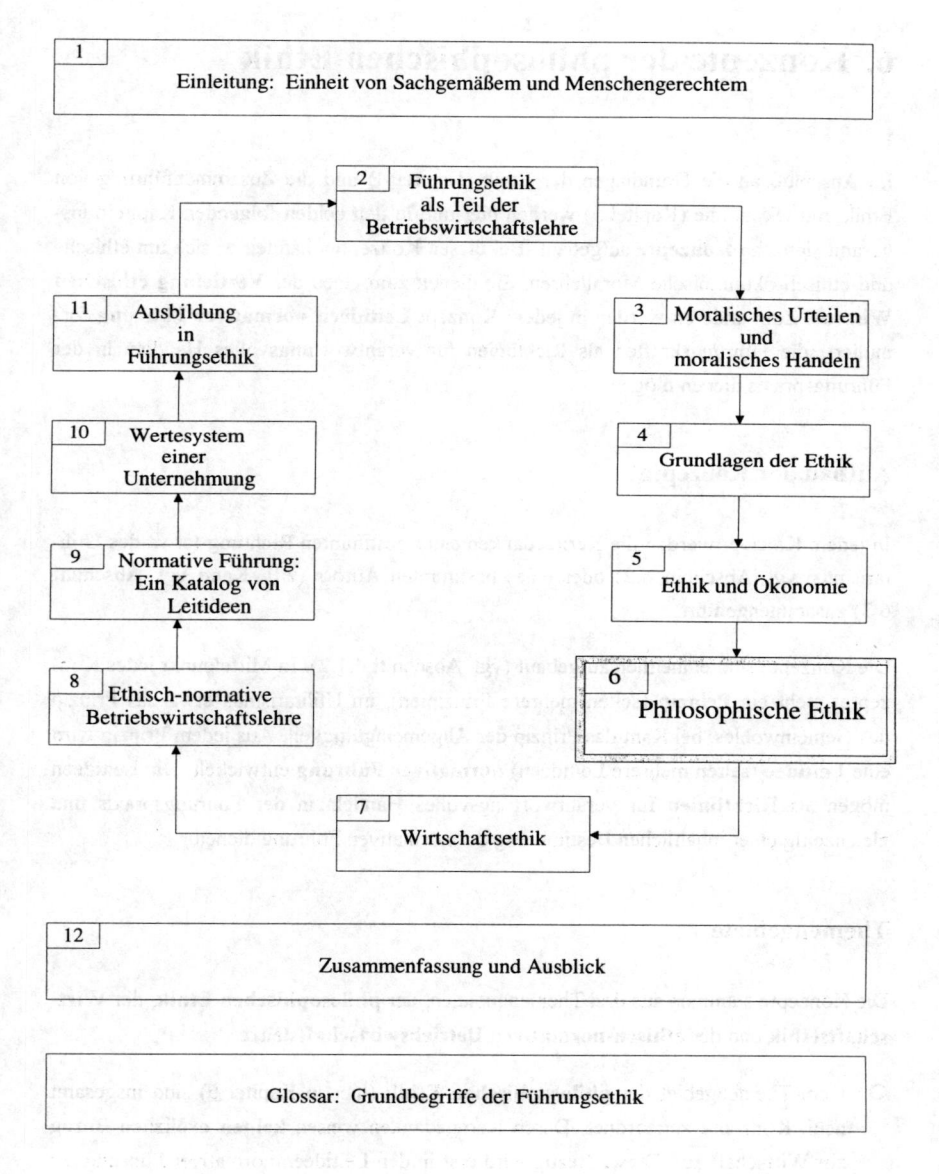

```
┌─────────────────────────────────────────────────────────────────┐
│ 1                                                               │
│        Einleitung: Einheit von Sachgemäßem und Menschengerechtem│
└─────────────────────────────────────────────────────────────────┘

                        ┌──────────────────────────┐
                        │ 2   Führungsethik        │
                        │     als Teil der         │
                        │     Betriebswirtschaftslehre │
                        └──────────────────────────┘

┌──────────────────┐                      ┌──────────────────────┐
│ 11  Ausbildung   │                      │ 3  Moralisches Urteilen │
│     in           │                      │     und              │
│     Führungsethik│                      │     moralisches Handeln │
└──────────────────┘                      └──────────────────────┘

┌──────────────────┐                      ┌──────────────────────┐
│ 10  Wertesystem  │                      │ 4                    │
│     einer        │                      │    Grundlagen der Ethik │
│     Unternehmung │                      │                      │
└──────────────────┘                      └──────────────────────┘

┌──────────────────┐                      ┌──────────────────────┐
│ 9  Normative Führung: │                 │ 5                    │
│    Ein Katalog von    │                 │    Ethik und Ökonomie│
│    Leitideen          │                 │                      │
└──────────────────┘                      └──────────────────────┘

┌──────────────────┐                      ┌──────────────────────┐
│ 8  Ethisch-normative │                  │ 6                    │
│    Betriebswirtschaftslehre │           │    Philosophische Ethik │
└──────────────────┘                      └──────────────────────┘

                        ┌──────────────────────────┐
                        │ 7    Wirtschaftsethik    │
                        └──────────────────────────┘

┌─────────────────────────────────────────────────────────────────┐
│ 12                                                              │
│                   Zusammenfassung und Ausblick                  │
└─────────────────────────────────────────────────────────────────┘

┌─────────────────────────────────────────────────────────────────┐
│              Glossar: Grundbegriffe der Führungsethik           │
└─────────────────────────────────────────────────────────────────┘
```

6. Konzepte der philosophischen Ethik

Im Anschluß an die Grundlagen der Ethik (Kapitel 4) und die Zusammenführung von Ethik und Ökonomie (Kapitel 5) werden hier und in den beiden folgenden Kapiteln insgesamt siebzehn **Konzepte** aufgebaut. Bei diesen Konzepten handelt es sich um ethische und ethisch-ökonomische Morallehren. Sie dienen zum einen der **Vertiefung ethischen Wissens**. Zum anderen werden in jedem Konzept **Leitideen normativer Führung** formuliert, die Führungskräften als Richtlinien für verantwortungsvolles Handeln in der Führungspraxis dienen mögen.

Aufbau der Konzepte

In jedem Konzept werden die Kerngedanken einer bestimmten Richtung (etwa des Utilitarismus; vgl. Abschnitt 6.2) oder eines bestimmten Autors (z.B. Kant; vgl. Abschnitt 6.7) zusammengeführt.

Die Konzepte sind einheitlich aufgebaut (vgl. Abschnitt 4.1.2). In Mittelpunkt jedes Konzeptes steht ein **Prinzip** (selten mehrere Prinzipien), im Utilitarismus etwa das Prinzip des Gemeinwohles, bei Kant das Prinzip der Allgemeingültigkeit. Aus jedem Prinzip wird eine **Leitidee** (selten mehrere Leitideen) **normativer Führung** entwickelt. Die Leitideen mögen als **Richtlinien** für verantwortungsvolles Handeln in der Führungspraxis und gleichzeitig einer inhaltlichen Bestimmung der normativen Führung dienen.

Themengebiete

Die Konzepte stammen aus drei Themengebieten, der **philosophischen Ethik**, der **Wirtschaftsethik** und der **ethisch-normativen Betriebswirtschaftslehre**:

○ Dem Themengebiet der **philosophischen Ethik** (hier in Kapitel 6) sind insgesamt neun Konzepte zugeordnet. Deren Kerngedanken weisen **keinen** expliziten Bezug zur Wirtschaft auf. Dieser Bezug wird erst in den Leitideen normativer Führung am Ende jedes Konzeptes hergestellt.

○ Das Themengebiet der **Wirtschaftsethik** (Kapitel 7) umfaßt drei Konzepte. Deren Kerngedanken sind explizit auf die Ökonomie (und damit auch auf die Wirtschaft) bezogen.

○ Dem Themengebiet der **ethisch-normativen Betriebswirtschaftslehre** (Kapitel 8) werden fünf Konzepte zugeordnet. Sie sind in umfangreicher Sekundärliteratur unter dieser Bezeichnung beschrieben. Die Kerngedanken dieser Konzepte sind ebenfalls auf die Wirtschaft gerichtet.

Neun Konzepte der philosopischen Ethik im Überblick

Im Mittelpunkt dieses Kapitels stehen neun Konzepte der **philosophischen Ethik**. Sie werden zunächst im Überblick vorgestellt (Bild 6.1). Dann werden ihre Auswahl und die Reihenfolge ihrer Darstellung erläutert. Schließlich werden die Konzepte im einzelnen beschrieben.

○ **Eudämonismus und Hedonismus:** Im Eudämonismus und im Hedonismus dominiert das Prinzip der **Freude**. Im Eudämonismus wird diese Freude eher in der Glückseligkeit gesehen, im Hedonismus mehr in der (durchaus auch geistigen) Lust (Abschnitt 6.1).

○ **Utilitarismus:** Im Utilitarismus gilt Freude als eine nähere Bestimmung eines Nutzens, an dem möglichst alle teilhaben sollen. Dies wird durch das Prinzip des **Gemeinwohls** ausgedrückt (Abschnitt 6.2).

○ **Schleiermacher: Tugendlehre, Pflichtenlehre, Güterlehre:** Freude und Gemeinwohl stellen sich nicht von alleine ein, sondern müssen angestrebt werden. Zu diesem Streben sollen im Konzept Friedrich Schleiermachers (1768-1834) Tugenden, Pflichten und Güter beitragen (Abschnitt 6.3).

○ **Sartre: Ethik der absoluten Verantwortung:** Gleichermaßen als Tugend, als Pflicht und als Gut erscheint die Verantwortung eines Menschen. Sie steht im Mittelpunkt der Morallehre von Jean-Paul Sartre (1905-1980). Sartre erlegt dem Menschen absolute Verantwortung auf. Seine Kerngedanken dazu werden hier als Ethik der absoluten Verantwortung bezeichnet (Abschnitt 6.4).

```
┌─────────────────────────┐
│  6   Konzepte der       │
│      philosophischen Ethik │
└─────────────────────────┘
            │
┌─────────────────────────┐
│ 6.1  Eudämonismus       │
│      und Hedonismus:    │
│      Freude             │
└─────────────────────────┘
            │
┌─────────────────────────┐
│ 6.2  Utilitarismus:     │
│      Gemeinwohl         │
└─────────────────────────┘
            │
┌─────────────────────────┐
│ 6.3  Schleiermacher:    │
│      Tugendlehre,       │
│      Pflichtenlehre, Güterlehre │
└─────────────────────────┘
            │
┌─────────────────────────┐
│ 6.4  Sartre:            │
│      Ethik der absoluten │
│      Verantwortung      │
└─────────────────────────┘
            │
┌─────────────────────────┐
│ 6.5  Jonas:             │
│      Zukunftsethik      │
└─────────────────────────┘
            │
┌─────────────────────────┐
│ 6.6  Goldene Regel      │
└─────────────────────────┘
            │
┌─────────────────────────┐
│ 6.7  Kant:              │
│      Vernunftethik      │
└─────────────────────────┘
            │
┌─────────────────────────┐
│ 6.8  Habermas:          │
│      Diskursethik       │
└─────────────────────────┘
            │
┌─────────────────────────┐
│ 6.9  Rawls:             │
│      Gerechtigkeitsethik │
└─────────────────────────┘
            │
┌─────────────────────────┐
│ 6.10 Zusammenstellung:  │
│      Leitideen          │
│      normativer Führung │
└─────────────────────────┘
```

Bild 6.1: Gedankenflußplan zu Kapitel 6

○ **Jonas: Zukunftsethik:** Zukunftsverantwortung, Verantwortung insbesondere gegenüber zukünftigen Generationen, fordert Hans Jonas (1903-1993) in seiner Zukunftsethik (auch als Fernethik bezeichnet). Jonas will insbesondere auf die Risiken neuer Techniken aufmerksam machen (Abschnitt 6.5).

○ **Goldene Regel:** Der Goldenen Regel gemäß handelt der Mensch dann verantwortungsvoll, wenn er andere so behandelt, wie er selbst von ihnen behandelt werden will. Darin kommt das Prinzip der Gegenseitigkeit zum Ausdruck (Abschnitt 6.6).

○ **Kant: Vernunftethik:** Tiefergehend als die Goldene Regel ist die Vernunftethik von Immanuel Kant (1724-1804). Kant fordert keine einfache Gegenseitigkeit im Handeln, sondern eine strenge Allgemeingültigkeit der Grundsätze des Handelns. Das Handeln nach allgemeingültigen Grundsätzen (hier als Normen bezeichnet) ist für Kant eine Leistung der Vernunft (Abschnitt 6.7).

○ **Habermas: Diskursethik:** Das Prinzip der Allgemeingültigkeit vertritt auch Jürgen Habermas (geb. 1929). Allerdings solle es nicht der Vernunft des einzelnen anheimgestellt werden, welche Grundsätze allgemeingültig sein und daher als Normen gelten sollen. Vielmehr bedürfe es dafür eines Konsenses aller Betroffenen in einem Diskurs. Dieser Ansatz von Habermas wird üblicherweise als Diskursethik bezeichnet (Abschnitt 6.8).

○ **Rawls: Gerechtigkeitsethik:** Nicht auf Konsens, sondern auf vertragliche Übereinkunft setzt John Rawls (Lebensdaten waren dem Verfasser nicht zugänglich). Ihm geht es in seiner Gerechtigkeitsethik insbesondere um die **Gerechtigkeit** als Begründung von Normen. Ob Normen dem Prinzip der Gerechtigkeit genügten, solle durch **Übereinkunft** festgestellt werden. Zur Feststellung der Übereinkunft eigne sich ein **Gedankenexperiment**, durch dessen Hilfe sich jeder unvoreingenommen in die Situation anderer hineinversetzen könne (Abschnitt 6.9).

Auswahl der neun Konzepte

Die **Auswahl der Konzepte** orientierte sich an zwei Kriterien. Zum einen wurden solche Konzepte zusammengestellt, die in der Sekundärliteratur zur philosophischen Ethik gegenwärtig schwerpunktmäßig diskutiert werden. Diese Konzepte sind

○ der **Eudämonismus und Hedonismus** (Abschnitt 6.1),
○ der **Utilitarismus** (Abschnitt 6.2),

- die **Zukunftsethik** (Abschnitt 6.5),
- die **Goldene Regel** (Abschnitt 6.6),
- die **Vernunftethik** (Abschnitt 6.7),
- die **Diskursethik** (Abschnitt 6.8) und
- die **Gerechtigkeitsethik** (Abschnitt 6.9).

Zum anderen und zusätzlich wurden zwei Konzepte ausgesucht, die derzeit kaum (Tugendlehre, Pflichtenlehre, Güterlehre) bzw. nur in einem Teilgebiet der philosophischen Ethik, hier im Existentialismus (Ethik der absoluten Verantwortung) diskutiert werden. Das hat folgende Gründe:

- Im Konzept der **Tugendlehre, Pflichtenlehre, Güterlehre** (Abschnitt 6.3) wurde eine Einheit verschiedener ethischer Entwürfe von Tugenden, Pflichten und Gütern zumindest in Ansätzen angedacht. Dieses Konzept ergänzt somit eher partielle Konzepte wie etwa den Eudämonismus und Hedonismus.

- Das Konzept der **Ethik der absoluten Verantwortung** (Abschnitt 6.4) thematisiert Verantwortung in besonders tiefer und eindringlicher Weise. Normative Führung beruht, wie sie in dieser Arbeit verstanden wird, im wesentlichen auf verantwortungsvollem Handeln. Insofern kommt diesem Konzept eine große Bedeutung für die normative Führung zu.

Reihenfolge der neun Konzepte

Die Reihenfolge der Darstellung der neun Konzepte ist an der Unterscheidung zwischen materialer Ethik und formaler Ethik (vgl. Abschnitt 4.2.4) orientiert.

Die ersten drei Konzepte,

- der **Eudämonismus und Hedonismus** (Abschnitt 6.1),
- der **Utilitarismus** (Abschnitt 6.2) und
- die **Tugendlehre, Pflichtenlehre, Güterlehre** (Abschnitt 6.3),

können zur **materialen Ethik** gerechnet werden, denn in ihren Prinzipien werden bestimmte sittliche Inhalte (Freude; Nutzen; Tugenden, Pflichten, Güter) zur Begründung von Normen herangezogen.

Die nächsten beiden Konzepte,

- die **Ethik der absoluten Verantwortung** (Abschnitt 6.4) und

○ die **Zukunftsethik** (Abschnitt 6.5),

bilden gewissermaßen ein **Bindeglied** zwischen materialer und formaler Ethik. Im Mittelpunkt beider Konzepte steht das Prinzip der Verantwortung.

Die folgenden drei Konzepte,

○ die **Goldene Regel** (Abschnitt 6.6),
○ die **Vernunftethik** (Abschnitt 6.7) und
○ die **Diskursethik** (Abschnitt 6.8),

lassen sich der **formalen Ethik** zuordnen, denn in ihren Prinzipien werden Normen anhand bestimmter sittlicher Formalismen (Gegenseitigkeit; Allgemeingültigkeit; Konsens) begründet.

Das letzte Konzept, die **Gerechtigkeitsethik** (Abschnitt 6.9), vereinigt die materiale und die formale Ethik in sich. In diesem Konzept wird einerseits das materiale Prinzip der **Gerechtigkeit**, andererseits das formale Prinzip der **Übereinkunft** zur Begründung von Normen herangezogen.

Untereinander sind die Konzepte chronologisch geordnet. Das älteste hier vorgestellte Konzept der materialen Ethik etwa ist der Eudämonismus (zusammen mit dem Hedonismus); seine Anfänge stammen insbesondere aus der klassischen griechischen Philosophie (um das vierte vorchristliche Jahrhundert). Das jüngste formale Konzept, die Diskursethik, wurde von Habermas erst in den siebziger Jahren dieses Jahrhunderts entwickelt.

Die neun Konzepte werden im folgenden einzeln vorgestellt (Abschnitte 6.1 bis 6.9); ihre Leitideen werden anschließend zusammengefaßt (Abschnitt 6.10).

6.1. Eudämonismus und Hedonismus: Freude

Im Mittelpunkt des Eudämonismus und des Hedonismus steht das Prinzip der **Freude**. Im Eudämonismus wird diese Freude stärker als **Glückseligkeit** interpretiert, im Hedonismus mehr als sinnliche, seelische und geistige **Lust**. Teils wird der Eudämonismus als eine Variante des Hedonismus bezeichnet (sofern der Hedonismus nicht einseitig auf die sinnliche Lust verkürzt wird), teils auch umgekehrt.

Der Eudämonismus und der Hedonismus gehören zu den ältesten überlieferten Morallehren überhaupt. Ihre Ursprünge reichen zweieinhalb Jahrtausende zurück. Übersichten, Hinweise und Anmerkungen über den **Eudämonismus** geben Diemer (1962, S.526-527), Schischkoff (1982, S.172-173), Höffe (1986,

S.90-93; Stichwort: Glück), Wuchterl (1986, S.161-163), Meyers kleines Lexikon Philosophie (1987, S.135). Übersichten, Hinweise und Anmerkungen über den **Hedonismus** liefern Brugger (1976, S.164), Schischkoff (1982, S.260-261), Höffe (1986, S.65-67; Stichwort: Freude), Wuchterl (1986, S.149). **Gemeinsamkeiten** zwischen Eudämonismus und Hedonismus erwähnt etwa Brugger (1976, S.98).

Eudämonismus und Hedonismus werden im folgenden zunächst einzeln vorgestellt und anschließend zusammengeführt.

Eudämonismus: Glückseligkeit als Prinzip

Im Eudämonismus wird die **Glückseligkeit** (eudaimonia, griech.: Glückseligkeit) zum Prinzip erhoben (Wuchterl 1986, S.162). Gut ist, was die Glückseligkeit fördert.

Worin die Glückseligkeit besteht, bleibt offen. Einige mögen sie in Anerkennung, Ansehen, Macht oder materiellem Wohlstand suchen, andere in Gesundheit und Schönheit, wieder andere in geistigen, musischen oder künstlerischen Beschäftigungen, nochmals andere in Freundschaft und Familie, die meisten wohl in mehrerem gleichzeitig.

Selbst Kant, der kein Eudämonist war, sah in dem Streben nach Glückseligkeit eine alles andere dominierende Absicht (einen alles andere dominierenden Zweck) des Menschen. Das belegt seine bereits in Abschnitt 2.1. zitierte Aussage:

"Es ist gleichwohl **ein** Zweck, den man bei allen vernünftigen Wesen ... als wirklich voraussetzen kann, und also eine Absicht, die sie nicht etwa bloß haben **können**, sondern von der man sicher voraussetzen kann, daß sie solche insgesamt nach einer Naturnotwendigkeit **haben**, und das ist die Absicht auf **Glückseligkeit**" (Kant 1991, S.44-45).

Kant **beobachtete** das Streben nach Glückseligkeit, leitete daraus jedoch keine unbedingten Forderungen an den Menschen ab. Er stellt nur fest, der Mensch strebe nach Glückseligkeit; ob er auch danach streben **solle**, und ob es gut sei, danach zu streben, ist nicht der Gegenstand von Kants Aussage. Im Gegensatz dazu wird im Eudämonismus das Streben nach Glückseligkeit, auch das Ermöglichen von Glückseligkeit anderer, ausdrücklich empfohlen.

In der langen Zeit seines Bestehens verlor der Eudämonismus nichts von seiner Anziehungskraft. Ihm huldigten zunächst die Griechen der klassischen Epoche, Sokrates (469-399 v. Chr.; Schischkoff 1982, S.172), dessen Schüler Platon (427-347 v. Chr.; Meyers kleines Lexikon Philosophie 1987, S.135) und insbesondere dessen Schüler Aristoteles (Pieper 1985, S.160; siehe unten). Auch später fand der Eudämonismus eine Vielzahl von Anhängern, unter ihnen Spinoza (1632-1677), Leibniz (1646-1716) und Feuerbach (1804-1872; Schischkoff 1982, S.172). Gegenwärtig erlebt der Eudämonismus, wenn auch in modifizierter Form als **sozialer** Eudämonismus (meistens als **Utilitarismus** bezeichnet; Meyers kleines Lexikon Philosophie 1987, S.135), eine umfassende und weitgreifende Renaissance (vgl. Abschnitt 6.2).

Der Aristotelische Eudämonismus: Einer der profiliertesten Vertreter des Eudämonismus war Aristoteles (384/83-322/21 v. Chr.). Für Aristoteles war die Glückseligkeit der Inbegriff eines erfüllten, gelungenen Lebens. Deutlich wird das in seiner Aussage, die Tuleja (1987, S.23) am Anfang einer Übersicht über ethische Konzepte ("ethische Muster") zitiert:

"Welches ist das höchste aller erreichbaren Güter? Über den Namen dieses Gutes sind sich alle recht einig: Die überwältigende Mehrheit aller Menschen, wie auch die kulturell hochstehende Minderheit, bezeichnet es als Glück, als Glücklichsein; und sie würden darauf bestehen, daß gut zu leben und gut zu tun dasselbe sind wie glücklich sein."

Insbesondere in seinem Werk "Nikomachische Ethik" widmet Aristoteles dem Eudämonismus breiten Raum. So schreibt er zur Suche nach dem vollkommensten, nach dem höchsten Gut des Menschen:

"Und als vollkommen schlechthin bezeichnen wir das, was stets rein für sich gewählt wird und niemals zu einem anderen Zweck.

Als solches Gut aber gilt in hervorragendem Sinne das Glück (die Glückseligkeit; Anmerkung des Verfassers). Denn das Glück erwählen wir uns stets um seiner selbst willen und niemals zu einem darüber hinausliegenden Zweck" (Aristoteles 1974, S.13, 1097a-1097b).

Hedonismus: Lust als Prinzip

In enger geistiger Verwandtschaft zum Eudämonismus steht der Hedonismus (Brugger 1976, S.98). Häufig gehen seine Vertreter von der Glückseligkeit aus und interpretieren diese dann als **Lust** (hedone, griech.: Lust, Freude), als Vergnügen, als Genuß, und zwar sinnlicher, seelischer und geistiger Art (ähnlich Frankena 1986, S.103). Höffe (1986, S.261) beschreibt das so:

"Als in sich gut und höchster Wert gilt die Erfüllung der menschlichen Bedürfnisse und Interessen, das Glück, wobei es den einzelnen überlassen bleibt, worin sie ihr Glück erwarten. Das Kriterium (das Prinzip; Anmerkung des Verfassers) dafür ist das Maß an Freude, das eine Handlung hervorruft, vermindert um das mit ihr verbundene Maß an Leid ..."

Wie schon die Eudämonisten, so erheben auch die Hedonisten eine empirische Beobachtung (Freude als offensichtliche Antriebsfeder des Menschen) zum **Prinzip** für gutes Handeln. Besonders deutlich wird dieser "naturalistische Schluß vom Sein auf das Sollen" (vgl. Abschnitt 4.1.3) bei Epikur.

Hedonismus bei Epikur: Der Hedonismus entwickelte sich stufenweise zu seiner heutigen Bedeutung. Aristipp (ca. 435-355 v. Chr.), wie Platon ein Schüler des Sokrates, vertrat noch eher einen **naiven Hedonismus** (Wuchterl 1986, S.149): Er verstand die Lust in erster Linie als sinnliches Vergnügen des Augenblickes. Hingegen entwickelte Epikur (342/41-271/70 v. Chr.) einen **aufgeklärten Hedonismus** (häufig auch als Epikureismus bezeichnet; Wuchterl 1986, S.149), in welchem er die seelische und geistige Lust (Epikur sprach häufig einfach von **Freude**) aufgrund ihrer längerfristigen Wirkung der sinnlichen vorzog (Pieper 1985, S.161).

Mit Epikur erlebte der Hedonismus seine Blütezeit. In seinen **Hauptlehrsätzen**, überliefert in der "Geschichte der griechischen Philosophie" des Diogenes Laertios, fordert Epikur unter anderem die untrennbare Einheit zwischen Freude und Vernunft:

"Man kann nicht in Freude leben, ohne mit Vernunft, anständig und gerecht zu leben; aber man kann auch nicht vernunftvoll, anständig und gerecht leben, ohne in Freude zu leben" (Epikur 1988, S.64).

Epikur bezog seine Hauptlehrsätze nicht nur auf die (reine) Freude, sondern schlug auch die Brücke zur Gerechtigkeit (vgl. Abschnitt 6.9) und zur Zufriedenheit. So schrieb er:

"Der gerechte Mensch erfreut sich des größten Seelenfriedens, während der ungerechte übervoll ist von Unfrieden" (Epikur 1988, S.67).

Grenzen des Eudämonismus und des Hedonismus

Was Eudämonisten als Glückseligkeit und Hedonisten häufig als Lust verstanden, sei hier zusammenfassend und in Anlehnung an Epikur als **Freude** bezeichnet. Freude zu empfinden, erscheint als eine erstrebenswerte Absicht des Menschen. Diese Freude sollte dem Eudämonismus und dem (aufgeklärten) Hedonismus gemäß tief im Inneren eines Menschen ansetzen und über die Genüsse des Augenblickes hinausreichen. Freude bedeutet auch innere Zufriedenheit, Ausgeglichenheit, Ruhe der Seele.

Insofern sei das eudämonistische und das hedonistische Gedankengut aufgegriffen. Insbesondere zwei ethische Schwachstellen begrenzen jedoch den Eudämonismus und den Hedonismus:

O   Zum einen scheint Freude als Prinzip **verantwortungsvollen Handelns** nicht auszureichen. Das gilt trotz der teilweisen Verknüpfungen mit den Prinzipien der "Vernunft" und der "Gerechtigkeit". Denn verantwortungsvoll zu handeln, mag zwar häufig Freude und innere Zufriedenheit bescheren. Doch scheint verantwortungsvolles Handeln letztlich eine Pflicht zu sein, eine innerlich empfundene Verpflichtung, die im Konfliktfall auch **gegen** die eigene Freude wahrgenommen werden sollte.

○ Zum anderen erscheinen der Eudämonismus und der Hedonismus stark geprägt von der normativen Forderung, **selbst** Freude zu **empfinden**. Schwächer ausgeprägt scheint hingegen die Forderung zu sein, **anderen Freude zu vermitteln**. Gerade darin sollten sich aber ethische Konzepte auszeichnen: Nicht nur die eigene Person sollte im Mittelpunkt des Bemühens stehen, sondern auch **andere**, potentiell **alle** Menschen.

Der Eudämonismus und der Hedonismus sollten daher nicht selbstbezogen nur als Rechtfertigung zur Erhöhung der **eigenen** Freude herangezogen werden. Vielmehr sollten beide in einem **ethischen** Sinne als Richtlinien zur Erhöhung auch der Freude **anderer** verstanden werden.

Freude als Grundlage einer Leitidee normativer Führung

Ausgehend vom Prinzip der Freude wird hier eine erste **Leitidee normativer Führung** formuliert:

> **Leitidee 1**
>
> **FREUDE EMPFINDEN UND VERMITTELN!**

Innere Freude zu **empfinden**, zu erkennen, wahrzunehmen, kann ein fruchtbarer Nährboden für eigene Ausgeglichenheit, Stärke und Schaffenskraft sein. Eine solche Freude mag eigene Gerechtigkeit begünstigen und zum inneren Gleichgewicht beitragen.

Freude sollte jedoch nicht nur empfunden, sondern auch **vermittelt** werden können. Wenn, wie im Eudämonismus und im Hedonismus gefordert, Menschen ihrer Freude nachgehen, kann jeder einzelne seine Verantwortung für das Ganze dadurch wahrnehmen, daß er Freude vermittelt.

Wenn es gelingt, den Arbeitnehmern Freude an ihrer Arbeit zu vermitteln, werden sie gerne und gewissenhaft arbeiten. Wenn es gelingt, Kunden Freude an den Produkten zu vermitteln, werden sie diese Produkte gerne kaufen. Wenn es gelingt, Vorgesetzten Freude zu bereiten, werden sie sich für ihre Mitarbeiter einsetzen. Wenn es gelingt, in der Gesellschaft Freude über die Unternehmung als Ganzes zu vermitteln, so wird der Bürger der Unternehmung Ansehen schenken.

Bei diesen Beispielen geht es nicht um Effekthascherei oder gar um opportunistisches Handeln aus niederer Gesinnung, sondern um den Umgang mit einer der Vernunft gerecht werdenden Freude (wie es Epikur sah), mit einem dem Menschen angemessenen seelischen und geistigen Gleichgewichtszustand. In diesem Sinne ist das Empfinden und stärker noch das Vermitteln von Freude ein **individualethischer** Auftrag an die eigene **Verantwortung** (vgl. Abschnitt 2.3.1).

6.2. Utilitarismus: Gemeinwohl

Vom Eudämonismus und Hedonismus (Abschnitt 6.1) führt ein direkter innerer Weg zum Utilitarismus. Der Utilitarismus ist auf die Gesellschaft als Ganzes bezogen. Sein Prinzip ist das **Gemeinwohl**, der Nutzen **möglichst aller** von einer Handlung direkt oder indirekt betroffenen Menschen (utilitas, lat.: Nutzen, Vorteil, Wohl). Das unterscheidet den Utilitarismus vom Eudämonismus und vom Hedonismus (Abschnitt 6.1), die in erster Linie die Freude des **einzelnen** Menschen thematisieren. Gleichwohl kann der Utilitarismus als eine Erweiterung des Eudämonismus und des Hedonismus aufgefaßt werden.

Maßgeblich geprägt wurde der Utilitarismus in seinen Anfängen von den Schotten David Hume (1711-1776) und Adam Smith (1723-1790) und den Engländern John Stuart Mill (1806-1873) und Henry Sidgwick (1838-1900). Als einflußreichster Vertreter des Utilitarismus, häufig auch als dessen eigentlicher Begründer, gilt der englische Philosoph Jeremias Bentham (1748-1832).

Aus dem angelsächsischen Raum kommend, fand der Utilitarismus auch in der deutschsprachigen Literatur weite Verbreitung. Eine Einführung mit klassischen und zeitgenössischen Texten liegt von Höffe (1975) vor. Übersichten, Hinweise und Anmerkungen geben Eisler (1927, S.409), Diemer (1962, S.527), Diemer und Frenzel (1967, S.55), Birnbacher und Hoerster (1976, S.198-203), Mittelstraß (1980, S.594), Mackie (1981, S.157-189), Beauchamp (1982, S.72), Pieper (1985, S.163-164), Rawls (1979, S.40-45), Frankena (1986, S.54-64), Wuchterl (1986, S.164-171), Birnbacher (1989, S.15), Störig (1990, S.481-482, dort mit besonderem Bezug auf den Utilitarismus von Bentham und von Mill; S.708).

Vier Teilprinzipien

Der Utilitarismus vereint eine Vielzahl verschiedener Ansätze in sich. Den gemeinsamen Kern dieser verschiedenen Ansätze bildet das Prinzip des **Gemeinwohls**. Höffe (1975, S.9-10; 1981a, S.54-55) unterscheidet zwischen vier Teilprinzipien, dem **Folgenprinzip**, dem **Nutzenprinzip**, dem **Lustprinzip** und dem **Sozialprinzip**:

○ **Folgenprinzip:** Im Utilitarismus wird die (moralische) Güte der Handlung an deren Folgen gemessen. Der Utilitarismus kann daher der teleologischen Ethik (vgl. Abschnitt 4.2.2) bzw. der Verantwortungsethik (vgl. Abschnitt 4.2.3) zugeordnet werden; letztere Zuordnung gilt, sofern explizit die Verantwortung für die Folgen der Handlung hervorgehoben wird.

○ **Nutzenprinzip:** Beim Nutzenprinzip werden die Folgen der Handlung nach ihrem Nutzen beurteilt. Damit ist jedoch nicht der Nutzen für beliebige Ziele oder Zwecke gemeint, sondern der Nutzen für das "an sich oder schlechthin Gute" (Höffe 1981a, S.55), das allerdings noch näher bestimmt werden muß.

○ **Lustprinzip:** Als "an sich oder schlechthin Gutes" gilt im Utilitarismus eine tiefe innere Lust, eine Glückseligkeit, allgemein eine die Sinne, die Seele und den Geist erfassende Freude des Menschen (vgl. Abschnitt 6.1).

○ **Sozialprinzip:** Nicht die Lust des einzelnen oder einiger soll gefördert werden, sondern die Lust, die Glückseligkeit, der Nutzen aller Personen, die von den Folgen einer Handlung mittelbar oder unmittelbar betroffen sind oder sein könnten. Daher wird der Utilitarismus gelegentlich auch als sozialer Eudämonismus (vgl. Abschnitt 6.1) bezeichnet.

Gemeinwohl als "größtmögliches Glück der größtmöglichen Anzahl"

Die vier Teilprinzipien fließen im Prinzip des **Gemeinwohles** zusammen. Häufig wird dieses Prinzip interpretiert als "**größtmögliches Glück der größtmöglichen Anzahl**" von Menschen, eine Formulierung von Bentham (Wuchterl 1986, S.164). Nutzen bzw. Nützlichkeit wird hier als Glück (vgl. Abschnitt 6.1: Eudämonismus) interpretiert. Zwei Beispiele mögen das belegen:

○ Bentham schreibt (in der Übersetzung von Pieper, abgedruckt bei Höffe 1975, S.35-36):

"Unter dem Prinzip der Nützlichkeit ist jenes Prinzip zu verstehen, das schlechthin jede Handlung in dem Maß billigt oder mißbilligt, wie ihr die Tendenz innezuwohnen scheint, das Glück der Gruppe, deren Interesse in Frage steht, zu vermehren oder zu vermindern, oder - das gleiche mit anderen Worten gesagt - dieses Glück zu befördern oder zu verhindern. Ich sagte: schlechthin jede Handlung, also nicht nur jede Handlung einer Privatperson, sondern auch jede Maßnahme der Regierung."

Bentham interpretiert die Nützlichkeit dann über den Begriff des Glückes hinaus (Höffe 1975, S.36):

"Unter Nützlichkeit ist jene Eigenschaft an einem Objekt zu verstehen, durch die es dazu neigt, Gewinn, Vorteil, Freude, Gutes oder Glück hervorzubringen ..."

○ In ähnlicher Weise wie Bentham verknüpft Mill (1976, S.13; auch abgedruckt bei Birnbacher und Hoerster 1976, S.203) Nützlichkeit und Glück:

"Die Auffassung, für die die Nützlichkeit oder das Prinzip des größten Glücks die Grundlage der Moral ist, besagt, daß Handlungen insoweit und in dem Maße moralisch richtig sind, als sie die Tendenz haben, Glück zu befördern, und insoweit moralisch falsch, als sie die Tendenz haben, das Gegenteil von Glück zu bewirken."

Mit besonderem Bezug auf das **Sozialprinzip** betont Bentham die Bedeutung der **Gemeinschaft** für die Bewertung der Nützlichkeit einer Handlung (Höffe 1975, S.36):

"Man kann also von einer Handlung sagen, sie entspreche dem Prinzip der Nützlichkeit ..., wenn die ihr innewohnende Tendenz, das Glück der Gemeinschaft zu vermehren, größer ist als irgendeine andere ihr innewohnende Tendenz, es zu vermindern."

Hierbei sei das Interesse und das Wohl der Gemeinschaft nichts anderes als die Summe der Interessen und des Wohles aller ihrer Mitglieder.

Das Prinzip der Nützlichkeit verkörpere, so die Utilitaristen, den moralischen Gütemaßstab einer Handlung. Auch dies wird bei Bentham deutlich. Er schreibt (Höffe 1975, S.37):

"Von einer Handlung, die mit dem Prinzip der Nützlichkeit übereinstimmt, kann man stets entweder sagen, sie sei eine Handlung, die getan werden soll, oder zum mindesten, sie sei keine Handlung, die nicht getan werden soll."

Grenzen des Utilitarismus

Das Gemeinwohl, aus utilitaristischer Perspektive das "größtmögliche Glück der größtmöglichen Anzahl", wird häufig als das grundlegende Prinzip freiheitlich-demokratischer Wirtschafts- und Gesellschaftsordnungen angesehen. Der utilitaristischen Auslegung dieses Prinzips sind für **verantwortungsvolles Handeln** allerdings praktische Grenzen gesetzt. Die Grenzen liegen insbesondere dort, wo Betroffenheit nicht artikuliert werden kann: von der Natur, von Minderheiten, von zukünftigen Generationen.

○ **Natur:** In seiner utilitaristischen Auslegung bezieht sich das Prinzip des Gemeinwohles nur auf Menschen, nicht aber auf die Natur. Die Bedeutung einer intakten Natur für das Wohlergehen der Menschheit wird im Utilitarismus nicht explizit thematisiert.

○ **Minderheiten:** Der Utilitarismus läßt weitreichende Eingriffe in den Freiheitsraum jedes einzelnen Menschen und zudem eine extreme Ungleichbehandlung zu, solange das Gemeinwohl befördert wird (vgl. Höffe 1981a, S.66). Mit anderen Worten: Individuelle Mindestrechte sind durch den Utilitarismus nicht gewährleistet. Das kritisiert auch Rawls in seiner Gerechtigkeitsethik (vgl. Abschnitt 6.9).

○ **Zukünftige Generationen:** Auch zukünftige Generationen scheinen im Utilitarismus nicht genügend in das Gemeinwohl eingeschlossen zu sein. An dieser praktischen Grenze setzt insbesondere Jonas mit seiner **Zukunftsethik** an (Abschnitt 6.5).

Gemeinwohl als Grundlage einer Leitidee normativer Führung

Trotz dieser Grenzen eignet sich der Utilitarismus als grundlegendes Konzept für die normative Führung. Basierend auf dem Prinzip des **Gemeinwohls**, ist hier eine zweite Leitidee normativer Führung vorgeschlagen (vgl. Abschnitt 6.1):

Leitidee 2

DEM GEMEINWOHL DIENEN!

Aus der Leitidee, dem Gemeinwohl zu dienen, erwachsen jedem einzelnen hohe Aufgaben, insbesondere die Aufgabe, über den individuellen Nahbereich hinaus die eigene Interessensphäre denkend und handelnd zu erweitern.

Im Kontext der Betriebswirtschaftslehre bedeutet dem Gemeinwohl zu dienen, der Unternehmung als Ganzes und darüber hinaus der Gesellschaft als Ganzes zu dienen. Es bedeutet, das eigene Handeln, die Aktivitäten einer Unternehmung, einer Gewerkschaft, einer Partei in einen größeren Sinnzusammenhang zu stellen.

Dem Gemeinwohl zu dienen bedeutet auch, über das unvermeidliche Gegeneinander von Partikularinteressen nicht das gemeinsame Interesse an einem gedeihlichen Zusammenleben in der Gesellschaft zu vergessen. Es bedeutet schließlich, das Gemeinwohl zu verstehen als das Wohl aller einzelnen - und umgekehrt das Wohl aller einzelnen, auch das eigene Wohl, als Folge des Gemeinwohles zu erkennen und zu würdigen.

Führungskräfte sollten dem **Gemeinwohl** dienen, indem sie gleichermaßen das Wohlergehen ihrer Mitarbeiter, Kunden, Lieferanten, Kapitalgeber sowie anderer Anspruchsgruppen fördern. Hier wird insbesondere ein **Ausgleich** teilweise konträrer Ansprüche notwendig. Dieser Ausgleich kann nicht alleine vom Markt oder anderweitig **institutionalethisch** gewährleistet werden (vgl. Abschnitt 2.3.2). Vielmehr bedarf es einer umfassenden **individualethischen Verantwortung** der Führungskräfte (vgl. Abschnitt 2.3.1).

6.3. Schleiermacher: Tugendlehre, Pflichtenlehre, Güterlehre

Freude (Abschnitt 6.1) und Gemeinwohl (Abschnitt 6.2) stellen sich nicht von alleine ein, sondern müssen angestrebt werden. Dieses Streben ist ein stets andauernder Prozeß, zu dessen Gelingen **Tugenden**, **Pflichten** und **Güter** beitragen sollen.

Tugenden, Pflichten und Güter

Tugenden, Pflichten und Güter wurden in der Ethik vielfach definiert, thematisiert und interpretiert, allerdings meistens gesondert und ohne inneren Bezug zueinander. Das änderte sich erst, als Friedrich Schleiermacher (1768-1834) auf einem gemeinsamen Gedankengerüst eine **Einheit von Tugendlehre, Pflichtenlehre und Güterlehre** konzipierte.

Tugenden: Der Begriff der Tugend geht etymologisch auf den Begriff der Tauglichkeit zurück. Platon (427-347 v. Chr.) bezeichnete die Tugend als "die Tauglichkeit der Seele zu dem ihr gemäßen Werke" (Schischkoff 1982, S.709). Dies ist eine allgemeine, für alle Tugenden anwendbare Interpretation. Allgemein sind auch drei weitere Interpretationen, die Schischkoff (1982, S.709) zusammengestellt hat:

O Aristoteles (384/83-322/21 v. Chr.) interpretiert Tugend als ein Mittleres zwischen zwei verwerflichen Extremen (so liege etwa die Besonnenheit in der Mitte zwischen Zügellosigkeit und Gefühlsstumpfheit).

○ Kant (1724-1804) sieht in der Tugend "die moralische Stärke in Befolgung seiner Pflicht, die niemals zur Gewohnheit werden, sondern immer ganz neu und ursprünglich aus der Denkungsart hervorgehen soll ..."

○ Goethe (1749-1832) versteht Tugend schlicht als "das wahrhaft Passende in jedem Zustande ..."

Der Begriff der Tugend wurde im Laufe der Geschichte der Ethik immer wieder inhaltlich ausgelegt. Inhalte wurden neu entworfen, verändert, teilweise jedoch auch über Jahrtausende hinweg bis heute beibehalten. Zu den tradierten Tugenden gehören etwa die **Kardinaltugenden** (bei Platon: Besonnenheit, Tapferkeit, Gerechtigkeit und Weisheit), **christliche Tugenden** (Glaube, Liebe, Hoffnung), **bürgerliche Tugenden** (etwa Ordnung, Fleiß, Sparsamkeit), **Standestugenden** (so für Kaufleute etwa das Ethos des ehrbaren hanseatischen Kaufmannes oder für Mediziner der Eid des Hippokrates) und andere mehr.

Darstellungen von Tugenden und Übersichten über Tugenden geben Bollnow (1975), Geulincx (1948) und Mieth (1984). Weitere Übersichten und Hinweise geben Wuchterl (1986, S.247-248) und Wörz (1990, S.31).

Pflichten: Als Pflicht im ethischen Sinne sei hier die moralische Verpflichtung eines Menschen zu verantwortungsvollem Handeln bezeichnet. Kant (1975, S.235) sieht in der Pflicht "die Notwendigkeit einer Handlung aus Achtung fürs (moralische; Anmerkung des Verfassers) Gesetz ..." Diese Pflicht besitze eine allgemeine, für jeden wahrnehmbare Evidenz. Höffe schreibt dazu (1986, S.191):

"Jedermann kann unterscheiden zwischen den Handlungen, die er tut, weil er dieses oder jenes wünscht und begehrt, und jenen Handlungen, die er ausführt, weil er sich zu ihnen verpflichtet fühlt ..."

Kant benutzte den Begriff der Pflicht allgemein, ohne ihn auf konkrete Inhalte einzuschränken. Doch wurden in der Ethik auch immer wieder inhaltliche Pflichten formuliert. Zu ihnen gehören etwa die **Zehn Gebote** der jüdisch-christlichen Religion.

Weitaus jüngeren Datums als die Zehn Gebote ist ein Katalog von Ross (1976, S.253-268, insbesondere S.257) mit den Pflichten zur **Wahrhaftigkeit** und **Wiedergutmachung**, zur **Dankbarkeit**, zur **Gerechtigkeit**, zur **Wohltätigkeit**, zur **Selbstvervollkommnung** sowie die **Pflicht, anderen keinen Schaden zuzufügen**. Dieser Pflichtenkatalog wird derzeit in weiten Kreisen der Ethik diskutiert (u.a. bei Beauchamp 1982, S.124-128, und bei Frankena 1986, S.47-49); allerdings überschneiden sich die Pflichten von Ross teilweise mit **Tugenden** (so etwa die Gerechtigkeit).

Einen Schwerpunkt bildeten die Pflichten auch in drei Büchern von Cicero (106-43 v. Chr.), in der deutschen Aufklärung (Wolff, Crusius u.a.; Höffe 1986, S.191), insbesondere aber bei Johann Gottlieb Fichte (1762-1814), dem die ganze Welt als "Material der Pflichterfüllung" galt (Schischkoff 1982, S.526). Weitere Übersichten und Hinweise geben Hoffmeister (1955, S.220), Höffe (1979, S.99) in Verbindung mit dem kategorischen Imperativ von Kant (vgl. Abschnitt 6.7), und allgemein zur Pflichtenethik Meyers kleines Lexikon Philosophie (1987, S.311-312).

Güter: Als Güter, als Gut oder als Gutes wird in der Ethik alles das bezeichnet, was für den Menschen einen bestimmten Wert darstellt und wonach der Mensch daher strebt. Aristoteles machte das menschliche Streben nach Gutem zur Ausgangsthese seiner Ethik. Sein Werk "Nikomachische Ethik" beginnt mit dem häufig zitierten Satz (Aristoteles 1974, S.5, 1094a):

"Jedes praktische Können und jede wissenschaftliche Untersuchung, ebenso alles Handeln und Wählen strebt nach einem Gut, wie allgemein angenommen wird. Daher die richtige Bestimmung von 'Gut' als das Ziel, zu dem alles strebt."

Insbesondere als Kontrapositon zur Vernunftethik Kants (vgl. Abschnitt 6.7), die stark auf Pflichten beruht, wurde von verschiedenen Autoren eine **materiale Wertethik** (Diemer und Frenzel 1967, S.51) entwickelt.

Zu diesen Autoren gehören insbesondere Max Scheler (1874-1928) mit seinem Werk "Der Formalismus in der Ethik und die materiale Wertethik" (3. Auflage 1927) und Nicolai Hartmann (1882-1950) mit seinem Werk "Ethik" (4. Auflage 1962). In beiden Werken werden umfangreiche Übersichten über Werte gegeben.

Heute werden zu den Werten (bzw. den Gütern) insbesondere die **Grundwerte** wie etwa **Menschenwürde**, **Freiheit**, **Gleichheit** und **Gerechtigkeit** gerechnet; sie werden häufig auch als Menschenrechte bezeichnet.

Nebeneinander von Tugenden, Pflichten und Gütern: Im Rahmen der philosophischen Ethik existiert eine Fülle von Konzepten, die in der Hauptsache je **einen** der drei Begriffe (Tugenden, Pflichten, Güter) thematisieren und die jeweils anderen beiden eher nur am Rande beleuchten. Eine gemeinsame Lehre, eine Einheit von Tugendlehre, Pflichtenlehre und Güterlehre, fehlte lange Zeit.

Die Einheit von Tugendlehre, Pflichtenlehre und Güterlehre

Erst Schleiermacher fügte die Begriffe der Tugenden, der Pflichten und der Güter zu einer **Einheit** zusammen. Schleiermachers Konzept mag stellvertretend für die Idee der **Einheit der Ethik** stehen. Dieser Idee zufolge ist die Ethik, insbesondere die normative Ethik (vgl. die Abschnitte 4.1.2 und 4.2), trotz ihrer Vielseitigkeit letzten Endes eine in sich geschlossene Einheit. Darauf weist unter explizitem Bezug auf Schleiermacher auch Koslowski (1988a, S.129) hin (Koslowski spricht vom "Sittlichen", nicht von Ethik):

"Das Sittliche als Tugend kann nicht im Gegensatz zum Sittlichen als Pflicht und zum Sittlichen als Gut stehen, weil die Pflicht nicht etwas fordert, das gegen die Tugend, die Tugend nicht etwas, das gegen die Ordnung der Güter, und die Ordnung der Güter nicht etwas, das gegen die Pflicht verstößt. ... Die Trennung von Pflicht-, Tugend- und Güterlehre wird der Einheit der Ethik nicht gerecht. Pflichten-, Tugend- und Güterlehre können weder Gegensätzliches fordern, noch einander ersetzen."

Schleiermacher verbindet Tugenden, Pflichten und Güter miteinander durch den abstrakten Begriff des **Hervorbringens**.

O Das Sittliche (verantwortungsvolles Handeln) bedürfe erstens einer **hervorbringenden Kraft**. Diese Kraft sei, so Schleiermacher (1834, S.151-152), die **Tugend**. Die Tugend ist "der Wille allein" (S.155), sittlich zu handeln. Nur jene seien zur Tugend fähig, denen sich das Sittliche als etwas Reales und Begreifliches darstelle (S.160).

O Das Sittliche benötige zweitens ein **Sittengesetz**, also einen Rahmen, an dem die **Handlung des Hervorbringens** ausgerichtet werden kann. Dieser Rahmen, dieses Sittengesetz ist nach Schleiermacher (1834, S.169) die **Pflicht**.

O Das Sittliche werde schließlich verwirklicht, **hervorgebracht** im **Gut** (Schleiermacher 1834, S.152 und S.168-170).

Für Schleiermacher repräsentieren letztlich alle moralischen "Inhalte" (wie etwa die Gerechtigkeit, die Aufrichtigkeit, die Beherrschung) **gleichzeitig** Tugenden, Pflichten und Güter. Eine eindeutige Zuordnung eines bestimmten moralischen "Inhaltes" zu einem der drei Begriffe sei daher problematisch.

Das leuchtet ein: So stellt etwa die **Gerechtigkeit** (vgl. Abschnitt 6.9) wohl eine **Tugend** dar, doch auch einen **Wert**, den es anzustreben gilt. Und das Streben nach Gerechtigkeit kann durchaus als **Pflicht** bezeichnet werden. Ähnlich verhält es sich mit anderen moralischen "Inhalten".

Keiner der Begriffe sei, so Schleiermacher, dem anderen übergeordnet, und jeder umfasse die Moral (die "ethische Idee") in ihrer Gesamtheit. Schleiermacher (1834, S.130) beschreibt das so:

"Ihren wesentlichen Unterschied nun und ihre gleiche Ursprünglichkeit vorausgesetzt, entsteht umso mehr, da sich kein vierter Begriff findet, welcher den gleichen Rang behaupten wollte, der Gedanke, daß jeder von ihnen einer anderen Form der ethischen Idee entspricht, und als oberster seiner Art das Sittliche überhaupt bezeichne, insofern es auf jene Form sich bezieht. Demnach müßte in allen ethischen Systemen ihr Verhältnis gegen einander dieses sein, daß keiner dem anderen mit Recht untergeordnet wäre; noch auch so beigeordnet, daß sie unter sich den Umfang des sittlichen Gebietes theilten, und auf diese Weise einer den anderen ergänzte."

Schwächen und Stärken

Schleiermacher konzipierte die Einheit von Tugendlehre, Pflichtenlehre, Güterlehre im Jahre 1834, vor mehr als einhundertfünfzig Jahren also. Sein Schreibstil ist schwerfällig, und viele seiner Gedanken wirken heute etwas bieder, terminologisch fremd und pathetisch im Ton. Darin ist sicher eine gewisse **Schwäche** zu sehen.

Dieser Schwäche steht als **Stärke** eine im Vergleich mit anderen Konzepten recht **umfassende** Grundlage für verantwortungsvolles Handeln gegenüber. Denn Schleiermacher überläßt es gewissermaßen dem einzelnen, ob er in **verantwortungsvollem Handeln** in erster Linie eine **Tugend** sieht (der er eventuell mit Freude nachkommt; vgl. Abschnitt 6.1), eine **Pflicht** wahrnimmt (vielleicht aus Achtung vor dem Ganzen) oder ein **Gut** empfindet (an dem er auch selbst teilhat).

Die Einheit von Tugendlehre, Pflichtenlehre und Güterlehre als Grundlage einer Leitidee normativer Führung

Schleiermachers Konzept einer Einheit der Tugendlehre, Pflichtenlehre und Güterlehre ist hier zur Grundlage einer weiteren **Leitidee normativer Führung** gemacht (vgl. die Abschnitte 6.1 und 6.2):

Leitidee 3

DIE EINHEIT VON TUGENDEN, PFLICHTEN UND GÜTERN VERWIRKLICHEN!

Die Leitidee, die Einheit von Tugenden, Pflichten und Gütern zu verwirklichen, ist in der normativen Führung universal einsetzbar: Sei es das Anerkennen eines Mitarbeiters als eigene Persönlichkeit, betreffe es den Aufbau eines Vertrauensverhältnisses, etwa mit Kunden, Lieferanten oder Kollegen, auch mit der Öffentlichkeit, beziehe es sich auf die eigene Leistung: Stets sollte darin gleichermaßen eine **Tugend**, eine **Pflicht** im Sinne einer innerlich empfundenen Verpflichtung und ein **Gut** gesehen werden, das etwa zur individuellen **Freude** (Abschnitt 6.1) oder zum **Gemeinwohl** (Abschnitt 6.2) beiträgt. Im Sinne Schleiermachers sollte im **verantwortungsvollen Handeln** die Verwirklichung von Tugend, das Erfüllen der Pflicht und das Streben nach dem Guten zu einer Einheit zusammenfließen.

6.4. Sartre: Ethik der absoluten Verantwortung

Einen anderen Aspekt der Ethik als Schleiermacher (Abschnitt 6.3) hebt Jean-Paul Sartre (1905-1980), der Hauptvertreter des französischen Existentialismus (Störig 1990, S.606), hervor: Sartre belegt den Menschen mit einer **absoluten Verantwortung**.

Nach Sartre trägt der Mensch vor keiner anderen Instanz, weder einer weltlichen noch einer geistlichen, eine höhere Verantwortung als vor sich selbst. Die Verantwortung jedes einzelnen Menschen betreffe nicht nur ihn selbst, sondern umfasse gleichzeitig alle anderen Menschen. Jeder Mensch sei für sich und jeden anderen in vollem Umfange verantwortlich; in diesem Sinne trage jeder Mensch eine absolute Verantwortung.

Sartres Werk umfaßt neben seinen philosophischen Hauptwerken "Das Sein und das Nichts" (französisch 1943; vollständig deutsch 1962) und "Kritik der dialektischen Vernunft" (französisch 1960; deutsch 1967) auch Romane und Bühnenstücke. Deutschsprachige Übersichten über Werk und Autor geben Biemel (1964), Brugger (1976, S.106), Janke (1982, S.93-137), Meyer (1981, S.433-451), Sandvoss (1989b, S.465-467), Schulz (1989, S.206-208), Störig (1990, S.606-608), König (1992); weiterführende Text- und Literaturangaben nennt Höffe (1981b, S.508-510).

Die Existenz geht der Essenz voraus

Sartre leitet sein Konzept der absoluten Verantwortung des Menschen aus dem Existentialismus ab. Für den Existentialisten Sartre hat der Mensch mit seiner Geburt lediglich sein Dasein, seine **Existenz** erhalten, nicht aber schon sein Wesen, seine **Essenz** (esse, lat.: sein). Die Existenz des Menschen, so Sartre, gehe seiner Essenz voraus. Sartre (1961, S.11) erklärt (vgl. Wuchterl 1986, S.155):

"Was bedeutet hier, daß die Existenz der Essenz vorausgeht? Es bedeutet, daß der Mensch zuerst existiert, sich begegnet, in der Welt auftaucht und sich **danach** definiert.
...
Wenn der Mensch, so wie ihn der Existentialist begreift, nicht definierbar ist, so darum, weil er anfangs überhaupt nichts ist. Er wird erst in der weiteren Folge sein, und er wird so sein, wie er sich geschaffen haben wird. Also gibt es keine menschliche Natur, da es keinen Gott gibt, um sie zu entwerfen. Der Mensch ist lediglich so, wie er sich konzipiert ...; der Mensch ist nichts anderes als wozu er sich macht.

Der Mensch ist zuerst ein Entwurf, der sich subjektiv lebt ...; nichts existiert diesem Entwurf vorweg, nichts ist im Himmel, und der Mensch wird zuerst das sein, was er zu sein geplant hat ..."

Für Sartre ist der Mensch also zunächst ein unbeschriebenes Blatt, und es liege nur am Menschen selbst, wie dieses Blatt beschrieben werde. Was aus dem Menschen werde, hänge von niemandem anders ab als vom Menschen selbst.

Des Menschen Möglichkeiten seien nicht im vorhinein festgelegt, sondern würden von ihm selbst stets aufs neue geschaffen. Es gebe, so Sartre, kein göttliches oder natürliches Konzept, demgemäß der Mensch sich zu verwirklichen habe; auch gebe es keine verbindliche Wertordnung, an der sich der Mensch orientieren, an der er sein Handeln ausrichten müsse (Wuchterl 1986, S.155). Das Wesen des Menschen, seine Essenz, sei anfangs **nichts** und später nur **das, was der Mensch daraus macht**. Das beschreibt auch Störig (1990, S.607):

"Im Gegensatz zur philosophischen Tradition seit Platon betrachtet er (Sartre; Anmerkung des Verfassers) den Menschen nicht als ein Wesen, dessen Seinsmöglichkeiten von vorhinein festgelegt sind. Der Mensch 'ist' nicht etwas in dem Sinne, in dem Dinge etwas sind. Er ist vielmehr zunächst 'Nichts'. Und er muß sich erst, gleichsam in beständiger Schöpfung aus dem Nichts, zu dem machen, der er ist."

Auch Biemel (1964, S.125) hebt Sartres "entscheidende These" hervor, "daß der Mensch nicht einfach ist, sobald er auf die Welt kommt, sondern daß er das merkwürdige Wesen ist, das sein Sein als Aufgabe gestellt bekommen hat, daß er sein Sein zu verwirklichen hat: 'werde, was du bist'."

Vollkommene Freiheit, persönliche Einstellung ...

Wenn das Wesen des Menschen nur das ist, was er selbst daraus macht, so kann es auch keine dem Menschen übergeordnete, ihn vorbestimmende, sein Wesen determinierende Strukturen geben. Genau das behauptet Sartre auch; der Mensch sei daher **völlig frei**, nur auf sich alleine gestellt, er sei sogar **zur Freiheit verurteilt**. Freiheit sei das unentrinnbare Schicksal des Menschen.

Außerhalb des Menschen gebe es, so Sartre, nicht nur keine ihn vorbestimmenden Strukturen, sondern auch keinen von ihm unabhängigen Sinn des Lebens. Jeder Mensch müsse sich daher den Sinn seines Lebens (und des Lebens aller) selbst schaffen. Höffe (1986, S.57) betont:

"Der Mensch erfährt sich nicht im Ganzen einer sinnvollen Welt, sondern schafft sie sich."

Biemel (1964, S.126) weitet das aus:

"Wie die Dinge zu mir stehen, wie die Ereignisse mich angehen, das hängt von mir selbst und meiner Stellungnahme zu ihnen ab. Das heißt also keineswegs, daß ich eben alles über mich ergehen lassen und mich mit allem abfinden muß. Es bedeutet vielmehr, daß meine Stellung zu den Dingen und den Ereignissen abhängig ist von meinem freien Entwurf. Je nach dem Entwurf meiner selbst erhalten auch die abträglichsten Ereignisse ihren Sinn; **niemand anders als ich selbst bin für diesen Sinn zuständig**" (im Original ohne Hervorhebung).

Es kommt also stets auf die **persönliche Einstellung** zu den Dingen an. Das erinnert an die stoische Philosophie. Für die Stoiker stellt die persönliche Einstellung den Schlüssel zu einem erfüllten Leben dar (Näheres bei Müller-Merbach 1992a, S.181-203; insbesondere Leitsatz 3, S.185-186).

... und absolute Verantwortung

Mit der **vollkommenen Freiheit** ist für Sartre zugleich die **absolute Verantwortung** verbunden. Sartre (1970, S.696) betont, "daß der Mensch, der verurteilt ist, frei zu sein, das ganze Gewicht der Welt auf seinen Schultern trägt: er ist ... verantwortlich für die Welt und für sich selbst."

Der Begriff der Verantwortung ist maßgebend. Schulz (1989, S.207) schreibt mit Bezug auf Sartre:

"Der Mensch ist für sich ... absolut verantwortlich. Er kann die Verantwortung nicht auf andere abschieben."

Diese absolute Verantwortung trägt der Mensch auch in extremen Lebenssituationen. Sartre, 1939 selbst zum Kriegsdienst eingezogen, schildert den Krieg als eine solche extreme Lebenssituation. In seinem Werk "Das Sein und das Nichts" schreibt Sartre (1970, S.697):

"... wenn ich in einem Kriege einberufen werde, ist dieser Krieg **mein** Krieg, weil ich jederzeit mich ihm hätte entziehen können, durch Selbstmord oder Fahnenflucht: diese äußersten Möglichkeiten sind diejenigen, die uns immer gegenwärtig sein müssen, wenn es darum geht, eine Situation ins Auge zu fassen. Da ich mich ihm nicht entzogen habe, habe ich ihn **gewählt**; das kann aus Energiemangel oder aus Feigheit gegenüber der öffentlichen Meinung geschehen ... Wie dem auch sei, es handelt sich um eine Wahl. Diese Wahl wird in der Folge ununterbrochen bis zum Ende des Krieges wiederholt ..."

In jeder Situation wählt der zur Freiheit verurteilte Mensch aufs neue, in jeder Situation entscheidet er erneut darüber, was es heißt, Mensch zu sein. Das beschreibt auch König (1992, S.2):

"Sein Leben lang hat er die Chance und weiß sich zugleich verdammt dazu, durch die ununterbrochene Kette seiner Entscheidungen in ständig wechselnden Situationen sich selbst zu erfinden und damit den Menschen überhaupt erst zu entwerfen. Er ist zu der Freiheit verurteilt, in voller Verantwortung darüber zu entscheiden, was Menschsein ist."

In diese "volle", in diese absolute Verantwortung ist für Sartre stets die gesamte "Gattung Mensch" mit eingeschlossen. Damit trägt jeder Mensch zugleich die absolute Verantwortung für das, was vom Menschen überhaupt getan werden kann.

Absolute Verantwortung: tief gedacht - bedingt praktikabel

Sartre, selbst seit Beginn seiner schriftstellerischen Laufbahn im gesellschaftlichen und politischen Leben engagiert (Störig 1990, S.608), leitet aus der vollkommenen Freiheit des Menschen zum einen die Bedeutung der persönlichen Einstellung ab, zum anderen seine absolute Verantwortung.

Insbesondere Sartres Vorstellungen von **Verantwortung** sind tiefgreifend. Für Sartre (wie auch für andere Existentialisten) trägt der Mensch auch dann die absolute, die volle Verantwortung für das Ganze, wenn er selbst nur zu einem (individuell) unbedeutenden Teil zum Ganzen beiträgt. Sartre zeigt das deutlich am Beispiel des Krieges. Das erscheint **einerseits** in seiner ganzen Tiefe als richtig gedacht, **andererseits** jedoch als nur bedingt praktikabel.

Es scheint richtig gedacht, weil Verantwortung grundsätzlich **umfassend** und in diesem Sinne absolut ist (vgl. Abschnitt 2.2.3). Es wird jedoch dort unpraktikabel, wo "das Ganze" Größenordnungen annimmt, deren Durchdringung und Bewältigung den einzelnen Menschen um das Millionenfache überfordern. Hier bedarf es zusätzlicher Institutionen, die den einzelnen von einer größenbedingten moralischen Überforderung entlasten (vgl. Abschnitt 2.3.2). Doch bleibt trotz dieses Bedarfs an Institutionen Sartres Forderung nach absoluter Verantwortung prinzipiell bestehen.

Persönliche Einstellung und absolute Verantwortung als Grundlagen für zwei Leitideen normativer Führung

Die Bedeutung der **persönlichen Einstellung** und die **absolute Verantwortung** sind in zwei weiteren Leitideen normativer Führung berücksichtigt.

> **Leitidee 4**
>
> **EINE PERSÖNLICHE EINSTELLUNG ZU DEN DINGEN FINDEN!**

○ Ob man es für sinnvoll erachtet, in betrügerischer oder in ehrlicher Absicht zu handeln,

○ ob man Mitarbeiter eher für anspruchsvoll und arbeitsscheu hält oder aber in ihnen ein Potential voller Fähigkeiten und Bereitschaft vermutet,

○ ob man der Gesellschaft eine Bringschuld gegenüber dem einzelnen aufbürdet oder umgekehrt versucht, zunächst seinen eigenen Beitrag für die Gesellschaft zu erbringen,

ist eine Frage der **persönlichen Einstellung**. Jede Führungskraft kann durch ihre persönliche Einstellung aus ihrem Wirken eher eine sinnlose und damit frustrierende oder aber eine sinnvolle und damit erfüllende Aufgabe machen.

> **Leitidee 5**
>
> **ABSOLUTE VERANTWORTUNG ERKENNEN!**

Für Sartre bleibt Verantwortung nicht auf eigenes Handeln oder Unterlassen begrenzt, sondern umfaßt auch diejenigen Lebensbereiche, in die der einzelne eingebunden ist, ohne selbst zu handeln.

Wer in eine freiheitlich-demokratische Gesellschaftsordnung eingebunden ist, trägt für diese Ordnung Verantwortung. Wer in eine totalitäre Gesellschaftsordnung eingebunden ist (und nicht dagegen opponiert), duldet diese Ordnung (sei es aus Opportunismus oder aus Angst) und trägt dafür Verantwortung.

Es gibt nach Sartre für niemanden irgendeinen moralfreien Raum, aus dem er sich "heraushalten" könne. Alle Lebensbereiche fallen in die Verantwortung jedes einzelnen. Jeder muß für sich entscheiden, wie weit er sich mit den Verhältnissen in diesen Lebensbereichen arrangiert und wie weit er gegen sie opponiert; und jeder muß erkennen, daß er für diese Entscheidungen (und deren Folgen) die absolute Verantwortung trägt.

In diesem Sinne sollten sich Führungskräfte ihrer absoluten Verantwortung bewußt werden. Diese Verantwortung betrifft nicht nur den Erfolg und den Mißerfolg der eigenen Unternehmung, nicht nur den Umgang untereinander und mit Kunden, Lieferanten, der Öffentlichkeit etc., sondern auch die Wirtschafts- und Gesellschaftsordnung, die politischen Strukturen, ja den gesamten politischen, wirtschaftlichen, sozialen, kulturellen und moralischen Zustand des eigenen Landes, des eigenen Kontinents, letztlich der gesamten Welt.

Über die eigene Unternehmung hinaus tragen Führungskräfte die Verantwortung etwa für die **Wettbewerbsfähigkeit** ihrer Branche und ihres Landes (vgl. Schmietow 1988, Müller-Merbach 1990b, S.46-55), sie tragen im Sinne Sartres die Verantwortung für die **wirtschaftspolitischen Rahmenbedingungen**, in die sie eingebunden sind, sie tragen die Verantwortung für **Umweltgesetze**, denn sie können deren Verschärfung behindern oder aber sich dafür einsetzen. Dasselbe gilt für andere Gesetze, zur **Produktsicherheit**, zur **Arbeitszeitgestaltung**, im **Kartellrecht** etc.

Die absolute Verantwortung im Sinne Sartres beschränkt sich also nicht auf den unmittelbaren Nahbereich, sondern umfaßt einen sehr viel weiteren Wirkungskreis, der auch die **Gestaltung von Institutionen** auf der Ebene der Wirtschafts- und Gesellschaftsordnung in sich einschließt. Jeder einzelne kann somit im Sinne Sartres über einen **individualethischen** Beitrag hinaus (vgl. Abschnitt 2.3.1) auch einen **institutionalethischen** Beitrag (vgl. Abschnitt 2.3.2) zum **Gemeinwohl** (vgl. Abschnitt 6.2) leisten.

6.5. Jonas: Zukunftsethik

Verantwortung erstreckt sich nicht nur auf die Gegenwart, sondern in besonderem Maße auf die Zukunft, auf **zukünftige Generationen**. Um diese Botschaft geht es dem deutsch-amerikanischen Philosophen Hans Jonas (1903-1993). Sein Konzept sei hier als **Zukunftsethik** bezeichnet. Diese Bezeichnung benutzt auch Jonas gelegentlich, wenn auch häufig in Anführungszeichen (1979, S.39, S.61, S.64). Teilweise wird das Konzept von Jonas auch als Fernethik bezeichnet.

Jonas wurde in Deutschland durch sein Buch **"Das Prinzip Verantwortung"** (1979) in weiten Kreisen bekannt. Für dieses Buch wurde er 1987 mit dem Friedenspreis des deutschen Buchhandels ausgezeichnet. Das Buch erzielte Breitenwirkung, als der frühere Bundeskanzler Helmut Schmidt berichtete, es im Urlaub gelesen zu haben. (Zur Umsetzung der Zukunftsethik für die Führung vgl. insbesondere Müller-Merbach 1992a, S.281-290.)

Jonas sieht den Menschen in einer historisch neuen Situation. Heute bestehe die große Gefahr, daß dem Menschen die **Technik** über den Kopf wachse, daß er die technischen Geister in ihrer Größenordnung, Eigendynamik und Komplexität nicht mehr loswürde, die er einst zur Beherrschung der Natur rief. Jonas (1979, S.7) beginnt sein Vorwort mit einer eindringlichen Forderung nach einem neuen, den neuen Problemen angemessenen ethischen Konzept:

"Der endgültig entfesselte Prometheus, dem die Wissenschaft nie gekannte Kräfte und die Wirtschaft den rastlosen Antrieb gibt, ruft nach einer Ethik, die durch freiwillige Zügel seine Macht davor zurückhält, dem Menschen zum Unheil zu werden. ... Die dem Menschenglück zugedachte Unterwerfung der Natur hat im Übermaß ihres Erfolges ... zur größten Herausforderung geführt, die je dem menschlichen Sein aus eigenem Tun erwachsen ist."

Ein neues ethisches Konzept sei notwendig, weil bisherige Konzepte gar nicht oder nicht ausreichend die **zukünftigen** Folgen, die **zukünftigen** Wirkungen des gegenwärtigen Handelns auf **zukünftige** Generationen antizipierten. Jonas (1979, S.25) bemängelt mit allgemeinem Bezug auf die "bisherige Ethik":

"Niemand wurde verantwortlich gehalten für die unbeabsichtigten späteren Wirkungen seines gut-gewollten, wohl-überlegten und wohl-ausgeführten Akts."

Zukunftsverantwortung

Hier setzt die **Zukunftsethik** von Jonas (1979, S.39, S.61) an, eine "ganz neue Dimension ethischer Bedeutsamkeit", hervorgerufen und notwendig geworden durch die "neuartigen Vermögen ... der modernen Technik" (Jonas 1979, S.15). Hinsichtlich dieser neuartigen Vermögen stellt Jonas die **Zukunftsverantwortung** (1979, S.42), die Verantwortung für zukünftige Generationen, in den Mittelpunkt seiner Betrachtungen.

Um dem Menschen diese Zukunftsverantwortung bewußt zu machen, formuliert Jonas (1979, S.36) seinen **Imperativ** der Zukunftsethik in mehreren Fassungen:

"'Handle so, daß die Wirkungen deiner Handlung verträglich sind mit der Permanenz echten menschlichen Lebens auf Erden'; oder negativ ausgedrückt: 'Handle so, daß die Wirkungen deiner Handlung nicht zerstörerisch sind für die künftige Möglichkeit solchen Lebens'; oder einfach: 'Gefährde nicht die Bedingungen für den indefiniten Fortbestand der Menschheit auf Erden'; oder, wieder positiv gewendet: 'Schließe in deine gegenwärtige Wahl die zukünftige Integrität des Menschen als Mit-Gegenstand deines Wollens ein'."

Inhaltliches Neuland

Jonas betritt mit seinem Konzept der Zukunftsethik inhaltliches Neuland. Kein Autor hat vor Jonas mit dieser Eindringlichkeit auf den Einbezug zukünftiger Generationen in die Kalküle heutigen Handelns hingewiesen. Spätestens seit Jonas heißt **verantwortungsvolles Handeln** daher immer auch, die Folgen dieses Handelns weit in die Zukunft hineinzuprojizieren, also die Konsequenzen weit hinter den Horizont des eigenen Lebens hinaus zu bedenken.

Hier sind allerdings der menschlichen Erkenntnis enge Grenzen gesetzt. Über die zukünftige Entwicklung bestehen nur vage Vermutungen, keine sicheren Annahmen. Die Forderung nach Zukunftsverantwortung beinhaltet daher insbesondere die Forderung an den Menschen, seine grundsätzlich "fortschrittlich" orientierte Denkrichtung ("Pioniergeist") um eine "vorausschauende" Dimension ("Weisheit" im Kantischen Sinne; vgl. Abschnitt 2.1) zu erweitern.

Zukunftsverantwortung als Grundlage einer Leitidee normativer Führung

Der unterschiedlich formulierte Imperativ der Zukunftsethik von Jonas ist in eine weitere **Leitidee normativer Führung** umgesetzt:

Leitidee 6
ZUKUNFTSVERANTWORTUNG ERKENNEN!

Führungskräfte sollten erkennen, daß sie auch für zukünftige Generationen Verantwortung tragen. Sie sollten - mit Blick auf die Ausführungen von Jonas - die Technik, insbesondere den technischen Fortschritt, wachsam und kritisch begleiten.

Das bedeutet nicht notwendigerweise eine Aufforderung zur Technikfeindlichkeit. Denn technischer Fortschritt bietet dem Menschen **Chancen**. Im Verbund mit wirtschaftlichem Wachstum und eingebettet in einen gesellschaftlichen Wandel ermöglicht der technische Fortschritt dem Menschen eine Emanzipation von den Naturgewalten. Durch den technischen Fortschritt kann der Mensch seine Überlebenschancen vergrößern und sich so ein lebenswertes Dasein ermöglichen, es erhalten und verbessern.

Gleichwohl gilt es auch die **Risiken** des technischen Fortschrittes zu erkennen. So sind die Folgen des technischen Fortschrittes in ihrer Komplexität häufig kaum vorhersehbar und nur schwer beherrschbar. Zudem scheint der technische Fortschritt vielfach eine Eigendynamik zu entwickeln: Nicht nur das Brauchbare dominiert die Entwicklung neuer Techniken, sondern auch das Denkbare, Mögliche und Machbare (vgl. Krupinski 1991, S.17).

Wer seine **Zukunftsverantwortung** erkennt, wird daher weder den technischen Fortschritt unreflektiert ablehnen und damit dem Menschen eine seiner Lebensgrundlagen entziehen wollen noch einer ebenso unreflektierten Technikeuphorie, einem blinden Fortschrittsglauben anheimfallen. Vielmehr wird derjenige, der seine Zukunftsverantwortung erkennt, stets abwägen zwischen Chancen und Risiken und eventuell sogar kleinere Risiken durch den Verzicht auf größere Chancen ausschließen.

In den Unternehmungen werden heute die **Schlüsseltechnologien** der nächsten Jahrzehnte entwickelt (vgl. Leonhardt 1985). Einigen dieser Schlüsseltechnologien, etwa der Biotechnologie einschließlich der **Gentechnologie**, wohnt ein besonders hohes, in seinen Ausmaßen teilweise noch unbekanntes Potential an Chancen und Risiken inne. Dieses Potential gilt es durch eine **zukunftsorientierte Technikfolgenabschätzung** (anstelle einer bloß vergangenheitsorientierten Technikfolgenbewertung) in einem interdisziplinären Dialog von Technikern, Ökonomen, Soziologen, Philosophen etc. gegeneinander abzuwägen.

Zukunftsverantwortung wahrzunehmen mag hier bedeuten, durch Technikfolgenabschätzung einen dem Menschen gerecht werdenden technischen Fortschritt zu fördern, ihn mit wirtschaftlichem Wachstum zu verknüpfen und ihn **gemeinwohlverträglich** (hier: umweltverträglich und sozialverträglich) in die Gesellschaft als Ganzes einzubetten.

6.6. Goldene Regel

Wenngleich in der **Goldenen Regel** explizit **nicht** von Verantwortung (vgl. die Abschnitte 6.4 und 6.5) gesprochen wird, so ist sie doch eine Richtlinie für verantwortungsvolles Handeln. Die Goldene Regel beruht auf dem Prinzip der **Gegenseitigkeit**: Der einzelne solle nur etwas fordern, das er auch selbst bereit sei zu erfüllen.

Die Goldene Regel wurde auf verschiedene Weise formuliert. Sie lautet allgemein: "Behandele die anderen so, wie du selbst von ihnen behandelt werden willst", oder negativ formuliert: "Was du nicht willst, das man dir tu', das füg' auch keinem andern zu."

Die Darstellung der Goldenen Regel nimmt in der Literatur breiten Raum ein. Übersichten geben Reiner (1948), Dihle (1962), Hare (1976), Höffe (1981a, S.65-66; 1986, S.93-94), Wuchterl (1986, S.168), Meyers kleines Lexikon Philosophie (1987, S.174), Enderle (1988a, S.130-148; dort umfangreiche weitere Literaturhinweise) und Schulz (1989, S.351-355).

Die Goldene Regel besitzt eine historische Tradition, die Jahrtausende zurückreicht. Sie ist nicht nur etwa in der griechischen und in der chinesischen **Philosophie** verwurzelt, sondern bildet auch einen festen Bestandteil verschiedener **Religionen**. Fünf Beispiele mögen das belegen (vgl. Krupinski 1991, S.14):

○ Thales von Milet (etwa 625 - etwa 545 v. Chr.), einer der **Sieben Weisen** des alten **Griechenlands**, fragte: "Wie kann man am besten und gerechtesten leben?" und antwortete: "Wenn wir, was wir an andern tadeln, selber nicht tun" (vgl. Sandvoss 1989a, S.236).

○ Pittakos von Mytilene (etwa 650 - etwa 570 v. Chr.), ein anderer der **Sieben Weisen**, forderte den Menschen auf: "Was du am Nächsten tadelst, das tue selbst nicht" (vgl. Reiner 1948, S.75).

○ Konfuzius (551-479 v. Chr.), der wie kein zweiter das **chinesische** Denken beeinflußt hat, empfahl in seinem Werk Lun Yü (deutsch: "Unterredungen" oder

"Gespräche"; vgl. Wilhelm 1955), sich jeweils in die Lage der anderen zu versetzen: "Was du selbst nicht wünschest, tu nicht den andern" (vgl. Zhai 1992, S.35).

○ Ähnliches ist im **Alten Testament** zu lesen: "Was du nicht leiden magst, wenn es dir von einem anderen geschieht, das tu auch keinem andern an" (Tobias 4,15).

○ Und im **Neuen Testament** steht: "Alles was ihr wollt, daß euch die Leute tun, also tuet ihr auch ihnen" (Matthias 7,12; Lukas 6,31).

Bereits mit speziellem Bezug auf die **Wirtschaftspraxis** schrieb der englische Schriftsteller Charles Dickens (1812-1870) über die Goldene Regel: "'Tu anderen nicht, was du nicht willst, das man dir tut.' Das ist das wahre Gebot des reellen Geschäftsmannes" (zitiert nach Tuleja 1987, S.3).

Minimalnorm für die Marktwirtschaft

Die Goldene Regel fand weiteste Verbreitung und besitzt eine überaus große Popularität. Sie dürfte vielfach unmittelbar einzusehen und einfach anzuwenden sein.

Die Goldene Regel kann als ethische **Minimalnorm für die Marktwirtschaft** angesehen werden. Denn sie fordert den einzelnen implizit dazu auf, anderen deren Eigeninteresse in dem Maße zuzugestehen, wie man selbst seinem Eigeninteresse folgt. Darauf dürfte der Markt wohl moralisch angewiesen sein (vgl. Abschnitt 2.3.2).

Daß verantwortungsvolles Handeln in der Marktwirtschaft (wie auch anderswo) nicht auf diese Minimalnorm beschränkt bleiben muß, zeigt ein Blick auf das **Modell der sechs Moralstufen** von Kohlberg (vgl. die Abschnitte 3.2 und 3.4):

In der Anwendung der Goldenen Regel offenbart sich lediglich eine **Sozialorientierung** des Menschen, der dritten Moralstufe nach Kohlberg vergleichbar. Weitgehend **ausgeblendet** bleiben dadurch Forderungen

○ nach einer gesetzlich geregelten Ordnung für das Zusammenleben aller Menschen, also nach einer **Gesetzesorientierung** (vierte Moralstufe),

○ nach einer vertraglichen Einigung aller Menschen auf Normen dieses Zusammenlebens, also nach einer **Vertragsorientierung** (fünfte Moralstufe) und

○ nach einer freiwilligen Bildung allgemeingültiger Prinzipien, denen sich der Mensch verpflichtet fühlt, also nach einer **Prinzipienorientierung** (sechste Moralstufe).

Die Goldene Regel als Leitidee normativer Führung

Die Goldene Regel eignet sich als eine weitere Leitidee normativer Führung, denn sie liefert zumindest für die dritte Moralstufe nach Kohlberg eine brauchbare und leicht verständliche Richtlinie für verantwortungsvolles Handeln:

> **Leitidee 7**
>
> **ANDERE BEHANDELN, WIE MAN SELBST BEHANDELT WERDEN WILL!**

Führungskräfte, die dieser Leitidee folgen wollen, sollten ihre Mitarbeiter führen, wie sie von ihren Vorgesetzten geführt werden wollen, ihre Kunden bedienen, wie sie von ihren Lieferanten bedient werden wollen, die Konkurrenten so behandeln, wie sie von ihren Konkurrenten behandelt werden wollen etc.; kurz: sie sollten das eigene Handeln aus der Sicht anderer beurteilen und dieses Urteilen dem eigenen Handeln zugrunde legen.

So sollte den **Mitarbeitern** in dem Maße etwa Vertrauen entgegengebracht, selbständiges Arbeiten ermöglicht und Verantwortung übertragen werden (vgl. Abschnitt 10.2), wie man selbst von anderen Vertrauen in das eigene Handeln erwartet, selbständig arbeiten und Verantwortung übernehmen möchte. Wer viel von sich selbst erwartet, sollte auch viel von seinen Mitarbeitern erwarten können - freilich stets in Anbedacht möglicher individueller Leistungsunterschiede.

Wer Erfolg bei **Kunden** haben will, sollte sich in die Lage der Kunden hineinversetzen. Dazu mag wiederum eine Orientierung an der Goldenen Regel hilfreich sein: Wer von anderen Qualität verlangt, sollte für seine eigenen Kunden Qualität produzieren. Wer Lieferpünktlichkeit fordert, sollte selbst pünktlich liefern. Wer gute Konditionen erwartet, sollte gute Konditionen anbieten. Wer mit seinen Kunden erfolgreich zusammenarbeiten will, sollte sein Eigeninteresse im Interesse der Kunden wiedererkennen und dementsprechend im Interesse der Kunden handeln.

Auch das Verhältnis zu **Konkurrenten** könnte an der Goldenen Regel ausgerichtet werden. Wer ruinöse Preise, mindere Qualität oder unlautere Werbung von Konkurrenzprodukten anprangert, sollte selbst nicht zu diesen Mitteln greifen. Positiv gesagt: Wer von anderen einen fairen Wettbewerb erwartet, sollte selbst einen fairen Wettbewerb führen.

Die Goldene Regel macht es dem einzelnen also relativ leicht, **verantwortungsvoll** zu handeln. Der einzelne braucht lediglich sein Eigeninteresse zu verallgemeinern, auf alle anderen zu projizieren, zu übertragen, und dann jedes eigene Handeln am Eigeninteresse der von diesem Handeln Betroffenen zu beurteilen.

6.7. Kant: Vernunftethik

Einen gegenüber der Goldenen Regel (Abschnitt 6.6) entscheidenden Schritt weiter ging Immanuel Kant (1724-1804). Kant fordert eine prinzipielle **Allgemeingültigkeit** von Grundsätzen (von Maximen), nicht bloß wie die Goldene Regel eine **Gegenseitigkeit** des Handelns.

Kants Konzept ist überaus reich an Inhalten und seit seiner Entstehung vor gut zweihundert Jahren der Mittelpunkt der Ethik wenn nicht der Philosophie schlechthin.

Übersichten über Kants Konzept geben in neuerer Zeit Schilling (1966, S.341-345), Kant (1975), Weischedel (1975, S.177-187), Birnbacher und Hoerster (1976, S.236-253), Höffe (1979, S.84-119; 1981a, S.59-65), Schischkoff (1982, S.346-349), MacIntyre (1984, S.177-184), Brantl (1985, S.469-479), Pieper (1985, S.131-133 und S.152-154), Frankena (1986, S.49-53), Wuchterl (1986, S.136-140), Dyllick (1989, S.202-206), Sandvoss (1989b, S.272-295), Schulz 1989 (S.128-136), dtv-Atlas zur Philosophie (1991, S.137-145) und Schulte (1991). Einige grundlegende Ideen von Kant, so auch seine Dreiteilung in technisches, pragmatisches und moralisches Handeln (vgl. Abschnitt 2.1), wurden von Hinske (1980) aufbereitet.

Gesinnung oder Verantwortung?

Kants Gedanken sind von einer **gesinnungsethischen** Einstellung geprägt. Kant sah in der **Gesinnung**, im **Willen** des Menschen den entscheidenden moralischen Gütemaßstab. So schreibt Kant am Anfang des ersten Abschnittes seiner "Grundlegung zur Metaphysik der Sitten" (1991, S.18):

"Es ist überall nichts in der Welt, ja überhaupt auch außer derselben zu denken möglich, was ohne Einschränkung für gut könnte gehalten werden, als allein ein **guter Wille**."

Im dritten Hauptstück seiner "Kritik der praktischen Vernunft" ergänzt Kant (1991, S.191):

"Das Wesentliche alles sittlichen Werts der Handlungen kommt darauf an, **daß das moralische Gesetz unmittelbar den Willen bestimme.**"

Kant müßte somit in der Terminologie von Max Weber (vgl. Abschnitt 4.2.3) als **Gesinnungsethiker** gelten, nicht als **Verantwortungsethiker**.

Begreift man jedoch die Gesinnung eines Menschen, seinen Willen, als **Willen zu verantwortungsvollem Handeln**, so kann auch ein gesinnungsethisches Denken mit dem Begriff der Verantwortung verbunden werden. In diesem Falle gehen die Begriffe der Gesinnungsethik und der Verantwortungsethik ineinander über oder verlieren doch zumindest ihre Trennschärfe.

Vernunft, Normen, kategorischer Imperativ

Kants Morallehre sei hier nachgezeichnet, indem drei wesentliche gedankliche Komponenten unterschieden seien (vgl. Krupinski 1991, S.15),

O erstens die **Vernunft als Voraussetzung** für verantwortungsvolles Handeln,

O zweitens die **Normen** als **allgemeingültige Grundsätze** für verantwortungsvolles Handeln und

O drittens der **kategorischer Imperativ** als Prüfverfahren für die Allgemeingültigkeit von Grundsätzen und damit zugleich als höchster **Maßstab** für verantwortungsvolles Handeln.

Vernunft als Voraussetzung verantwortungsvollen Handelns

Verantwortungsvolles Handeln (Kant spricht häufig von Sittlichkeit) sei, so Kant, eine Eigenschaft, die nur dem **Menschen als vernünftigem Wesen** innewohne. Kant (1975, S.271) schreibt dazu:

"Denn da Sittlichkeit für uns bloß als für vernünftige Wesen zum Gesetze dient, so muß sie auch für alle vernünftige Wesen gelten ..."

Kants Ethik ist so stark vom Begriff der Vernunft geprägt, daß sie häufig als **Vernunftethik** bezeichnet wird (etwa von Störig 1990, S.433). Die Vernunft sei hier nach Kant in zweifacher Weise als **Voraussetzung verantwortungsvollen Handelns** verstanden (vgl. Abschnitt 2.2.3):

O Zum einen befähige, so Kant, die Vernunft den Menschen, sich selbst Normen als allgemeingültige Grundsätze des Handelns vorzugeben, **autonom** zu bestimmen (vgl. Abschnitt 3.1), ohne inneren oder äußeren Einfluß festzulegen und nach diesen Normen zu urteilen (Kant 1991, S.74-75). Kraft einer insbesondere der **Sinnlichkeit** überlegenen **reinen Vernunft** bestimme der Mensch somit über einen Sollzustand seines Handelns (und des Handelns aller anderen Menschen).

"Er (der Mensch; Anmerkung des Verfassers) bedarf ... (der) Vernunft, um sein Wohl und Weh jederzeit in Betrachtung zu ziehen, aber er hat sie überdem noch zu einem höheren Behuf, nämlich auch das, was an sich gut oder böse ist, und worüber reine, sinnlich gar nicht interessierte Vernunft nur allein urteilen kann, nicht allein mit in Überlegung zu nehmen, sondern diese (reine vernünftige; Anmerkung des Verfassers) Beurteilung von jener (sinnlichen Beurteilung; Anmerkung des Verfassers) gänzlich zu unterscheiden und sie zur obersten Bedingung des letzteren zu machen."

Kant (1991, S.188) nennt die reine Vernunft auch **Urteilskraft**. Sie wird in dieser Arbeit als Urteilsfähigkeit bezeichnet. Im Rahmen der **Verantwortungsfähigkeit** bildet die Urteilsfähigkeit eine **intellektuelle Voraussetzung für verantwortungsvolles Handeln** (vgl. Abschnitt 2.2.3 und Kapitel 3).

O Zum anderen könne der Mensch, so Kant, durch seine Vernunft selbstgesetzte (oder vernünftigerweise übernommene) Normen auch aus freiem Entschluß befolgen, sich ihnen freiwillig unterwerfen, nach ihnen handeln. Die auf das Handeln gerichtete Vernunft sei, so Kant, das Vermögen, der **Wille**, allgemeingültigen Grundsätzen tatsächlich nachzukommen. Kant (1991, S.41; vgl. auch S.59) schreibt dazu im zweiten Abschnitt seiner "Grundlegung zur Metaphysik der Sitten":

"Nur ein vernünftiges Wesen hat das Vermögen, **nach der Vorstellung** der Gesetze, d.i. nach Prinzipien, zu handeln, oder einen **Willen**. Da zur Ableitung von Handlungen aus Gesetzen **Vernunft** erfordert wird, so ist der Wille nichts anders, als praktische Vernunft."

Der Wille zu einem vernunftgemäßen und in diesem Sinne verantwortungsvollen Handeln wird in dieser Arbeit als **Verantwortungsbereitschaft** des Menschen bezeichnet. Die Verantwortungsbereitschaft bildet eine **praktische Voraussetzung für verantwortungsvolles Handeln** (vgl. Abschnitt 2.2.3 und Kapitel 3).

Kant erachtet den Willen als potentiell **frei** (autonom); er könne sowohl von Antrieben der Sinnlichkeit (Willkür) als auch von sozialen Zwängen (Fremdbestimmung) unabhängig sein (Höffe 1981a, S.53). Mehr noch: Ohne Freiheit sei verantwortungsvolles Handeln gar nicht möglich (Wuchterl 1986, S.140). Normativ gewendet bedeutet das: Der Mensch solle verantwortungsvoll handeln, weil er nur dann (von Willkür und Fremdbestimmung) frei sei.

Freiheit und verantwortungsvolles Handeln stehen somit - wie auch später bei Sartre (vgl. Abschnitt 5.4) - bei Kant in einer **wechselseitigen Abhängigkeit**. Freiheit ermögliche verantwortungsvolles Handeln, und verantwortungsvolles Handeln folge aus Freiheit.

Normen als allgemeingültige Grundsätze für verantwortungsvolles Handeln

Der Mensch handele dann verantwortungsvoll, wenn er bestimmten **Grundsätzen** (Kant spricht von Maximen) folge. Diese Grundsätze sollen, so Kant, objektiv, das heißt **allgemeingültig**, verallgemeinerbar (Höffe 1979, S.86; 1981a; S.59-60), allgemein verbindlich (Wuchterl 1986, S.140) sein. Solche objektiven, allgemeingültigen Grundsätze nennt Kant (1991, S.125) praktische Gesetze. Sie werden in dieser Arbeit als **Normen** bezeichnet.

Die Forderung nach einem an Normen ausgerichteten Handeln leitet Kant wiederum aus der Vernunft des Menschen, der Vernunft **aller** Menschen, ab. Wimmer (1980, S.125) schreibt dazu:

"Insofern nämlich der einzelne Mensch autonomes Vernunftwesen ist, gibt er sich seine Gesetze (Normen; Anmerkung des Verfassers) selbst und ist durch seine Vernunft aufgefordert, sich auch nur ihnen zu unterwerfen; insofern aber alle Menschen Vernunftwesen sind, schreibt jeder nicht nur sich, sondern auch allen anderen die gleichen Vernunftgesetze vor und weiß zugleich die eigenen Gesetze von der Vernunft aller anderen akzeptiert, weil auch von ihnen erlassen."

Ein an (allgemeingültigen) Normen ausgerichtetes Handeln stellt eine prinzipielle Forderung im Rahmen der normativen Ethik dar. Darauf wurde bereits in Abschnitt 4.1.2 hingewiesen.

Kategorischer Imperativ als Maßstab für verantwortungsvolles Handeln

Ob ein Grundsatz allgemeingültig sein und daher als Norm gelten könne, sei, so Kant (1991, S.51), mit dem **kategorischen Imperativ** zu überprüfen. Der kategorische Imperativ prüfe Grundsätze auf ihre mögliche Allgemeingültigkeit. Der Imperativ sei **kategorisch**, weil er einen höchsten, nicht weiter begründbaren oder zu begründenden Maßstab für verantwortungsvolles Handeln darstelle.

Kant formuliert den kategorischen Imperativ unter anderem in der "Grundlegung zur Metaphysik der Sitten" (1991, S.51; vgl. Abschnitt 2.1):

"Der kategorische Imperativ ist also nur ein einziger, und zwar dieser: **handle nur nach derjenigen Maxime, durch die du zugleich wollen kannst, daß sie ein allgemeines Gesetz werde.**"

Zwar gebe es, so Kant, nur **einen** kategorischen Imperativ, doch ließe sich dieser **verschiedentlich** formulieren. Hier seien in Anlehnung an Ricken (1983, S.95-106) und an Brantl (1985, S.473-476) **eine Grundformel und zwei Nebenformeln** des kategorischen Imperativs unterschieden (vgl. auch Irrgang 1990, S.241).

O Die **Grundformel**, zugleich die vielleicht bekannteste Formulierung des kategorischen Imperativs, beschreibt Kant im ersten Buch seiner "Kritik der praktischen Vernunft" als "**Grundgesetz der reinen paktischen Vernunft**". Es lautet (Kant 1991, S.140):

"Handle so, daß die Maxime deines Willens jederzeit zugleich als Prinzip einer allgemeinen Gesetzgebung gelten könne."

O Das Prinzip der Allgemeingültigkeit sei zugleich auch das tragende Prinzip der Natur. In einer ersten Nebenformel, der **Naturgesetzformel**, verlangt Kant (1975, S.248) daher die Eignung eines Grundsatzes (einer Maxime) zum allgemeinen Naturgesetze.

"Handle so, als ob die Maxime deiner Handlung durch deinen Willen zum **allgemeinen Naturgesetze** werden sollte."

O In einer zweiten Nebenformel, der **Selbstzweckformel**, schließlich erhebt Kant (1991, S.61) den Menschen, die Menschheit, zum Zweck des eigenen Handelns:

"Handle so, daß du die Menschheit, sowohl in deiner Person, als in der Person eines jeden andern, jederzeit zugleich als Zweck, niemals bloß als Mittel brauchest."

Trotz ihrer scheinbaren Verschiedenheit beinhalten alle Formulierungen des kategorischen Imperativs letztlich dieselbe Aufforderung: Der Mensch solle nach **Normen** handeln, also nach solchen Grundsätzen, die **allgemeingültig** (einer **allgemeinen** moralischen **Gesetzgebung** gemäß, dem **Naturgesetze** folgend, dem **Selbstzweck** des Menschen entsprechend) gelten können.

Hohe individuelle Anforderungen

Der kategorische Imperativ stellt hohe Anforderungen an den einzelnen. Jeder müsse sich, so gebietet er, die Grundsätze seines Handelns selbst bestimmen und sie auf ihre Eignung zur Allgemeingültigkeit prüfen. Nur solche Grundsätze seien als Normen geeignet, die dem Prinzip der Allgemeingültigkeit entsprächen.

Damit bleibt der kategorische Imperativ gedanklich zunächst **oberhalb** des Handelns selbst. Wie die Normen im Handeln konkret **umgesetzt** werden, wie sie mit Leben gefüllt werden, "läßt sich ... nicht einmal für immer ausbuchstabieren" (Höffe 1981a, S.64). Um den Normen praktische Relevanz zu verleihen, bedarf es daher eines eigenen **Verantwortungsbewußtseins**, insbesondere eigener **Reflexionsfähigkeit** und eigener **Urteilsfähigkeit** (vgl. Abschnitt 2.2.3) auf einer möglichst **hohen Moralstufe** (vgl. die Abschnitte 3.2 und 3.4).

Der kategorische Imperativ als Grundlage einer Leitidee normativer Führung

Der kategorische Imperativ von Kant sei hier für die normative Führung genutzt. Das hat auch Müller-Merbach (1992a, S.85-87) vorgeschlagen und an Beispielen aufgezeigt. Hier wird der kategorische Imperativ zu einer Leitidee normativer Führung umformuliert:

Leitidee 8

NACH EIGENEN ALLGEMEINGÜLTIGEN GRUNDSÄTZEN HANDELN!

Diese Leitidee zielt, in der Tradition Kants, insbesondere auf zweierlei:

○ Erstens wird die Bedeutung der **eigenen Vernunft** herausgestellt, des **eigenen** Reflektierens, des **eigenen** Nachdenkens. Jede Führungskraft sollte sich auf ihren eigenen Verstand besinnen, autonom und eigenständig über die Probleme, die Chancen, die Risiken dieser Welt im allgemeinen und ihrer persönlichen Aufgabe und Bestimmung im besonderen nachdenken. Jede Führungskraft sollte ihre eigenen Werthaltungen, ihren eigenen normativen Standpunkt ausloten und sich über diejenigen Grundsätze klarwerden, nach denen sie zu handeln bereit ist.

○ Zweitens sollten diese Grundsätze das Niveau von **Normen** erreichen, also dem Prinzip der **Allgemeingültigkeit** genügen. Nach Kant taugen nur Normen, also diejenigen Grundsätze zu verantwortungsvollem Handeln, die unabhängig (aber nicht notwendigerweise verschieden) sind von persönlichen Interessen, Wünschen, Hoffnungen und Neigungen. Diese Normen gründen auf einer universalen, **allgemeinen Vernunft**, einer Weltvernunft, die nach Kant gleichermaßen **allen vernünftigen Menschen gemeinsam** ist und **alle vernünftigen Menschen umfaßt**.

Die Betonung der **eigenen Vernunft** auf der einen Seite und die Forderung nach **allgemeiner Vernunft** auf der anderen Seite bilden keinen Widerspruch. Im Gegenteil: Kant war überzeugt davon, daß der einzelne Mensch als Vernunftwesen die allgemeine Vernunft erfassen und über die engen Grenzen seiner persönlichen Vorteilserwägungen hinweg handelnd realisieren könne.

An der eigenen und zugleich der allgemeinen Vernunft sollten Führungskräfte ihre Beziehungen zu Kunden, Lieferanten und Kapitalgebern ausrichten, ihr Verhältnis zu Mitarbeitern, Kollegen und Vorgesetzten gestalten, ihre Einstellung zu Andersdenkenden reflektieren, ihre Ansichten über Ungewohntes und Fremdes überprüfen.

Dabei mögen sich Führungskräfte stets fragen, ob die Grundsätze des eigenen Handelns allgemein gelten könnten:

○ Würde etwa die Übervorteilung eines Geschäftspartners bei allgemeiner Gültigkeit nicht dazu führen, daß man selbst übervorteilt wird?

○ Würde es das Anbieten minderwertiger Leistungen bei allgemeiner Gültigkeit nicht zwangsläufig mit sich bringen, daß man selbst nur minderwertige Leistungen beziehen könnte?

○ Würde umgekehrt ein verantwortungsvolles Handeln gegenüber anderen bei allgemeiner Gültigkeit nicht dazu führen, daß man auch selbst verantwortungsvoll behandelt wird?

Mit Kant lassen sich diese Fragen vernünftigerweise bejahen. Die **allgemeine Gültigkeit** von Grundsätzen (als Normen) zeigt hierbei einen nie erreichbaren **Idealzustand** in einer Gesellschaft auf. Jeder einzelne sollte diesen Idealzustand anstreben und so zu einem gedeihlichen Zusammenleben in der Gesellschaft beitragen.

6.8. Habermas: Diskursethik

Wie schon Kant (Abschnitt 6.7), so postuliert auch der Frankfurter Soziologe und Philosoph Jürgen Habermas (geb. 1929) die **Allgemeingültigkeit** von Grundsätzen. Welche Grundsätze allgemeingültig seien, könne jedoch (im Unterschied zur Ansicht Kants) nicht vom einzelnen alleine, sondern nur von allen Betroffenen gemeinsam bestimmt werden.

Dazu sei ein **Konsens** notwendig. Habermas betont die Bedeutung des Konsenses so stark, daß der Konsens als eigentliches Prinzip der Diskursethik gelten kann. Als Prüfverfahren dafür, ob ein Konsens tatsächlich vorliege, solle nach Habermas der **Diskurs** dienen.

Habermas' Konzept der Diskursethik, niedergelegt insbesondere in seinen Werken "Theorie des kommunikativen Handelns" (1981) und "Moralbewußtsein und kommunikatives Handeln" (1983), steht in gedanklicher Nähe insbesondere zu den Arbeiten von Apel, wie Habermas Vertreter der Frankfurter Schule der Soziologie. Übersichten, Hinweise und Kommentare zur Diskursethik von Habermas und zu seinen sonstigen Arbeiten geben Höffe (1979, S.243-250; 1981a, S.67-70), Ricken (1983, S.118-120), Gripp (1984; dort umfangreiche weitere Literatur), Brantl (1985; S.502-512; dort weitere Literatur), Pieper (1985, S.121-123 und S.138), Meyers kleines Lexikon Philosophie (1987, S. 109-111), Biervert und Held (1987, S.109), Peter Ulrich (1987b, S.269-338; 1988c, S.20-21; vgl. Abschnitt 7.3), Dyllick (1989, S.212-214), Hartfelder (1989, S.204-205) und Reese-Schäfer (1991; dort umfangreiche weitere Literatur).

Konsens über die Allgemeingültigkeit von Grundsätzen

Ob ein Grundsatz allgemein gelten solle, so Habermas, könne nicht vom einzelnen alleine bestimmt werden. Vielmehr hätten sich alle von den Auswirkungen eines Grundsatzes (also von den Folgen des Handelns, das auf dem fraglichen Grundsatz aufbaut) tatsächlich oder möglicherweise Betroffenen im Rahmen eines Diskurses auf den jeweiligen Grundsatz zu einigen. Bestehe ein **Konsens** über den Grundsatz, so gelte er allgemein und damit als **Norm** (vgl. Gripp 1984, S.133; Brantl 1985, S.508).

Habermas (1983, S.103) faßt diese Forderung in dem einen Satz zusammen, "daß nur die Normen (Grundsätze; Anmerkung des Verfassers) Geltung beanspruchen dürfen, die die Zustimmung aller Betroffenen als Teilnehmer eines praktischen Diskurses finden."

Diskurs als Prüfverfahren, ob ein Konsens vorliegt

Alle von einem Grundsatz tatsächlich oder möglicherweise Betroffenen müssen, so Habermas, diesem Grundsatz in einem **Diskurs** zustimmen können. Der Diskurs bildet einen Willens-, Forderungs-, Meinungs- und Argumentationsaustausch, an dessen Ende der Konsens stehen müsse, damit ein Grundsatz als Norm gelten könne. Habermas (1981, S.39):

"Das Medium, in dem ... geprüft werden kann, ob eine Handlungsnorm (ein Grundsatz; Anmerkung des Verfassers), sei sie nun faktisch anerkannt oder nicht, unparteiisch gerechtfertigt werden kann, ist der praktische Diskurs, also die Form der Argumentation, in der Ansprüche auf normative Richtigkeit zum Thema gemacht werden" (im Original teils kursiv).

Im Diskurs, so schreibt Habermas (1973, S.214), sollen "problematisch gewordene Geltungsansprüche zum Thema gemacht und auf ihre Berechtigung hin untersucht" werden. Im Unterschied zum kategorischen Imperativ (vgl. Abschnitt 6.7) solle nicht jeder für sich, sondern sollten alle Betroffenen gemeinsam über die Allgemeingültigkeit von Grundsätzen befinden. Habermas (1983, S.77) fordert:

"Statt allen anderen eine Maxime (einen Grundsatz; Anmerkung des Verfassers), von der ich will, daß sie ein allgemeines Gesetz sei, als gültig vorzuschreiben, muß ich meine Maxime zum Zweck der diskursiven Prüfung ihres Universalitätsanspruchs allen anderen vorlegen. Das Gewicht verschiebt sich von dem, was jeder (einzelne) ohne Widerspruch als allgemeines Gesetz wollen kann, auf das, was alle in Übereinstimmung als universale Norm anerkennen wollen."

Der Diskurs als Prüfverfahren ist in erster Linie **ideal** zu verstehen, nicht **real**. Reale Diskurse führen zum einen nicht zwangsläufig zu einem Konsens. Ein Konsens ist aber notwendig, um Grundsätze auf ihre Allgemeingültigkeit hin zu überprüfen. Zum anderen sind reale Diskurse vielfach eingeschränkt, sei es aus Zeitgründen, aus prinzipiellen Meinungsverschiedenheiten oder weil tatsächlich oder möglicherweise Betroffene am Diskurs nicht beteiligt sind (wie etwa zukünftige Generationen, vgl. Abschnitt 6.5, oder die natürliche Umwelt, vgl. Höffe 1979, S.245-247, und 1981a, S.67-68, Staffelbach 1990, S.391-392).

Strikte Trennung zwischen Normen und Werthaltungen

Wie der kategorische Imperativ von Kant (vgl. Abschnitt 6.7), so beruht auch der Konsens nach Habermas auf dem Prinzip der Allgemeingültigkeit von Grundsätzen. Um allgemeingültige Grundsätze praktisch wirksam werden zu lassen, bedarf es wiederum eigenen **Verantwortungsbewußtseins**, insbesondere eigener Reflexionsfähigkeit und eigener Urteilsfähigkeit (vgl. die Abschnitte 2.2.3 und 6.7).

Habermas **trennt** strikt zwischen **Normen** (als allgemeingültigen Grundsätzen) einerseits und **Werthaltungen** ("Werte", "Wertorientierungen" in der Terminologie von Habermas) andererseits. Gegenstand des Diskurses könnten nur **Normen** sein, nicht aber die diesen Normen zugrunde liegenden, möglicherweise sehr verschiedenen **Werthaltungen** der Diskursteilnehmer.

Werthaltungen seien, so Habermas, so stark mit der jeweiligen kulturellen Lebensform verknüpft, daß sie sich nicht diskursiv mit dem Anspruch auf Allgemeingültigkeit behandeln ließen. Dieser Einschränkung ist sich Habermas (1983, S.118) durchaus bewußt:

"Gleichzeitig ist die Praxis des Alltags in Normen und Werte auseinandergetreten, also in den Bestandteil des Praktischen, der den Forderungen streng moralischer Rechtfertigung unterworfen werden kann, und in einen anderen, nicht moralisierungsfähigen Bestandteil, der die besonderen, zu individuellen oder kollektiven Lebensweisen integrierten Wertorientierungen umfaßt."

Die Trennung zwischen Normen und Werthaltungen wirkt mit den Worten von Habermas (1983, S.113-114)

"wie ein Messer, das einen Schnitt legt zwischen 'das Gute' und 'das Gerechte', zwischen evaluative und streng normative Aussagen. Kulturelle Werte führen zwar einen Anspruch auf intersubjektive Geltung mit sich, aber sie sind so sehr mit der Totalität einer besonderen Lebensform verwoben, daß sie nicht von Haus aus normative Geltung im strikten Sinne beanspruchen können - sie **kandidieren** allenfalls für eine Verkörperung in Normen, die ein allgemeines Interesse zum Zuge bringen sollen."

Die Trennung zwischen Normen und Werthaltungen weist **Stärken** und **Schwächen** auf.

Zum einen, das macht die **Stärke** aus, wird in die "Intimsphäre" der individuellen Werthaltungen nicht eingegriffen. Die Diskursethik wird erst dann relevant, wenn aus individuellen Werthaltungen Grundsätze resultieren, die "als Normen kandidieren", für die also ein Anspruch auf Allgemeingültigkeit erhoben wird. Diese Stärke betont auch Peter Ulrich (1988c, S.28), der sein eigenes Konzept (vgl. Abschnitt 7.3) maßgeblich auf die Diskursethik von Habermas stützt. So bedürften

"individuelle Bedürfnispräferenzen, Wertorientierungen und **Lebensformen** keiner normativen Rechtfertigung, sie sind vielmehr freizugeben." Die Diskursethik "zielt also keineswegs auf eine Maximierung von normativen Konsenszumutungen an den Bürger, sondern im Gegenteil auf die Klärung der **minimalen** normativen Verbindlichkeiten für alle, unter denen ein **Pluralismus** von Lebensformen (und Dissens von Weltanschauungen) sozialverträglich sind."

Zum anderen, und das ist eine **Schwäche** der Trennung zwischen Normen und Werthaltungen, scheinen ein Diskurs umso schwerer und ein Konsens umso unwahrscheinlicher zu werden, je stärker Werthaltungen aus der Ethik ausgeschlossen werden.

Konsens als Grundlage einer Leitidee normativer Führung

Abgesehen von ihrer Schwäche liefert die Diskursethik mit dem Konsens einen geeigneten Anknüpfungspunkt für eine weitere Leitidee normativer Führung.

Leitidee 9

NACH KONSENSFÄHIGEN GRUNDSÄTZEN HANDELN!

Die Leitidee, nach kosensfähigen Grundsätzen zu handeln, impliziert im Sinne von Habermas im wesentlichen zwei Aspekte.

Führungskräfte sollten ihr Handeln erstens auf solche Grundsätze stützen, die auf einem **Konsens** mit den Betroffenen beruhen. Das setzt nicht nur einen (idealen) Diskurs voraus, sondern einen lebhaften (realen) **Dialog** mit den Arbeitnehmern, mit den Kunden, mit den Lieferanten, mit der Öffentlichkeit. Wer für die Werthaltungen und für die Interessen, Wünsche, Hoffnungen und Neigungen der Betroffenen empfänglich ist, wird das eigene Handeln aus einer weiteren Perspektive wahrnehmen und so erst die für die normative Führung notwendige Verantwortung tragen können.

Führungskräfte sollten zweitens dort, wo ein Dialog **nicht** geführt werden kann (sei es aus Zeitgründen, sei es aus grundsätzlichen Erwägungen), die Werthaltungen und die Interessen, Wünsche, Hoffnungen und Neigungen der Betroffenen zu antizipieren versuchen, ohne daß die Betroffenen selbst ihre Vorstellungen artikuliert haben. Führungskräfte sollten also auch nach konsens**fähigen** Grundsätzen handeln, nach Grundsätzen, über die ein Konsens hergestellt werden könnte, wenn es zu einem Diskurs käme.

Dialogfähigkeit und **Dialogbereitschaft** mögen als die hauptsächlichen Anforderungen gelten, die dem einzelnen aus der Diskursethik erwachsen. Sie seien hier in einem umfassenderen Sinne als **Verantwortungsfähigkeit** und **Verantwortungsbereitschaft** der normativen Führung zugrunde gelegt (vgl. Abschnitt 2.2.3).

6.9. Rawls: Gerechtigkeitsethik

Im Unterschied zu allen acht bisher in Kapitel 5 vorgestellten Konzepten der philosophischen Ethik setzt das Konzept von John Rawls (Lebensdaten waren dem Verfasser nicht zugänglich) explizit an der **Gestaltung von Institutionen** an (vgl. Abschnitt 2.3.2). Rawls geht es vor allem um das Prinzip der **Gerechtigkeit**. Sein Vorhaben, "to maximize the lot of those minimally advantaged" (Gandz und Hayes 1988, S.663), macht Rawls zum Fürsprecher der sozial Schwachen einer Gesellschaft.

Mit seinem Buch "Eine Theorie der Gerechtigkeit" (englisch 1971, deutsch 1979) hat Rawls ein in der philosophischen Ethik gegenwärtig vieldiskutiertes Konzept vorgelegt. Es sei hier als **Gerechtigkeitsethik** bezeichnet.

Übersichten, Hinweise und Anmerkungen über die Gerechtigkeitsethik geben Birnbacher und Hoerster (1976, S.100-101), Höffe (1979, S.160-194; 1981a, S.66-67), Mackie (1981, S.120-121), Beauchamp (1982, S.242-251), Kutschera (1982, S.125-126), Kley (1983), Ricken (1983, S.20-22), Brantl (1985, S.479-488), Gaertner (1985, S.111-142), Pieper (1985, S.164-166), Rich (1985, S.207-217), Wuchterl (1986, S.171-177), Biervert und Held (1987, S.109-111), Kohland (1988, S.186-190), Dyllick (1989, S.207-212), Schulz (1989, S.354) und Kesting (1991).

Für Rawls herrschte dann **Gerechtigkeit** in einer Gesellschaft, wenn alle Mitglieder über die Grundsätze der sie betreffenden **Institutionen** (vgl. Abschnitt 2.3.2) eine Übereinkunft träfen. Um zu prüfen, ob eine solche Übereinkunft fair sei, schlägt Rawls ein **Gedankenexperiment** vor.

Gerechtigkeit von Institutionen

Ob Institutionen (Rawls spricht teilweise auch von sozialen Institutionen) gut oder schlecht seien, hänge, so Rawls, davon ab, ob sie gerecht oder ungerecht seien. Rawls (1979, S.19) schreibt dazu:

"Die Gerechtigkeit ist die erste Tugend sozialer Institutionen, so wie die Wahrheit bei Gedankensystemen. Eine noch so elegante und mit sparsamen Mitteln arbeitende Theorie muß fallengelassen oder abgeändert werden, wenn sie nicht wahr ist; ebenso müssen noch so gut funktionierende und wohlabgestimmte Gesetze und Institutionen abgeändert oder abgeschafft werden, wenn sie ungerecht sind."

Institutionen seien dann gerecht, wenn die ihnen zugrunde liegenden Normen ("Grundsätze", "Regeln" in der Terminologie von Rawls) auf einer **Übereinkunft** aller von den Institutionen betroffenen Menschen beruhten. Übereinkunft bedeutet für Rawls (1977, S.57) ein Procedere, demgemäß "freie Personen, die keine Herrschaft übereinander ausüben, sich an einer gemeinschaftlichen Tätigkeit beteiligen und sich untereinander auf die Regeln einigen beziehungsweise die Regeln anerkennen, die diese Tätigkeit definieren und die jeweiligen Anteile an Vorteilen und Lasten festlegen."

Mit der Übereinkunft geht es Rawls um eine freie Selbstbindung aller Menschen unter gemeinsame Institutionen, durch die ein gedeihliches Zusammenleben in der Gesellschaft gewährleistet werden kann. Rawls Konzept ist daher geistig eng verwandt mit vertragstheoretischen Konzepten, etwa von Hobbes, von dem sich Rawls selbst (1979, S.28) gleichwohl abgrenzt, und von Rousseau:

○ Nach Thomas Hobbes (1588-1679) ist eine Übereinkunft in Form eines Gesellschaftsvertrages die einzig vernünftige Möglichkeit, den **"Krieg aller gegen alle"** im Naturzustand zu beenden und ein humanes, geordnetes Zusammenleben zu ermöglichen (ausführlicher bei Müller-Merbach 1992a, S.27-41).

○ Auch nach Jean Jacques Rousseau (1712-1778) sind die Ungleichheiten zwischen den Menschen nur durch einen **Contrat social**, einen Sozialvertrag, zu überwinden, in dem sich die partiellen Willenskräfte zu einem Gesamtwillen vereinigen (Pieper 1985, S.164).

Fairneß: Gedankenexperiment im Urzustand

Rawls will Gerechtigkeit stets als **Fairneß** verstanden wissen. Um eine **faire** Übereinkunft über die den Institutionen zugrunde liegenden Normen zu erzielen, müsse daher für alle an der Übereinkunft Beteiligten ein identischer Ausgangszustand, gewissermaßen ein **Urzustand** angenommen werden. Rawls (1979, S.29) schreibt dazu:

"Den Urzustand könnte man den angemessenen Ausgangszustand nennen, und damit sind die in ihm getroffenen Grundvereinbarungen fair. Das rechtfertigt die Bezeichnung 'Gerechtigkeit als Fairneß': Sie drückt den Gedanken aus, daß die Grundsätze der Gerechtigkeit in einer fairen Ausgangssituation festgelegt werden."

Mit dem Urzustand bezeichnet Rawls keinen historischen Zeitpunkt, sondern das Resultat eines **Gedankenexperimentes**. In diesem Gedankenexperiment seien alle Menschen von einem "Schleier des Nichtwissens" umgeben.

Unter einem **Schleier des Nichtwissens** habe der einzelne keinerlei Vorstellung darüber, an welcher Position er in der Gesellschaft stehen würde, in der künftig bestimmte Institutionen gelten sollen. Er wisse also nicht, ob er etwa als Bankdirektor oder als Straßenfeger arbeiten werde.

Der Schleier des Nichtwissens stellt für Rawls eine ideale Situation dar, in der jeder auch die Interessen sozial schwacher Gruppen hinreichend berücksichtigen würde, da er diesen Gruppen selbst angehören könnte.

Rawls Grundsätze der Gerechtigkeit

Unter der Annahme eines solchen Urzustandes entwickelt Rawls stellvertretend für die Beteiligten zwei Normen, "auf die rationale Wesen sich vernünftigerweise als grundlegenden öffentlichen Vertrag über alle ihre wechselseitigen Beziehungen einigen können" (Wuchterl 1986, S.174). Diese zwei Normen bezeichnet Rawls als "**die ersten Grundsätze der Moral**" (zitiert nach Wuchterl 1986, S.174). Sie lauten (Rawls 1979, S.336):

"**Erster Grundsatz**
Jedermann hat gleiches Recht auf das umfangreichste Gesamtsystem gleicher Grundfreiheiten, das für alle möglich ist.

Zweiter Grundsatz
Soziale und wirtschaftliche Ungleichheiten müssen folgendermaßen beschaffen sein:

(a) sie müssen ... den am wenigsten Begünstigten den größtmöglichen Vorteil bringen, und

(b) sie müssen mit Ämtern und Positionen verbunden sein, die allen gemäß fairer Chancengleichheit offenstehen."

○ Den **ersten Grundsatz** (gleiche Grundfreiheiten) bezieht Rawls etwa auf das Recht zu leben, auf das Eigentum, auf die Gewissens- und Gedankenfreiheit, auf die Rede- und Versammlungsrecht etc. Die Freiheit des einzelnen sei dabei lediglich durch dieselbe Freiheit jedes anderen begrenzt.

○ Nach dem **zweiten Grundsatz** sind **Ungleichheiten prinzipiell zulässig**, soweit (a) die am meisten Benachteiligten davon am stärksten profitieren können und (b) sämtliche Ungleichheiten an Ämter und Positionen geknüpft sind, die grundsätzlich jedem - unabhängig von dessen Herkunft, Glauben oder sozialem Status - gleichermaßen offenstehen.

Mit beiden Grundsätzen (Normen) untermauert Rawls zugleich seine **Kritik am Utilitarismus** (vgl. Abschnitt 6.2), dessen Vertreter unter dem Prinzip des Gemeinwohls weitreichende Eingriffe in die individuelle persönliche Freiheit (Verstoß gegen den ersten

Grundsatz) genauso zulassen wie eine extreme Ungleichbehandlung (Verstoß gegen den zweiten Grundsatz).

Gerechtigkeit auch als individualethisches Prinzip

Rawls betont in seiner Gerechtigkeitsethik die Bedeutung einer gerechten Gestaltung von **Institutionen** für ein gedeihliches Zusammenleben in der Gesellschaft. Doch kann Gerechtigkeit nicht ausschließlich an Institutionen delegiert werden.

Daher sei Rawls notwendige **institutionalethische** Forderung (vgl. Abschnitt 2.3.2) um eine **individualethische** Forderung (vgl. Abschnitt 2.3.1) ergänzt: Um ein gedeihliches Zusammenleben in der Gesellschaft zu gewährleisten, sollte jeder einzelne seinem Handeln eigenverantwortlich das Prinzip der Gerechtigkeit zugrunde legen.

Gerechtigkeit als Leitidee normativer Führung

Rawls Prinzip der Gerechtigkeit wird als weitere Leitidee normativer Führung formuliert:

Leitidee 10

GERECHT HANDELN!

Hinter dieser vordergründig als trivial anmutenden Leitidee verbergen sich grundsätzliche Forderungen an die normative Führung. Sie betreffen sowohl die Gestaltung von Institutionen im besonderen (die ursprüngliche Intention von Rawls) als auch die normative Führung im allgemeinen.

Führungskräfte sollten erstens bei der **Gestaltung von Institutionen** auf der Ebene der Unternehmung (vgl. Abschnitt 2.3.2) nach dem Prinzip der Gerechtigkeit verfahren. Sie sollten für andere nur solche Institutionen schaffen, unter denen sie auch selbst handeln wollten. Dafür müssen sie sich (dem Schleier des Nichtwissens vergleichbar) in die Situation aller Mitarbeiter hineinversetzen, auch und besonders der Sachbearbeiter und der Arbeiter.

Führungskräfte sollten zweitens die gesamte normative Führung am Prinzip der Gerechtigkeit ausrichten. Sie sollten gerecht sein, indem sie ihre **Marktmacht** nicht mißbrauchen (etwa gegenüber Kunden oder Lieferanten), sie sollten gerecht sein, indem sie ihr **Wissen** nicht mißbrauchen (etwa bei Insidergeschäften), sie sollten gerecht sein, indem sie ihre **Position** nicht mißbrauchen (etwa gegenüber Mitarbeitern, aber auch in der Öffentlichkeit).

6.10. Zusammenstellung: Leitideen normativer Führung

In diesem Kapitel wurden aus neun Konzepten philosophischer Ethik (Abschnitte 6.1 bis 6.9) insgesamt zehn Leitideen normativer Führung formuliert. Aus jedem Konzept stammt eine Leitidee, lediglich aus Sartres Ethik der absoluten Verantwortung (Abschnitt 6.4) entspringen zwei Leitideen.

Die zehn Leitideen sind im folgenden noch einmal zusammengestellt.

Leitidee 1:

FREUDE EMPFINDEN UND VERMITTELN!
(Eudämonismus und Hedonismus; Abschnitt 6.1)

Leitidee 2:

DEM GEMEINWOHL DIENEN!
(Utilitarismus; Abschnitt 6.2)

Leitidee 3:

DIE EINHEIT VON TUGENDEN, PFLICHTEN UND GÜTERN VERWIRKLICHEN!
(Tugendlehre, Pflichtenlehre, Güterlehre von Friedrich Schleiermacher; Abschnitt 6.3)

Leitidee 4:

EINE PERSÖNLICHE EINSTELLUNG ZU DEN DINGEN FINDEN!

und

Leitidee 5:

ABSOLUTE VERANTWORTUNG ERKENNEN!
(Ethik der absoluten Verantwortung von Jean-Paul Sartre; Abschnitt 6.4)

Leitidee 6:

ZUKUNFTSVERANTWORTUNG ERKENNEN!
(Zukunftsethik von Hans Jonas; Abschnitt 6.5)

Leitidee 7:

ANDERE BEHANDELN, WIE MAN SELBST BEHANDELT WERDEN WILL!
(Goldene Regel; Abschnitt 6.6)

Leitidee 8:

NACH EIGENEN ALLGEMEINGÜLTIGEN GRUNDSÄTZEN HANDELN!
(Vernunftethik von Immanuel Kant; Abschnitt 6.7)

Leitidee 9:

NACH KONSENSFÄHIGEN GRUNDSÄTZEN HANDELN!
(Diskursethik von Jürgen Habermas; Abschnitt 6.8)

Leitidee 10:

GERECHT HANDELN!
(Gerechtigkeitsethik von John Rawls; Abschnitt 6.9)

Diese zehn aus der **philosophischen Ethik** stammenden Leitideen normativer Führung werden in den nächsten beiden Kapiteln um drei Leitideen aus der **Wirtschaftsethik** (Kapitel 7) und um sieben Leitideen aus der **ethisch-normativen Betriebswirtschaftslehre** (Kapitel 8) zu einem gemeinsamen Katalog (Kapitel 9) ergänzt.

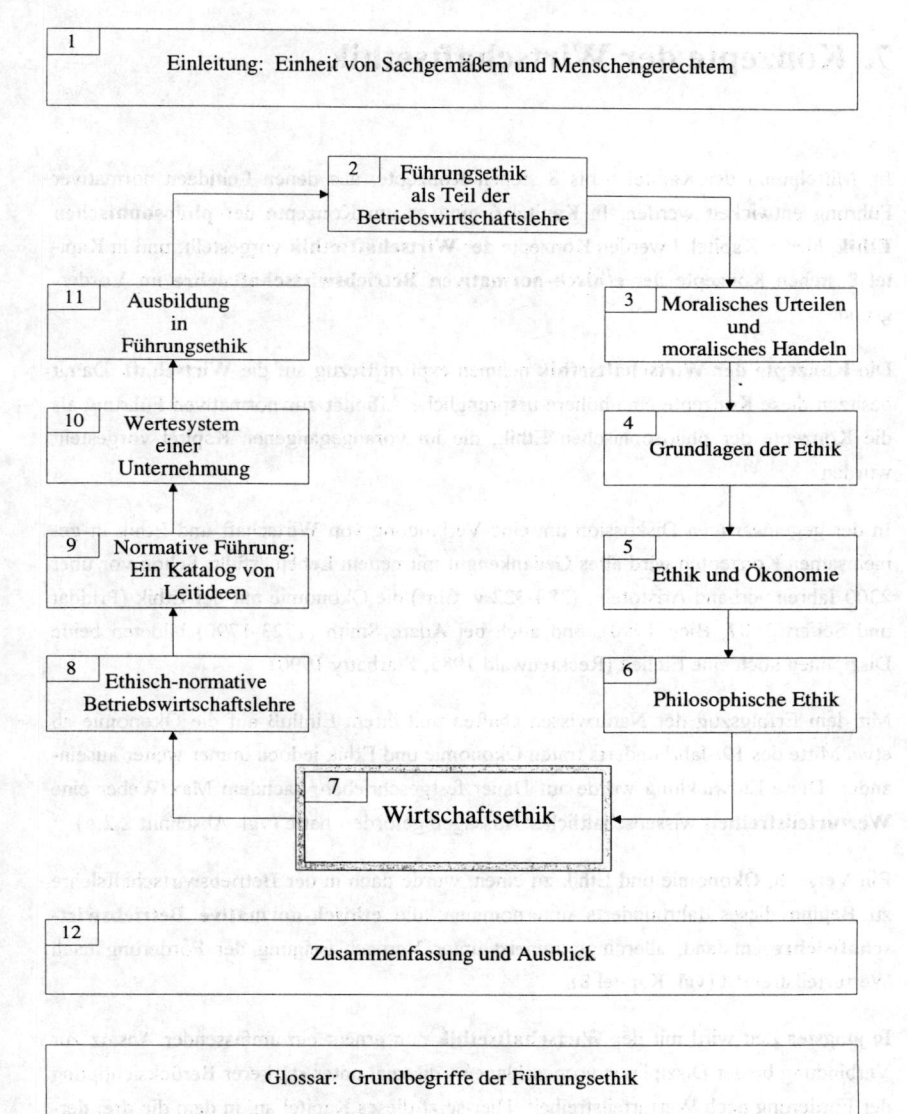

| 1 | Einleitung: Einheit von Sachgemäßem und Menschengerechtem |

| 2 | Führungsethik als Teil der Betriebswirtschaftslehre |

| 11 | Ausbildung in Führungsethik |

| 3 | Moralisches Urteilen und moralisches Handeln |

| 10 | Wertesystem einer Unternehmung |

| 4 | Grundlagen der Ethik |

| 9 | Normative Führung: Ein Katalog von Leitideen |

| 5 | Ethik und Ökonomie |

| 8 | Ethisch-normative Betriebswirtschaftslehre |

| 6 | Philosophische Ethik |

| 7 | Wirtschaftsethik |

| 12 | Zusammenfassung und Ausblick |

Glossar: Grundbegriffe der Führungsethik

161

7. Konzepte der Wirtschaftsethik

Im Mittelpunkt der Kapitel 6 bis 8 stehen Konzepte, aus denen Leitideen normativer Führung entwickelt werden. In Kapitel 6 ging es um Konzepte der **philosophischen Ethik**, hier in Kapitel 7 werden Konzepte der **Wirtschaftsethik** vorgestellt, und in Kapitel 8 stehen Konzepte der **ethisch-normativen Betriebswirtschaftslehre** im Vordergrund.

Die **Konzepte der Wirtschaftsethik** nehmen explizit Bezug auf die **Wirtschaft**. Damit besitzen diese Konzepte eine höhere ursprüngliche Affinität zur normativen Führung als die Konzepte der philosophischen Ethik, die im vorangegangenen Kapitel vorgestellt wurden.

In der gegenwärtigen Diskussion um eine Verbindung von Wirtschaft und Ethik in gemeinsamen Konzepten wird altes Gedankengut mit neuem Leben erfüllt. Schon vor über 2300 Jahren verband Aristoteles (384-322 v. Chr.) die Ökonomie mit der Ethik (Priddat und Seifert 1987; Bien 1990), und auch bei Adam Smith (1723-1790) bildeten beide Disziplinen noch eine Einheit (Recktenwald 1985, Starbatty 1990).

Mit dem Erfolgszug der Naturwissenschaften und ihrem Einfluß auf die Ökonomie ab etwa Mitte des 19. Jahrhunderts traten Ökonomie und Ethik jedoch immer weiter auseinander. Diese Entwicklung wurde auf Dauer festgeschrieben, nachdem Max Weber eine **Werturteilsfreiheit** wissenschaftlicher Aussagen gefordert hatte (vgl. Abschnitt 2.2.4).

Ein Versuch, Ökonomie und Ethik zu einen, wurde dann in der Betriebswirtschaftslehre zu Beginn dieses Jahrhunderts unternommen: die **ethisch-normative Betriebswirtschaftslehre** entstand, allerdings zumeist unter Vernachlässigung der Forderung nach Werturteilsfreiheit (vgl. Kapitel 8).

In jüngster Zeit wird mit der **Wirtschaftsethik** nun erneut ein umfassender Ansatz zur Verbindung beider Disziplinen vorgeschlagen - diesmal unter stärkerer Berücksichtigung der Forderung nach Werturteilsfreiheit. Hier setzt dieses Kapitel an, in dem die drei derzeit am intensivsten diskutierten Konzepte der Wirtschaftsethik vorgestellt werden: die Konzepte von Arthur Rich, Peter Koslowski und Peter Ulrich.

○ **Rich: Einheit von Sachgemäßem und Menschengerechtem:** Die Einheit von Sachgemäßem und Menschengerechtem stellt Arthur Rich (1910-1993) in den Mittelpunkt seines Konzeptes. Es könne, so Rich, nicht menschengerecht sein, was nicht sachgemäß sei, und nicht sachgemäß, was dem Menschengerechten widerspreche (Abschnitt 7.1).

O **Koslowski: Verantwortungsvolles Handeln als Korrektiv gegen Marktversagen:** Um den Markt funktionsfähig zu erhalten, bedarf es eines verantwortungsvollen Handelns der Marktteilnehmer. Das ist die Kernthese von Peter Koslowski (geb. 1952). Ohne verantwortungsvolles Handeln drohe der Markt zu versagen. Koslowski begründet dies aus einer ökonomischen Perspektive: Vertrauen in verantwortungsvolles Handeln der Marktteilnehmer senke volkswirtschaftliche Kosten (Abschnitt 7.2).

O **Ulrich: Ökonomische Umorientierung:** Einen radikaleren Weg zur Senkung volkswirtschaftlicher Kosten schlägt Peter Ulrich (geb. 1948) vor. Er plädiert für eine prinzipielle **ökonomische Umorientierung** weg von dem vorherrschenden utilitaristischen hin zu einem kommunikativen Verständnis von Ökonomie (Abschnitt 7.3).

Während Rich sein Konzept explizit als **Wirtschaftsethik** bezeichnet, gebraucht Koslowski für sein Konzept häufig den Begriff **Ethische Ökonomie**; Peter Ulrich arbeitet in seinem Konzept des öfteren mit der Bezeichnung **praktische Sozialökonomie**. Alle drei Konzepte sind auf die Wirtschaft bezogen. Daher sei hier der Oberbegriff **"Wirtschaftsethik"** verwendet. Alle drei Autoren veröffentlichen ab etwa Mitte der achtziger Jahre zur Wirtschaftsethik; Rich hat sich zudem bereits in früheren Jahren mit sozialethischen Fragestellungen auseinandergesetzt.

Die Konzepte von Rich (Abschnitt 7.1), Koslowski (Abschnitt 7.2) und Ulrich (Abschnitt 7.3) werden im folgenden zunächst einzeln vorgestellt; ihre Leitideen werden anschließend zusammengefaßt (Abschnitt 7.4). Einen Überblick über dieses Kapitel gibt Bild 7.1.

7.1. Rich: Einheit von Sachgemäßem und Menschengerechtem

Institutionen (vgl. Abschnitt 2.3.2) sollten gleichermaßen **sachgemäß** wie **menschengerecht** gestaltet werden. Sachgemäßes und Menschengerechtes sollten eine Einheit bilden. Das fordert der evangelische Theologe Arthur Rich (1910-1993).

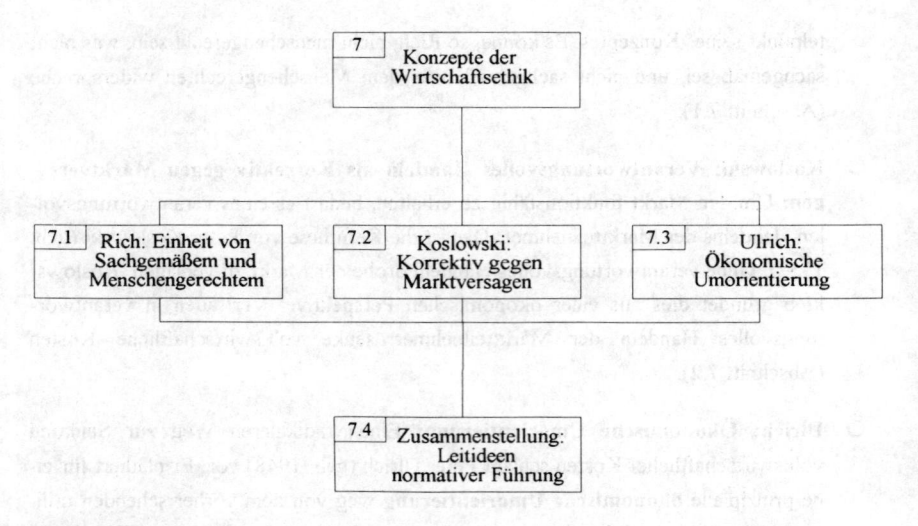

```
                    ┌─────────────────────┐
                    │ 7  Konzepte der     │
                    │    Wirtschaftsethik │
                    └─────────────────────┘
                              │
         ┌────────────────────┼────────────────────┐
         │                    │                    │
┌──────────────────┐ ┌──────────────────┐ ┌──────────────────┐
│ 7.1 Rich: Einheit│ │ 7.2 Koslowski:   │ │ 7.3 Ulrich:      │
│    von Sachgemäßem│ │    Korrektiv     │ │    Ökonomische   │
│    und Menschen- │ │    gegen Markt-  │ │    Umorientierung│
│    gerechtem     │ │    versagen      │ │                  │
└──────────────────┘ └──────────────────┘ └──────────────────┘
                              │
                    ┌─────────────────────┐
                    │ 7.4 Zusammenstellung:│
                    │     Leitideen        │
                    │     normativer Führung│
                    └─────────────────────┘
```

Bild 7.1: Gedankenflußplan zu Kapitel 7

Richs Konzept zur Wirtschaftsethik fand insbesondere in seinem zweibändigen Werk mit dem gleichnamigen Titel "Wirtschaftsethik" seinen Niederschlag. Rich erläutert darin aus theologischer Perspektive die Grundlagen des Verhältnisses zwischen Wirtschaft und Ethik (Band 1, 1985); weiter beschreibt und bewertet er verschiedene Wirtschaftsordnungen (Band 2, 1990). Auf betriebswirtschaftliche Themen geht Rich nur am Rande ein.

Richs beide Bände zur Wirtschaftsethik (1985, 1990) wurden verschiedentlich überblicksartig zusammengefaßt, der Band 1 etwa von Amelung (1988), der Band 2 etwa von Enderle (1990b; 1990c).

Rich fordert zunächst allgemein, **Sachgemäßes und Menschengerechtes** gemeinsam zu verwirklichen. Er beschreibt dann das Menschengerechte anhand von sieben **Kriterien**. Diese Kriterien legt Rich schließlich **Maximen** zugrunde, die auch am Sachgemäßen orientiert sind.

Sachgemäßes und Menschengerechtes

Richs gesamtes Konzept ist wesentlich durch zwei Begriffe geprägt: das **Sachgemäße**, verstanden als bestimmte "Sachgesetzlichkeiten" in der Wirtschaft, und das auf die moralische Dimension des Handelns (vgl. Abschnitt 2.1) bezogene **Menschengerechte**.

Sachgemäßes: Als **Sachgemäßes** bezeichnet Rich (1985, S.80) bestimmte "Sachgesetzlichkeiten, die in der Rationalität des Wirtschaftens selber gründen, wie Effizienz, Wettbewerb, Planung ..." Auch das im Menschen angelegte Handeln nach dem ökonomischen Prinzip (vgl. Abschnitt 2.2.1) zählt Rich zum Sachgemäßen.

Sachgesetzlichkeiten, die in der Rationalität des Wirtschaftens selber gründen, schafften häufig "ein Netz von Zwängen ..., denen sich die einzelnen Wirtschaftssubjekte schwerlich zu entziehen vermögen, ohne ökonomischen Schaden, wenn nicht gar eine Katastrophe zu erleiden" (Rich 1985, S.79). Dennoch seien diese Sachgesetzlichkeiten nicht naturgegeben, sondern vom Menschen geschaffen und damit grundsätzlich modifizierbar. Rich (1985, S.77) schreibt dazu:

"Die Wirtschaft ist ... kein ehernes Naturprodukt, sondern ein geschichtliches Kulturerzeugnis. Mit anderen Worten: sie ist ein von Menschen geschaffenes Gefüge von Institutionen, das aber oft genug wie eine sachliche Gewalt auftritt, die ihn beherrscht, dergestalt, daß sich die Wirtschaftssubjekte vermeintlich objektiven Zwängen ausgesetzt sehen, die ihren Handlungsspielraum unter Umständen sehr eng begrenzen. Die 'Objektivität' solcher Zwänge ist jedoch prinzipiell von anderer Art als die Objektivität der Naturgesetze, eben keine vom Menschen unabhängig entstandene, sondern eine durch ihn gewordene, darum geschichtliche und so auch letztlich von ihm zu verantwortende Objektivität. Kurzum: der Mensch selbst setzt diese Objektivität und unterstellt sich ihr" (Rich 1985, S.77).

Diese "Gesetzlichkeiten", diese Sachgesetzlichkeiten, dieser Sachverstand, mögen sie in der Natur des Menschen liegen oder durch (generationenlange) Kultur geschaffen sein, seien bei jeder (wirtschafts)ethischen Reflexion in die Überlegungen einzubeziehen:

"Der Sachverstand muß mit im Spiele sein, wenn ... etwas Substantielles, Weiterführendes und der Realisierung Fähiges herauskommen soll" (Rich 1985, S.72-73).

Menschengerechtes: Das Sachgemäße allein reiche, so Rich (1985, S.73), bei der Gestaltung von Institutionen jedoch nicht aus. Vielmehr müsse "beharrlich und unerbittlich" nach dem **Menschengerechten** im Sachgemäßen gefragt werden.

Wie der Begriff des Menschengerechten **inhaltlich** zu verstehen ist, läßt sich nach Rich zwar näher bestimmen, nicht jedoch mit einer solchen Klarheit festlegen, wie das beim Sachgemäßen möglich sei. Rich (1985, S.100) schreibt dazu:

"Es gibt keine Möglichkeit, das Menschengerechte als material bestimmte Norm im Sinne wissenschaftlich-objektiver Rationalität allgemeingültig zu begründen" (im Original hervorgehoben).

Als evangelischer Theologe sieht Rich die Grundlage des Menschengerechten in der Humanität aus Glauben, Liebe und Hoffnung. Auf dieser Grundlage umschreibt (nicht beschreibt) Rich das Menschengerechte durch sieben Kriterien, die unten vorgestellt werden.

Einheit von Sachgemäßem und Menschengerechtem: Mit seiner Forderung nach der Einheit von Sachgemäßem und Menschengerechtem wendet sich Rich gegen zweierlei, einerseits "gegen die utopistische Vernachlässigung des Sachgemäßen in Wirtschaftsfragen", andererseits "gegen die Ausscheidung des Menschengerechten ... aus dem Bereich des Ökonomischen unter Bezug auf die vielangerufene 'Eigengesetzlichkeit' in der Wirtschaft" (Rich 1985, S.81).

In diesem Sinne fordert Rich (Rich 1985, S.81), "**daß nicht wirklich menschengerecht sein könne, was nicht sachgemäß ist, und nicht wirklich sachgemäß, was dem Menschengerechten widerstreitet.**"

An anderer Stelle führt Rich (1985, S.82) weiter aus:

"In diesem Sinne sind das Menschen- und das Sachgerechte, obwohl sie ganz verschiedenen Dimensionen zugehören, letzten Endes untrennbar aufeinander bezogen, derart, daß alles Ethische eine sachliche und alles Sachliche eine ethische Komponente hat."

Durch seine Forderung nach der Einheit von Sachgemäßem und Menschengerechtem knüpft Rich implizit an Immanuel Kant an, für den Handeln nur dann (vollständig) gut ist (vgl. Abschnitt 2.1), wenn es sowohl technisch (dem Sachgemäßen bei Rich ähnlich) als auch moralisch gut sei (dem Menschengerechten bei Rich entsprechend).

Sieben Kriterien des Menschengerechten

Rich formuliert sieben Kriterien des Menschengerechten, die einer Gestaltung von Institutionen zugrunde liegen sollten. Dabei könne es sich, so Rich, jedoch um keine abgeschlossene Aufzählung handeln. Vielmehr könne die jeweils aktuelle geschichtliche Situation durchaus die Berücksichtigung weiterer Kriterien erforderlich werden lassen. Als Kriterien nennt Rich (1985, S.173-200) im einzelnen:

○ **Erstes Kriterium - Geschöpflichkeit des Menschen:** Der Mensch als Geschöpf Gottes sei weder ein "Homo absolutus", der sein Dasein nur sich selbst verdanke, noch dürfe er sich der Ideologie eines "Deus absolutus" hingeben, in der menschliche Ohnmacht einer göttlichen Allmacht unterworfen werde. Insbesondere vor der Fiktion eines "Homo absolutus" warnt Rich (1985, S.178) eindringlich:

"Der Mensch, der sich als absolut versteht, als Herr und Schöpfer seiner selbst (wie dies etwa Sartre annimmt, vgl. Abschnitt 6.4; Anmerkung des Verfassers), und der, sei es nun als Individuum oder als Kollektiv, schließlich in monokratischer Autonomie selbst bestimmt, was gut und böse, was recht und unrecht, was menschlich und unmenschlich ist (wie etwa von Kant gefordert, vgl. Abschnitt 6.7; Anmerkung des Verfassers), muß zur größten Gefahr des Menschen und des Menschlichen werden."

○ **Zweites Kriterium - Kritische Distanz zu Institutionen:** Aus dem Verständnis der Geschöpflichkeit, insbesondere aus der Erkenntnis der eigenen Fehlbarkeit heraus, solle der Mensch gegenüber allen Institutionen eine kritische Distanz bewahren. Alle Institutionen seien selbstgeschaffen, und keine Institution (hier spricht Rich von wirtschaftlichen Ordnungssystemen) dürfe absolut gesetzt, mit einem Anspruch auf Letztgültigkeit versehen werden. Rich (1985, S.180-181) betont:

"Spezifiziert auf die wirtschaftsethische Grundproblematik meint demnach kritische Distanz, ... daß kein wirtschaftliches Ordnungssystem, welches immer auch seine Grundstruktur sein mag, so etwas wie einen Anspruch auf Letztgültigkeit erheben kann, selbst dann nicht, wenn dieser vorsichtigerweise bloß auf die fundamentale Richtungstendenz und nicht auf die konkrete geschichtliche Ausformung des gemeinten wirtschaftlichen Ordnungskonzepts bezogen wird. ... Wo immer dergleichen behauptet und praktiziert wird, da wird Kreatürliches in seiner Geschichtlichkeit absolut gesetzt, da stellt sich das 'System' über den Menschen und da hat sich das Menschengerechte an vorgefaßten Ordnungsstrukturen zu bemessen, statt daß sich umgekehrt die Ordnungsstrukturen nach dem Menschengerechten richten."

○ **Drittes Kriterium - Relative Anerkennung bestehender Institutionen:** Kritische Distanz dürfe aber nicht bis zur vollkommenen Ablehnung aller bestehenden Institutionen und so zu einem lähmenden Negativismus oder gar Nihilismus führen. Vollkommene Ablehnung sei nur dort am Platze, wo bestehende Institutionen als absolut betrachtet würden. Wo dies nicht der Fall sei, solle der Mensch sich den von ihm geschaffenen Institutionen loyal unterstellen - soweit sie prinzipiell vernünftig (z.B. gerecht im Sinne von Rawls; vgl. Abschnitt 6.9) seien.

Die Beachtung dieses Kriteriums (Rich nennt es "relative Rezeption") erfordere, so betont und exemplifiziert Rich (1985, S.184), einen zweifachen Kampf,

"den Kampf gegen die totalitäre Selbsterhöhung des Relativen bzw. Bestehenden - sei es, ... beispielsweise, als Absolutsetzung des Privat- oder des Kollektiveigentums -, und den Kampf gegen seine nihilistische Verneinung, die vom utopischen Prinzip einer nebulosen 'Eigentumslosigkeit' lebt. ... ohne die Umsetzung der so verstandenen Relativität in politisch praktikable Maximen werden Gesellschaft und Welt verkommen im sterilen Widerstreit zwischen dem das Bestehende bloß konservierenden Immobilismus und dem nur negierenden Revolutionismus, also zwischen zwei Alternativen, die keine sind."

○ **Viertes Kriterium - Relativität von Prinzipien, nach denen Institutionen gestaltet werden:** Auch die den Institutionen zugrunde liegenden Prinzipien (Rich verwendet die Begriffe "ethische Grundwerte" oder "Grundwerte") dürften nicht verabsolutiert werden. Nur in ihrer Gesamtheit, nicht aber einzeln und losgelöst voneinander, könnten Prinzipien für die Gestaltung von Institutionen dienen.

Rich (1985, S.190) erläutert die Relativität von Prinzipien (die er als "Relationalität" bezeichnet) am Beispiel des Prinzips (des "Grundwertes") der **Gleichheit**:

"So ist der Grundwert **Gleichheit** für die Bestimmung des Menschengerechten unentbehrlich. Trotzdem wäre es verfehlt zu meinen: Je mehr Gleichheit unter den Menschen, um so mehr Gerechtigkeit. Das entspricht der Art, wie extremistisches Denken argumentiert. Es macht die Teilwahrheit, die im Prinzip der Gleichheit steckt, zum Ganzen. Dadurch werden Gerechtigkeit und Gleichheit eins. Anders gesagt: Die Gleichheit wird bis hin zum Egalitarismus strapaziert. Egalitaristische Gleichmacherei entspricht aber nie dem Menschengerechten, sondern erweist sich je und je als Quelle von Ungerechtigkeiten. Denn Menschen sind untereinander wesenhaft nie nur gleich, sondern auch ungleich: Ungleichheit des Geschlechts, der Begabungen, der Neigungen, der gesundheitlichen Konstitution, der Leistungskraft usf. Will man derartige Ungleichheiten egalitaristisch überspielen, so führt das unweigerlich zu heillosen Vergewaltigungen der menschlichen Wirklichkeit."

O **Fünftes Kriterium - Mitmenschlichkeit:** In einer Gesellschaft ist jeder Mensch Mitmensch für andere. Jeder Mensch sollte daher durch Mitmenschlichkeit geprägt sein. Die Mitmenschlichkeit bildet für Rich gewissermaßen die "Goldene Mitte" zwischen einem rein egoistischen, nur auf sich selbst bezogenen Individualismus und einem den Selbstwert völlig verleugnenden Kollektivismus. Rich (1985, S.193) warnt vor dem Verlust von Mitmenschlichkeit:

"Ohne sie wird der Mensch um seine personal-ichhafte wie um seine gemeinschaftlich-duhafte Existenz gebracht. Er verfällt so bald dem Individualismus, der den mitmenschlich-gemeinschaftlichen Charakter der Person verkennt, und bald dem Kollektivismus, der die personale Dimension der mitmenschlichen Gemeinschaft verleugnet. Beide aber, der gemeinschaftsvergessene Individualismus wie der personfeindliche Kollektivismus sind Totengräber der wirklichen Humanität, was die gesellschaftliche Wirklichkeit von heute weltweit demonstriert."

O **Sechstes Kriterium - Mitgeschöpflichkeit:** Der Mensch ist nicht nur Mitmensch, er ist auch Mitgeschöpf und steht als solches in einer "**Schicksalsgemeinschaft mit der übrigen Schöpfung**" (Rich 1985, S.194), in die er fest eingebunden ist, aus deren Abhängigkeit er sich nicht herausheben kann. Als gestaltendes Wesen trägt der Mensch Verantwortung für diese Schicksalsgemeinschaft.

"Die Mitgeschöpflichkeit als Kriterium des Menschlichen meint somit ein Doppeltes: die Eingebundenheit des Menschen in das Schöpfungsganze und seinen Auftrag, in Verantwortung vor Gott die Schöpfung lebensfördernd zu nutzen und ehrfürchtig zu bewahren" (Rich 1985, S.195).

"Gleichwohl aber bleibt, daß sich der Mensch in der Schöpfung innovativ zu betätigen und in ihr so zu wirtschaften hat, daß er von und mit der Natur menschengerecht und die Natur durch und mit ihm ökologiegerecht zu existieren vermag" (Rich 1985, S.196).

○ **Siebtes Kriterium - Partizipation:** Das Kriterium der Partizipation bezieht sich auf die Gestaltung von Institutionen. Wie schon Rawls in seinem zweiten Grundsatz der Gerechtigkeit (vgl. Abschnitt 6.9) fordert auch Rich die prinzipielle Möglichkeit für alle Menschen, an allen Rechten teilhaben zu können, die in einer Gesellschaft zu vergeben seien. Für Rich (1985, S.197) bedeutet Partizipation,

"daß die gesellschaftlichen Macht-, Rechts-, Verwaltungs-, Weisungs- und Eigentumsstrukturen etc. nur in dem Maße vor dem Anspruch des Menschengerechten zu bestehen vermögen, als sie auf das Teilhabenkönnen aller Beteiligten oder Betroffenen an den durch diese Strukturen begründeten Mächten, Rechten, Befugnissen und Gütern ausgerichtet sind und damit der Bildung von einseitigen Privilegien schon strukturell entgegenwirken."

Kriterien als Erfahrungsgewißheiten jenseits der Wissenschaft: Die sieben Kriterien verkörpern für Rich (1985, S.102) personengebundene und sinngebende Erfahrungsgewißheiten, die "jenseits aller wissenschaftlichen Beurteilung und Verurteilung" liegen. Sie haben, so Rich, einen rein normativen Charakter und sagen aus, was ohne Bezug auf das Sachgemäße prinzipiell menschengerecht sei.

In allen sieben Kriterien kommt - teilweise mehr, teilweise weniger offenkundig - die Botschaft Richs zum Ausdruck: Der Mensch solle vermitteln zwischen **Bestehendem** und **Machbarem**, zwischen **Erhaltungswürdigkeit** und **Veränderungspotential**. Stets mahnt Rich vor Extremen, Verabsolutierungen und Ideologisierungen gleich welcher Art. Rich hält den Menschen an zum sorgfältigen Abwägen und Reflektieren, das zwar frei sein solle von allen Sachzwängen und Denkzwängen, sich aber dennoch nicht in Utopien verlieren dürfe, sondern trotz aller Freiheit an die Idee einer göttlichen Schöpfung gebunden sein solle.

Maximen als Vermittler zwischen Sachgemäßem und Menschengerechtem

Das Menschengerechte, von Rich durch die genannten sieben Kriterien umschrieben, könne nur im Rahmen des Sachgemäßen verwirklicht werden. Aus diesem Grunde konkretisiert Rich seine Kriterien in Form von **Maximen**. Maximen sollen, so Rich, als Vermittler zwischen Sachgemäßem und Menschengerechtem wirken.

Während die **Kriterien** einen rein normativen Charakter haben und sich nicht unmittelbar auf das Sachgemäße beziehen, sind die **Maximen** für Rich normativ und erklärend zugleich. Sie sind **normativ**, insoweit sie sich an den Kriterien des Menschengerechten orientieren, und **erklärend**, insofern sie sich auf das Sachgemäße beziehen.

Rich formuliert insgesamt 36 Maximen, die er **drei Problembereichen** zuordnet:

○ Der **erste** Problembereich (10 Maximen) spannt sich um die **Systemfrage in der Wirtschaft**. Diese Frage betrifft bei Rich im wesentlichen die Entscheidung zwischen **Planwirtschaft** und **Marktwirtschaft**. In seinen Maximen weist Rich (1990, S.255-258) auf die spezifischen Humanwerte der Planwirtschaft und der Marktwirtschaft hin, relativiert beide Systeme und spricht sich schließlich für die **Marktwirtschaft** aus. Sie sei im Gegensatz zur Planwirtschaft grundsätzlich in die Richtung des entgegengesetzten Wirtschaftssystems modifizierbar (Rich 1990, S.257), also relativierbar (S.258) und damit weniger ideologisiert. Die Abkehr von Ideologisierungen aller Art ist eine der kardinalen Forderungen von Rich an die Gestaltung von Institutionen.

○ Der **zweite** Problembereich (16 Maximen) betrifft die **Ordnungsfrage in der Wirtschaft**. Hier betont Rich (1990, S.338-344) insbesondere die Rolle des Menschen als Gestalter von Institutionen. Alle Institutionen würden vom Menschen entwickelt und seien daher von ihm zu verantworten. Das gelte auch für die **Marktwirtschaft**. Sie müsse als **Soziale Marktwirtschaft** insbesondere gegen sozialgefährdende und naturgefährdende Auswüchse begrenzt werden. Rich (1990, S.343) spricht sich hier für eine "human reformierte" und "ökologisch orientierte" Weiterentwicklung der Sozialen Marktwirtschaft aus.

○ Den **dritten** Problembereich (10 Maximen) zieht Rich (1990, S.365-368) um die **Weltwirtschaft**. Hier plädiert Rich insgesamt für eine Neuordnung der internationalen Kooperation einzelner Volkswirtschaften, da heutige Kooperationen stark durch konfrontative Strukturen geprägt seien. Vor allem sorgt sich Rich um das wirtschaftliche Verhältnis zwischen "Nord und Süd", das unter anderem durch Schuldenerlaß und einen Abbau von Handelshemmnissen entlastet werden sollte.

Beschränkung auf eine Ebene

Richs Konzept der Wirtschaftsethik bezieht sich, anders als es der Name zunächst vermuten läßt, im wesentlichen nur auf die **Gestaltung der Wirtschafts- und Gesellschaftsordnung**, nicht aber auf das Handeln innerhalb dieser Ordnung. Das Konzept bleibt somit auf die **Makroebene** beschränkt (vgl. Abschnitt 5.2.1). Auf die **Mesoebene**, also die Ebene der **Unternehmung** (vgl. Abschnitt 5.2.2), und auf die **Mikroebene**, also die Ebene **der einzelnen Person** (vgl. Abschnitt 5.2.3), geht Rich kaum ein.

Mit der Beschränkung auf die Makroebene fehlt Richs Konzept auch weitgehend ein Bezug zur **Betriebswirtschaftslehre**. Rich (1990, S.13) bedauert dies selbst:

"Die spezifisch betriebswirtschaftlichen, dem Praktiker vor allem auf den Nägeln brennenden Fragen, die freilich ohne vorangegangene Klärung der ordnungspolitischen Problematik schwerlich anzugehen sind, kommen ... höchstens am Rande zur Sprache."

Doch sollte insbesondere Richs Forderung nach einer Einheit von Sachgemäßem und Menschengerechtem nicht auf die Gestaltung der Wirtschafts- und Gesellschaftsordnung beschränkt bleiben. Vielmehr erscheint diese Forderung vor dem Hintergrund **jedes verantwortungsvollen Handelns** vernünftig: Verantwortungsvolles Handeln kann nicht menschengerecht sein, wenn es nicht sachgemäß ist, und nicht sachgemäß, wenn es dem Menschengerechten widerstreitet.

Die Einheit von Sachgemäßem und Menschengerechtem als Grundlage einer Leitidee normativer Führung

Aus Richs Forderung nach einer Einheit von Sachgemäßem und Menschengerechtem wird eine weitere Leitidee normativer Führung entwickelt (vgl. die Abschnitte 6.1 bis 6.9):

Leitidee 11

EINHEIT VON SACHGEMÄßEM UND MENSCHENGERECHTEM VERWIRKLICHEN!

Führungskräfte sollten ihre Beziehungen zu Kunden, Lieferanten und Kreditgebern, das Verhältnis zu Mitarbeitern, Kollegen und Vorgesetzten an der Einheit von Sachgemäßem und Menschengerechtem ausrichten: Sie sollten sowohl in der Sache angemessen handeln, den Prinzipien der Wirtschaftlichkeit, des Wettbewerbes etc. gehorchend, als auch dem Menschen und seinen Werthaltungen gerecht werden.

Richs sieben Kriterien des Menschengerechten seien hier auf die normative Führung übertragen; dabei wird auch auf das Sachgemäße Bezug genommen:

○ Führungskräfte sollten das Kriterium der **Geschöpflichkeit** verinnerlichen und dadurch insbesondere vom Gedanken einer absoluten Verfügungsmacht über Institutionen und Menschen Abstand nehmen. Anstatt etwa aus einer potentiellen Position der Stärke über Betroffene (Mitarbeiter, Kunden, Lieferanten etc.) zu verfügen, sollten Führungskräfte gemeinsam mit den Betroffenen in einem **fortwährenden Dialog** deren Bedürfnisse klären und auf diese Bedürfnisse verantwortungsvoll eingehen (vgl. die Abschnitte 6.8 und 7.3).

○ Führungskräfte sollten eine **kritische Distanz** bewahren nicht nur gegenüber allen Institutionen, sondern gegenüber allen Wirtschaftsaktivitäten überhaupt. So sollten sie etwa einem **"Kult der materiellen Werte"** (Rich 1985, S.80) mit Vernunft entgegenwirken anstatt diesen Kult unreflektiert zu fördern.

○ Führungskräfte sollten die wirtschaftliche Realität (mitsamt ihren Institutionen) als **relativ** anerkennen. Insbesondere sollte die einerseits notwendige Einsicht in grundsätzliche Grenzen des Wachstums nicht andererseits zu einer **blinden Ablehnung der Wirtschaft** als treibender Kraft jeder gesellschaftlichen Entwicklung werden.

○ Führungskräfte sollten weder eigene noch fremde **Werthaltungen** verabsolutieren, sondern in ihrer **Relativität** verstehen. Werthaltungen einzelner Menschen sind ebensowenig absolut wie Prinzipien, nach denen Institutionen gestaltet werden. Führungskräfte sollten Werthaltungen sowohl am **Sachgemäßen** ausrichten (und damit dem Glauben an eine Utopie, an eine paradiesisch verklärte Scheinwelt entgegenwirken) als auch am **Menschengerechten** messen (und damit von der Vorstellung einer rein durch Sachgesetzlichkeiten bestimmten Wirtschaft Abstand nehmen).

○ Führungskräfte sollten von **Mitmenschlichkeit** durchdrungen sein, **offen** für die Interessen, Wünsche, Hoffnungen und Neigungen, für die Freuden und Sorgen anderer. Mitmenschlichkeit darf aber nicht entarten; sie zeigt sich nicht in einer **Almosenmentalität**. Eine Almosenmentalität widerspricht nicht nur dem Menschengerechten (denn sie hemmt die natürliche Leistungsbereitschaft des Menschen), sondern sie verstößt auch gegen das Sachgemäße (denn sie gefährdet die ökonomische Effizienz eines Wirtschaftssystems).

○ Führungskräfte sollten **Mitgeschöpflichkeit** empfinden. Das sollte ihr **Verhältnis zur Natur** nachhaltig prägen, auch ihre Einstellung zu einem fortwährenden "Verschleiß an Rohstoffen, Waren und Energie" und zur "rasanten Umweltzerstörung" (Rich 1985, S.80), ebenso ihr Verständnis für die naturbedingten, grundsätzlichen **Grenzen des Wachstums** (vgl. Meadows et al. 1972 und 1992). Die Natur ist nicht nur wirtschaftliches Gut (Rohstofflieferant, Erholungsraum etc.), sondern trägt einen **"Wert in sich"**, einen **Eigenwert**. Sie ist in ihrer Ganzheit notwendig früher als der Mensch vorhanden. Der Mensch braucht die Natur, weil er selbst ein Teil der Natur ist, weil die Natur ein Teil seiner selbst ist.

O Führungskräfte sollten sich schließlich durch die Anerkennung von **Partizipation** auszeichnen. Sie sollten im Rahmen ihres Wirkungskreises alle Betroffenen in gleichem Maße an Chancen teilhaben lassen und ihnen in gleichem Maße Rechte einräumen und Pflichten auferlegen. So sollten beispielsweise höhere Positionen in der Unternehmung auch **Minderheiten** offenstehen, ein Problem, das etwa in den US-amerikanischen Business Ethics intensiv diskutiert wird.

Sachgemäßes und Menschengerechtes in der **normativen Führung** miteinander zu verbinden, erscheint vor dem Hintergrund von Richs Ausführungen ebenso notwendig wie schwierig. Für die aus dieser Forderung möglicherweise resultierenden Zielkonflikte gibt es keine Patentlösung. Vielmehr bedarf es eines sorgfältigen Abwägens. Dieses Abwägen bleibt in letzter Konsequenz in die **Verantwortung** jeder einzelnen Führungskraft gestellt.

7.2. Koslowski: Verantwortungsvolles Handeln als Korrektiv gegen Marktversagen

Verantwortungsvolles Handeln sei eine Voraussetzung für die Funktionsfähigkeit des Marktes (vgl. Abschnitt 2.3.2). Wo hingegen Egoismus dominiere, drohe der Markt zu versagen. Daher bilde verantwortungsvolles Handeln ein notwendiges **Korrektiv gegen Marktversagen**. Ökonomisch meßbar sei dieses Korrektiv, weil es volkswirtschaftliche Kosten senke.

Das ist die Kernthese des Volkswirtes und Philosophen Peter Koslowski (geb. 1952) in seinem Konzept der Wirtschaftsethik, das er häufig als "Ethische Ökonomie" bezeichnet. Koslowski verbindet darin Wirtschaft und Ethik weniger aus **theologischer** Sicht wie Rich (vgl. Abschnitt 7.1), sondern stärker aus **ökonomischer** Perspektive.

In einer Vielzahl von Veröffentlichungen hat Koslowski sein Konzept der ethischen Ökonomie entwickelt. Ausgangspunkt seiner Argumentation sind **drei Ursachen für das wiedererwachte Interesse an Wirtschaftsethik**. Darauf aufbauend entwickelt Koslowski die ethische Ökonomie in drei Schritten: Koslowski beschreibt zunächst Formen von **Marktversagen**, sieht dann in **verantwortungsvollem Handeln** ein **Korrektiv gegen Marktversagen** und interpretiert schließlich den **Glauben** des einzelnen als ein **Korrektiv gegen fehlende Verantwortungsbereitschaft** (vgl. Abschnitt 2.2.3).

Drei Ursachen für das wiedererwachte Interesse an Wirtschaftsethik

Koslowski (1987a, S.7-9; 1987b, S.5-10; 1988a, S.6-14; 1988b, S.263-269; 1989, S.346-347) sieht insbesondere **drei Ursachen** für das wiedererwachte Interesse an der Wirtschaftsethik.

○ **Wachsende Nebenwirkungen:** Als erste Ursache diagnostiziert Koslowski die **wachsenden Nebenwirkungen des Handelns** durch die zunehmende Handlungsmacht des Menschen. Daraus leitet Koslowski (1988a, S.8) die Notwendigkeit ethischer Reflexion ab:

"Die Macht des Menschen über die Natur und seine sozialen Handlungsspielräume nehmen zu. Mit dem Handelnkönnen wächst auch das Ausmaß der möglichen Nebenwirkungen an. Zunehmende Macht verlangt nicht nur ein größeres analytisches Wissen, sondern auch wachsende Sensibilität für ihre Wirkungen und Nebenwirkungen. Sie verlangt praktisch-ethisches Handlungswissen, das die Nebenwirkungen des eigenen Handelns in den Entscheidungen mitberücksichtigt."

○ **"Wiederentdeckung des Menschen":** Die wachsenden Nebenwirkungen, so Koslowski, trügen erheblich zur **"Wiederentdeckung des Menschen"** in den Wissenschaften bei - für Koslowski die zweite Ursache für das wiedererwachte Interesse an der Wirtschaftsethik.

Viele Ökonomen würden sich gegenwärtig von einem mehr physikalisch-naturwissenschaftlichen Verständnis abkehren hin zu einer eher geisteswissenschaftlichen Auffassung von Ökonomie, in welcher der Mensch als wertendes und gestaltendes Wesen im Mittelpunkt steht. Dies öffne, so Koslowski (1988a, S.9), der Ethik die Tür zu den Wissenschaften:

"Die Ethik macht in den Wissenschaften den 'Primat der praktischen Vernunft' (Kant) gegenüber der Eigengesetzlichkeit der wissenschaftlichen und technischen Forschung geltend. Die Ethik erinnert daran, daß Wissenschaft Praxis ist und sich als Wissenschaftspraxis die Frage nach der Angemessenheit ihres Paradigmas zum Selbstverständnis des Menschen stellen muß."

Auch der Übergang westlicher Nationen von der Industrie- zur Dienstleistungsgesellschaft verlange, so Koslowski (1988a, S.10), eine stärkere Berücksichtigung menschlicher Bedürfnisse jenseits materieller Gesichtspunkte:

"Das Selbstverhältnis des Menschen zu sich, seine Fähigkeit zu ethischer Distanznahme und daher sein Bedürfnis nach Rechtfertigung und Begründung müssen in einer Wirtschaft, die zunehmend von der Quantität der materiellen Güterproduktion zur Qualität einer Dienstleistungswirtschaft übergeht, stärker betrachtet werden."

○ **Normative Durchdringung der Wirtschaft:** Die Wiederentdeckung des Menschen in den Wissenschaften werde ergänzt durch die Suche nach einer einheitlichen, lebensweltlichen Gesamtkultur. Aus dieser Gesamtkultur sei die Wirtschaft, so Koslowski, mehr und mehr ausdifferenziert worden; Luhmann (1988) etwa hat diese Ausdifferenzierung ausführlich beschrieben.

Durch **normative Durchdringung** solle die Ausdifferenzierung der Wirtschaft aus der Gesamtkultur ausgeglichen werden - nach Koslowski die dritte Ursache für das wiedererwachte Interesse an der Wirtschaftsethik. Koslowski (1988a, S.11) schreibt dazu:

"Wirtschaftsethik versucht von neuem eine Antwort auf die Frage zu geben, wie sich der Sinn- und Objektbereich der Wirtschaft zum Gesamt des gesellschaftlichen Lebens in seinen politischen, kulturellen, religiösen und ästhetischen Dimensionen verhält."

Ethische Ökonomie

Die drei Ursachen des "wiedererwachten Interesses an Wirtschaftsethik",

○ die **wachsenden Nebenwirkungen** des wirtschaftlichen Handelns,
○ die **"Wiederentdeckung des Menschen"** in den Wissenschaften und
○ die **normative Durchdringung der Wirtschaft**,

seien, so Koslowski, stets auf den Menschen bezogen. Menschliches Handeln bilde daher auch den gemeinsamen Gegenstand von Ökonomie und Ethik. Koslowski (1988a, S.1) führt das näher aus:

"Die Ordnung von Wirtschaft und Gesellschaft muß von den stärksten **und** den besten Antrieben des Menschen Gebrauch machen. Die Ökonomie geht seit ihren Anfängen als eigenständige Wissenschaft von dem stärksten menschlichen Antrieb, dem Selbstinteresse aus. Die philosophische Ethik zielt traditionellerweise auf das, was man die besten Antriebe des Menschen genannt hat: das Streben nach dem Guten, die Erfüllung der Pflicht, die Verwirklichung von Tugend. Wenn die ökonomische Theorie soziale Institutionen und Handelnsordnungen analysiert und entwirft, die auf dem Selbstinteresse gründen, und die ethische Theorie Institutionen und Normen begründet, die den besten Antrieben des Menschen Entfaltungsmöglichkeiten einräumen und sie der Verwirklichung zuführen sollen, beziehen sich beide Wissenschaften auf denselben Gegenstand, den handelnden Menschen und die Koordination vernunftgeleiteten Handelns."

Ökonomie und Ethik könnten deshalb, so Koslowski weiter, keine voneinander unabhängigen Wissenschaften sein. Vielmehr seien sie aufeinander zu beziehen und in einer umfassenden Theorie des Handelns zu vereinigen. Dies ist das Konzept der **ethischen Ökonomie**. Koslowski (1985, S.79-87; 1988a, S.24-41; 1989, S.351-359; vgl. auch 1990, S.279) entwickelt dieses Konzept in drei Schritten:

○ Der **Markt** führe, so Koslowski, bei Eigeninteresse der Wirtschaftssubjekte nicht automatisch zum Gemeinwohl, sondern könne im Gegenteil dem Gemeinwohl durchaus schaden. In diesen Fällen **versage** der Markt.

○ Ein **Korrektiv gegen Marktversagen** sieht Koslowski in verantwortungsvollem Handeln. Verantwortungsvolles Handeln sei ökonomisch sinnvoll, da es volkswirtschaftliche Kosten senke. Das volkswirtschaftliche Argument überzeuge aber privatwirtschaftlich nicht. Hier mangele es des öfteren an einer hinreichenden Begründung für den einzelnen, verantwortungsvoll zu handeln; dem einzelnen fehle somit häufig die **Verantwortungsbereitschaft** (vgl. Abschnitt 2.2.3).

○ Ein **Korrektiv gegen fehlende Verantwortungsbereitschaft** sieht Koslowski schließlich im individuellen **Glauben**.

Die drei Schritte werden im folgenden nachgezeichnet.

Erster Schritt: Marktversagen

Das Eigeninteresse der Wirtschaftssubjekte fördere, so Koslowski (1988a, S.24), entgegen dem Modell der "unsichtbaren Hand" nicht automatisch das Gemeinwohl und könne daher auch nicht alleine durch den Markt koordiniert werden (Koslowski 1990, S.279). Koslowski (1987b, S.18; vgl. Abschnitt 2.3.2) warnt daher vor einem vorbehaltslosen Vertrauen in den Mechanismus des Marktes:

"Der Markt ... führt nur mit dem Willen der Handelnden zum Guten zum sozialen Optimum. Die Annahme, daß bloßes Eigeninteresse zum Allgemeinwohl führt, ist zu optimistisch und angenehm, als daß sie von ihrer Wahrheit überzeugen könnte. Die unsichtbare Hand des Marktes funktioniert, aber nicht so wundersam, daß sie bloßen Egoismus ohne jeden Willen zum Allgemeinwohl mittels Externalitäten in Gemeinwohl verwandelt."

Transaktionskosten als Ausdruck des Marktversagens: In Fällen, wo das Eigeninteresse **nicht** zum Gemeinwohl führt, spricht Koslowski von **Marktversagen** (häufig auch von Ökonomieversagen, etwa 1990, S.279). Sichtbares Zeichen von Marktversagen seien etwa **Transaktionskosten** (Koslowski 1988a, S.24), beispielsweise zur Kontrolle der Vertragsdurchsetzung und Vertragseinhaltung. Solche Transaktionskosten trügen in keiner Weise direkt zum Gemeinwohl bei. Koslowski (1988a, S.26) betont:

"Die Verfolgung des **bloßen** Eigeninteresses durch alle Wirtschaftenden führt nicht zu optimaler Effizienz, weil bei Geltung bloßen Eigeninteresses Vertrauen in die Einhaltung der Verträge und in die Aufrichtigkeit der Vertragspartner nicht begründet ist und daher auch nicht vorhanden sein wird. Fehlendes Vertrauen in die Regelbefolgung des anderen und fehlende Bereitschaft auf beiden Seiten, sich auch dann an die Regel zu halten, wenn durch eine Regelverletzung kurzfristige Vorteile erzielt werden können, verursachen Kosten, die von der Produktionsseite her ökonomisch nicht notwendig sind, Kosten der Überwachung und Sanktionierung der Vertragserfüllung durch das Recht."

Positiv formuliert Koslowski (1985, S.80):

"Die freiwillige ethische Befolgung und Einhaltung von Regeln dort, wo diese nicht überwachbar bzw. nur zu sehr hohen Kosten überwachbar sind, senken die Kosten wirtschaftlicher Transaktionen und damit die gesamtwirtschaftlichen Kosten bei konstanten Erträgen. Sie erhöhen die Wohlfahrt einer Volkswirtschaft."

Kontrolle versus Vertrauen: Übermäßige **Kontrolle**, so Koslowski (1988a, S.26), bedeute jedoch nicht nur hohe Transaktionskosten, sondern schaffe zusätzlich Zwang und verhindere Arbeitsmotivation; sie mache Sozialsysteme steif und inflexibel. Daher sei Kontrolle durch ein möglichst hohes Maß an **Vertrauen** zu ersetzen. Darauf wies auch Müller-Merbach (1988, S.315-316) hin (vgl. Abschnitt 3.1).

Zweiter Schritt: Verantwortungsvolles Handeln als Korrektiv gegen Marktversagen

Vertrauen, ebenso Loyalität, Zuverlässigkeit, Treu und Glauben, setzen nach Koslowski ein entsprechendes Verantwortungsbewußtsein bei den Wirtschaftssubjekten voraus (Koslowski 1988a, S.30, spricht von "ethische(n) Einstellungen der Wirtschaftenden"). Jeder einzelne müsse sich seiner Verantwortung bewußt werden, indem er sein Eigeninteresse zum Interesse am Gemeinwohl (vgl. Abschnitt 6.2) erweitere. Diese Erweiterung sei, so Koslowski (1989, S.353), eine wirtschaftliche Notwendigkeit:

"Dezentralisierte, herrschaftsfreie Koordination erreicht ihr (wirtschaftliches; Anmerkung des Verfassers) Optimum nur dort, wo nicht nur das besondere, sondern auch das allgemeine Interesse in die Maximen der Handelnden aufgenommen wird, wo das Allgemeine zum Motiv des individuellen (Wirtschafts-) Handelns wird."

Der einzelne solle in sein Handeln auch das allgemeine Interesse einfließen lassen. Damit fordert Koslowski implizit ein verantwortungsvolles Handeln etwa auf der **vierten Moralstufe** nach Kohlberg (vgl. die Abschnitte 3.2 und 3.4) - ohne sich allerdings auf Kohlberg zu beziehen.

Wo auch das allgemeine Interesse dem individuellen Handeln zugrunde liege, können, so Koslowski, volkswirtschaftliche Kosten gesenkt werden. So lasse sich Verantwortungsbewußtsein ökonomisch begründen. Koslowski (1988a, S.30) schreibt dazu:

"Da diese ethischen Haltungen (das Verantwortungsbewußtsein; Anmerkung des Verfassers) Transaktionskosten senken, erhöhen sie die Leistungsfähigkeit des Marktes, reduzieren die Wahrscheinlichkeit von Marktversagen und verringern den Anreiz, zu staatlicher Zwangskoordination überzugehen. Ethik ist ein Korrektiv gegen Ökonomie- bzw. Marktversagen, weil sie die Kosten von Sanktion und Kontrolle senkt."

An anderer Stelle betont Koslowski (1988a, S.25):

"Die wirtschaftliche Bedeutung der Ethik (des Verantwortungsbewußtseins; Anmerkung des Verfassers) im Markt zeigt sich an der Wirkung, die das Vertrauen zueinander und die Zuverlässigkeit der Handelspartner für eine Senkung der Kosten von Vertragsabschlüssen besitzen ..."

Koslowski sieht jedoch praktische Grenzen verantwortungsvollen Handelns. Wahrscheinlich werde der einzelne nur solange dem ihm entgegengebrachten Vertrauen entsprechen, wie er mit Gegenseitigkeit (vgl. Abschnitt 6.6) rechnen kann: Er werde in aller Regel nur dann verantwortungsvoll handeln, wenn dies wahrscheinlich auch die anderen tun. Das aber wisse der einzelne meistens nicht; er fühle sich isoliert und neige zu paradoxem Verhalten: Obwohl er grundsätzlich zu verantwortungsvollem Handeln bereit sei, handele er, wenn er Nachteile befürchte, eventuell verantwortungslos. Diese Situation wurde in Abschnitt 3.3. als **Isolationsparadox** beschrieben.

Dritter Schritt: Glaube als Korrektiv gegen fehlende Verantwortungsbereitschaft

Der einzelne entgehe, so Koslowski, nur dann dem Isolationsparadox, wenn er Vertrauen in den **Sinn** seines verantwortungsvollen Handelns gewinnen könne. Dem einzelnen müsse sein verantwortungsvolles Handeln unabhängig vom Handeln anderer sinnvoll erscheinen können.

Hingegen reiche die Begründung einer Notwendigkeit von Verantwortung **rein um der Verantwortung willen** häufig nicht aus, um den einzelnen zu verantwortungsvollem

Handeln zu bewegen. Für Koslowski (1988a, S.37) sind "die Anreize des einzelnen, eine 'reine' Ethik für sich zu übernehmen (also verantwortungsvoll um der Verantwortung willen zu handeln; Anmerkung des Verfassers), ... vergleichsweise gering." Hier "versage" die Ethik (Koslowski 1988a, S.37-38; 1989, S.356).

Dieses **Ethikversagen**, diese fehlende Verantwortungsbereitschaft, sei nur dann zu beheben, zu korrigieren, wenn der einzelne über religiösen **Glauben** (häufig spricht Koslowski auch einfach von "Religion") verfüge. In diesem Sinne interpretiert Koslowski den Glauben des einzelnen als **Korrektiv gegen fehlende Verantwortungsbereitschaft**. Koslowski (1988a, S.37-38) schreibt:

"Zusicherung und Vertrauen in den Sinn sittlichen (verantwortungsvollen; Anmerkung des Verfassers) Handelns sind ... nicht aus der Ethik allein, sondern nur durch die religiöse Begründung von Sittlichkeit zu gewinnen. Die Religion leistet ... die Versicherung des Subjekts, daß Sittlichkeit und Glück langfristig konvergieren."

Den Sinn verantwortungsvollen Handelns einzusehen, stellt hohe Anforderungen an den einzelnen. Hier fordert Koslowski implizit eine (religiös motivierte) Verantwortungsfähigkeit etwa auf der **fünften bis sechsten Moralstufe** nach Kohlberg (vgl. die Abschnitte 3.2 und 3.4), wiederum ohne sich auf Kohlberg zu beziehen.

Ökonomisierung der Ethik

Verantwortungsvolles Handeln ist für Koslowski ein Korrektiv gegen Marktversagen. Mit dieser **ökonomischen** Interpretation verantwortungsvollen Handelns setzt Koslowski, ähnlich wie Homann und Suchanek (1987, S.101-121), einen gewissen Kontrapunkt zu anderen Konzepten. Gleichwohl bleibt Koslowskis Konzept in mehreren Punkten problematisch. Drei Punkte seien hier angesprochen:

O Erstens erscheint eine Interpretation **verantwortungsvollen Handelns** und damit auch ethischer Erwägungen **ausschließlich** vor dem Hintergrund der Ökonomie ("Ethik senkt Transaktionskosten") als eingeschränkt und unvollständig. Eine solche Interpretation offenbart den Versuch einer **Ökonomisierung der Ethik** (vgl. Abschnitt 5.1.2), die der engen inneren Verbundenheit, der Verflechtung von Ethik und Ökonomie (vgl. Abschnitt 5.1.3) nicht gerecht wird.

O Auch scheint zweitens Koslowskis Erklärung, religiöser Glaube allein ermögliche verantwortungsvolles Handeln, eingeschränkt zu sein; darauf wurde schon in Abschnitt 3.3 hingewiesen. So könnte verantwortungsvolles Handeln ebensogut der praktischen Einsicht in die Notwendigkeit eines solchen Handelns für das gedeihliche Zusammenleben in der Gesellschaft entspringen als einem religiösen Glauben. Darauf wies mit besonderer Deutlichkeit etwa Sartre hin (vgl. Abschnitt 6.4). Auch für Kant war verantwortungsvolles Handeln nicht religiös motiviert, sondern durch die Vernunft begründet (vgl. Abschnitt 6.7).

O Mit dem zweiten Punkt zusammenhängend erscheint drittens auch die Trennung zwischen ethischen Überzeugungen und religiösem Glauben problematisch. Wo die "Ethik" aufhört und wo die "Religion" anfängt, dürfte schwerlich festzustellen sein. Ethik und Religion scheinen sich nicht in der Weise voneinander trennen zu lassen, wie dies Koslowski versucht. Eher gehen beide ineinander über, und was für den einen noch zur Ethik gehört, mag für den anderen schon in die Sphäre der Religion fallen.

Verantwortungsvolles Handeln als Korrektiv von Marktversagen: Grundlage einer Leitidee normativer Führung

Koslowskis Interpretation liefert triftige ökonomische Gründe für verantwortungsvolles Handeln. Sie wird daher als Grundlage einer weiteren Leitidee normativer Führung genutzt:

Leitidee 12

AUS ÖKONOMISCHEN GRÜNDEN VERANTWORTUNGSVOLL HANDELN!

Wenn verantwortungsvolles Handeln die Beziehungen zwischen den Mitgliedern der Gesellschaft prägt, wächst das gegenseitige **Vertrauen** und sinkt die Notwendigkeit von **Kontrollen** (vgl. Abschnitt 3.1 und Müller-Merbach 1992b, S.6-9). Durch einen Abbau von Kontrollen könnten immense **Kosten gespart** werden: Kosten der Einhaltung von Umweltauflagen, Kosten der Vertragsüberprüfung, Kosten der Anwesenheitskontrolle am Arbeitsplatz etc.

Zwar werden Kontrollen in einem bestimmten Maße stets notwendig bleiben. Dennoch kann jeder einzelne durch **verantwortungsvolles Handeln** seinen Teil dazu beitragen, daß Kontrollen, in die er eingebunden ist, überflüssig werden.

Verantwortungsvolles Handeln bedeutet in Anlehnung an Koslowski für Führungskräfte auch, sich mit den Ursachen für das wiedererwachte Interesse an Wirtschaftsethik intensiv auseinanderzusetzen und diesen Ursachen in der Praxis selbst zu begegnen:

O Führungskräfte sollten sich der wachsenden **Nebenwirkungen des Wirtschaftens** bewußt sein und diese nach Möglichkeit reduzieren, etwa durch freiwillige **Umweltschutzmaßnahmen** oder durch freiwillige **Sozialleistungen**.

O Führungskräfte sollten zudem stets auch im Dienste des **Menschen** handeln, den Menschen in seiner **Würde** achten, wie es etwa Kant durch seine Selbstzweckformel des kategorischen Imperatives forderte (vgl. Abschnitt 6.7). Als Richtlinien für den Dienst am Menschen mögen die **Kriterien des Menschengerechten** nach Rich (vgl. Abschnitt 7.1) herangezogen werden.

O Führungskräfte sollten schließlich die normative Führung in den **gesellschaftlichen Gesamtzusammenhang** "in seinen politischen, kulturellen, religiösen und ästhetischen Dimensionen" (Koslowski 1988a, S.11) stellen. So bedarf es etwa aus **kultureller** Sicht nach außen der Einbettung der Unternehmung in die **Kultur der Gesellschaft**, nach innen der Gestaltung einer **Unternehmungskultur** (vgl. Abschnitt 10.4) und im persönlichen Umgang einer **"Kultur des Zusammenwirkens"** (Müller-Merbach 1992a, S.194).

Koslowski **bewertet** zwar verantwortungsvolles Handeln aus einer rein **ökonomischen** Perspektive. Dennoch lassen sich aus seinem Konzept Richtlinien für verantwortungsvolles Handeln ableiten, die über die ökonomische Sichtweise hinausreichen. Drei solcher Richtlinien wurden hier beispielhaft abgeleitet: die **Reduktion der Nebenwirkungen** des Wirtschaftens, der **Dienst am Menschen** und die Einbindung der normativen Führung in den **gesellschaftlichen Gesamtzusammenhang**.

7.3. Ulrich: Ökonomische Umorientierung

Damit die Industriegesellschaften ihre fundamentalen Probleme lösen könnten, sei eine prinzipielle **ökonomische Umorientierung** notwendig. Diese ökonomische Umorientierung müsse an den Wurzeln der ökonomischen Rationalität ansetzen. Das ist die Forderung von Peter Ulrich (geb. 1948), Professor für Wirtschaftsethik an der Hochschule St. Gallen.

Im Unterschied zu Koslowski (vgl. Abschnitt 7.2), der das Verhältnis zwischen Wirtschaft und Ethik aus überwiegend **ökonomischer** Sicht versteht, fordert Ulrich eine beiderseitige **ökonomisch-ethische** Durchdringung. Zur inhaltlichen Ausgestaltung dieser Forderung stützt sich Ulrich maßgeblich auf die **Diskursethik** von Habermas (vgl. Abschnitt 6.8).

Wie schon Koslowski, so sucht auch Ulrich zunächst nach den Ursachen für das wiedererwachte Interesse an Wirtschaftsethik. Sie liegen, so Ulrich, in dem immer deutlicher sichtbar werdenden **Spannungsfeld zwischen Sachgerechtigkeit und Menschengerechtigkeit** begründet. Diesem Spannungsfeld setzt Ulrich die Forderung nach einer **ökonomischen Umorientierung** entgegen, aus der er schließlich **praktische Leitfragen** entwickelt.

Spannungsfeld zwischen Sachgerechtigkeit und Menschengerechtigkeit

Die Wirtschaft hochindustrialisierter Gesellschaften befinde sich, so Ulrich, in einem immer größer werdenden Spannungsfeld zwischen einer notwendigen **Sachgerechtigkeit** einerseits und einer ebenso notwendigen **Menschengerechtigkeit** andererseits. Die Begriffe der Sachgerechtigkeit und der Menschengerechtigkeit verwendet Ulrich (1990, S.179) in Anlehnung an Rich, der von Sachgemäßem und Menschengerechtem spricht (vgl. Abschnitt 7.1):

"Dieses Spannungsfeld zwischen 'Sachgerechtigkeit' und 'Menschengerechtigkeit' modernen Wirtschaftens gründet in der für die moderne Gesellschaft konstitutiven Herausdifferenzierung eines relativ verselbständigten ökonomischen **Systems** (vgl. Luhmann 1988; Anmerkung des Verfassers) zum einen und der fortschreitenden soziokulturellen Traditionsauflösung und Rationalisierung der **Lebenswelt** zum andern. ... Heute wird uns immer schärfer bewusst: Was im Rahmen des 'gegebenen' Wirtschaftssystems als ökonomisch rational gilt, ist deswegen noch nicht unbedingt ... lebenspraktisch vernünftig" (Ulrich 1990, S.179-180).

Das Spannungsfeld zwischen Sachgerechtigkeit und Menschengerechtigkeit bringe angesichts negativer externer Effekte (etwa sozialer und ökologischer Belastungen) und eines sich verstärkenden gesellschaftlichen Wertewandels insbesondere Führungskräfte zunehmend in ein "moralisches Dilemma":

"Je häufiger es zu manifesten Wert- und Interessenkonflikten zwischen der Unternehmensleitung und Teilen ihrer gesellschaftlichen Umwelt kommt, umso offenkundiger gerät das Management in ein zeittypisches **moralisches Dilemma** zwischen den unternehmungsintern verbindlichen Ziel- und Erfolgskriterien 'betriebswirtschaftlicher Vernunft' einerseits und den sich wandelnden Wertvorstellungen ausserhalb der Unternehmung andererseits. Es ist zu vermuten, dass immer mehr nachdenklich gewordene Führungskräfte diese Situation durchaus als belastend empfinden" (Ulrich 1988b, S.97).

Dieses moralische Dilemma in der Praxis sollen nach Ansicht Ulrichs zunächst die Wissenschaften überwinden helfen. Dort könne und müsse der Begriffsdichotomie von Sachgerechtigkeit und Menschengerechtigkeit die Spannung genommen werden. Dies versucht Ulrich mit der Forderung nach einer grundsätzlichen **ökonomischen Umorientierung**.

Ökonomische Umorientierung

Das Spannungsfeld von Sachgerechtigkeit und Menschengerechtigkeit schlage sich, so Ulrich, in den Wirtschaftswissenschaften als eine "Zwei-Welten-Konzeption" (Ulrich 1987a, S.122) nieder. Während die Sachgerechtigkeit der sogenannten ökonomischen Rationalität zugeschlagen werde, bleibe die Menschengerechtigkeit der Moralität anheimgestellt und werde vielfach als nichtrational aus den Wissenschaften verbannt. Die beiden Welten der **Rationalität** und der **Moralität** seien durch einen tiefen **Graben** voneinander getrennt.

Ulrich (1987a, S.123-124) lehnt diese Zwei-Welten-Konzeption, diesen Graben zwischen Rationalität und Moralität, mit deutlichen Worten ab:

"In der Domäne der autonomen Ökonomik (Wirtschaftstheorie) herrscht die vermeintlich 'reine' ökonomische Rationalität. Jenseits des tiefen Grabens, hinter dem sie sich vor Werteingriffen schützt, bleibt dann offenbar der von der reinen Ökonomik gemiedene, da als wissenschaftlich unfruchtbar (und ideologieverdächtig) geltende Acker der 'außerökonomischen' und aus ökonomischer Sicht damit zugleich 'außerrationalen', 'reinen' Moralität. Diesen schweren Acker - oder ist es eher eine schöngeistige Spielwiese jenseits der harten ökonomischen Rationalitätszwänge? - überläßt die Wirtschaftstheorie nicht ungern den Vertretern einer philosophischen oder theologischen Wirtschaftsethik ... Wer riskiert schon gerne den Absturz in den tiefen interdisziplinären Graben?"

Über diesen Graben will Ulrich eine Brücke bauen, denn für ihn bilden beide Seiten des Grabens, beide "Welten", eine untrennbare Einheit. Darauf weist Ulrich in seinen Arbeiten unermüdlich hin:

"Es gibt ... keine wohlverstandene ökonomische Rationalität diesseits praktischer (ethischer) Vernunft" (Ulrich 1987b, S.344).

Ökonomische Rationalität und ethische Vernunft lassen sich, so Ulrich, nur durch eine fundamentale **ökonomische Umorientierung** zusammenführen. Dazu müsse die bisherige Orientierung an einem **utilitaristischen** Rationalitätsverständnis der Ökonomie einer Orientierung an einem **kommunikativen** Rationalitätsverständnis im Sinne der Diskursethik (vgl. Abschnitt 6.8) weichen. Diesen Prozeß der Umorientierung bezeichnet Ulrich als "Transformation der ökonomischen Vernunft"; so auch der Titel seines Hauptwerkes zur Wirtschaftsethik (1987b), das etwa Krüger (1987) besprochen hat.

Utilitaristisches Rationalitätsverständnis: Die Vorstellung, das Gewinnstreben garantiere bereits hinreichend das Gemeinwohl (vgl. Abschnitt 6.2), und der Gewinn stelle daher ein objektives (weil formales) Rationalitätskriterium dar (Ulrich 1987b, S.199), bezeichnet Ulrich als utilitaristisches Rationalitätsverständnis. Dieses Verständnis sei auf der Ebene der Wirtschafts- und Gesellschaftsordnung jedoch einseitig, weil eine Vielzahl an Wert- und Nutzenkriterien als **externe Effekte** nicht berücksichtigt würden (Ulrich 1987b, S.200). Damit greift Ulrich im wesentlichen die Kritik auf, die in Abschnitt 6.2 beim Utilitarismus beschrieben wurde.

Kommunikatives Rationalitätsverständnis: In der Ökonomie gebe es, so Ulrich, kein objektives Rationalitätskriterium, mit dem das Gemeinwohl bestimmt werden könne. Das zeige sich insbesondere durch die externen Effekte. Ulrich (1988b, S.101) beschreibt das in aller Deutlichkeit:

"Grundlegend ist die Einsicht, dass es ein objektives, 'rein' ökonomisches Rationalitätsprinzip nicht gibt, weder auf volks- noch auf betriebswirtschaftlicher Ebene. Versteht man unter **'Wirtschaften'** in einfachster Weise die effiziente Nutzung knapper Ressourcen aller Art zur Befriedigung menschlicher Bedürfnisse, und geht man von der Erfahrung aus, dass die Bedürfnisse der Menschen regelmäßig konfligieren, so ist das **Problem rationalen Wirtschaftens** offenkundig nicht abzulösen von der Frage nach der **rationalen Gestaltung der sozialen Beziehungen** zwischen den Wirtschaftssubjekten. Wirtschaften ist angesichts der sozialen Konflikte um bedürfnisbefriedigende Güter bzw. knappe Ressourcen sowie der externen Effekte der Güterproduktion und -konsumption in der gesellschaftlichen Wirklichkeit stets ein Problem des kultivierten Umgangs zwischen den Menschen. Es kommt dabei **um der ökonomischen Vernunft willen** auf die faire und vernünftige gesellschaftliche Präferenzordnung der konfligierenden Ansprüche an: **Wessen** Bedürfnisse und Interessen sind mit welcher Priorität 'effizient' zu erfüllen?"

Um externe Effekte zu internalisieren, um also auch ökonomisch das als "rational" anzuerkennen, was es lebensweltlich allemal sei, werde eine **Verständigung** aller von Wirtschaftsaktivitäten Betroffenen mit den jeweiligen Verursachern dieser Aktivitäten notwendig. Nur **gemeinsam** könne geklärt werden, was ökonomisch rational sei und was nicht.

Als Verständigungsgrundlage formuliert Ulrich einen Katalog praktischer Leitfragen. Diese Leitfragen betreffen drei Themenbereiche,

O erstens ökonomische **Kategorien**, mit deren Hilfe Ulrich den normativen Gehalt ökonomischer Begriffe beleuchtet,

O zweitens **Institutionen** des Wirtschaftens und

O drittens die wirtschaftenden **Personen**.

Ulrichs Fragenkatalog gibt einen einsichtigen und verständlichen Überblick über die inhaltlichen Schwerpunkte seines Konzeptes. Er ist in Kasten 7.1 wiedergegeben.

Kasten 7.1: Fragenkatalog als Verständigungsgrundlage über ökonomische Vernunft (Ulrich 1988c, S.25-26). Ulrich trennt zwischen Grundfragen (Fragen zu ökonomischen **Kategorien**) sowie institutionalethischen Fragen (Fragen zu den **Institutionen** des Wirtschaftens; vgl. Abschnitt 2.3.2) und individualethischen Fragen (Fragen zu den wirtschaftenden **Personen**; vgl. Abschnitt 2.3.1):

"a) Fragen zu den ökonomischen **Kategorien**, d.h. zum normativen Gehalt der verwendeten Grundbegriffe, z.B

- **Was für Werte** werden beim 'Wertschaffen' geschaffen? Was gilt als 'Nutzen', was als 'Kosten', was als wirtschaftlicher 'Erfolg'?
- **Für wen** werden Werte geschaffen, für wen ist eine wirtschaftliche Handlung 'effizient'? Wer trägt welche sozialen Kosten?

b) Fragen zu den **Institutionen** des Wirtschaftens, insbesondere zu den Voraussetzungen und Verfahren rationaler politisch-ökonomischer Verständigung über die kollektive Präferenzordnung unter den jeweils Betroffenen, z.B.:

- Wer verfügt unter den Handlungsbetroffenen über Kommunikationsrechte und -chancen, wer hat zu seiner Betroffenheit 'nichts zu sagen'? Was hat im Konfliktfall Vorrang: die faire Verständigung mit den 'extern' Betroffenen oder die Verfügungsrechte der 'Entscheidungsträger'?
- Was ist beispielsweise eine Unternehmung? Für wen soll sie, begriffen als sozialökonomische Wertschöpfungsveranstaltung, welche Werte schaffen? Wer bestimmt, was als unternehmerischer Erfolg gilt? Welche Ansprüche von 'Anspruchsgruppen' sind legitim? Wer kann in der unternehmenspolitischen Kommunikationsgemeinschaft mitreden, wer nicht?

c) Fragen zu den wirtschaftenden **Personen** (Menschenbild, Rollenverständnis, personale Ethik), z.B.:

- Menschenbild: Wer ist fähig, als mündiger Bürger mitzureden? Wo? Wie können wir die Freiheit des Bürgers umfassend schützen?
- Rollenverständnis: Was ist beispielsweise die sozialökonomische Aufgabe eines Managers in der Wertschöpfungsveranstaltung 'Unternehmung'? Worin gründet die professionelle Ethik des Managements?
- Verantwortung: Wer soll für wen Verantwortung tragen? Warum sind einige 'verantwortungslos'? Ver-antwort-ung = Antwort geben vor wem?"

Ansatz an den Wurzeln der Ökonomie

Ulrichs Konzept ist radikal, weil es an den Wurzeln der Ökonomie ansetzt. Für Ulrich gibt es keinen objektiv gültigen ökonomischen Vernunftbegriff. Was für den einen ökonomisch vernünftig sei, müsse nicht auch für den anderen ökonomisch vernünftig sein. Das leuchtet aus **einzelwirtschaftlicher** Perspektive ein. So ist etwa Kurzarbeit bei schlechter Auftragslage aus der Sicht der Unternehmungsführung ökonomisch vernünftig (denn sie senkt die Kosten), aus der Sicht der Arbeitnehmer aber nicht unbedingt (denn ihnen entgehen Lohn oder Gehalt).

Aus **gesamtwirtschaftlicher** Perspektive (aus der Ulrich im wesentlichen argumentiert) stellt sich jedoch die Frage, ob das von Ulrich für **verantwortungsvoll** gehaltene Handeln unter der Dominanz eines kommunikativen Vernunftbegriffes ("kommunikatives Handeln"; der Vorschlag Ulrichs) in gleichem Maße dem Gemeinwohl (vgl. Abschnitt 6.2) dient, wie das bisher unter der Dominanz eines utilitaristischen Vernunftbegriffes funktioniert. Das zeigt folgende Überlegung:

Entweder muß kommunikatives Handeln **institutionell durchgesetzt** werden (vgl. Abschnitt 2.3.2); dann werden umfangreiche Mitbestimmungsgesetze, Kontrollen, ja sogar geänderte Unternehmungsverfassungen notwendig (das fordert Ulrich 1977, insbesondere S.183-187, explizit). Oder kommunikatives Handeln muß **individuell gewollt** werden, und zwar im Sinne Ulrichs auch gegen das Eigeninteresse des einzelnen (vgl. Abschnitt 2.3.1). Das wiederum erscheint in seiner Radikalität utopisch.

Dennoch scheint Ulrichs Konzept insofern richtig anzusetzen, als das Eigeninteresse alleine - **entgegen** der reinen ökonomischen Theorie - **nicht** schon zum gewünschten (utilitaristischen) Gemeinwohl führt. Darauf wurde in Abschnitt 2.3.2 bereits hingewiesen.

Ökonomische Umorientierung als Leitidee normativer Führung

Ulrichs Idee der ökonomischen Umorientierung beruht wesentlich auf der Forderung nach einer **Verständigung** aller von Wirtschaftsaktivitäten Betroffenen mit den jeweiligen Verursachern dieser Aktivitäten. Diese Forderung ist in eine weitere Leitidee normativer Führung umgesetzt:

> **Leitidee 13**
> **SICH MIT DEN BETROFFENEN VERSTÄNDIGEN!**

Führungskräfte sollten eine **Verständigung** mit allen von den Aktivitäten der Unternehmung **Betroffenen** anstreben. Dafür scheint nicht unbedingt, wie von Ulrich (1977, S.217) gefordert, eine gesetzliche **Mitbestimmung** aller Betroffenen an der Unternehmungspolitik notwendig zu sein (vgl. Abschnitt 10.1.3). Doch sollte etwa mit den Mitarbeitern, mit den Konsumenten und mit der Öffentlichkeit ein umfassender **Dialog** in Kraft gesetzt und gepflegt werden (vgl. Abschnitt 6.8).

Der Dialog sollte beiden Seiten dienen:

O Einerseits sollten **Führungskräfte** ein Verständnis für die Interessen, Ziele, Wünsche und Argumente von Arbeitnehmern, Konsumenten, Umweltschutzbeauftragten und sonstigen Vertretern der Öffentlichkeit entwickeln, deren Sorgen ernst nehmen, deren Anliegen konstruktiv reflektieren und deren legitime Ansprüche erfüllen (vgl. Abschnitt 2.3.1).

O Andererseits sollten die **Betroffenen** ein Verständnis für die Interessen, Ziele, Wünsche und Argumente von Führungskräften als Repräsentanten und Entscheidungsträgern der Unternehmung entwickeln, deren Sorgen (etwa um die Wettbewerbsfähigkeit ihrer Unternehmung) ernst nehmen, deren Anliegen konstruktiv reflektieren und deren legitime Ansprüche (etwa auf eine faire öffentliche Behandlung) erfüllen.

Zwar werden sich in einem Dialog kaum alle widerstreitenden Interessen zwischen den Beteiligten ausgleichen lassen. Doch scheint der Dialog als Voraussetzung für ein **gegenseitiges tieferes Verständnis** und somit als Grundlage für die Erfüllung gegenseitiger Ansprüche gut geeignet zu sein. In diesem Sinne ist der Aufbau und die Pflege eines umfassenden Dialogs eine **verantwortungsvolle Aufgabe der normativen Führung**.

7.4. Zusammenstellung: Leitideen normativer Führung

Die drei in diesem Kapitel formulierten Leitideen normativer Führung aus den Abschnitten 7.1 bis 7.3 sind hier nochmals zusammengestellt:

> **Leitidee 11:**
> **EINHEIT VON SACHGEMÄßEM UND MENSCHENGERECHTEM VERWIRKLICHEN!**
> (Konzept von Arthur Rich; Abschnitt 7.1)
>
> **Leitidee 12:**
> **AUS ÖKONOMISCHEN GRÜNDEN VERANTWORTUNGSVOLL HANDELN!**
> (Konzept von Peter Koslowski; Abschnitt 7.2)
>
> **Leitidee 13:**
> **SICH MIT DEN BETROFFENEN VERSTÄNDIGEN!**
> (Konzept von Peter Ulrich; Abschnitt 7.3)

Diese drei Leitideen der **Wirtschaftsethik** bilden mit den zehn Leitideen der **philosophischen Ethik** (Kapitel 6) und den sieben Leitideen der **ethisch-normativen Betriebswirtschaftslehre** (Kapitel 8) einen gemeinsamen Katalog (Kapitel 9).

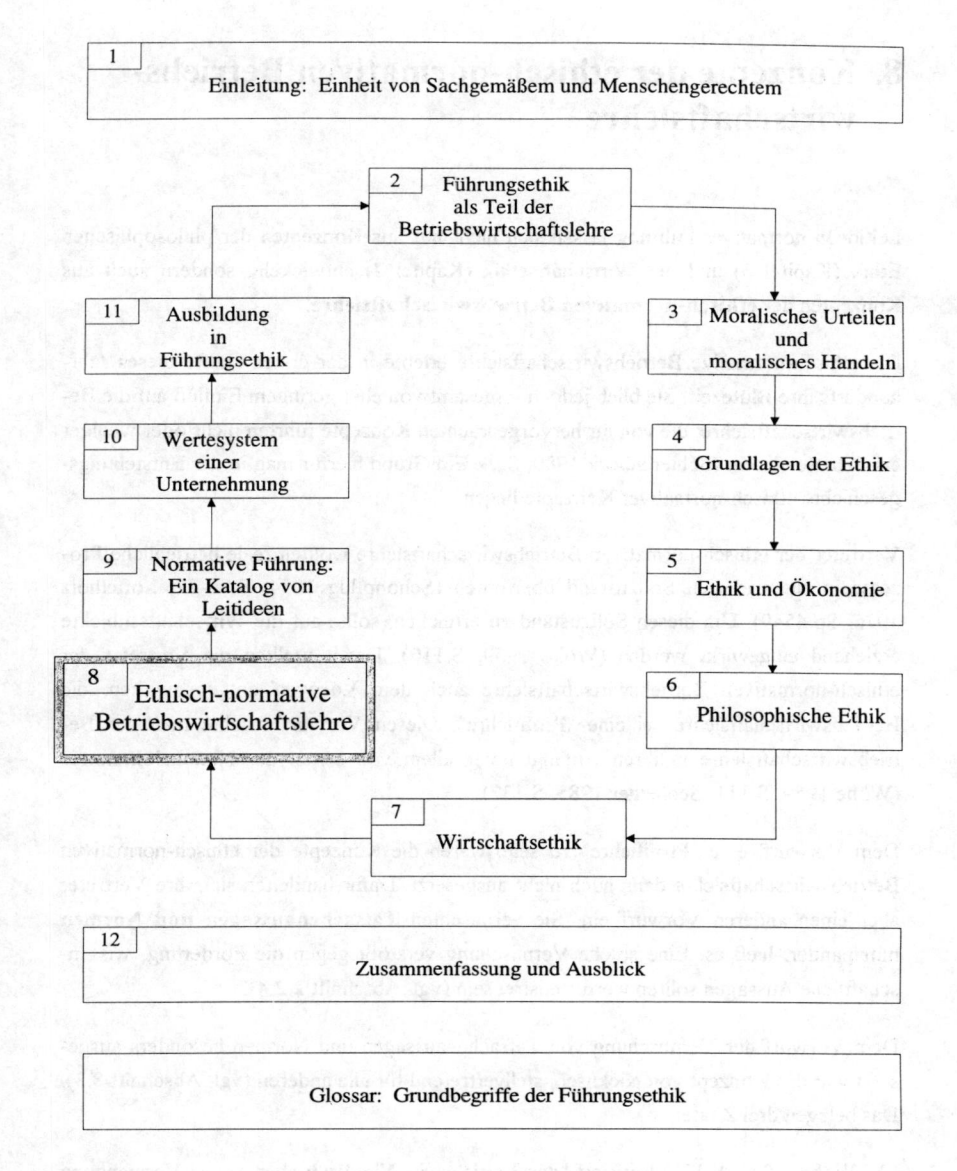

```
┌─────────────────────────────────────────────────────────────────┐
│ 1                                                               │
│       Einleitung: Einheit von Sachgemäßem und Menschengerechtem │
└─────────────────────────────────────────────────────────────────┘

                        ┌──────────────────────┐
                        │ 2   Führungsethik    │
                        │     als Teil der     │
                        │  Betriebswirtschafts-│
                        │     lehre            │
                        └──────────────────────┘

┌──────────────────┐                        ┌──────────────────┐
│ 11  Ausbildung   │                        │ 3 Moralisches    │
│     in           │                        │    Urteilen und  │
│     Führungsethik│                        │    moralisches   │
│                  │                        │    Handeln       │
└──────────────────┘                        └──────────────────┘

┌──────────────────┐                        ┌──────────────────┐
│ 10  Wertesystem  │                        │ 4                │
│     einer        │                        │   Grundlagen der │
│     Unternehmung │                        │   Ethik          │
└──────────────────┘                        └──────────────────┘

┌──────────────────┐                        ┌──────────────────┐
│ 9 Normative      │                        │ 5                │
│   Führung:       │                        │   Ethik und      │
│   Ein Katalog von│                        │   Ökonomie       │
│   Leitideen      │                        │                  │
└──────────────────┘                        └──────────────────┘

┌──────────────────┐                        ┌──────────────────┐
│ 8                │                        │ 6                │
│  Ethisch-normative│                       │   Philosophische │
│  Betriebswirt-   │                        │   Ethik          │
│  schaftslehre    │                        │                  │
└──────────────────┘                        └──────────────────┘

                    ┌──────────────────────────┐
                    │ 7                        │
                    │    Wirtschaftsethik      │
                    └──────────────────────────┘

┌─────────────────────────────────────────────────────────────────┐
│ 12                                                              │
│            Zusammenfassung und Ausblick                         │
└─────────────────────────────────────────────────────────────────┘

┌─────────────────────────────────────────────────────────────────┐
│            Glossar: Grundbegriffe der Führungsethik             │
└─────────────────────────────────────────────────────────────────┘
```

8. Konzepte der ethisch-normativen Betriebswirtschaftslehre

Leitideen normativer Führung lassen sich nicht nur aus Konzepten der philosophischen Ethik (Kapitel 6) und der Wirtschaftsethik (Kapitel 7) entwickeln, sondern auch aus Konzepten der **ethisch-normativen Betriebswirtschaftslehre**.

Die ethisch-normative Betriebswirtschaftslehre erlebte in der ersten Hälfte dieses Jahrhunderts ihre Blütezeit. Sie blieb jedoch insgesamt von eher geringem Einfluß auf die Betriebswirtschaftslehre; die von ihr hervorgebrachten Konzepte führten mehr oder weniger ein Schattendasein (Schierenbeck 1980, S.9). Ein Grund hierfür mag in der Entstehungsgeschichte ethisch-normativer Konzepte liegen.

Vertreter der ethisch-normativen Betriebswirtschaftslehre wollten reale betriebliche Prozesse in einen idealen Sollzustand überführen (Schönpflug 1954, S.76-77; Löffelholz 1976, Sp.4549). Um diesen Sollzustand zu erreichen, sollte auf die Wirtschaftssubjekte erziehend eingewirkt werden (Wöhe 1959, S.110). Damit wollten die Vertreter der ethisch-normativen Betriebswirtschaftslehre auch dem **Vorwurf** entgegenwirken, die Betriebswirtschaftslehre sei eine "Profitlehre". Diesen Vorwurf machte man der Betriebswirtschaftslehre in ihren Anfängen vor allem von seiten der Nationalökonomie (Wöhe 1959, S.111; Schneider 1985, S.132).

Dem Vorwurf, eine "Profitlehre" zu sein, waren die Konzepte der ethisch-normativen Betriebswirtschaftslehre dann auch nicht ausgesetzt. Dafür handelten sich ihre Vertreter aber einen anderen Vorwurf ein: Sie vermischten **Tatsachenaussagen und Normen** miteinander, hieß es. Eine solche Vermischung verstößt gegen die Forderung, wissenschaftliche Aussagen sollten werturteilsfrei sein (vgl. Abschnitt 2.2.4).

Dem Vorwurf der Vermischung von Tatsachenaussagen und Normen besonders ausgesetzt war das Konzept von Nicklisch, stellvertretend für alle anderen (vgl. Abschnitt 8.3). Das belegen drei Zitate:

○ Wöhe (1959, S.127) kritisiert "den Betriebswirt **Nicklisch** aber wegen Vermengung irrationaler und rationaler Dinge ..."

○ Raffée (1974, S.62-63) bemängelt: "Insbesondere im wissenschaftlichen Werk **Nicklischs** werden empirische und normative Aussagen nicht scharf voneinander getrennt."

○ Chmielewicz (1979, S.317) sekundiert die Kritik von Raffée: "**Raffée** kritisiert die normative BWL **Nicklisch**'er Prägung zu Recht deshalb, weil dort Fakten- und Normenaussagen nicht scharf genug voneinander getrennt sind."

In den drei Zitaten werden **Tatsachenaussagen** als rationale Dinge (Wöhe), empirische Aussagen (Raffée) oder Faktenaussagen (Chmielewicz) bezeichnet, **Normen** als irrationale Dinge (Wöhe), normative Aussagen (Raffée) oder Normenaussagen (Chmielewicz).

Der Vorwurf der Vermischung von Tatsachenaussagen und Normen scheint gerechtfertigt aus der Perspektive einer **wertfreien** Wissenschaft von der Unternehmung (als erstem Teil einer dreigeteilten Betriebswirtschaftslehre; vgl. Abschnitt 2.2.1). Der Vorwurf verliert jedoch seine Bedeutung, wenn die Konzepte der ethisch-normativen Betriebswirtschaftslehre, wie hier, in eine **wertende** Führungsethik (als drittem Teil einer dreigeteilten Betriebswirtschaftslehre; vgl. Abschnitt 2.2.3) integriert werden (vgl. Abschnitt 2.2.4).

Im folgenden werden fünf Konzepte der ethisch-normativen Betriebswirtschaftslehre vorgestellt. Sie stammen von Schär, Dietrich, Nicklisch, Kalveram und Staehle. Die Konzepte der ersten vier Autoren bilden gewissermaßen den **Kern** der ethisch-normativen Betriebswirtschaftslehre. Das geht aus der umfangreichen Sekundärliteratur hervor. Hingegen wird das Konzept von Staehle häufig **nicht** zur ethisch-normativen Betriebswirtschaftslehre gezählt, obwohl seine Ausrichtung eindeutig ethisch-normativ ist.

Über die fünf Konzepte wird im folgenden zunächst ein Überblick gegeben; anschließend werden sie einzeln beschrieben.

○ **Schär: Gesamtwirtschaftliche Sicht:** Die Führung eines "Handelsbetriebes" bedürfe einer **gesamtwirtschaftlichen Sicht**. Das fordert Johann Friedrich Schär (1846-1924), von vielen als der zeitlich erste Vertreter der ethisch-normativen Betriebswirtschaftslehre angesehen (Abschnitt 8.1).

○ **Dietrich: Erhalt des Betriebes:** Eine gesamtwirtschaftliche Sicht habe auch das "betriebliche Innenleben" zu umfassen, verlangt ergänzend Rudolf Dietrich (dessen Lebensdaten dem Verfasser nicht zugänglich waren). Als erste Aufgabe des Unternehmers sieht Dietrich den **Erhalt des Betriebes** (Abschnitt 8.2) an.

○ **Nicklisch: Lehre von der Betriebsgemeinschaft:** Um den Erhalt des Betriebes zu sichern, sollte jeder Mitarbeiter mit dem Betrieb eng verbunden sein. Das fordert Heinrich Nicklisch (1876-1946) in seiner **Lehre von der Betriebsgemeinschaft** (Abschnitt 8.3).

○ **Kalveram: Grundgesetz der Wirtschaft:** Aus dem Gemeinschaftsgedanken, der Überzeugung, daß die Wirtschaft ein Ganzes sei, leitet Wilhelm Kalveram (1882-1951) ein **Grundgesetz der Wirtschaft** ab: Wirtschafte wirtschaftsgemäß! Hinter dieser scheinbaren Tautologie verbirgt sich die Forderung, ökonomische Notwendigkeiten mit gesellschaftlichen Erfordernissen in Einklang zu bringen (Abschnitt 8.4).

○ **Staehle: Demokratisierung der Wirtschaft:** Die Wirtschaft stehe, so die Aussage von Wolfgang Staehle (1938-1992), stets im Dienste des Menschen. Um dem Menschen gerecht zu werden, sei sie an **demokratischen** Strukturen auszurichten (Abschnitt 8.5).

Die fünf Konzepte werden im folgenden zunächst einzeln beschrieben (Abschnitte 8.1 bis 8.5); ihre Leitideen werden anschließend zusammengefaßt (Abschnitt 8.6). Einen Überblick über Kapitel 8 gibt Bild 8.1.

8.1. Schär: Gesamtwirtschaftliche Sicht

Jeder Handelsbetrieb müsse aus einer gesamtwirtschaftlichen Sicht verstanden und geführt werden. Das ist die zentrale Forderung von Johann Friedrich Schär (1846-1924). In seinem Werk "Allgemeine Handelsbetriebslehre" (1923) sieht Schär Handelsbetriebe als **Einzel**wirtschaften in die **Gesamt**wirtschaft eingebettet.

Alle Aufgaben von Handelsbetrieben sollten, so Schär, aus gesamtwirtschaftlichen Erfordernissen abgeleitet werden. Hierfür habe der Kaufmann als **Diener der Volkswirtschaft** zu handeln. Um gesamtwirtschaftlichen Erfordernissen zu genügen, bedürfe es zudem eines ausgeprägten **Solidarismus** unter allen Wirtschaftssubjekten.

Übersichten über das Konzept von Schär geben etwa Esslinger (1949; S.11-14), Schönpflug (1954, S.89-123), Keinhorst (1956, S.40-51), Otto (1957, S.3-22) und Wöhe (1959, S.118-122), auszugsweise im Zusammenhang mit der Geschichte der Betriebswirtschaftslehre auch Schneider (1985, S.129-140).

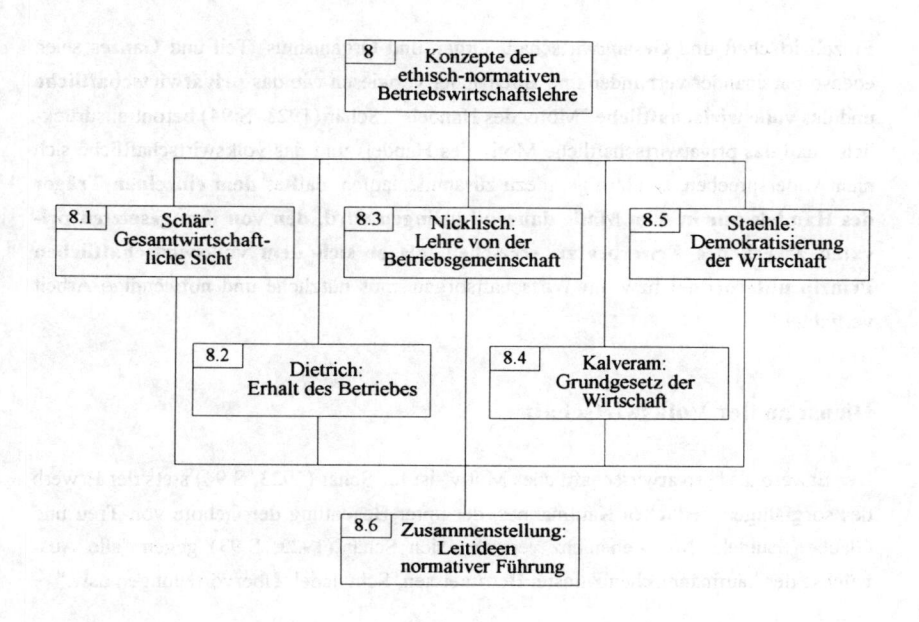

```
┌─────────────────────────┐
│ 8   Konzepte der        │
│     ethisch-normativen  │
│     Betriebswirtschafts-│
│     lehre               │
└─────────────────────────┘
```

```
┌──────────────┐   ┌──────────────┐   ┌──────────────────┐
│ 8.1  Schär:  │   │ 8.3 Nicklisch:│  │ 8.5  Staehle:    │
│ Gesamtwirt-  │   │ Lehre von der │  │ Demokratisierung │
│ schaftliche  │   │ Betriebs-     │  │ der Wirtschaft   │
│ Sicht        │   │ gemeinschaft  │  │                  │
└──────────────┘   └──────────────┘   └──────────────────┘

      ┌──────────────┐          ┌──────────────────┐
      │ 8.2 Dietrich:│          │ 8.4  Kalveram:   │
      │ Erhalt des   │          │ Grundgesetz der  │
      │ Betriebes    │          │ Wirtschaft       │
      └──────────────┘          └──────────────────┘

              ┌──────────────────────┐
              │ 8.6  Zusammenstellung:│
              │ Leitideen             │
              │ normativer Führung    │
              └──────────────────────┘
```

Bild 8.1: Gedankenflußplan zu Kapitel 8

Einzelwirtschaft und Gesamtwirtschaft

Jeder Handelsbetrieb sei, so Schär (1923, S.48), als Einzelwirtschaft die "Zelle der gesellschaftlich-wirtschaftlichen Gesamtorganisation" und müsse daher "notwendig auch die Zusammenhänge ... mit anderen Wirtschaftseinheiten und mit dem Wirtschaftsganzen, die Abhängigkeit ihrer Lebensfunktionen vom gesamten Wirtschaftsleben ... einbeziehen ..."

Der Erfolg der Einzelwirtschaft und das Gedeihen der Gesamtwirtschaft seien eng miteinander verbunden. Schär (1923, S.85) erklärt das anhand einer Analogie: Es sei wie in einem Organismus, wo "jedes ihm angehörende Organ für das Wohlgedeihen des Ganzen arbeiten muß", wo jedes Organ "vom Ganzen (nur; Anmerkung des Verfassers) in dem Maße zurückströmende Kräfte und Bedingungen zur Daseinsbefriedigung erhält, als es seiner Aufgabe im Dienste des Ganzen nachkommt."

Einzelwirtschaft und Gesamtwirtschaft, Organ und Organismus, Teil und Ganzes seien ebenso miteinander verbunden und aufeinander verwiesen wie das **privatwirtschaftliche** und das **volkswirtschaftliche** "Motiv des Handels". Schär (1923, S.94) betont ausdrücklich, "daß das privatwirtschaftliche Motiv des Handels und das volkswirtschaftliche sich nicht widersprechen, sondern geradezu zusammenlaufen, daß es **dem einzelnen Träger des Handels nur in dem Maße dauernd gelingen wird, den von ihm gesetzten privaten Zweck des Erwerbes zu erreichen, als er sich dem volkswirtschaftlichen Prinzip unterordnet** bzw. im Wirtschaftsorganismus nützliche und notwendige Arbeit verrichtet."

Dienst an der Volkswirtschaft

Der Erwerb als "privatwirtschaftliches Motiv" ist für Schär (1923, S.94) stets der Erwerb des sorgfältigen, redlichen Kaufmannes, der unter Beachtung der Gebote von Treu und Glauben handele. Mit Vehemenz verwahrt sich Schär (1923, S.93) gegen "alle Auswüchse der kaufmännischen Künste, Betrügereien, Schwindel, Übervorteilungen usw."

Stets solle sich der Kaufmann mit seinem Erwerbswillen an der **Gesamtaufgabe** orientieren und die Wirtschaft als **Ganzheit** betrachten, von der er nur ein Teil sei und der er zu **dienen** habe. Kurz und eindringlich fordert Schär (1916, S.9):

"Ein jeder Kaufmann sollte sich als Diener der Volkswirtschaft ansehen ..."

Solidarismus und das Ideal des sozialen Handels

Der Kaufmann könne seine Dienerrolle am besten ausfüllen, wenn er sich (wie alle anderen Wirtschaftssubjekte es ebenfalls tun sollten) am Prinzip des **Solidarismus** orientiere. Darunter versteht Schär (1923, S.512) einen freien "Zusammenschluß von selbständigen Wirtschaftssubjekten zu gemeinwirtschaftlichen Funktionen zwecks Befriedigung von Lebensbedürfnissen aller Art."

Mit dem Prinzip des **Solidarismus** schlägt Schär eine Synthese zweier anderer Prinzipien vor, dem Prinzip des Individualismus und dem des Sozialismus. Im **Individualismus** werde der einzelne vollständig isoliert, aus seinen sozialen Bindungen herausgerissen und sich alleine überlassen. Im **Sozialismus** hingegen würden die sozialen Bindungen und das Gesamtinteresse so stark in den Vordergrund gestellt, daß es zu einer völligen Negierung des Individuums käme (Schär 1923, S.513).

Der **Solidarismus** hingegen überwinde, so Schär, die Nachteile des Individualismus und des Sozialismus. **Einerseits** stünde im Solidarismus (anders als im Individualismus) "unter Bewahrung aller berechtigten Eigeninteressen das Zusammenwirken der Gesamtheit, das Kooperieren" im Vordergrund (Schär 1923, S.513). **Andererseits** kombiniere der Solidarismus (anders als der Sozialismus) "das Einzelinteresse mit dem der Gesamtheit" und erhielte so "die persönliche Freiheit, die der Sozialismus vernichtet" (Schär 1923, S.513; im Original mit Hervorhebungen).

Schär richtet den Solidarismus an einem **Ideal des sozialen Handels** aus (Keinhorst 1956, S.46; Wöhe 1959, S.120). Diesem Ideal zufolge solle sich der Kaufmann als verantwortlicher "Funktionär der Gesellschaft" durch "wirtschaftliche Sparsamkeit", "Pflichttreue", "Gewissenhaftigkeit" und "Unbestechlichkeit" auszeichnen.

Um Solidarismus und sozialen Handel zu verwirklichen, sei durch eine entsprechende Gestaltung von Institutionen (vgl. Abschnitt 2.3.2) eine **Ausschaltung des privaten Handels** anzustreben. Diese radikale Forderung Schärs wurde insbesondere von Schönpflug (1954, S.111) herausgearbeitet:

"Sein (Schärs; Anmerkung des Verfassers) Ideal ist die völlige Ausschaltung des privaten Handels und der Ersatz durch eine Austauschorganisation, die er unter dem Begriff des sozialen Handels zusammenfaßt, worunter er jene Arten von Handelstätigkeit versteht, die lediglich im Interesse des Staates, der Kommunen oder der freien Wirtschaftsgenossenschaften ausgeübt werden."

Bedeutung der Handelsbetriebslehre

Schär wollte das Prinzip des Solidarismus und das Ideal des sozialen Handels jedoch nicht ausschließlich über die Gestaltung von **Institutionen** verwirklichen. Vielmehr betonte er auch die am **Individuum** ansetzende Notwendigkeit von Ausbildung und von Bildung. Aufgabe der Handelsbetriebslehre (dem Vorläufer der Betriebswirtschaftslehre) sei es, so Schär (1923, S.457), "'den Geist eines echten Handelsmannes' ... zu bilden, das Streben nach Treu und Glauben, nach Wahrheit und Gerechtigkeit im Handel zu fördern ..."

Gleichzeitig habe, so zitiert Schönpflug (1954, S.114) Schär, die Handelsbetriebslehre auf der Grundlage des **Solidarismus** "mitzuarbeiten an der großen Menschheitsaufgabe: die Proportionen festzustellen, wieviel Individualismus und wieviel Sozialismus in der Wirtschaft der Zukunft nebeneinander vorhanden sein sollen."

Verantwortung für das Ganze

Schär denkt gesamtwirtschaftlich. **Verantwortungsvolles Handeln** bedeutet für ihn Dienst an der Volkswirtschaft, Dienst an der Gesellschaft. Ähnlich wie die Vertreter des Utilitarismus, dem das Prinzip des Gemeinwohls zugrunde liegt (vgl. Abschnitt 6.2), fordert Schär vom einzelnen eine Verantwortung für das Ganze.

Diese Forderung selbst erscheint berechtigt. Doch wirkt die von Schär vorgeschlagene Maßnahme, eine völlige Ausschaltung des privaten Handels, idealistisch verklärt und kaum den (damaligen wie heutigen) Wirtschaftsrealitäten angemessen.

Davon unbeschadet bleibt Schärs Solidarismus als Synthese von Individualismus und Sozialismus zeitlos. Die Suche nach einer Art des Wirtschaftens, in der im Sinne Schärs so viel Freiheit wie möglich und so viel Gleichheit wie nötig verwirklicht sind, ist auch heute, siebzig Jahre nach Schär, von ungebrochener Aktualität.

Gesamtwirtschaftliches Handeln als Leitidee normativer Führung

Schärs Konzept einer gesamtwirtschaftlichen Sicht wird einer weiteren **Leitidee normativer Führung** zugrunde gelegt:

Leitidee 14

GESAMTWIRTSCHAFTLICH ORIENTIERT HANDELN!

Führungskräfte sollten unter Berücksichtigung gesamtwirtschaftlicher Zusammenhänge handeln. Sie sollten ihre Unternehmung **als Teil eines größeren Ganzen**, als Teil der jeweiligen Branche, als Teil der Volkswirtschaft, als Teil der Gesellschaft verstehen und ihr Handeln an diesem größeren Ganzen ausrichten. Jede Unternehmung sollte zu diesem Ganzen beitragen, und jede Unternehmung kann von diesem Ganzen profitieren.

So könnte das Prinzip des **Solidarismus**, des Zusammenwirkens "unter Wahrung aller berechtigten Eigeninteressen" (Schär 1923, S.513), **unternehmungsextern** zur Initiierung branchenweiter Kooperationen dienen, sei es allgemein, um Informationen und Erfahrungen auszutauschen, sei es konkret zur zielgerichteten Abstimmung gemeinsamer

Aktivitäten, etwa der Entwicklung neuer Technologien oder der Schaffung neuer Märkte.

In diese Richtungen arbeitet etwa das japanische **MITI**, das Ministry of International Trade and Industry (vgl. Müller-Merbach 1992a, S.238-239). Das MITI sammelt unter anderem weltweit relevante wirtschaftliche Informationen, verarbeitet sie und stellt sie japanischen Unternehmungen zur Verfügung. Zudem tauschen japanische Unternehmungen viel freizügiger als amerikanische oder europäische Unternehmungen Informationen und Erfahrungen aus. Gleichzeitig herrscht aber ein massiver Preis- und Qualitätswettbewerb auch der Japaner untereinander (vgl. Michel 1989, S.37-38).

Schärs Prinzip des Solidarismus kann auch **unternehmungsintern** wegweisend sein. Hier sollte zweierlei vermieden werden,

O einerseits ein die Unternehmung gefährdendes "**Laisser-faire**" (Schärs Individualismus), durch das die Mitglieder ohne Anbindung an das Gemeinschaftsgefüge der Unternehmung weitgehend sich selbst überlassen bleiben, und

O andererseits ein die Unternehmung nicht minder gefährdendes **kollektives Zwangskorsett** (Schärs Sozialismus), das alle Mitglieder in ein festgefügtes, Änderungen gegenüber unflexibles System von gemeinsamen Wertvorstellungen (vgl. Kapitel 10), Richtlinien, Vorgaben und Anweisungen einbindet und so die Freiräume individuellen Urteilens und Handelns übermäßig einschränkt.

Eine unternehmungsinterne Synthese gemäß dem Prinzip des Solidarismus, etwa im Sinne einer **gebundenen Freiheit** (vgl. Abschnitt 11.3), sollte zweierlei miteinander verbinden:

O Zum einen sollten die Mitglieder einer Unternehmung in die **Gemeinschaft der Unternehmung** (vgl. die Abschnitte 8.2 und 8.3) eingebunden werden; ihnen sollten gemeinsame Werte vermittelt (vgl. Abschnitt 10.2), gemeinsame Ziele aufgezeigt und gemeinsame Aufgaben gestellt werden.

O Zum anderen sollte trotz der notwendigen Orientierung an gemeinsamen Werten, Zielen und Aufgaben allen Mitgliedern der Unternehmung ein ebenso notwendiger **individueller Freiraum** zugestanden werden. Individuelle Werthaltungen, Interessen, Wünsche und Vorstellungen sollten toleriert, individuelle Ideen, individuelles Urteilen und Handeln sollten gefördert werden. Damit verbunden sollte auch der

Wettbewerbsgedanke innerhalb der Unternehmung verstärkt werden (vgl. Abschnitt 10.3).

Schär hat in seinem Konzept der **gesamtwirtschaftlichen Sicht** deutlich auf die Eingebundenheit aller "Wirtschaftseinheiten" in das "Wirtschaftsganze" hervorgehoben. Das gilt nicht nur unternehmungsextern für die **Einbindung der Unternehmungen in die Gesellschaft** (vgl. Abschnitt 8.4), sondern auch unternehmungsintern für die **Einbindung der Mitglieder in die Unternehmung** (vgl. die Abschnitte 8.2 und 8.3). Beide Sichtweisen sollten in der **normativen Führung** (vgl. Abschnitt 2.1) zu einer Einheit verschmelzen.

8.2. Dietrich: Erhalt des Betriebes

Nach Schär sollten (Handels-)Betriebe aus gesamtwirtschaftlicher Sicht verstanden und geführt werden (Abschnitt 8.1). Diese Sicht ergänzt Rudolf Dietrich (Lebensdaten waren dem Verfasser nicht zugänglich) um eine nach innen gerichtete Betrachtungsweise. Dietrich sieht in seinem Hauptwerk, das er etwas umständlich als "Betrieb-Wissenschaft" (1914) bezeichnet, den **Erhalt des Betriebes** als erste Aufgabe des Unternehmers an.

Übersichten über das Werk von Dietrich geben etwa Schönpflug (1954, S.123-154) und Keinhorst (1956, S.51-62).

Betrachtung des betrieblichen Innenlebens

Stärker als Schär wendet sich Dietrich dem "Innenleben" des Betriebes zu. Dieses sei, so Dietrich (1914, S.11), wissenschaftlich bisher nicht genügend beachtet worden:

" ... um eine erschöpfende, um eine grundsätzlich gleichmäßige Erfassung des betrieblichen Innenlebens war und ist es unserer Wissenschaft bisher nicht zu tun."

Das betriebliche Innenleben dürfe jedoch nicht isoliert betrachtet werden. Vielmehr müsse die gesamtwirtschaftliche Sicht gewahrt bleiben. Diese Forderung hat Schönpflug (1954, S.129) aus Dietrichs Konzept herausgearbeitet:

"Allerdings ist das 'Innenleben' nicht Selbstzweck, sondern wird betrachtet im Hinblick auf die Bedeutung des Betriebes als Glied der Volkswirtschaft."

Gegenwärtig zwei, zukünftig drei Zwecke des Betriebes

Jeder Betrieb habe gegenwärtig, so Dietrich (1914, S.114), vornehmlich zwei Zwecke (Dietrich verwendet den Begriff "Berufe"):

"Denn jeder Betrieb hat ... zwei Berufe: einen einzel- und einen gesamt- oder volkswirtschaftlichen, einen inneren und einen äußeren. Mit dem ersten dient er sich selbst, mit dem zweiten andern."

○ Der **einzelwirtschaftliche** oder innere Zweck des Betriebes bestehe, so Dietrich (1914, S.115), in seinem **Erhalt**:

"... er soll den Betriebskörper, dieses wirtschaftlich-soziale Wesen, erhalten ..., denn der Betrieb ist ja ein auf lange, auf 'ewige' Dauer berechnetes Wesen."

○ Der **volkswirtschaftliche** oder äußere Zweck liege in der **Bereitstellung von Leistungen** für andere Betriebe oder Haushalte. Der volkswirtschaftliche (äußere) Zweck sei, so Dietrich, dem einzelwirtschaftlichen (inneren) Zweck untergeordnet, "da die Aufgabe des inneren Berufs die Erhaltung des Ganzen ist, folglich die Sorge um die Dienstfähigkeit einschließt" (Dietrich 1914, S.123).

Trotz der Unterordnung des volkswirtschaftlichen unter den einzelwirtschaftlichen Zweck betont Dietrich (1914, S.115) ausdrücklich die Bedeutung **beider** Zwecke:

"Der Betrieb muß seine beiden Berufe erfüllen, weil er Betrieb ist. Tut er es nicht, kann er nicht mehr Betrieb, wird er regelmäßig überhaupt nicht mehr sein. Die berufliche Tätigkeit des Betriebes steht also grundsätzlich und im allgemeinen fest, bleibt insofern jedem persönlichen Einsatz entrückt."

○ Neben beide Zwecke werde zukünftig mehr und mehr ein dritter Zweck treten. Diesen dritten, ebenfalls nach außen gerichteten Zweck sieht Dietrich (1914, S.125) in der **Mitarbeit der Betriebe an Gemeinschaftsaufgaben**:

"Das Feld des dritten Berufs liegt draußen in der Gemeinde, im Staat. Als Glied dieser Gemeinwesen ist der Betrieb ihnen zu Leistungen verpflichtet. Nicht Zwangs-, freie Leistungen sind es. ... Zweck ist: schaffen zu helfen, was zunächst not tut."

Symbiose von Betrieb und Mitarbeitern

Für Dietrich ist der Betrieb als ein "wirtschaftlich-soziales Wesen" ein wirtschaftliches **und** ein soziales Wesen. Dietrich mißt dabei den **sozialen** Attributen eine starke Bedeutung bei. Er schreibt (1914, S.104):

"Überall, wo Menschen mit im Spiele sind - und wo wären sie es nicht! - erhalten die Tatsachen und Verhältnisse einen festen, starken, unausscheidbaren sozialen Einschlag. Und da die Menschen im besonderen die Träger aller wirtschaftlichen Angelegenheiten sind, kann es 'rein' wirtschaftliche Dinge ... nicht geben."

Der "soziale Einschlag" in der Wirtschaft, verbunden mit dem inneren Zweck des Erhalts des Betriebes, führe zu einem besonderen Verhältnis zwischen Betrieb und Mitarbeitern: Der Betrieb könne nur dann erhalten werden, wenn er seine Mitarbeiter erhalte und umgekehrt. Mitarbeiter und Betrieb leben gewissermaßen in einer **Symbiose**: Die Mitarbeiter helfen, den Betrieb zu erhalten; dafür erhält der Betrieb seine Mitarbeiter (Schönpflug 1954, S.131-133). Dietrich (1914, S.117) nennt diese Symbiose einen **doppelten Dienst**:

"Doppelter Dienst, und dennoch Einheit: ich diene mir selbst und dem andern zugleich; indem ich dem andern diene, diene ich mir selbst. ... ganz knapp gefaßt: Dienst gegen Dienst; Dienst als Wechselleistung."

Den Beitrag der Mitarbeiter zum **Erhalt des Betriebes** beschreibt Dietrich (1914, S.87) so:

"Für die persönlichen Glieder ist der Betrieb ihr Berufsfeld. Und der Beruf, der Dienst gebietet, die Person ist ihm ein- und untergeordnet ..."

Als Gegenleistung sei der Betrieb zum **Erhalt seiner Mitarbeiter** verpflichtet (Dietrich 1914, S.117):

"Die Gegenleistung zu erlangen, ist der persönliche, berechtigt eigennützige Zweck des beruflich Dienenden: der Dienst soll Verdienst erbringen. Und dessen Zweck liegt offenbar darin, daß er dem Empfänger den wirtschaftlich-sozialen Dienst leiste, dessen er als Mensch ... notwendig bedarf. ... kurz: Sicherung gesunden und würdigen persönlichen, häuslichen und gesellschaftlichen Lebens."

Unternehmer als erster Diener des Betriebes

Zur aktiven Ausgestaltung der Symbiose zwischen Betrieb und Mitarbeiter räumt Dietrich dem Unternehmer (Dietrich verwendet die Ausdrücke "Schöpfer", "Besitzer", "regierender Herr" des Betriebes) eine führende Rolle ein. Sie sei allerdings eher an Leistung denn an Ansprüche geknüpft. Der Unternehmer arbeite gemeinschaftlich mit seinen Mitarbeitern für den Erhalt des Betriebes.

"Darin aber liegt eine Eigentümlichkeit des Betriebs-Körpers: daß der Schöpfer oder Besitzer, wenn er selbst mit und in dem Wesen ... leben will, als Glied eintreten muß und nun höchstens die Rechte des ersten, des leitenden Gliedes genießt" (Dietrich 1914, S.87).

In diesem Sinne ist der Unternehmer für Dietrich **der erste Diener seines Betriebes**:

"Der heute regierende Herr ... erkennt sich nur als Miteigentümer und leitender Beamter ... Dünkt ihn der Titel Beamter zu gering, möchte er sich als Fürst fühlen - mag er es tun. Er wäre es, nach jenem Fürstenwort, als erster Diener seines Staates" (Dietrich 1914, S.130).

Vielfache Anregungen durch persönliche Grundüberzeugungen

Für Dietrich handelt aus betrieblicher Sicht derjenige **verantwortungsvoll**, der im Rahmen seiner Möglichkeiten zum Erhalt des Betriebes beiträgt.

Dafür solle jeder Mitarbeiter, so Dietrich, **erstens** die enge Verbindung zwischen dem inneren Zweck und dem äußeren Zweck des Betriebes erkennen: Der Erhalt des Betriebes (innerer Zweck) sei ohne eine (wettbewerbsfähige) Bereitstellung von volkswirtschaftlich wertvollen Leistungen (äußerer Zweck) nicht möglich.

Zweitens solle jeder Mitarbeiter die enge Verbindung, die Symbiose zwischen Betrieb und Mitarbeiter erkennen: Ohne (leistungsbereite) Mitarbeiter kann der Betrieb nicht bestehen, und ohne (einen wettbewerbsfähigen) Betrieb können die Arbeitsplätze nicht erhalten werden.

Eine besondere Verantwortung für die Umsetzung beider Forderungen weist Dietrich dem Unternehmer selbst zu; er sei der erste Diener seines Betriebes.

Trotz dieser vielfachen Anregungen wurde Dietrichs Konzept von der Fachwelt kaum beachtet (Schönpflug 1954, S.123-124). Große Teile seiner Ausführungen sind von persönlichen Grundüberzeugungen geprägt, die Dietrich für Wissenschaft hielt. Diese persönlichen Grundüberzeugungen vertrat Dietrich zudem weitaus dogmatischer als andere Vertreter der ethisch-normativen Betriebswirtschaftslehre.

Das schmälert jedoch nicht Dietrichs grundsätzliches Verdienst, bereits zu einem recht frühen Zeitpunkt in der Entwicklungsgeschichte der Betriebswirtschaftslehre (die damals noch Handelsbetriebslehre hieß) auf die engen Verbindungen einer ökonomischen und einer sozialorientierten Sicht hinzuweisen.

Erhalt der Unternehmung als Grundlage für drei Leitideen normativer Führung

Dietrichs ethisch-normative Betriebswirtschaftslehre wird hier als Grundlage für drei weitere Leitideen normativer Führung verwendet:

> **Leitidee 15**
> **DIE UNTERNEHMUNG ERHALTEN UND**
> **IN DEN DIENST DER GESELLSCHAFT STELLEN!**

Führungskräfte sollten die grundlegenden Zwecke einer Unternehmung erkennen und die Unternehmung diesen Zwecken entsprechend führen. Die grundlegenden Zwecke sind nach Dietrich der **Erhalt der Unternehmung**, wie er auch von Nicklisch gefordert wurde (vgl. Abschnitt 8.3), die **Versorgung der Gesellschaft** mit (brauchbaren) Gütern und Dienstleistungen und die freiwillige **Mitarbeit** der Unternehmung **an Gemeinschaftsaufgaben** (etwa an karitativer Hilfe, an kultureller oder sportlicher Förderung etc.).

> **Leitidee 16**
> **EINE SYMBIOSE VON UNTERNEHMUNG UND MITARBEITERN**
> **SCHAFFEN!**

Eine Unternehmung ist **mehr** als die **Summe** ihrer Mitarbeiter, aber **nichts ohne** ihre Mitarbeiter. Führungskräfte sollten daher das Verhältnis zwischen Unternehmung und Mitarbeitern im Sinne Schärs als **Symbiose** betrachten und diese Symbiose verstehen, fördern und nutzen.

Eine Unternehmung ist nur so gut, wie ihre Mitarbeiter gut sind; und die Leistung der Mitarbeiter wird in dem Maße an Qualität gewinnen, wie jedem einzelnen seine **Mitarbeit**, seine Arbeit an einem größeren Ganzen, bewußt wird und sinnvoll erscheint. In dieses größere Ganze, in die Gemeinschaft der Unternehmung (vgl. die Abschnitte 8.1 und 8.3), sollte jeder Mitarbeiter eingebunden werden. Dazu mag insbesondere die Vermittlung eines gemeinsamen **Wertesystems** beitragen (vgl. Abschnitt 10.2).

Leitidee 17
DER UNTERNEHMUNG DIENEN!

Führungskräfte sollten ihrer Unternehmung dienen. Jede Führungskraft sollte sich im Sinne des Ausspruchs Friedrichs des Großen verpflichten, erster Diener der Unternehmung zu sein. Normative Führung ist Dienst an der Unternehmung und damit Dienst an der Gesellschaft (vgl. Leitidee 15).

Die Forderung, sich freiwillig in den Dienst zu stellen, erhob auch der ehemalige Vorstandsvorsitzende von Bosch, Merkle, wiederholt. Auch Müller-Merbach hat diese Forderung verschiedentlich erhoben (etwa 1984, S.65). In Anlehnung an die stoische Philosophie schreibt Müller-Merbach (1992a, S.201):

"Keiner kann sie (die Führungskräfte; Anmerkung des Verfassers) in den Dienst **nehmen**, sie zum (abhängigen) Dienen zwingen - denn das wäre eine Position der Schwäche. Vielmehr agieren sie aus der eindeutigen Position der Stärke und **stellen** sich in den Dienst einer Sache. Damit übernehmen sie Pflichten."

Wie schon bei Schär (vgl. Abschnitt 8.1), so umfaßt auch die ethisch-normative Betriebswirtschaftslehre von Dietrich das **Außenleben der Unternehmung** (Leitidee 15) und das **Innenleben der Unternehmung** (Leitidee 16). Beide Sichtweisen sind integriert auf der Ebene der **Unternehmung als Ganzes** (Leitidee 17).

8.3. Nicklisch: Lehre von der Betriebsgemeinschaft

Um den Erhalt des Betriebes (Abschnitt 8.2) auf Dauer sicherzustellen, sollte jeder Mitarbeiter mit dem Betrieb aufs innigste gemeinschaftlich verbunden sein. Das fordert besonders nachdrücklich Heinrich Nicklisch (1876-1946) in seiner **Lehre von der Betriebsgemeinschaft**.

Diese Forderung hat Nicklisch insbesondere in seinen Werken "Allgemeine kaufmännische Betriebslehre als Privatwirtschaftslehre des Handels (und der Industrie)" von 1912 sowie "Der Weg aufwärts! Organisation" von 1920 erhoben.

Nicklisch gilt weithin als profiliertester Vertreter der ethisch-normativen Betriebswirtschaftslehre und vielfach als deren eigentlicher Begründer (vgl. Keinhorst 1956, S.75;

Wöhe 1959, S.122). Sein Konzept, so Wöhe (1959, S.121), lieferte wichtige und prägende Impulse für die Gesamtentwicklung der Betriebswirtschaftslehre.

Insbesondere erkannte Nicklisch bereits zu einem in der Entwicklung der Betriebswirtschaftslehre sehr frühen Zeitpunkt die **Notwendigkeit ethischer Reflexion** als Grundlage betriebswirtschaftlicher Überlegungen. Hierin sei, so Schanz (1985, S.56), sein bleibendes Verdienst für die Betriebswirtschaftslehre zu sehen.

Übersichten über Nicklischs Konzept geben Esslinger (1949, S.34-40), Schönpflug (1954, S.154-225), Keinhorst (1956, S.75-101), Förster (1958), Wöhe (1959, S.122-127), Katterle (1964, S.24-35) und Kröger (1981, S.91-120), auszugsweise im Zusammenhang mit der Geschichte der Betriebswirtschaftslehre auch Schneider (1985, S.129-140).

Ganzheitsgedanke

Nicklischs ethisch-normative Betriebswirtschaftslehre ist geprägt von einem **Ganzheitsgedanken**, von der Harmonie einer universellen menschlichen Gemeinschaft (Schönpflug 1954, S.217; Wöhe 1959, S.125). Dieser Ganzheitsgedanke bildet die geistige Grundlage für seine Lehre von der Betriebsgemeinschaft.

Der einzelne sei Teil des Betriebes, der Betrieb Teil der Wirtschaft, die Wirtschaft Teil der Gesellschaft und die Gesellschaft Teil der Menschheit. Der Mensch sei dem Ganzen, der Gesellschaft, der Menschheit verpflichtet. Nicht das Einzelne zähle, so Nicklisch (1915, S.102), sondern das Ganze:

"Der Einzelne empfängt sein Leben vom ganzen und schuldet es ihm. Er ist Glied des ganzen. Und sein Tun und Lassen muß beherrscht sein durch dieses Verhältnis des Einzelnen zur Gesamtheit."

Lehre von der Betriebsgemeinschaft

Besonderes Augenmerk richtete Nicklisch auf die Einbindung des einzelnen in die Betriebsgemeinschaft. Nicklisch (1920, S.69) beschreibt das in recht pathetischen Tönen:

" ... sie (die Betriebe als Gemeinschaften; Anmerkung des Verfassers) geben den Beteiligten auch mitten im Getriebe der Wirtschaft immer von neuem die Gewißheit, geistige Wesen zu sein; sie sind der Ausdruck von Hingebung, Liebe, die den einzelnen mit der Gesamtheit, ja dem All verbindet, einend wirkt; sie sind auch erfüllt von Gerechtigkeit, die jedem zuordnet, was ihm zukommt. So steht vor unserem geistigen Auge der Organismus 'Gemeinschaft', in dem alle nach ihren Gaben einig mitwirken und sicher der Ernte auch ihres Wirkungsanteils entgegensehen."

Drei Grundbedürfnisse des Menschen

Nach Nicklischs Lehre von der Betriebsgemeinschaft besitzt der Mensch als geistiges Wesen **drei Grundbedürfnisse** (Nicklisch 1920, S.34-36; S.43-47). Für diese drei Grundbedürfnisse hat Nicklisch keine einheitlichen Begriffe geprägt. In der Rezeption von Nicklischs Konzept werden häufig die Begriffe **Erhaltung**, **Gestaltung** und **Freiheit** verwendet (Katterle 1964, S.26-28; Schanz 1985, S.69).

Die drei Grundbedürfnisse von **Erhaltung**, **Gestaltung** und **Freiheit** wurden insbesondere von Katterle (1964, S.26) anschaulich rekonstruiert:

"Zuerst muß der Mensch sein geistiges Wesen **erhalten**, d.h. sich seiner Ganzheit und Gliedschaft bewußt bleiben. Dies geschieht, indem er sich in tiefer Andacht sammelt auf den innersten Kern seines Bewußtseins, das Gewissen.

Das zweite Bedürfnis ist, in der Menschheit durch Einung und Gliederung **gestaltend** zu wirken. Der Mensch wirkt einend, indem er Liebe übt, an die Gemeinschaft zurückwirkt, was er als Glied empfangen hat. ...

Erhält der Mensch sein geistiges Wesen und gestaltet er Gemeinschaft durch Einung und Gliederung, so befolgt er, was im Gewissen vorgegeben ist. Dies Tun geschieht dann nach dem höchsten Gesetz des geistigen Wesens Mensch, dem Gesetz der **Freiheit**. Denn in Freiheit geschieht, was nach dem Gewissen getan wird."

Der Mensch werde, so Nicklisch, durch sein **Gewissen** angetrieben. Es verpflichte den Menschen, der Gemeinschaft zu dienen (Wöhe 1959, S.125). Gleichzeitig sei der Mensch dadurch **frei**. Dieser Gedanke prägt auch die Morallehren von Kant (vgl. Abschnitt 6.7) und später von Sartre (vgl. Abschnitt 6.4). Unter implizitem Bezug auf Kant schreibt Nicklisch (1920, S.45):

"Der Mensch ist frei, weil er in seinem Gewissen die Bedürfnisse und Motive ... werten kann und weil er, wenn er dieser Wertung nach handelt, das Handeln als eigenes, von seinem innersten Wesen ausgehendes, empfindet."

Drei organisatorische Gesetze

Nicklisch überträgt die drei Grundbedürfnisse des Menschen - in veränderter Reihenfolge - auf seine Lehre von der Betriebsgemeinschaft, indem er drei organisatorische **Gesetze** formuliert.

○ **Freiheit:** An erste Position stellt Nicklisch (1920, S.66-77) das Gesetz der **Freiheit**. Ihm zufolge setze der Mensch sich nur solche Zwecke, die er mit seinem Gewissen vereinbaren könne, denn nur dadurch sei er frei. Mit seinem Gewissen vereinbaren könne der Mensch nur solche Zwecke, die der Gemeinschaft, der "größeren Einheit", dem "größeren Ganzen", dienten. Nicklisch (1920, S.66-67) schreibt:

"Unter den Gesetzen, nach denen die menschlichen Organismen leben, steht an erster Stelle das Gesetz der Freiheit. ... Dieses gründet sich auf das unmittelbare Selbstbewußtsein, das Gewissen. ... Im Gewissen ist sich der Mensch seiner selbst als Glied einer größeren Einheit, als Teil eines größeren Ganzen und zugleich als Einheit einer Vielheit, als Ganzes neben anderen Ganzen bewußt."

Das Gesetz der Freiheit, so faßt Nicklisch (1920, S.67) zusammen, "findet ... seinen Ausdruck im Setzen von Zwecken als Zwecken einer Gemeinschaft ..."

○ **Gestaltung:** Aus einer Projektion des an sich **inneren** Gesetzes der Freiheit nach **außen** ergebe sich das Gesetz der **Gestaltung** (Nicklisch 1920, S.77-95), von Nicklisch häufig auch als das Gesetz von Einung und Gliederung bezeichnet. Nicklisch (1920, S.77) betont, "daß der organisierende, mitorganisierende Mensch ... in der Welt Einheit und Glieder bewahrt, indem er das Gesetz der Freiheit aus seinem innersten Bewußtsein, dem Gewissen, in die Außenwelt projiziert. Ohne diese Projektion sähe er nur Einzelheiten, keinen Zusammenhang; ohne sie wäre er außerstande, Einheit und Glieder als solche wahrzunehmen, Einung und Gliederung zu begreifen."

Beides, Einung und Gliederung, gehören, so Nicklisch (1920, S.78), untrennbar zusammen:

"Denn es ist leicht einzusehen, daß Einung ohne Glieder ebensowenig denkbar ist wie Gliederung ohne Einheit. Es ist immer ein und dasselbe Gesetz, was hier zum Ausdruck kommt."

Nicklisch (1920, S.92) warnt insbesondere vor einer zu starken Gliederung durch **Arbeitsteilung**:

"Wer erstere (die Arbeitsteilung; der Verfasser) fördert ohne letztere (die Gemeinschaft; der Verfasser) zu entwickeln, läßt den ... arbeitenden Menschen als Bestandteil des technischen Apparats gelten, ohne sein geistiges Wesen anzuerkennen."

○ **Erhaltung:** Wie das Gesetz der Gestaltung, so bezieht sich auch das Gesetz der **Erhaltung** (Nicklisch 1920, S.95-102) unmittelbar auf die Betriebsgemeinschaft. Das erinnert an Dietrich, der im **Erhalt** den obersten Zweck des Betriebes sah (vgl. Abschnitt 8.2).

Das Gesetz der Erhaltung der Betriebsgemeinschaft sei, so Nicklisch (1920, S.95), nichts anderes als das ökonomische Gesetz (als ökonomisches Prinzip in Abschnitt 2.2.1 beschrieben), "1. Aus gegebenem Grunde die größtmögliche Wirkung zu erreichen. 2. Eine bezweckte Wirkung unter geringstmöglichem Aufwand ... zu erreichen."

Die Betriebsgemeinschaft könne nur erhalten bleiben, wenn dem ökonomischen Gesetz, dem Gesetz der Erhaltung, entsprechend gewirtschaftet werde. Das sei genau dann der Fall, wenn sich **Leistung und Gegenleistung genau entsprächen** (Keinhorst 1956, S.84; Kröger 1981, S.105-106).

Auch das Gesetz der Erhaltung sei, so Nicklisch (1920, S.97), im obersten Gesetz der Freiheit bereits mit angelegt:

"Wie das Gesetz der Gestaltung, so ist auch das Gesetz der Erhaltung im obersten Organisationsgesetz mit gegeben, in ihm mit umschlossen und kommt wie jenes zur Geltung, indem dieses über Zwecke und Zweckwege aus unserem Bewußtsein in die Außenwelt übertragen wird."

Für Nicklisch hängen also das Gesetz der Freiheit und dasjenige der Erhaltung über die **Zwecke** zusammen. Das hat insbesondere Katterle (1964, S.28) herausgearbeitet:

"Auch dies Gesetz ist in dem der Freiheit mitenthalten und dem Menschen im Gewissen unmittelbar bewußt, denn nach dem ökonomischen Gesetz verfolgt er jene Zwecke, die er nach dem Gesetz der Freiheit gesetzt hat."

Eingebundenheit jedes Mitarbeiters

Was bei Dietrich (vgl. Abschnitt 8.2) in der Forderung nach einer Symbiose von Betrieb und Mitarbeitern bereits anklang, entwickelt Nicklisch weiter: Mit seinem Konzept der **Betriebsgemeinschaft** wandte sich Nicklisch gegen eine mechanistische, dem Menschen nicht gerecht werdende Betrachtung und Führung des Betriebes. Nicklisch kann damit auch als ein Vorläufer der heutigen Arbeitswissenschaft (vgl. etwa Rohmert 1986) gelten.

Verantwortungsvolles Handeln aus betrieblicher Sicht bedarf nach Nicklisch zunächst eines Verständnisses für die Eingebundenheit jedes Mitarbeiters nicht nur in den Betrieb, sondern darüber hinaus in die Wirtschaft, in die Gesellschaft, in die Menschheit. Auf diesem Verständnis aufbauend, bedeutet verantwortungsvolles Handeln für Nicklisch das Mitwirken in einer Betriebsgemeinschaft, in der jeder einzelne seine Grundbedürfnisse nach Erhaltung geistiger Betätigung, nach schöpferischer Gestaltung und nach Freiheit befriedigen kann.

Die Betriebsgemeinschaft als Grundlage einer Leitidee normativer Führung

Nicklischs Konzept der Betriebsgemeinschaft ist hier einer weiteren Leitidee normativer Führung zugrunde gelegt:

> **Leitidee 18**
>
> **DIE UNTERNEHMUNG ALS GEMEINSCHAFT FÜHREN!**

Führungskräfte sollten ihre Unternehmung als Gemeinschaft aller Mitarbeiter verstehen und führen. Das bedeutet in Anlehnung an Nicklisch insbesondere dreierlei, erstens die **Unternehmung als Ganzheit verstehen**, zweitens den **Grundbedürfnissen der Mitarbeiter gerecht werden** und drittens die grundlegenden **organisatorischen Gesetze beachten**.

○ **Die Unternehmung als Ganzheit verstehen:** Führungskräfte sollten, dem Ganzheitsgedanken Nicklischs folgend, die **Unternehmung als Ganzheit** verstehen und dieses Verständnis allen Mitgliedern der Unternehmung vermitteln: Jede Unternehmung ist mehr als die Summe ihrer Abteilungen, jede Abteilung ist mehr als die Summe ihrer Gruppen, jede Gruppe ist mehr als die Summe ihrer Mitarbeiter. Gleichzeitig entscheidet der Beitrag jedes einzelnen Mitarbeiters mit über den Erfolg der ganzen Unternehmung, trägt jeder Mitarbeiter, etwa im Sinne Sartres (vgl. Abschnitt 6.4), **Verantwortung für das Ganze**.

○ **Den Grundbedürfnissen der Mitarbeiter gerecht werden:** Führungskräfte sollten den Grundbedürfnissen der Mitarbeiter nach Erhaltung geistiger Betätigung, nach schöpferischer Gestaltung und nach Freiheit gerecht werden. Jeder Mitarbeiter sollte nach eigenem Bedürfnis geistig und schöpferisch tätig werden können, nicht nur am **Arbeitsplatz** selbst, sondern auch im Rahmen eines **Weiterbildungs- und Freizeitangebotes**. Zudem sollte jedem Mitarbeiter ein höchstmögliches Maß an freien Entfaltungsmöglichkeiten eingeräumt werden. Das sollte insbesondere einhergehen mit der **Übertragung von Verantwortung** (vgl. Abschnitt 10.2).

○ **Die grundlegenden organisatorischen Gesetze beachten:** Führungskräfte sollten die nach Nicklisch grundlegenden organisatorischen Gesetze der Freiheit, der Gestaltung und der Erhaltung beachten:

Dem **Gesetz der Freiheit** gemäß sollten Führungskräfte aus freier Entschlußkraft ihre Unternehmung in den Dienst an der Gesellschaft stellen. Das wurde schon in Abschnitt 8.2 in der Leitidee 17 (Der Unternehmung dienen!) gefordert, insbesondere in Verbindung mit der Leitidee 15 (Die Unternehmung erhalten und in den Dienst an der Gesellschaft stellen!). Diese Forderung wird auch in der Leitidee 19 (Der Gesellschaft dienen!) in Abschnitt 8.4 explizit erhoben.

Dem **Gesetz der Gestaltung** folgend sollten Führungskräfte bei aller notwendigen Arbeitsteilung jedem Mitarbeiter so weit wie möglich den Gesamtzusammenhang, die Einbindung seiner Aufgabe in die Leistungserstellung der Unternehmung aufzeigen. Dazu mögen etwa Ansätze wie Job Rotation, Job Enlargement und Job Enrichment beitragen. Auch die Bildung überschaubarer Einheiten (vgl. Abschnitt 10.2) kann diesem Zweck dienen.

Dem **Gesetz der Erhaltung** entsprechend sollten Führungskräfte schließlich Leistung und Gegenleistung in Einklang bringen, etwa nach der Norm: gute Leistung gegen gute Gegenleistung. Einer guten Leistung der Mitarbeiter sollten entsprechende Entwicklungschancen und materielle Vorteile gegenüberstehen, einem hohen Preis sollten qualitativ hochwertige Güter und Dienstleistungen entsprechen etc. Ebenso sollte Vertrauen gegen Vertrauen stehen.

Mit seiner ethisch-normativen Betriebswirtschaftslehre hat Nicklisch der **normativen Führung** im wesentlichen vier gedankliche Impulse gegeben, die ein breites Spektrum abdecken. Dieses Spektrum umfaßt in der Reihenfolge vom Ganzen bis hin zum einzelnen Menschen **erstens** die Harmonie einer universellen Gemeinschaft vernünftiger Menschen **(Ganzheitsgedanke)**, **zweitens** die Einbettung der Unternehmung in die Gesellschaft, ihre Gestaltung und Erhaltung **(organisatorische Gesetze)**, **drittens** die Einbindung des einzelnen in die Unternehmung **(Betriebsgemeinschaft)** und **viertens** die Bedürfnisse des Menschen nach Erhalt seines geistigen Wesens, nach Gemeinschaft und nach Freiheit **(Grundbedürfnisse)**.

8.4. Kalveram: Grundgesetz der Wirtschaft

Für Wilhelm Kalveram (1882 bis 1951) ist die Wirtschaft eingebettet in das Ganze der Lebenswelt und steht mit diesem Ganzen in vielfacher Wechselwirkung. Dieser Ganzheitsgedanke verbindet das Konzept von Kalveram mit denjenigen von Schär, Dietrich und Nicklisch (Abschnitte 8.1 bis 8.3).

Dennoch gibt es unterschiedliche Schwerpunkte im Ansatz der Konzepte. Sie liegen in der **Größenordnung** der betrachteten Ganzheit begründet: Dietrich und Nicklisch legen den Schwerpunkt auf die Einbettung des Mitarbeiters in die **Ganzheit des Betriebes** (Dietrich sprach von einer Symbiose von Betrieb und Mitarbeitern, Nicklisch von einer Betriebsgemeinschaft). Schär bindet den Betrieb seinerseits gedanklich in die **Ganzheit der Volkswirtschaft** ein. Kalveram schließlich verknüpft die (Volks-)Wirtschaft mit der **Ganzheit der Lebenswelt**.

Übersichten über Kalverams Konzept geben Keinhorst (1956, S.101-118) und Wöhe (1959, S.131-132).

Wirtschaft als Teil der Lebenswelt

Nach Kalveram bildet die Lebenswelt eine "organische Ganzheit". In diese Ganzheit sei die Wirtschaft als Teil integriert. Die Wirtschaft könne daher nicht losgelöst, autark von lebensweltlichen Einflüssen gesehen werden. Kalveram (1951, S.17) schreibt:

"Das Gefüge des kulturellen, sozialen, wirtschaftlichen, politischen und religiösen Lebens der menschlichen Gesellschaft will auch von uns Wirtschaftlern verstanden sein als organische Ganzheit mit innerer Geschlossenheit. Jede einzelne Handlung eines jeden Gliedes der sozialen Gesamtheit wirkt auf das Ganze und wird von diesem wiederum beeinflußt."

Kalveram (1951, S.15) bekennt sich "zu einer Einordnung alles wirtschaftlichen Denkens und Handelns in einen höheren Seinszusammenhang ..." Daraus erwachse der **Betriebswirtschaftslehre**, deren "übermäßige Isolierung und das übertriebene Einzelgängertum" Kalveram (1951, S.15) bemängelt, ihre spezifische Aufgabe:

"Betriebswirtschaftslehre als **Wissenschaft und Forschung** muß den Betrieb stets in seinen ganzheitlichen Zusammenhängen ins Auge fassen ... Sie sieht es als ihre Aufgabe an, unter Auswertung der von der empirischen Forschung ermittelten Einsichten in die wirtschaftlichen Zusammenhänge das wirtschaftliche Handeln in den größeren Zusammenhang eines umfassenden Wertsystems einzuordnen" (Kalveram 1951, S.20).

Der dienende Charakter der Wirtschaft

Aus einer ganzheitlichen Sicht heraus weist Kalveram (1949, S.16-17) der Wirtschaft einen **dienenden Charakter** zu:

"Die wirtschaftlichen Werte und Zielgüter sind ihrer Natur nach **Dienst**werte, nicht **Selbst-** und **Letzt**werte. Eine Wirtschaft ist nur dann gesund und in Ordnung, erfüllt nur dann ihren Sinn und wird nur dann ihrer Aufgabe gerecht, wenn sie diese **dienende Eingliederung in das Ganze der menschlichen Kultur** wahrt. Dazu gehört, daß die in ihr tätigen Menschen sie als gesellschaftlichen Lebensprozeß anerkennen und vollziehen, das heißt im Verfolg ihrer eigenwirtschaftlichen Ziele zugleich ihren volkswirtschaftlichen Aufgaben gerecht werden und **den ganzen Wirtschaftsvollzug ausgerichtet halten auf die außerwirtschaftlichen Kulturwerte, denen alles Wirtschaften dient.**"

Soziale Marktwirtschaft als Synthese von Liberalismus und Kollektivismus

Der Dienst der Wirtschaft für "außerwirtschaftliche Kulturwerte", letztlich für die Ganzheit der (außerwirtschaftlichen) Lebenswelt, könne am sichersten durch eine Wirtschaftsordnung gewährleistet werden, die eine **Synthese** von **Liberalismus** und **Kollektivismus** bilde.

O **Liberalismus als These:** Im Liberalismus, so Kalveram (1951, S.15), würden die ökonomischen Ordnungskräfte des Marktes überschätzt:

"Der **Liberalismus** vergangener Tage glaubte(,) die ungehinderte Auswirkung der Triebkräfte der Einzelpersönlichkeit, des Egoismus, eines schrankenlosen Wettbewerbs führe naturgesetzlich zu technischem Fortschritt, zur Steigerung des Lebensniveaus, zu einer Selbstregulierung aller Spannungen. ... Er hat diese ökonomischen Ordnungskräfte überschätzt ..."

O **Kollektivismus als Antithese:** Im Kollektivismus hingegen, so Kalveram (1951, S.16), würden Freiheit und Verantwortung des Menschen vernachlässigt:

"Der **Kollektivismus**, der Versuch, den Menschen zwangsweise in einen riesigen Wirtschaftsapparat einzusperren, um ihn als Rädchen in der Maschine der Durchführung von Plänen ... dienstbar zu machen, hat zu noch unseligeren Ergebnissen geführt. Dieser Kollektivismus ist zwar die Umkehrung der liberalen Gedankenwelt, aber keineswegs eine Abkehr von einer kraß materialistischen Wirtschaftsauffassung, für die der Wirtschaftsprozeß zwangsläufig ist und darum keinen Raum läßt für menschliche Freiheit und menschliche Verantwortung."

O **Synthese aus Wettbewerbsfreiheit und institutioneller Sicherung:** Kalveram schlägt, insbesondere mit Blick auf die deutsche Nachkriegssituation, eine Synthese vor, in der Wettbewerbsfreiheit verbunden sei mit institutioneller Sicherung:

"Zwischen diesen beiden extremen Ordnungssystemen, wenn man sie so nennen darf, der freien, ungezügelten Marktwirtschaft und einer straff gelenkten zentralen Verwaltungswirtschaft schlägt das Pendel hin und her. Die Bemühungen ernster Staatsmänner und Wirtschaftler in der gegenwärtigen Notzeit rücken offenbar von beiden Einseitigkeiten ab. Man sucht die **Synthese** von Freiheit und Bindung. Die Befürworter der staatlichen Lenkung sträuben sich nicht mehr gegen Initiative und persönliche Verantwortung; bei den Verfechtern der Wettbewerbsfreiheit wächst die Einsicht, daß der Wettbewerb institutioneller Sicherungen bedarf, zunächst durch geeignete Einrichtungen der Selbsthilfe und wo diese nicht ausreichen, durch Maßnahmen des Staates" (Kalveram 1951, S.16).

Eine solche Synthese solle soziale Sicherheit gewährleisten, sozialen Wandel begünstigen und für alle Beteiligten persönliche Freiheit, bestmögliche Versorgung und gleichzeitig eine "standfeste Sozialstruktur" garantieren (Kalveram 1951, S.16).

"Dieses Ziel ist ... nur erreichbar, wenn man sich vom Automatismus einer Selbstregulierung der wirtschaftlichen Kräfte ebenso wie vom Kult der Vermassung und Verplanung abkehrt" (Kalveram 1951, S.16).

Kalverams **Forderung nach einer Synthese** erinnert an den Vorschlag Schärs (vgl. Abschnitt 8.1), mit dem Solidarismus eine Synthese zwischen Individualismus (bei Kalveram der Liberalismus) und Sozialismus (bei Kalveram der Kollektivismus) zu schaffen. Die **Soziale Marktwirtschaft**, unsere gegenwärtige Wirtschaftordnung, dürfte die Forderung Kalverams und den Vorschlag Schärs weitgehend erfüllen.

Das Grundgesetz der Wirtschaft

Wer den **dienenden Charakter** der Wirtschaft begriffen und verinnerlicht habe, für den seien, so Kalveram (1951, S.18), eine "ethische Gesinnung und Haltung" selbstverständlich:

"Wer davon überzeugt ist, daß die Wirtschaft nicht ein Ding an sich, sondern ein dienendes Glied innerhalb des weitverzweigten sozialen und kulturellen Gemeinschaftslebens ist, für den ist ethische Gesinnung und Haltung etwas ganz Selbstverständliches."

Dienertum, nicht **Dominanz** sei die angemessene Rolle der Wirtschaft; ein dienendes Glied im Ganzen sei sie, kein verselbständigter Mechanismus, der sich über den Menschen erhebe und alle Lebensbereiche dominiere. Diese Botschaft richtet Kalveram (1951, S.18) als **Grundgesetz der Wirtschaft** an alle Wirtschaftssubjekte:

"Das Grundgesetz ... der Wirtschaft ... kann nur lauten: **Wirtschafte wirtschaftsgemäß**, wirtschafte so, wie es dem Sinn der richtig geordneten und verstandenen Wirtschaft entspricht."

Wirtschaften sei genau dann wirtschaftsgemäß, wenn es gleichermaßen an den **"Eigengesetzen"** der Wirtschaft wie an übergeordneten gesellschaftlichen **Normen** ausgerichtet sei (Kalveram 1949, S.29). Das erinnert an Rich (vgl. Abschnitt 7.1) der eine Einheit von Sachgemäßem (den "Eigengesetzen" entsprechend) und Menschengerechtem (für das Normen benötigt werden) forderte. Die Normen ergäben sich dabei, so Kalveram, aus dem dienenden Charakter die Wirtschaft, aus ihrer Aufgabe, zum Gemeinwohl (vgl. Abschnitt 6.2) beizutragen.

Stärken und Schwächen

Kalverams ethisch-normative Betriebswirtschaftslehre weist **Stärken** und **Schwächen** auf:

- Kalveram trägt sein Konzept in weitaus moderateren Worten vor als etwa Dietrich (vgl. Abschnitt 8.2). Hierin liegt eine **Stärke** seines Konzeptes, denn dadurch gewinnen seine Forderungen an Überzeugungskraft.

  Eine **Stärke** mag auch im ausgeprägten Ganzheitsgedanken von Kalveram liegen: Im Ganzen der Lebenswelt habe die Wirtschaft eine ausschließlich dienende Funktion, sie verliere ihren Selbstzweck. Diesen Ganzheitsgedanken hat Kalveram von allen Vertretern der ethisch-normativen Betriebswirtschaftslehre am konsequentesten zu Ende geführt.

- Als **Schwächen** erscheinen hingegen Kalverams Ansichten über die **Ausrichtung** und die **Aufgabe** der Betriebswirtschaftslehre.

  So ist zwar mit Kalveram eine zu stark nach Spezialisierung drängende **Ausrichtung** der Betriebswirtschaftslehre, eine "übermäßige Isolierung und das übertriebene Einzelgängertum" abzulehnen. Doch scheint eine gewisse Spezialisierung notwendig, um die Leistungsfähigkeit des Faches zu begründen und zu erhalten.

  Zudem sollte zwar im Rahmen der Betriebswirtschaftslehre die Einbettung des Betriebs in einen "größeren Zusammenhang" erklärt werden, gewissermaßen als eine **synthetische** Aufgabe der Betriebswirtschaftslehre. Dennoch bleibt die von Kalveram vernachlässigte **Analyse** der betrieblichen Abläufe im Rahmen der Betriebswirtschaftslehre unverzichtbar.

Das Grundgesetz der Wirtschaft als Leitidee normativer Führung

Durch "wirtschaftsgemäßes Wirtschaften", durch die Einbettung der Wirtschaft in die Gesellschaft, solle der Gesellschaft als Ganzer gedient werden. Dieser Gedanke Kalverams fließt hier in eine weitere Leitidee normativer Führung ein:

> **Leitidee 19**
> **DER GESELLSCHAFT DIENEN!**

Führungskräfte sollten nicht nur ihrer Unternehmung dienen (Leitidee 17), sondern darüber hinaus mit der Unternehmung der Gesellschaft als Ganzes. Diese Forderung klang schon in der Leitidee 15 an (Die Unternehmung erhalten und in den Dienst der Gesellschaft stellen!); sie liegt auch dem organisatorischen Gesetz der Freiheit zugrunde (vgl. die Ausführungen zur Leitidee 18).

Der Dienst an der Gesellschaft sollte zum einen **sämtliche Aktivitäten** der Unternehmung umfassen: die Erstellung von Gütern und Dienstleistungen, die Bereitstellung humaner und zukunftssicherer Arbeitsplätze, den Umweltschutz, ebenso die Erwirtschaftung von Gewinn und die Verzinsung des eingesetzten Kapitals. Alle diese Aktivitäten haben vielfache gesellschaftliche Auswirkungen und sind ihrerseits vielfach gesellschaftlich beeinflußt.

Zum anderen sollten in den Dienst an der Gesellschaft **sämtliche Anspruchsgruppen** (vgl. Abschnitt 2.3.1) einbezogen werden, die Mitarbeiter, die Kunden (einschließlich der Konsumenten), die Lieferanten, die Kapitalgeber, die Gewerkschaften, die Öffentlichkeit. Alle diese Anspruchsgruppen bilden einen Teil der Gesellschaft.

Der Dienst an der Gesellschaft sollte allerdings nicht mißverstanden werden. Es geht hierbei im Sinne von Kalveram nicht um eine selbstlose Wohltätigkeit der Unternehmungen, sondern um die Verbindung von **ökonomischen Notwendigkeiten** mit **gesellschaftlichen Erfordernissen**. Nur indem beides miteinander in Einklang gebracht werde, könne die Wirtschaft als Teil der Gesellschaft ihrer Aufgabe gerecht werden und könne jeder einzelne "wirtschaftsgemäß wirtschaften".

8.5. Staehle: Demokratisierung der Wirtschaft

Im Unterschied zu Kalveram (Abschnitt 8.4) setzt Wolfgang Staehle (1938-1992) nicht an der Gesellschaft als Ganzes an, sondern am **einzelnen Menschen**. Alles Handeln habe letztlich dem einzelnen Menschen zu dienen. Um den Dienst am Menschen auch in der Wirtschaft zu ermöglichen, plädiert Staehle für eine **Demokratisierung der Wirtschaft**.

Eine Übersicht über Staehles Konzept gibt Kröger (1981, S.121-139).

Personalismus - Der Mensch als Maßstab des Handelns

Alles, was bewußt getan werde, sei in letzter Konsequenz auf den Menschen gerichtet und habe ihm daher zu dienen. Mit dieser Forderung macht Staehle den Menschen zum Maßstab allen Handelns. Staehle entleiht diese Forderung aus der Philosophie, genauer: aus dem Prinzip des Personalismus (Staehle spricht von der "philosophischen Richtung" des Personalismus):

"Meine Wertvorstellungen decken sich weitgehend mit der philosophischen Richtung des Personalismus, der - als Wertlehre verstanden - postuliert, daß alle Werte von der Person (und nicht von der Sache) ausgehen und die Person nicht nur Wertquelle, sondern auch Wertmaßstab und Wertziel sei. Aktualität und Relevanz des Personalismus ... werden am besten deutlich, wenn man ihn als Gegenreaktion versteht gegen Egoismus und Individualismus, gegen den positivistischen Determinismus, gegen rein technologisches und naturwissenschaftliches Denken, gegen das Gerede von den Sachzwängen, gegen Bürokratisierung, die Verselbständigung von Organisationen und ganz generell gegen die Umkehrung von Mitteln in Ziele" (Staehle 1975, S.714).

Staehle konkretisiert das gleich im nächsten Absatz, indem er den Menschen als nur sich selbst gehörend charakterisiert, der Selbstzweckformel des kategorischen Imperativs von Kant (vgl. Abschnitt 6.7) ähnelnd:

"Der Mensch, verstanden als Person, ist ein mit (Selbst)Bewußtsein und Freiheit begabtes Wesen, das ... nur sich selbst gehört und von keiner anderen Instanz besessen werden kann; folglich kann er nicht anderen Menschen oder sozialen Gebilden als Instrument dienen" (Staehle 1975, S.714).

Am Menschen als Maßstab allen Handelns haben sich, so Staehle (1975, S.715), letztlich auch alle Gemeinschaftsaufgaben zu orientieren:

"Die Gemeinschaft leistet Hilfestellung zur Realisierung dieser Werte; Staat und Gesellschaft sind Organisationen im Dienst des einzelnen und nicht umgekehrt; sie gewährleisten durch Autorität und Gesetz die Selbstverwirklichung unter Achtung des Gemeinwohls. Die Ziele der Träger des Gemeinwohls (Staat, Gemeinde, Betrieb) müssen also auf die Ziele der Personen bezogen sein. Dabei gilt der Grundsatz: So viel Freiheit wie möglich, so viel Eingriffe wie notwendig im Hinblick auf das bedrohte Gemeinwohl."

Demokratisierung der Wirtschaft

Um dem einzelnen Menschen dienen zu können, um den Menschen zum Maßstab allen Handelns zu machen, bedürfe es, so Staehle (1975, S.715), einer demokratischen Gesellschafts- und Wirtschaftsordnung:

"Die Forderung nach personaler Selbsterhaltung und darüber hinaus nach Selbstentfaltung ... setzt Freiheit und Selbstbestimmungsfähigkeit voraus, beides Ziele, deren Verwirklichung m.E. eine demokratische Gesellschafts- und Wirtschaftsordnung am ehesten zu erreichen vermag, in der die freie Entfaltung der Persönlichkeit verfassungsmäßig gesichert ist (Grundrechte)."

Um insbesondere die Wirtschaft zu demokratisieren, plädiert Staehle (1973b, S.22) für die "Einführung demokratischer Prinzipien des Zusammenlebens und -arbeitens". Dabei erwähnt Staehle in erster Linie die Prinzipien der **Subsidiarität** und der **Solidarität**.

○ **Subsidiaritätsprinzip:** Dem Subsidiaritätsprinzip zufolge solle eine **über**geordnete Instanz nur solche Aufgaben wahrnehmen und sich nur um jene Belange kümmern, bei denen die **unter**geordnete Instanz überfordert sei. Staehle will durch das Subsidiaritätsprinzip die elementaren Rechte der jeweils untergeordneten Instanz sichern. In Anlehnung an Hengstenberg (1953, S.20) schreibt Staehle (1973a, S.195):

"Das **Subsidiaritätsprinzip** ... besagt, 'daß jeder Lebens- und Rechtskreis alle Aufgaben in eigener Vollmacht und Initiative leisten soll, die er aus seinem Wesen und Wirklichsein zu leisten fähig ist, daß aber der jeweils (verwaltungsmäßig) übergeordnete Lebens- und Rechtskreis nur da einzugreifen hat, wo der (verwaltungsmäßig) untergeordnete Kreis die betreffende Aufgabe nicht lösen kann oder will.' ... Das Subsidiaritätsprinzip schützt die Rechte des kleineren Lebensbereichs gegenüber dem übergeordneten System, das nicht befugt ist, nach Belieben Zuständigkeiten an sich zu ziehen oder in den untergeordneten Lebensbereich außer im Falle des hilfreichen Beistands einzugreifen."

○ **Solidaritätsprinzip:** Dem Solidaritätsprinzip folgend betont Staehle die **gegenseitige Abhängigkeit** der Menschen voneinander. Daher zieht er in der Wirtschaft die **Kooperation** dem **Wettbewerb** vor. Staehle (1973a, S.195) zitiert hier Bülow und von Nell-Breuning (1969, S.943):

"Das **Solidaritätsprinzip** besagt: 'Jede Handlung eines Menschen wirkt auf eine andere ein, die Menschen sind aufeinander angewiesen und zur **Solidarität** (einer für alle, alle für einen) verpflichtet. Als Wirtschaftsprinzip räumt der Solidarismus nicht dem Wettbewerb, den er an und für sich nicht verurteilt, sondern der Kooperation, dem auf Gegenseitigkeit beruhenden Zusammenwirken, den Vorrang ein' ..."

Einseitigkeit des Solidaritätsprinzips

Während das **Subsidiaritätsprinzip** durch eine möglichst weitgehende Dezentralisierung von Sachverstand und Kompetenzen die Soziale Marktwirtschaft in vielfacher Weise effizient unterstützen kann, scheint das **Solidaritätsprinzip** von Staehle mit den Grundsätzen der Sozialen Marktwirtschaft nur bedingt vereinbar zu sein. Denn zwar dürfte eine

Kooperation von Unternehmungen gesamtwirtschaftlich vielfach vorteilhaft sein, sie birgt jedoch stets die Gefahr eines **Mißbrauches von Marktmacht** in sich.

Insofern erscheint die Kooperation im Sinne von Staehles Solidaritätsprinzip zwar als **Ergänzung** zum Wettbewerb, nicht aber als dessen **Ersatz** geeignet. Kooperation und Wettbewerb sollten nicht als Gegensatz verstanden, sondern miteinander zu einer Einheit **verbunden** werden. Dies forderte auch Schär mit seinem **Prinzip des Solidarismus** (als Synthese von Individualismus und Sozialismus; vgl. Abschnitt 8.1), ähnlich auch Kalveram mit seiner **Synthese aus Liberalismus und Kollektivismus** (vgl. Abschnitt 8.4).

Menschengerechtes vor Sachgemäßem?

Im Gegensatz zu Schär, Dietrich, Nicklisch und Kalveram (vgl. die Abschnitte 8.1 bis 8.4) ist Staehle kein typischer Vertreter der ethisch-normativen Betriebswirtschaftslehre. Staehle unterscheidet deutlich zwischen Tatsachenaussagen und Normen, anstatt (wie die vier anderen Autoren) beides miteinander zu vermischen. Normen - bei Staehle eingebettet in eine "normativ-wertende Betriebswirtschaftslehre" - machen dabei nur einen geringen Teil seines Gesamtwerkes aus.

Staehles normativ-wertende Betriebswirtschaftslehre ist stark auf den einzelnen Menschen und seine Bedürfnisse bezogen. Dieses Konzept führt Staehle recht **einseitig** **"gegen das Gerede von den Sachzwängen"** (vgl. oben) ins Feld. Deutlich wird diese Einseitigkeit, wenn man ihr die Kernforderungen von Rich (vgl. Abschnitt 7.1), Peter Ulrich (vgl. Abschnitt 7.3) und Kalveram (vgl. Abschnitt 8.4) entgegenhält:

Rich verlangt eine Einheit von **Sachgemäßem und Menschengerechtem**, Ulrich will die Spannungen zwischen **"Sachgerechtigkeit"** und **"Menschengerechtigkeit"** beseitigen und Kalveram plädiert für eine Verbindung **ökonomischer Notwendigkeiten mit gesellschaftlichen Erfordernissen**.

Demokratisierung als Leitidee normativer Führung

Staehles Prinzip der am Personalismus orientierten Demokratisierung ist hier einer weiteren Leitidee normativer Führung zugrunde gelegt:

Leitidee 20
DIE UNTERNEHMUNG PERSONALDEMOKRATISCH FÜHREN UND GESTALTEN!

Um ihre Unternehmung personaldemokratisch zu **führen**, sollten Führungskräfte, dem Prinzip des **Personalismus** folgend, im Umgang mit allen Menschen den (auch immateriellen) Wert der Person an sich in den Vordergrund stellen, nicht nur den (bloß materiellen) Wert als Mitarbeiter, als Kunde, als Kreditgeber, als Lieferant etc. Insbesondere sollten Führungskräfte im Sinne Nicklischs den **Grundbedüfnissen** des Menschen nach Erhalt seines geistigen Wesens, nach Gemeinschaft und nach Freiheit nachkommen (vgl. Abschnitt 8.3).

Um ihre Unternehmung personaldemokratisch zu **gestalten**, sollten sich Führungskräfte am Prinzip des **Personalismus**, am **Subsidiaritätsprinzip** und am **Solidaritätsprinzip** orientieren. Staehle selbst gibt hierfür konkrete Gestaltungsempfehlungen:

So sollten, dem Prinzip des **Personalismus** entsprechend, alle Mitglieder der Unternehmung ihre Persönlichkeit frei und ungehindert entfalten können. Dafür sollten Führungskräfte nach Staehle, so Kröger (1981, S.126), unter anderem

O unnötige Freiheitsbeschränkungen abbauen (vgl. die Ausführungen zur Leitidee 14, Abschnitt 8.1),

O Fremdkontrolle der Mitarbeiter soweit wie möglich durch Selbstkontrolle und Selbstbestimmung ersetzen,

O extrinsische (für den einzelnen von außen her kommende) Motivation durch intrinsische (von innen her, aus eigenem Antrieb stammende) Motivation ablösen (vgl. die Abschnitte 10.2 und 10.3) und

O den Leistungswettbewerb zugunsten von Kooperation dort einschränken, wo gemeinsame Aufgaben zu bewältigen seien.

Das **Subsidiaritätsprinzip** will Staehle - in der Aufbereitung von Kröger (1981, S.126) - wie folgt verwirklicht sehen:

"Lasse jedes Subsystem all diejenigen Aufgaben in eigener Vollmacht und Initiative leisten, die es aus eigener Kraft leisten kann und will; lasse das übergeordnete System nur dann eingreifen, wenn die Erfüllung einer Aufgabe das Subsystem überfordert; in diesem

Fall stelle sicher, daß das übergeordnete System dem untergeordneten hilfreich beisteht! Gewähre darüber hinaus dem übergeordneten System eine Steuerungs-, Überwachungs- und Kontrollfunktion, die jedoch nur in einer mit dem Solidaritätsprinzip zu vereinbarenden Art und Weise ausgeübt werden darf."

Hinsichtlich des **Solidaritätsprinzips** schließlich fordert Staehle - wiederum in der Aufbereitung von Kröger (1981, S.126):

"Lasse die Systemmitglieder kooperieren und nicht konkurrieren; lasse sie Mitverantwortung für Ihre Mitmenschen übernehmen!"

Staehles Demokratieverständnis ist weitgehend durch das Prinzip des Personalismus geprägt. In einem umfassenderen Demokratieverständnis müßten andere Prinzipien hinzutreten, etwa das Mehrheitsprinzip. Bleibt jedoch dieses eher enge Demokratieverständnis Staehles dem Handelnden bewußt (wozu die hier gewählte Bezeichnung "personaldemokratisch" beitragen soll), so vermag auch Staehles Ansatz inhaltlich zur normativen Führung beizutragen.

8.6. Zusammenstellung: Leitideen normativer Führung

Die sieben in diesem Kapitel formulierten Leitideen normativer Führung aus den Abschnitten 8.1 bis 8.5 sind hier nochmals zusammengefaßt:

Leitidee 14:

GESAMTWIRTSCHAFTLICH ORIENTIERT HANDELN!
(Konzept von Johann Friedrich Schär; Abschnitt 8.1)

Leitidee 15:

**DIE UNTERNEHMUNG ERHALTEN UND
IN DEN DIENST DER GESELLSCHAFT STELLEN!,**

> **Leitidee 16:**
>
> **EINE SYMBIOSE VON UNTERNEHMUNG UND MITARBEITERN SCHAFFEN!**
>
> und
>
> **Leitidee 17:**
>
> **DER UNTERNEHMUNG DIENEN!**
> (Konzept von Rudolf Dietrich; Abschnitt 8.2)
>
> **Leitidee 18:**
>
> **DIE UNTERNEHMUNG ALS GEMEINSCHAFT FÜHREN!**
> (Konzept von Heinrich Nicklisch; Abschnitt 8.3)
>
> **Leitidee 19:**
>
> **DER GESELLSCHAFT DIENEN!**
> (Konzept von Wilhelm Kalveram; Abschnitt 8.4)
>
> **Leitidee 20:**
>
> **DIE UNTERNEHMUNG PERSONALDEMOKRATISCH FÜHREN UND GESTALTEN!**
> (Konzept von Wolfgang Staehle; Abschnitt 8.5)

Diese sieben Leitideen der **ethisch-normativen Betriebswirtschaftslehre** sind mit den zehn Leitideen der **philosophischen Ethik** (Kapitel 6) und den sieben Leitideen der **Wirtschaftsethik** (Kapitel 8) in einem gemeinsamen Katalog (Kapitel 9) zusammengeführt.

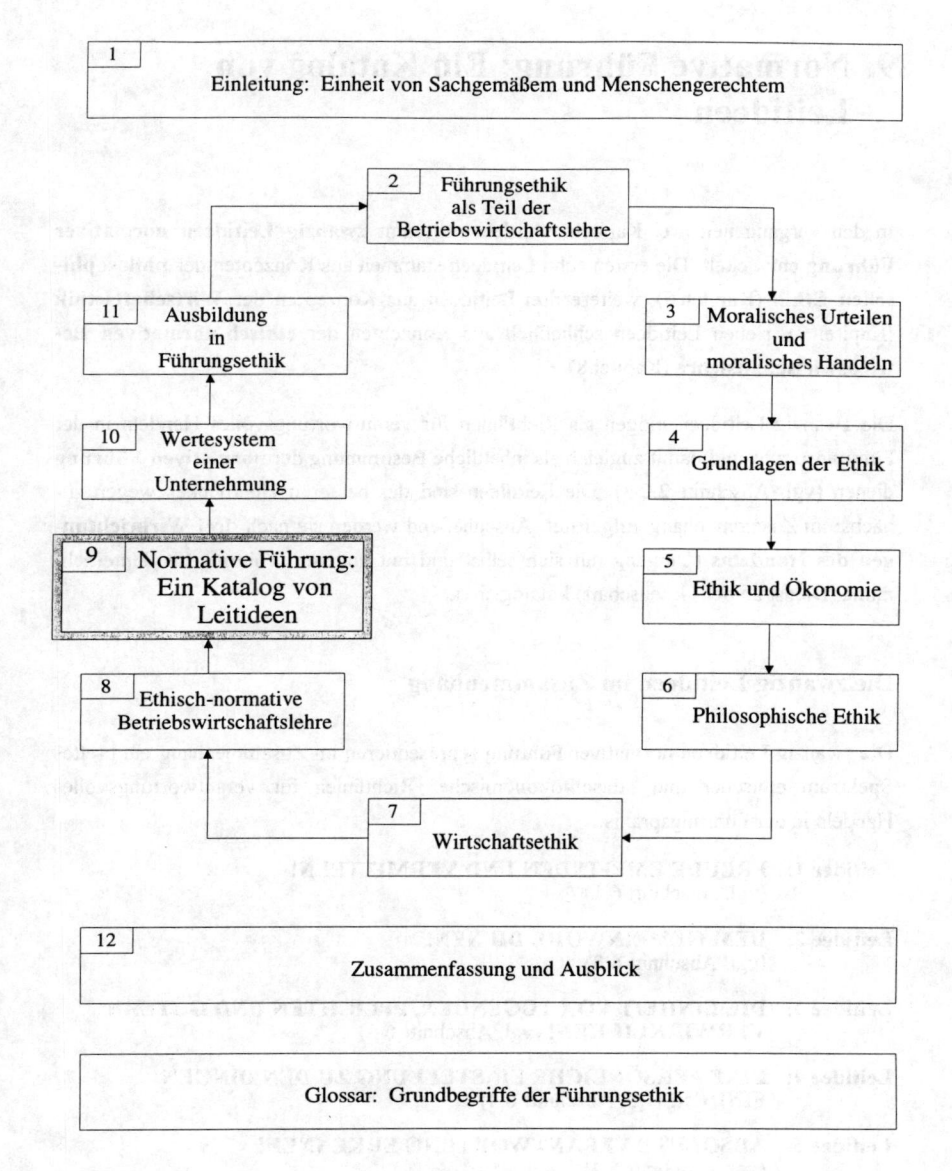

```
┌─────────────────────────────────────────────────────────────────┐
│ 1                                                               │
│        Einleitung: Einheit von Sachgemäßem und Menschengerechtem│
└─────────────────────────────────────────────────────────────────┘

                          ┌──────────────────────┐
                          │ 2   Führungsethik    │
                          │     als Teil der     │
                          │  Betriebswirtschaftslehre │
                          └──────────────────────┘

    ┌──────────────┐                          ┌──────────────────┐
    │ 11 Ausbildung│                          │ 3 Moralisches Urteilen │
    │      in      │                          │       und        │
    │ Führungsethik│                          │ moralisches Handeln │
    └──────────────┘                          └──────────────────┘

    ┌──────────────┐                          ┌──────────────────┐
    │ 10 Wertesystem│                         │ 4                │
    │     einer    │                          │ Grundlagen der Ethik │
    │  Unternehmung│                          │                  │
    └──────────────┘                          └──────────────────┘

    ┌──────────────┐                          ┌──────────────────┐
    │ 9 Normative Führung: │                  │ 5                │
    │   Ein Katalog von    │                  │ Ethik und Ökonomie│
    │      Leitideen       │                  │                  │
    └──────────────┘                          └──────────────────┘

    ┌──────────────┐                          ┌──────────────────┐
    │ 8 Ethisch-normative │                   │ 6                │
    │ Betriebswirtschaftslehre │              │ Philosophische Ethik │
    └──────────────┘                          └──────────────────┘

                    ┌──────────────────┐
                    │ 7                │
                    │ Wirtschaftsethik │
                    └──────────────────┘

┌─────────────────────────────────────────────────────────────────┐
│ 12                                                              │
│              Zusammenfassung und Ausblick                       │
└─────────────────────────────────────────────────────────────────┘

┌─────────────────────────────────────────────────────────────────┐
│            Glossar: Grundbegriffe der Führungsethik             │
└─────────────────────────────────────────────────────────────────┘
```

9. Normative Führung: Ein Katalog von Leitideen

In den vergangenen drei Kapiteln wurden insgesamt **zwanzig Leitideen normativer Führung** entwickelt. Die ersten zehn Leitideen stammen aus Konzepten der **philosophischen Ethik** (Kapitel 6), weitere drei Leitideen aus Konzepten der **Wirtschaftsethik** (Kapitel 7), sieben Leitideen schließlich aus Konzepten der **ethisch-normativen Betriebswirtschaftslehre** (Kapitel 8).

Die zwanzig Leitideen mögen als Richtlinien für verantwortungsvolles Handeln in der Führungspraxis und damit zugleich als inhaltliche Bestimmung der **normativen Führung** dienen (vgl. Abschnitt 2.2.3). Die Leitideen sind des besseren Überblickes wegen zunächst im Zusammenhang aufgelistet. Anschließend werden sie nach **drei Wirkrichtungen des Handelns** (Umgang mit sich selbst und mit anderen, Führung der Unternehmung, Dienst an der Gesellschaft) katalogisiert.

Die zwanzig Leitideen im Zusammenhang

Die zwanzig Leitideen normativer Führung repräsentieren im Zusammenhang ein breites Spektrum ethischer und ethisch-ökonomischer Richtlinien für verantwortungsvolles Handeln in der Führungspraxis:

Leitidee 1: FREUDE EMPFINDEN UND VERMITTELN!
(vgl. Abschnitt 6.1)

Leitidee 2: DEM GEMEINWOHL DIENEN!
(vgl. Abschnitt 6.2)

Leitidee 3: DIE EINHEIT VON TUGENDEN, PFLICHTEN UND GÜTERN VERWIRKLICHEN! (vgl. Abschnitt 6.3)

Leitidee 4: EINE PERSÖNLICHE EINSTELLUNG ZU DEN DINGEN FINDEN! (vgl. Abschnitt 6.4)

Leitidee 5: ABSOLUTE VERANTWORTUNG ERKENNEN!
(vgl. Abschnitt 6.4)

Leitidee 6: ZUKUNFTSVERANTWORTUNG ERKENNEN!
(vgl. Abschnitt 6.5)

Leitidee 7: ANDERE BEHANDELN, WIE MAN SELBST BEHANDELT WERDEN WILL! (vgl. Abschnitt 6.6)

Leitidee 8: NACH EIGENEN ALLGEMEINGÜLTIGEN GRUNDSÄTZEN HANDELN! (vgl. Abschnitt 6.7)

Leitidee 9: NACH KONSENSFÄHIGEN GRUNDSÄTZEN HANDELN! (vgl. Abschnitt 6.8)

Leitidee 10: GERECHT HANDELN! (vgl. Abschnitt 6.9)

Leitidee 11: EINHEIT VON SACHGEMÄßEM UND MENSCHENGERECHTEM VERWIRKLICHEN! (vgl. Abschnitt 7.1)

Leitidee 12: AUS ÖKONOMISCHEN GRÜNDEN VERANTWORTUNGSVOLL HANDELN! (vgl. Abschnitt 7.2)

Leitidee 13: SICH MIT DEN BETROFFENEN VERSTÄNDIGEN! (vgl. Abschnitt 7.3)

Leitidee 14: GESAMTWIRTSCHAFTLICH ORIENTIERT HANDELN! (vgl. Abschnitt 8.1)

Leitidee 15: DIE UNTERNEHMUNG ERHALTEN UND IN DEN DIENST DER GESELLSCHAFT STELLEN! (vgl. Abschnitt 8.2)

Leitidee 16: EINE SYMBIOSE VON UNTERNEHMUNG UND MITARBEITERN SCHAFFEN! (vgl. Abschnitt 8.2)

Leitidee 17: DER UNTERNEHMUNG DIENEN! (vgl. Abschnitt 8.2)

Leitidee 18: DIE UNTERNEHMUNG ALS GEMEINSCHAFT FÜHREN! (vgl. Abschnitt 8.3)

Leitidee 19: DER GESELLSCHAFT DIENEN! (vgl. Abschnitt 8.4)

Leitidee 20: DIE UNTERNEHMUNG PERSONALDEMOKRATISCH FÜHREN UND GESTALTEN! (vgl. Abschnitt 8.5)

Drei Wirkrichtungen des Handelns

Jede der zwanzig Leitideen stellt auf die ihr eigene Weise eine Richtlinie für verantwortungsvolles Handeln in der Führungspraxis dar. Ein Teil der Leitideen läßt sich überdies einer bestimmten Wirkrichtung des Handelns zuordnen. Hier seien **drei Wirkrichtungen des Handelns** unterschieden,

○ der **Umgang mit sich selbst und mit anderen**,

○ die **Führung der Unternehmung** und
○ der **Dienst an der Gesellschaft**.

Diesen drei Wirkrichtungen des Handelns seien insgesamt dreizehn der zwanzig Leitideen zugeordnet. Die restlichen sieben Leitideen mögen für alle drei Wirkrichtungen in gleichem Maße gelten.

Erste Wirkrichtung - Umgang mit sich selbst und mit anderen: Drei der zwanzig Leitideen thematisieren in erster Linie den verantwortungsvollen Umgang mit sich selbst und mit anderen:

Leitidee 1: FREUDE EMPFINDEN UND VERMITTELN!
(vgl. Abschnitt 6.1)

Leitidee 4: EINE PERSÖNLICHE EINSTELLUNG ZU DEN DINGEN FINDEN! (vgl. Abschnitt 6.4)

Leitidee 7: ANDERE BEHANDELN, WIE MAN SELBST BEHANDELT WERDEN WILL! (vgl. Abschnitt 6.6)

Zweite Wirkrichtung - Führung der Unternehmung: Weitere fünf der zwanzig Leitideen betreffen insbesondere eine verantwortungsvolle Führung der Unternehmung. Hierbei weist die Leitidee 15 auch eine Affinität zu den Leitideen der dritten Wirkrichtung (Dienst an der Gesellschaft) auf:

Leitidee 15: DIE UNTERNEHMUNG ERHALTEN UND IN DEN DIENST DER GESELLSCHAFT STELLEN! (vgl. Abschnitt 8.2)

Leitidee 16: EINE SYMBIOSE VON UNTERNEHMUNG UND MITARBEITERN SCHAFFEN! (vgl. Abschnitt 8.2)

Leitidee 17: DER UNTERNEHMUNG DIENEN!
(vgl. Abschnitt 8.2)

Leitidee 18: DIE UNTERNEHMUNG ALS GEMEINSCHAFT FÜHREN!
(vgl. Abschnitt 8.3)

Leitidee 20: DIE UNTERNEHMUNG PERSONALDEMOKRATISCH FÜHREN UND GESTALTEN! (vgl. Abschnitt 8.5)

Dritte Wirkrichtung - Dienst an der Gesellschaft: Wiederum fünf der zwanzig Leitideen fordern Führungskräfte (und alle anderen Teilnehmer am Wirtschaftsgeschehen) implizit oder explizit dazu auf, der Gesellschaft zu dienen:

Leitidee 2: DEM GEMEINWOHL DIENEN!
(vgl. Abschnitt 6.2)

Leitidee 12: AUS ÖKONOMISCHEN GRÜNDEN VERANTWORTUNGSVOLL HANDELN! (vgl. Abschnitt 7.2)

Leitidee 13: SICH MIT DEN BETROFFENEN VERSTÄNDIGEN! (vgl. Abschnitt 7.3)

Leitidee 14: GESAMTWIRTSCHAFTLICH ORIENTIERT HANDELN! (vgl. Abschnitt 8.1)

Leitidee 19: DER GESELLSCHAFT DIENEN! (vgl. Abschnitt 8.4)

Die restlichen sieben der zwanzig Leitideen seien hier keinem der drei Wirkrichtungen des Handelns zugeordnet. Sie mögen für **alle drei Wirkrichtungen** in gleichem Maße gelten:

Leitidee 3: DIE EINHEIT VON TUGENDEN, PFLICHTEN UND GÜTERN VERWIRKLICHEN! (vgl. Abschnitt 6.3)

Leitidee 5: ABSOLUTE VERANTWORTUNG ERKENNEN! (vgl. Abschnitt 6.4)

Leitidee 6: ZUKUNFTSVERANTWORTUNG ERKENNEN! (vgl. Abschnitt 6.5)

Leitidee 8: NACH EIGENEN ALLGEMEINGÜLTIGEN GRUNDSÄTZEN HANDELN! (vgl. Abschnitt 6.7)

Leitidee 9: NACH KONSENSFÄHIGEN GRUNDSÄTZEN HANDELN! (vgl. Abschnitt 6.8)

Leitidee 10: GERECHT HANDELN! (vgl. Abschnitt 6.9)

Leitidee 11: EINHEIT VON SACHGEMÄßEM UND MENSCHENGERECHTEM VERWIRKLICHEN! (vgl. Abschnitt 7.1)

Richtliniencharakter der Leitideen

Hinter der Vielfalt der zwanzig Leitideen läßt sich eine Einheit der Ethik erblicken, die **Einheit verantwortungsvollen Handelns**. Jede Leitidee fordert (undogmatisch) auf eine spezifische Weise zu verantwortungsvollem Handeln in der Führungspraxis auf - auch wenn die Begriffe "Verantwortung" oder "verantwortungsvoll" nur eher selten in die Leitideen eingeflossen sind (so in die Leitideen 5, 6 und 12).

Alle Leitideen besitzen ebenso wie Normen und Prinzipien einen **allgemeinen Richtliniencharakter**, keinen **speziellen Problemlösungscharakter**. Um praktisch wirksam zu werden, müssen die Leitideen stets an der Vernunft reflektiert und dann mit Verständnis und mit Einsicht angewandt werden. Hierfür bedarf es **eigener Verantwortungsfähigkeit**, insbesondere **eigener Reflexionsfähigkeit** und **eigener Urteilsfähigkeit** (vgl. die Abschnitte 2.2.3 und 4.1.2).

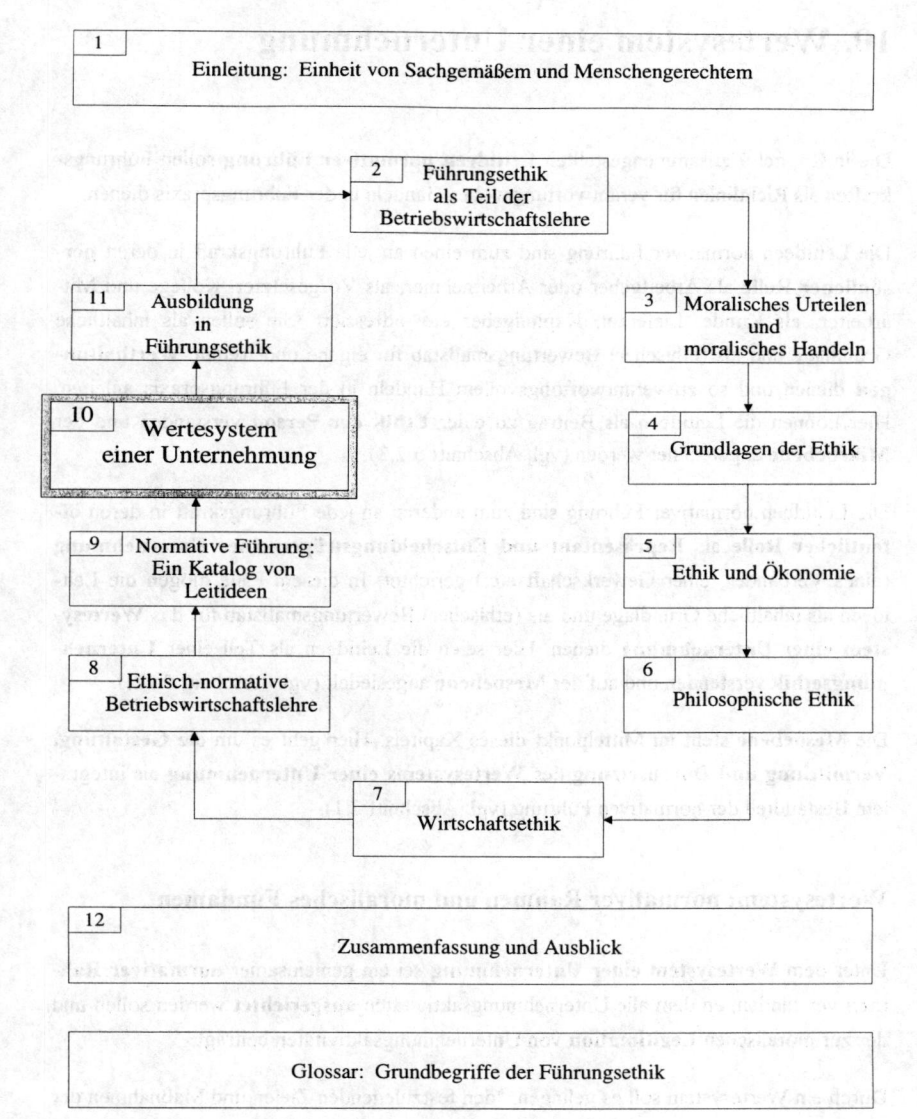

```
┌─────────────────────────────────────────────────────────┐
│ 1                                                       │
│     Einleitung: Einheit von Sachgemäßem und Menschengerechtem │
└─────────────────────────────────────────────────────────┘

                          ┌──────────────────────┐
                          │ 2   Führungsethik    │
                          │     als Teil der     │
                          │  Betriebswirtschaftslehre │
                          └──────────────────────┘

   ┌──────────────────┐                    ┌──────────────────────┐
   │ 11  Ausbildung   │                    │ 3  Moralisches Urteilen │
   │      in          │                    │         und             │
   │  Führungsethik   │                    │  moralisches Handeln    │
   └──────────────────┘                    └──────────────────────┘

   ┌──────────────────┐                    ┌──────────────────────┐
   │ 10  Wertesystem  │                    │ 4                    │
   │  einer Unternehmung │                 │  Grundlagen der Ethik │
   └──────────────────┘                    └──────────────────────┘

   ┌──────────────────┐                    ┌──────────────────────┐
   │ 9  Normative Führung: │                │ 5                    │
   │     Ein Katalog von   │                │  Ethik und Ökonomie  │
   │       Leitideen       │                │                      │
   └──────────────────┘                    └──────────────────────┘

   ┌──────────────────┐                    ┌──────────────────────┐
   │ 8  Ethisch-normative │                 │ 6                    │
   │  Betriebswirtschaftslehre │            │  Philosophische Ethik │
   └──────────────────┘                    └──────────────────────┘

                          ┌──────────────────────┐
                          │ 7                    │
                          │   Wirtschaftsethik   │
                          └──────────────────────┘


┌─────────────────────────────────────────────────────────┐
│ 12                                                      │
│              Zusammenfassung und Ausblick               │
└─────────────────────────────────────────────────────────┘

┌─────────────────────────────────────────────────────────┐
│           Glossar: Grundbegriffe der Führungsethik      │
└─────────────────────────────────────────────────────────┘
```

10. Wertesystem einer Unternehmung

Die in Kapitel 9 zusammengestellten **Leitideen normativer Führung** sollen Führungskräften als Richtlinien für verantwortungsvolles Handeln in der Führungspraxis dienen.

Die Leitideen normativer Führung sind zum einen an jede Führungskraft in deren **persönlicher Rolle** als Arbeitgeber oder Arbeitnehmer, als Vorgesetzter, Kollege und Mitarbeiter, als Kunde, Lieferant, Kapitalgeber etc. adressiert. Sie sollen als inhaltliche Grundlage und als (ethischer) Bewertungsmaßstab für eigene und fremde **Werthaltungen** dienen und so zu verantwortungsvollem Handeln in der Führungspraxis anleiten. Hier können die Leitideen als Beitrag zu einer **Ethik der Person** verstanden und der **Mikroebene** zugerechnet werden (vgl. Abschnitt 5.2.3).

Die Leitideen normativer Führung sind zum anderen an jede Führungskraft in deren **öffentlicher Rolle** als **Repräsentant und Entscheidungsträger einer Unternehmung** (eines Verbandes, einer Gewerkschaft etc.) gerichtet. In diesem Falle mögen die Leitideen als inhaltliche Grundlage und als (ethischer) Bewertungsmaßstab für das **Wertesystem einer Unternehmung** dienen. Hier seien die Leitideen als Teil einer **Unternehmungsethik** verstanden und auf der **Mesoebene** angesiedelt (vgl. Abschnitt 5.2.2).

Die **Mesoebene** steht im Mittelpunkt dieses Kapitels. Hier geht es um die **Gestaltung, Vermittlung und Durchsetzung** des **Wertesystems einer Unternehmung** als integralem Bestandteil der normativen Führung (vgl. Abschnitt 2.1).

Wertesystem: normativer Rahmen und moralisches Fundament

Unter dem **Wertesystem einer Unternehmung** sei ein gemeinsamer **normativer Rahmen** verstanden, an dem alle Unternehmungsaktivitäten **ausgerichtet** werden sollen und der zur moralischen **Legitimation** von Unternehmungsaktivitäten beiträgt.

Durch ein Wertesystem soll es gelingen, "den festzulegenden Zielen und Maßnahmen der Unternehmungsführung, dem Unternehmen selbst einen Sinn zu geben, das zukünftige Tun zu begründen" (Hans Ulrich 1981a, S.14). Damit soll gewissermaßen ein **moralisches Fundament** für die Lebens- und Entwicklungsfähigkeit der Unternehmung als Ganzes geschaffen werden.

Viele Unternehmungen formulieren und publizieren ihr Wertesystem und machen es so einer breiten Öffentlichkeit bekannt. Als **Beispiel** sei die **IBM Deutschland** genannt. Deren Wertesystem beinhaltet etwa folgende oberste Werte: Achtung vor dem einzelnen, Dienst am Kunden, effektive Führung, Verpflichtung gegenüber den Aktionären, faires Verhalten gegenüber Lieferanten, Verantwortung gegenüber der Gesellschaft (vgl. Binz 1991, S.150-153).

Die Bedeutung eines Wertesystems für eine Unternehmung wird in der Literatur gerade in neuerer Zeit häufig hervorgehoben. Das mögen zwei Beispiele zeigen:

O Peter Ulrich und Fluri sehen in der Bildung eines "unternehmungsphilosophischen Leitbildes" (im Sinne eines Wertesystems) die wichtigste konzeptionelle Aufgabe für Führungskräfte überhaupt. Sie schreiben (1986, S.39):

"Als zentraler Bezugspunkt jeder durchdachten Managementkonzeption ist in der Geschäftsführung der Konsens zu suchen über ein **unternehmungsphilosophisches Leitbild**, das die Funktion eines obersten, handlungsorientierten Wertsystems des Managements erfüllt und die gesellschaftliche Legitimation des unternehmerischen Handelns glaubwürdig begründet."

O Hans Ulrich und Probst (1988, S.268) weisen die Bildung eines Wertesystems einer **"normativen Führungsebene"** zu:

"Auf der normativen Führungsebene geht es ... um die Bestimmung übergeordneter Werte, zu deren Verwirklichung die Unternehmung mit ihren eigenen Zielsetzungen und Aktivitäten beitragen soll. Man kann auch sagen, dass auf dieser Ebene die 'Unternehmungsmoral' festgelegt wird, die für ihr Verhalten wegleitend sein soll. Solche normativen Entscheidungen sind darauf gerichtet, das Unternehmungsverhalten zu begründen und zu legitimieren ..."

Gestaltung, Vermittlung und Durchsetzung eines Wertesystems

Auf die **Beschreibung** eines Wertesystems wurde schon im Rahmen der deskriptiven Ethik (vgl. Abschnitt 4.1.1) hingewiesen; hier geht es um dessen **Gestaltung**, **Vermittlung** und **Durchsetzung**:

O Das Wertesystem einer Unternehmung muß zunächst **gestaltet** werden (Abschnitt 10.1).

O Um wirksam zu werden, sollte das Wertesystem den Mitgliedern der Unternehmung **vermittelt** werden (Abschnitt 10.2). Die Vermittlung setzt am individuellen Verantwortungsbewußtsein und damit an einer **intrinsischen** (von innen her kommenden, aus eigenem Antrieb resultierenden) Motivation des einzelnen an.

O Wo eine an das Verantwortungsbewußtsein gerichtete Vermittlung nicht ausreicht, muß ein dem Wertesystem konformes Handeln schließlich **durchgesetzt** werden. Die Durchsetzung zielt auf eine **extrinsische** (von außen her kommende) Motivation des einzelnen (Abschnitt 10.3).

Im Mittelpunkt dieses Kapitels stehen lediglich die Gestaltung, die Vermittlung und die Durchsetzung des Wertesystems einer Unternehmung, **nicht** aber dessen **Werte** selbst. Werte sind immer auch unternehmungsabhängig. Sie können zwar in der Führungsethik **allgemein** gelehrt werden (vgl. Kapitel 11), doch fällt ihre **konkrete** Ausprägung in die Unternehmungspraxis selbst (ähnlich Staffelbach 1990, S.371, der dazu auch van Luijk 1989, S.580, und Steinmann und Löhr 1989a, S.12, zitiert). Als inhaltliche **Grundlage** für die konkrete Ausprägung der Werte wie auch für die Gestaltung, Vermittlung und Durchsetzung des Wertesystems mögen die in den Kapiteln 6 bis 8 formulierten und in Kapitel 9 zusammengestellten Leitideen normativer Führung dienen.

Bild 10.1 gibt einen Überblick über Kapitel 10.

10.1. Gestaltung eines Wertesystems

Das Wertesystem einer Unternehmung existiert nicht von vornherein und entwickelt sich auch nicht zwangsläufig selbständig, sondern bedarf im allgemeinen einer **Gestaltung**, also eines Aufbaus und einer Pflege.

Mit dem Wertesystem soll ein moralisches Fundament für die Lebens- und Entwicklungsfähigkeit einer Unternehmung in Wirtschaft und Gesellschaft geschaffen werden. Daher sollten bei der Gestaltung des Wertesystems die **Ansprüche verschiedener Anspruchsgruppen** (Eigentümer, Mitarbeiter, Kunden, Lieferanten, Umweltschutzgruppen, Verbraucherverbände, die Gesellschaft als Ganzes) berücksichtigt und zum Ausgleich gebracht werden. Hierfür tragen Führungskräfte als Repräsentanten und Entscheidungsträger einer Unternehmung die **Verantwortung** (vgl. Abschnitt 2.3.1).

Im Rahmen dieser Verantwortung müssen Führungskräfte auch darüber entscheiden, ob sie Anspruchsgruppen über gesetzliche Regelungen hinaus **freiwillig** an der Gestaltung eines Wertesystems **beteiligen**.

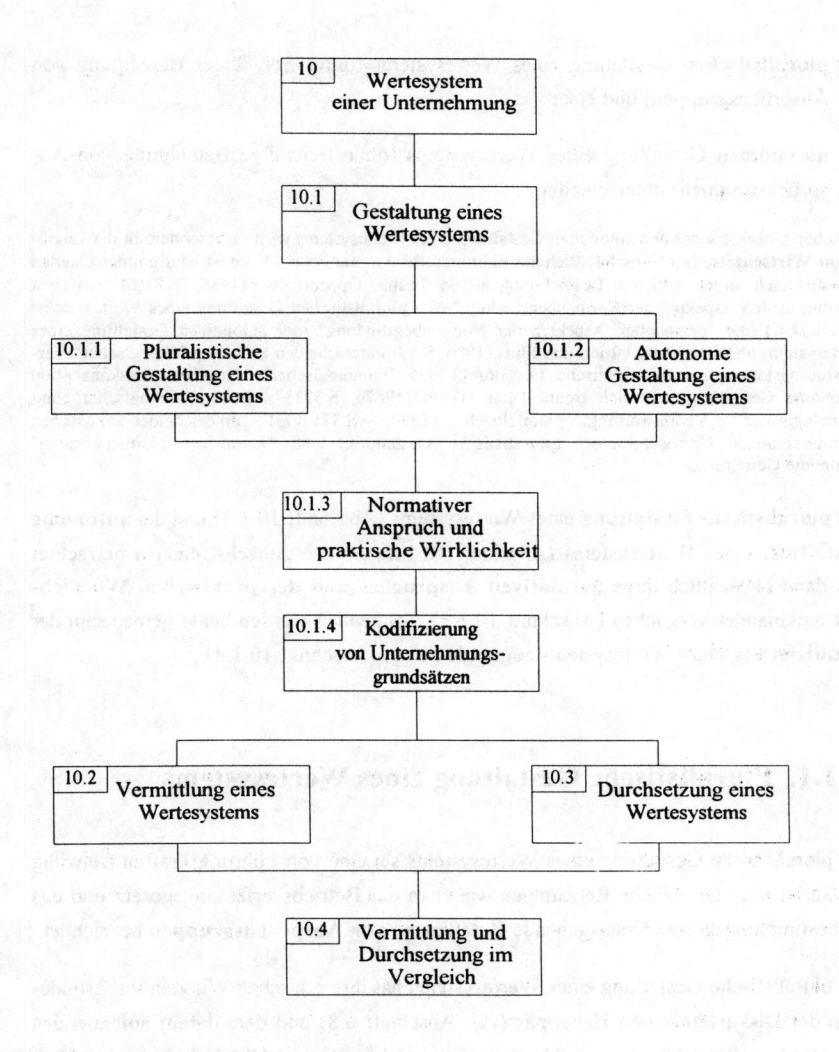

Bild 10.1: Gedankenflußplan zu Kapitel 10

Je nachdem, wie diese Entscheidung ausfällt, sei in Anlehnung an die Literatur zwischen einer

○ **pluralistischen** Gestaltung eines Wertesystems (unter freiwilliger Beteiligung von Anspruchsgruppen) und einer

○ **autonomen** Gestaltung eines Wertesystems (ohne freiwillige Beteiligung von Anspruchsgruppen) unterschieden.

Zwischen pluralistischer und autonomer Gestaltung eines Wertesystems wird insbesondere in der Literatur zur **Wirtschaftsethik** (einschließlich der Führungsethik) in ähnlichem Kontext häufig unterschieden - wenn auch unter anderen Bezeichnungen. So trennt Oppenrieder (1986, S.8-16) zwischen "institutionellen Aspekten der Normenbegründung" (der pluralistischen Gestaltung eines Wertesystems vergleichbar) und "personellen Aspekten der Normenbegründung" (der autonomen Gestaltung eines Wertesystems ähnlich). Peter Ulrich und Fluri (1986, S.59) unterscheiden zwischen "dialogischer" Verantwortungskonzeption (pluralistische Gestaltung) und "monologischer" Verantwortungskonzeption (autonome Gestaltung). Ähnlich trennt Peter Ulrich (1987b, S.321) zwischen "dialogischer" und "monologischer" Verantwortung. Staffelbach (1990, S.371-403) unterscheidet zwischen "kommunikativer Normenbildung" (pluralistische Gestaltung) und "kognitiver Normenbildung" (autonome Gestaltung).

Die **pluralistische Gestaltung** eines Wertesystems (Abschnitt 10.1.1) und die **autonome Gestaltung** eines Wertesystems (Abschnitt 10.1.2) werden zunächst einzeln betrachtet und dann hinsichtlich ihres **normativen Anspruches und der praktischen Wirklichkeit** miteinander verglichen (Abschnitt 10.1.3). Schließlich werden beide gemeinsam der **Kodifizierung** eines Wertesystems zugrunde gelegt (Abschnitt 10.1.4).

10.1.1. Pluralistische Gestaltung eines Wertesystems

Als pluralistische Gestaltung eines Wertesystems sei eine von Führungskräften freiwillig gewährte, über gesetzliche Regelungen wie etwa das Betriebsverfassungsgesetz und das Mitbestimmungsgesetz hinausgehende **Beteiligung von Anspruchsgruppen** bezeichnet.

Die pluralistische Gestaltung eines Wertesystems hat ihre ethischen Wurzeln insbesondere in der Diskursethik von Habermas (vgl. Abschnitt 6.8) und dem darauf aufbauenden Konzept von Peter Ulrich (vgl. Abschnitt 7.3). Habermas und Ulrich fordern eine **Verständigung unter allen Betroffenen** über die Richtlinien des Handelns (hier: über das zu gestaltende Wertesystem einer Unternehmung).

In der Literatur werden verschiedene **Instanzen** vorgeschlagen, durch die eine Beteiligung von Anspruchsgruppen in einer Unternehmung verankert werden kann. Drei dieser Instanzen seien hier zunächst vorgestellt. Anschließend wird auf **Stärken und Schwächen** der pluralistischen Gestaltung eines Wertesystems eingegangen.

Instanzen: Ombudsstelle, Beauftragte, Ethikkommission

Um eine pluralistische Gestaltung eines Wertesystems zu ermöglichen, wird in der Literatur der - vor allem neueren - Wirtschaftsethik verschiedentlich die freiwillige Einrichtung unternehmungsinterner **Instanzen** diskutiert (Staffelbach 1990, S.406-415), teilweise auch mit Nachdruck gefordert (Steinmann und Löhr 1989d). Dadurch sollen Anspruchsgruppen "ernsthaft und permanent" (Enderle 1987, S.444) an der Gestaltung eines Wertesystems beteiligt werden.

Vorgeschlagen werden insbesondere drei Instanzen: eine **Ombudsstelle**, **Beauftragte** und eine **Ethikkommission**.

○ **Ombudsstelle:** Als Ombudsstelle wird ursprünglich eine Stelle bezeichnet, welche die Rechte der Bürger gegenüber Behörden wahrnimmt (Duden Fremdwörterbuch 1982; Stichwort: Ombudsmann). Innerhalb der Unternehmung fungiert eine Ombudsstelle als Ansprechstelle für (unternehmungs-)interne und externe Anspruchsgruppen. Die Ombudsstelle vertritt deren Ansprüche vor den Führungskräften. Hierfür sollte die Ombudsstelle möglichst unabhängig von Weisungen der Führungskräfte sein; "the ombudsmen must be allowed to communicate with people without representing the company position" (Hansen und Stauss 1985, S.153; zitiert nach Staffelbach 1990, S.408).

○ **Beauftragte:** Während die Ombudsstelle als Ansprechstelle für **alle** (unternehmungs-) internen und externen Ansprüche dient, vertreten Beauftragte die Ansprüche **einzelner** Anspruchsgruppen, etwa von Konsumenten, von Umweltschutzgruppen, von Arbeitnehmern. So mag es Konsumentenschutzbeauftragte, Umweltschutzbeauftragte, Beauftragte für Arbeitssicherheit etc. innerhalb der Unternehmung geben. Eine Vertretung der gruppenspezifischen Ansprüche vor den Führungskräften mag insbesondere dann erfolgreich sein, wenn die Beauftragten unabhängig von Weisungen der Führungskräfte sind.

○ **Ethikkommission:** Die Vertreter der Ombudsstelle und die Beauftragten könnten mit den Führungskräften gemeinsam in einer Ethikkommission zusammenarbeiten. Die Ethikkommission könnte somit als **integrierende** Instanz eingesetzt werden.

Die Einrichtung einer Ethikkommission wird im deutschsprachigen Raum insbesondere von der Gruppe um Steinmann gefordert (etwa Steinmann und Löhr 1989d, S.259-269). Steinmann und Oppenrieder (1985, S.179) schlagen Ethikkommissionen vor, deren

"Besetzung und prozessuale Regelungen ... eine kommunikative und sachgerechte Konfliktlösung erlauben (sollten). Als Regelungsgegenstände sind sowohl inhaltliche, also an bestimmten Zielsetzungen orientierte Normierungen denkbar, als auch ... etwa die Implementierung von Beauftragten für spezifische Konfliktfälle (z.B. Konsumenten- oder Umweltschutzbeauftragte) oder die Festlegung bestimmter Informationspflichten oder Entscheidungsregeln ..."

Ombudsstelle, **Beauftragte** und **Ethikkommission** erfüllen unterschiedliche Funktionen und **ergänzen** sich daher. Die Ombudsstelle dient eher als indirekte Vertretung, Beauftragte mehr als direkte Vertretung von Anspruchsgruppen. Die Ethikkommission bildet schließlich ein gemeinsames Forum für Führungskräfte, für die Ombudsstelle und für Beauftragte.

Stärken und Schwächen der Einrichtung von Instanzen

Die pluralistische Gestaltung eines Wertesystems durch eine freiwillige Beteiligung von Anspruchsgruppen weist **Stärken** und **Schwächen** auf:

O Eine **Stärke** kann in der wohl **umfassenden Aufdeckung von Ansprüchen** gesehen werden, die an eine Unternehmung herangetragen werden. Dies erlaubt Führungskräften eine weitgehend unverzerrte Aufnahme derjenigen gesellschaftlichen Werthaltungen (und deren Wandel), die den jeweiligen Ansprüchen zugrunde liegen.

O **Schwächen** liegen **zum einen** in den grundsätzlichen Grenzen einer pluralistischen Gestaltung. Sie wird häufig etwa aus organisatorischen oder zeitlichen Gründen gar nicht oder nur in beschränktem Umfang durchführbar sein. Auch können zukünftige Generationen (vgl. Abschnitt 6.5) oder "die natürliche Umwelt" (trotz ihrer Vertretung etwa durch Umweltschutzgruppen) als tatsächlich oder möglicherweise Betroffene prinzipiell nicht angemessen berücksichtigt werden.

Zum anderen besteht bei einer pluralistischen Gestaltung die prinzipielle Gefahr von Gruppenegoismen, von Fraktionenbildung, von einer Ideologisierung verschiedener Positionen, von einem Gegeneinander verschiedener Anspruchsgruppen und damit von unüberbrückbaren Interessen- und Zielgegensätzen.

10.1.2. Autonome Gestaltung eines Wertesystems

Der pluralistischen Gestaltung (Abschnitt 10.1.1) steht die **autonome Gestaltung** eines Wertesystems gegenüber. Sie liegt in der ausschließlichen Verantwortung von Führungskräften. Auf eine freiwillige Beteiligung von Anspruchsgruppen wird verzichtet; ein Ausgleich verschiedener Ansprüche findet "in den Köpfen ... unternehmerischer Akteure statt" (Bleicher 1991, S.17).

Ein Verzicht auf die **Beteiligung** von Anspruchsgruppen sollte jedoch nicht einen Verzicht auf den **Dialog** mit ihnen bedeuten. Vielmehr wird ein Dialog stets notwendig sein, um Ansprüche einschließlich der ihnen zugrunde liegenden gesellschaftlichen Werthaltungen erfassen zu können und "alle an der Unternehmung interessierten Gruppen über das gewollte und tatsächliche Unternehmensgeschehen zu informieren, mit ihnen hierüber zu diskutieren und zu kommunizieren" (Hahn 1992a, S.19; siehe auch Hahn 1992b).

Die autonome Gestaltung eines Wertesystems hat ihre ethischen Wurzeln insbesondere in der Vernunftethik von Kant. Der einzelne solle, so Kant, kraft eigener Vernunft (und somit in eigener Verantwortung) **stellvertretend für alle Betroffenen** Grundsätze seines Handelns bestimmen, die vernünftigerweise allgemein gelten (vgl. Abschnitt 6.7). Ähnlich wie Kant vertrat auch Sartre einen Monismus; er bürdete dem Menschen eine absolute Verantwortung für sich selbst und für alle anderen Menschen auf (vgl. Abschnitt 6.4).

Auch die autonome Gestaltung eines Wertesystems weist **Stärken** und **Schwächen** auf:

O Zu den **Stärken** kann im Hinblick auf die Unternehmung als Einheit der gegenüber einzelnen Anspruchsgruppen potentiell höhere gesamtheitliche Sachverstand von Führungskräften gezählt werden, insbesondere auch ihr potentielles **Verantwortungsbewußtsein für das Ganze** (vgl. die Abschnitte 2.2.3 und 2.3.1). Eine weitere Stärke mag in einer möglicherweise **höheren Motivation** der Führungskräfte zur **Vermittlung** (vgl. Abschnitt 10.2) und zur **Durchsetzung** (vgl. Abschnitt 10.3) eines Wertesystems liegen, wenn das Wertesystem autonom (statt pluralistisch) gestaltet wurde.

O Zu den **Schwächen** gehört die mögliche fachliche und moralische **Überforderung** von Führungskräften (vgl. Abschnitt 2.3.2). Trotz ihres gegenüber einzelnen Anspruchsgruppen potentiell höheren gesamtheitlichen Sachverstandes und ihres potentiellen Verantwortungsbewußtseins für das Ganze erscheint es zweifelhaft, ob Führungskräfte alle Ansprüche an eine Unternehmung vollständig erfassen können.

10.1.3. Normativer Anspruch und praktische Wirklichkeit

Gelegentlich wird in der Literatur recht einseitig für eine pluralistische Gestaltung eines Wertesystems (vgl. Abschnitt 10.1.1) plädiert, eine autonome Gestaltung (vgl. Abschnitt 10.1.2) hingegen abgelehnt. Diesen **normativen Anspruch** vertreten etwa Peter Ulrich und Fluri. Sie schreiben (1986, S.58):

"Was 'berechtigte' Bedürfnisse (Ansprüche; Anmerkung des Verfassers) sind und was als 'angemessene' Interessenberücksichtigung zu gelten hat, ist ... ein **normatives Willensbildungsproblem**, das überhaupt nicht anders als durch argumentative Verständigung und Konsensfindung mit den Betroffenen rational gelöst werden kann."

Diesem normativen Anspruch an eine pluralistische Gestaltung eines Wertesystems steht die **praktische Wirklichkeit** entgegen. Trotz zahlreicher Vorschläge und Forderungen in der Literatur spielen Instanzen wie Ombudsstellen, Beauftragte und Ethikkommissionen in der Unternehmungspraxis eine eher geringe Rolle. Das zeigen auch Ergebnisse von empirischen Untersuchungen. Staffelbach, der eine diesbezügliche Untersuchung durchgeführt hat, kommt zu dem Schluß (1990, S.415):

"Diese Ergebnisse ... lassen sich dahingehend interpretieren, dass in der Praxis der Führung in und von Unternehmungen die Bildung moralischer Normen (die Gestaltung eines Wertesystems; Anmerkung des Verfassers) nicht primär als eine Aufgabe von besonderen, spezifischen Stellen (Instanzen; Anmerkung des Verfassers) angesehen wird, sondern als eine ins Management integrierte betrachtet wird."

Die praktisch eher geringe Rolle solcher Instanzen und die damit eher untergeordnete Bedeutung einer freiwilligen Beteiligung von Anspruchsgruppen steht im Kontrast zu einem in der Literatur gelegentlich formulierten **weitergehenden normativen Anspruch**. Wenn eine freiwillige Beteiligung nicht stattfinde, seien eben entsprechende **gesetzliche Regelungen** notwendig. So plädiert etwa Peter Ulrich (1977, S.217) für eine "Bevorzugung des Gesetzes vor der Moral zur Herstellung gesamtgesellschaftlich erwünschter Verhaltensweisen der Unternehmung ..."

Ob man diesen Anspruch unterstützt oder nicht, hängt letztlich vom **Vertrauen** in das Verantwortungsbewußtsein von Führungskräften ab (vgl. Abschnitt 3.1). Ulrich hat dieses Vertrauen nicht. Allerdings bezieht er damit eine Außenseiterposition. Denn zumeist werden gesetzliche Regelungen über die bestehenden hinaus als überflüssig abgelehnt.

Stellvertretend für viele schreibt Molitor (1989a, S.113): "Sicherlich sind keine unternehmungsverfassungsrechtlichen 'Reformen' vonnöten."

10.1.4. Kodifizierung von Unternehmungsgrundsätzen

Das Wertesystem einer Unternehmung wird häufig in Unternehmungsgrundsätzen kodifiziert, also schriftlich festgelegt und veröffentlicht (vgl. Gabele und Kretschmer 1985, S.9; Dierkes 1988, S.34-37). Das kann verschiedenen Zielen dienen. Hier sei zwischen **vier Zielen** unterschieden. Ziel 1 ist auf die **Unternehmung als Ganzes** gerichtet, Ziel 2 auf die **Gesamtheit der Mitglieder** der Unternehmung, Ziel 3 auf **jedes einzelne Mitglied**. Ziel 4 schließlich betrifft die **Vermittlung und Durchsetzung des Wertesystems der Unternehmung**. Die Ziele sind im einzelnen:

O **Ziel 1 - Unternehmung als Ganzes:** Unternehmungsgrundsätze können erstens eine "Company mission" beschreiben, ein bestimmtes **Idealbild von der Unternehmung**, ihrem bisherigen Werdegang und ihrer zukünftigen Ausrichtung. Die "Company mission" dokumentiert das Bestreben, die Unternehmung als äußere und innere Einheit zu begreifen. Nach außen mag das zu einer gesellschaftlichen Positionierung der Unternehmung beitragen und der Öffentlichkeit eine Vorstellung von der jeweiligen Unternehmungspolitik geben. Nach innen mag die "Company mission" zur Identifikation aller Mitglieder mit der Unternehmung, zum kollektiven Selbstverständnis beitragen.

O **Ziel 2 - Gesamtheit der Mitglieder:** Unternehmungsgrundsätze können zweitens eine Zuordnung von Rechten und korrespondierenden Pflichten **für alle Mitglieder** der Unternehmung enthalten. Diese Rechte und Pflichten können eventuell nach verschiedenen Gruppierungen getrennt werden, etwa nach Führungskräften und sonstigen Mitgliedern der Unternehmung. Für Führungskräfte werden häufig spezielle **Führungsgrundsätze** formuliert.

O **Ziel 3 - Jedes einzelne Mitglied:** Unternehmungsgrundsätze können drittens **jedem einzelnen Mitglied** der Unternehmung als individuelle Leitschrift dienen, als Richtlinie für verantwortungsvolles Handeln, als Ratgeber in Konfliktsituationen. In diesem Sinne liefern Unternehmungsgrundsätze auch eine Argumentationshilfe gegenüber Vorgesetzten, Kollegen und Mitarbeitern, die gegen das Wertesystem der Unternehmung verstoßen.

Als individuelle Leitschrift sind die Unternehmungsgrundsätze allerdings **interpretationsbedürftig** und im Kontext der spezifischen Situation des Handelnden zu sehen. Sie eignen sich genauso wenig wie Normen (vgl. Abschnitt 4.1.2) für eine sture, unreflektierte Anwendung.

O **Ziel 4 - Vermittlung und Durchsetzung:** Unternehmungsgrundsätze können viertens als Dokument für die **Vermittlung** (Abschnitt 10.2) und **Durchsetzung** (Abschnitt 10.3) des Wertesystems einer Unternehmung dienen.

10.2. Vermittlung eines Wertesystems

Mit der Gestaltung des Wertesystems einer Unternehmung (Abschnitt 10.1) wird zwar der Aufbau und die Pflege des Wertesystems gewährleistet, nicht aber schon dessen praktische **Wirksamkeit**. Um praktisch wirksam zu werden, muß das Wertesystem allen Mitgliedern der Unternehmung **vermittelt** werden. Hier sei zwischen dem **Zweck** der Vermittlung, ihrer **Zuordnung** zur Individualethik sowie den mit ihr verknüpften **Aufgaben** und **Maßnahmen** unterschieden.

Zweck der Vermittlung: Internalisierung der Werte

Die Vermittlung des Wertesystems einer Unternehmung soll beim einzelnen idealerweise zu einer **intrinsischen**, aus eigenem Antrieb resultierenden, in den Werten selbst begründeten Akzeptanz der Werte führen, zu einer individuellen freiwilligen Übereinstimmung mit den Werten, zu einer **Internalisierung** der Werte. Dadurch soll ein wertegerechtes und in diesem Sinne verantwortungsvolles Handeln aller Mitglieder der Unternehmung erreicht werden.

Zuordnung der Vermittlung zur Individualethik

Die Vermittlung eines Wertesystems ist an das individuelle Verständnis des einzelnen gerichtet, nicht an Zwang orientiert. Sie appelliert an die Einsicht, an das **Verantwortungsbewußtsein** (vgl. Abschnitt 2.2.3) des einzelnen, sie spricht die individuelle Vernunft an, das Bewußtsein für den Sinn und die Notwendigkeit eines Wertesystems. In diesem

Sinne trägt die Vermittlung eines Wertesystems **individualethischen** Charakter. Sie sei daher der Individualethik zugeordnet (vgl. Abschnitt 2.3.1).

Drei Aufgaben der Vermittlung

Die Vermittlung eines Wertesystems sei in drei Aufgaben unterteilt. Sie sollen gemeinsam zu einer Internalisierung der Werte beitragen. Die drei Aufgaben sind

O erstens die **Vermittlung der Werte** selbst,
O zweitens die **Entwicklung der Fähigkeit zu wertegerechtem Handeln** und
O drittens die **Erhöhung der Bereitschaft zu wertegerechtem Handeln**.

Vermittlung der Werte: Eine Internalisierung von Werten bedarf zunächst eines individuellen Wissens um die Werte. Die Mitglieder einer Unternehmung können nur in dem Maße im Sinne des jeweiligen Wertesystems handeln, wie ihnen die Werte selbst **vermittelt** werden.

Die Vermittlung der Werte könnte eingebettet werden in eine umfassende Vermittlung **ethischen Wissens** (vgl. die Kapitel 4 bis 8). Ethisches Wissen mag jedem Mitglied der Unternehmung zu einer tieferen Einsicht, zu einem besseren Verständnis für das Wertesystem verhelfen und ihm über die unmittelbaren Werte hinaus **Begründungen** für diese Werte liefern.

Entwicklung der Fähigkeit zu wertegerechtem Handeln: Zur Internalisierung von Werten gehört auch die **Fähigkeit**, wertegerecht zu handeln. Damit sei die Fähigkeit zu einem **selbständigen, aufgeklärten** Umgang mit den Werten gemeint, die Fähigkeit, Werte **sinngemäß, nicht buchstabengetreu** anzuwenden, die Fähigkeit, Werte an der eigenen Vernunft zu reflektieren, sie gegebenenfalls auch konstruktiv zu kritisieren, **nicht** aber sie stur und ohne nachzudenken zu befolgen. Diese Fähigkeit gilt es bei jedem Mitglied der Unternehmung zu **entwickeln**.

Erhöhung der Bereitschaft zu wertegerechtem Handeln: Zu einer Internalisierung von Werten gehört schließlich die **Bereitschaft**, wertegerecht und in diesem Sinne verantwortungsvoll zu handeln. Erst diese Bereitschaft läßt das Wissen und die Fähigkeit praktisch wirksam werden. Die Bereitschaft zu wertegerechtem Handeln sollte daher bei jedem Mitglied der Unternehmung nach Möglichkeit **erhöht** werden.

Diese drei Aufgaben bilden einen **Bestandteil dreier umfassenderer Aufgaben**, die ihrerseits auf dem Fundament der normativen Führung (ethisches Wissen, Verantwortungsfähigkeit und Verantwortungsbereitschaft; vgl. Abschnitt 2.2.3) aufbauen,

○ der **Vermittlung von ethischem Wissen**,
○ der **Entwicklung von Verantwortungsfähigkeit** und
○ der **Erhöhung von Verantwortungsbereitschaft**.

Diese drei umfassenderen Aufgaben werden im Rahmen der **Ausbildung in Führungsethik** (vgl. Kapitel 11, insbesondere Abschnitt 11.1) näher beschrieben.

Vier individualethische Maßnahmen zur Vermittlung

Für die drei Aufgaben der Vermittlung eines Wertesystems seien hier vier individualethische Maßnahmen vorgeschlagen. Die **erste** Maßnahme soll insbesondere der **Vermittlung der Werte** selbst und der **Entwicklung der Fähigkeit** zu wertegerechtem Handeln dienen, die **anderen drei** Maßnahmen sollen vor allem zur **Erhöhung der Bereitschaft** zu wertegerechtem Handeln beitragen. Die vier Maßnahmen sind

○ erstens **Weiterbildung**,
○ zweitens die **Übertragung von Verantwortung**,
○ drittens die **Bildung überschaubarer Einheiten** und
○ viertens das **Schaffen einer offenen Unternehmungskultur**.

Erste individualethische Maßnahme: Weiterbildung

Weiterbildungsmaßnahmen, etwa im Rahmen von **Seminaren**, könnten zum einen zur **Vermittlung der Werte** selbst (und zu weiterem ethischen Wissen) genutzt werden. Als Dokument und Arbeitsgrundlage könnten etwa **Unternehmungsgrundsätze** dienen (vgl. Abschnitt 10.1.4).

Zum anderen kann durch Weiterbildungsmaßnahmen auch die Fähigkeit zu wertegerechtem Handeln entwickelt werden. Hierfür wurden unter anderem in der Entwicklungspsychologie spezielle Methoden entwickelt, etwa in Form **normativer Diskussionen**. Sie sind für die umfassendere Aufgabe der **Entwicklung von Verantwortungsfähigkeit** in Abschnitt 11.2.2 beschrieben.

Zweite individualethische Maßnahme: Übertragung von Verantwortung

Um insbesondere die Bereitschaft zu wertegerechtem Handeln zu erhöhen, sollte den Mitgliedern der Unternehmung innerhalb ihrer Möglichkeiten und ihrer Kompetenz **Verantwortung übertragen** werden. Die Erfahrung von Verantwortung mag zu einem intensiveren Verständnis des Wertesystems führen und dadurch die Bereitschaft zu wertegerechtem Handeln erhöhen.

Ähnliches hat Rebstock (1992, S. 109-110) herausgearbeitet. Er berichtet von empirischen Studien etwa von Murphy und von Kohlberg (1984, S.469-479; vgl. Abschnitt 3.2), nach denen die Übertragung von Verantwortung eine "'Reifung' der moralischen Kompetenz" (Rebstock 1992, S. 110) bewirken, also die Verantwortungsbereitschaft erhöhen könne (vgl. Abschnitt 11.1.3).

Dritte individualethische Maßnahme: Bildung überschaubarer Einheiten

Ebenfalls um vor allem die Bereitschaft zu wertegerechtem Handeln zu erhöhen, sollten in einer Unternehmung überschaubare Einheiten gebildet werden. Darunter seien kleine, relativ selbständig operierende Einheiten mit klar abgegrenzten Verantwortungsbereichen verstanden. Solche Einheiten sollen es dem einzelnen erschweren, "auf Kosten der anderen und in der Anonymität der großen Zahl" (Koslowski 1988a, S.33) gegen ein Wertesystem zu verstoßen.

Überschaubare Einheiten können auf verschiedene Art die Bereitschaft zu wertegerechtem Handeln erhöhen. Hier sei zwischen drei Arten unterschieden:

O Überschaubare Einheiten erlauben erstens eher als große, anonyme Organisationsstrukturen eine **"kooperative Aufmerksamkeit unter den Beteiligten"** (Molitor 1989a, S.113). Dies zeigt sich insbesondere bei kleinen Einheiten (Gruppen), deren Mitglieder in enger Beziehung zueinander "face to face" interagieren. Hier werden "Gruppennormen ... umso strenger beachtet, je höher die Gruppenkohäsion ist" (Zink 1989a, S.14). Sofern die Gruppennormen mit dem Wertesystem der Unternehmung in Einklang stehen, wird es mit zunehmender Gruppenkohäsion für den einzelnen schwerer, gegen das Wertesystem zu verstoßen.

○ Bedingt durch die "kooperative Aufmerksamkeit" können überschaubare Einheiten zweitens zur Auflösung des **Isolationsparadoxes** beitragen: Eher als in großen, anonymen Organisationsstrukturen mag der einzelne sich sicher fühlen, mit einem wertegerechten Handeln nicht dadurch isoliert zu werden, daß andere unbemerkt gegen Werte verstoßen und dadurch Vorteile erringen (vgl. Abschnitt 3.3).

○ Überschaubare Einheiten können drittens zum Abbau von **"organizational blocks"** beitragen, von Barrieren "that may get in the way of the natural tendency of people to react against illegal or unethical practices" (Waters 1978, S.5). Waters vermutet solche Barrieren u.a. in einer zu starken horizontalen und vertikalen Arbeitsteilung, in formalen Autoritätsstrukturen und in hierarchischen Abhängigkeiten (Näheres bei Oppenrieder 1986, S.25-35; Staffelbach 1990, S.438-440; Rebstock 1992, S.111).

Die Forderung nach überschaubaren Einheiten wird in der Literatur und in der Praxis häufig erhoben. So schreibt etwa Lachmann (1988, S.296): "Wo es möglich ist, müssen kleinere ... Einheiten stärker gefördert werden ..." Und der ehemalige Bundesminister Klein begründet diese Forderung: Es müsse verhindert werden, daß Verantwortung "auf so viele Schultern verteilt ist, daß sie nicht wieder auffindbar ist" (zitiert nach Detzer 1990, S.8).

Vierte individualethische Maßnahme: Schaffen einer offenen Unternehmungskultur

Zur Erhöhung der individuellen Bereitschaft zu wertegerechtem Handeln mag auch eine offene Unternehmungskultur beitragen. Darunter sei eine Unternehmungskultur verstanden, die eine aktive Auseinandersetzung mit dem Wertesystem einer Unternehmung zuläßt, in der Raum für Reflexion, Diskussion und Veränderung des Wertesystems besteht. Durch eine offene Unternehmungskultur gilt es eine "closed-minded"-Mentalität zu vermeiden, durch die Werte unreflektiert übernommen und weitergegeben werden.

Mit dem Problem einer "closed-minded culture", einer starren, unflexiblen Unternehmungskultur, die wertegerechtes (allgemein: verantwortungsvolles) Handeln potentiell behindert, statt es zu fördern, befaßt sich Schreyögg (1988; 1989). In gleichem Zusammenhang nennt Oppenrieder (1986, S.36-44) mit Bezug auf Waters (1978) verschiedene unternehmungskulturelle Barrieren. Staffelbach (1990, S.440 und S.455-457) gibt eine Übersicht über die Arbeiten von Schreyögg und von Waters.

Atmosphäre des Vertrauens

Weiterbildungsmaßnahmen, die Übertragung von Verantwortung, die Bildung überschaubarer Einheiten und das Schaffen einer offenen Unternehmungskultur werden idealerweise in eine **Atmosphäre des Vertrauens** eingebettet sein. Ein möglichst weitgehendes gegenseitiges Vertrauen (im Rahmen stets notwendiger Kontrolle; vgl. Abschnitt 3.1) mag eine geeignete Grundlage für eine sachgemäße und menschengerechte Zusammenarbeit sein - innerhalb wie auch außerhalb der Unternehmung.

Eine Atmosphäre des Vertrauens aufzubauen und zu erhalten, eine "Kultur des Zusammenwirkens" (Müller-Merbach 1992a, S.194) zu entwickeln und zu pflegen, ist Aufgabe aller Mitglieder der Unternehmung. Führungskräften jedoch kommt auf diesem Gebiet eine **Vorbildfunktion** zu. Diese Vorbildfunktion erstreckt sich insgesamt auf ein sichtbares **Vorleben des Wertesystems einer Unternehmung** (vgl. Peters und Waterman 1984, S.321-334; auch Hoffmann und Rebstock 1989, S.681).

Die Bedeutung einer Atmosphäre des Vertrauens für die Erhöhung wertegerechten (allgemein: verantwortungsvollen) Handelns in der Unternehmung betont auch Rebstock (1992, S.112-115). Rebstock bezieht sich insbesondere auf entwicklungspsychologische Arbeiten, etwa von Oser und Schlaefli (1986, S.246-247), von Colby und Kohlberg (1986, S.154-160) sowie von Higgins, Power und Kohlberg (1984, S.84-89).

10.3. Durchsetzung eines Wertesystems

Wo die Vermittlung eines Wertesystems (Abschnitt 10.2) trotz eines Wissens um die Werte nicht zu der gewünschten Internalisierung führt, wo es also an der Fähigkeit oder der Bereitschaft zu wertegerechtem Handeln mangelt, wird die **Durchsetzung** des Wertesystems erforderlich. Hier sei analog zu Abschnitt 10.2 zwischen dem **Zweck** der Durchsetzung, ihrer **Zuordnung** (hier zur Institutionalethik) sowie der mit ihr verknüpften **Aufgabe** und den mit ihr verbundenen **Maßnahmen** unterschieden.

Zweck der Durchsetzung: Befolgung der Werte

Die Durchsetzung des Wertesystems soll beim einzelnen zu einer **Befolgung der Werte** führen. Eine Internalisierung (wie bei der Vermittlung der Werte) wird nicht notwendigerweise angestrebt; vielmehr soll lediglich die Beachtung und Einhaltung der Werte erreicht werden.

Dabei soll der einzelne die Werte befolgen, weil er davon Vorteile hat oder dadurch Nachteile vermeidet. Zur Befolgung wird der einzelne also nicht durch die Werte selbst (und damit intrinsisch, also von innen her) motiviert, sondern durch andere, wertfremde (und damit von außen kommende), **extrinsische** Einflußgrößen.

Zuordnung der Durchsetzung zur Institutionalethik

Um den einzelnen extrinsisch zu motivieren, setzt die Durchsetzung eines Wertesystems am **Eigeninteresse** an, nicht an der Einsicht, der Vernunft, dem Verantwortungsbewußtsein. In diesem Sinne trägt die Durchsetzung **institutionalethischen** Charakter. Sie sei daher der **Institutionalethik** zugeordnet (vgl. Abschnitt 2.3.2).

Aufgabe der Durchsetzung: Gleichrichtung von Eigeninteresse und Wertesystem

Die spezifische Aufgabe der Durchsetzung besteht in einer **Gleichrichtung** zwischen individuellem Eigeninteresse der Mitglieder und dem "Interesse der Unternehmung", wie es im jeweiligen Wertesystem manifestiert ist. Die Durchsetzung soll die Mitglieder motivieren, aus Eigeninteresse die Werte zu befolgen und dadurch "im Sinne der Unternehmung", "im Interesse der Unternehmung" zu handeln.

Drei institutionalethische Maßnahmen zur Durchsetzung

Um das Eigeninteresse der Mitglieder einer Unternehmung mit dem Wertesystem der Unternehmung gleichzurichten, können verschiedene institutionalethische Maßnahmen eingesetzt werden. Hier seien, ähnlich wie auf der Ebene der Wirtschafts- und Gesellschaftsordnung (vgl. Abschnitt 2.3.2), drei Gruppen institutioneller Maßnahmen unterschieden,

○ erstens der Aufbau **interner Märkte**,
○ zweitens die Gestaltung von **Regelwerken** und
○ drittens der Einsatz von **Geboten und Verboten**.

Erste institutionalethische Maßnahme: Interne Märkte

Durch den Aufbau (unternehmungs-)interner Märkte sollen die Mitglieder der Unternehmung gewissermaßen zu **Marktteilnehmern**, zu **Unternehmern innerhalb der Unternehmung**, zu **Intrapreneuren** (Pinchot 1986) gemacht werden. Statt durch Vorgaben soll jeder einzelne im Eigeninteresse wirtschaftlich sein. Es mache, so Schmalenbach (1948, S.16), einen großen Unterschied aus, "ob man befohlenerweise wirtschaftlich ist oder das eigene Interesse gebietet, bis ins Letzte hinein wirtschaftlich zu sein" (zitiert nach Cordes 1984, S.298).

Der Aufbau interner Märkte wurde schon Ende der vierziger Jahre von Schmalenbach in seinen Arbeiten zur pretialen Wirtschaftslenkung (1947) gefordert (vgl. Cordes 1984, S.298 und S.390-391; Müller-Merbach 1988, S.318). Schmalenbach (1949, S.96) illustriert diese Forderung durch Zitate Goethes über die Leitung eines Theaters (zitiert nach Cordes 1984, S.390):

"Nichts ist für das Wohl eines Theaters gefährlicher, als wenn die Direktion so gestellt ist, daß eine größere oder geringere Einnahme der Kasse sie persönlich nicht weiter berührt und sie in der sorglosen Gewißheit hinleben kann, daß dasjenige, was im Laufe des Jahres an der Einnahme der Theaterkasse gefehlt hat, am Ende derselben aus irgendeiner anderen Quelle ersetzt wird."

Goethe empfiehlt daher, die Direktion für Wohl und Wehe der Kasse verantwortlich zu machen: "Da solltet ihr einmal sehen, wie es sich regen und wie die Anstalt aus dem Halbschlafe, in welchen sie nach und nach geraten sein muß, erwachen würde" (Schmalenbach 1949, S.96; zitiert nach Cordes 1984, S.390).

Es gibt eine Fülle von **Ansätzen** zum Aufbau interner Märkte:

○ So können sich Mitarbeiter etwa **am Unternehmungskapital beteiligen** und dadurch einen stärkeren unternehmerischen Sinn in ihre Arbeit einbringen (vgl. ASU 1990, S.50).

○ Auch können **unternehmungsinterne Leistungen nach Marktpreisen bewertet** werden, wie dies Schmalenbach (1947) empfahl. Schmalenbachs Empfehlung wird heute verstärkt bei der Einrichtung von **Profit Centers** berücksichtigt. In diese Richtung geht auch ein Vorschlag von Pümpin und Imboden (1991, S.49); sie empfehlen die Einrichtung von **Spin-outs**, von Unternehmungsbereichen, die aus der Organisation ausgegliedert werden und neben der schon bestehenden Kostenverantwortung zusätzliche Ertragsverantwortung erhalten.

○ Eine Erhöhung unternehmungsinterner Leistungen durch den Aufbau marktähnlicher **Kunden-Lieferanten-Beziehungen** (vgl. Zink 1992, S.11) innerhalb der Unternehmung wird gegenwärtig insbesondere im Rahmen des **Total Quality Management** (vgl. Zink 1989b) diskutiert.

○ Auch könnte der **Wettbewerbsgedanke** innerhalb einer Unternehmung gestärkt werden, etwa durch parallele Forschung und Entwicklung (vgl. Peters und Waterman 1984, S.243-259).

Viele solcher Ansätze zielen auf die **Bildung überschaubarer Einheiten**, wie sie schon in Abschnitt 10.2 als Maßnahme empfohlen wurde. Überschaubare Einheiten unterstützen nicht nur eine Internalisierung von Werten, sie bieten auch Freiraum für eigene Ideen, für selbständiges unternehmerisches und damit **marktgerechtes** Denken und Handeln. Sie tragen dadurch indirekt auch zur Befolgung von Werten der Unternehmung bei.

Zweite institutionalethische Maßnahme: Regelwerke

Interne Märkte können durch **Regelwerke** unterstützt und in ihrer Wirkung verstärkt werden. In diesem Sinne mögen auch Regelwerke zur Durchsetzung eines Wertesystems beitragen. Hier bieten sich insbesondere **Anreizsysteme** etwa **sozialer** Art (z.B. Lob, Statussymbole, Karriereoptionen) oder **finanzieller** Art (z.B. Umsatzbeteiligung, Erfolgsprämien) an. Durch solche Anreizsysteme wird die Möglichkeit geschaffen, daß die Mitglieder einer Unternehmung aus Eigeninteresse die Werte der Unternehmung befolgen.

Dritte institutionalethische Maßnahme: Gebote und Verbote

Wo eine Durchsetzung des Wertesystems trotz interner Märkte und Regelwerken nicht gewährleistet werden kann, werden schließlich Gebote und Verbote mit entsprechenden Sanktionen notwendig. Das betont auch Staffelbach (1990, S.425):

"Soll der Kodex (allgemeiner: das Wertesystem einer Unternehmung; Anmerkung des Verfassers) nicht nur eine hehre Absichtserklärung sein, so ist auch sein Vollzug zu konkretisieren, indem er mit Sanktionssystemen gekoppelt wird, was u.a. ein entsprechendes Überwachungs- und Beschwerdewesen impliziert ..."

Sanktionen können etwa **organisatorischer** (z.B. negative Mitarbeiterbeurteilung), **finanzieller** (z.B. Ausschluß von Vergünstigungen) oder **rechtlicher** Art (z.B. Abmahnung, Verwarnung, Entlassung) sein. Durch Sanktionen, durch Gebote und Verbote, wird Zwang ausgeübt; sie bedürfen daher einer entsprechenden Kontrolle (vgl. Abschnitt 3.1).

10.4. Vermittlung und Durchsetzung im Vergleich

Die **Vermittlung** (Abschnitt 10.2) und die **Durchsetzung** (Abschnitt 10.3) eines Wertesystems weisen eine Reihe von **Wesensunterschieden** auf:

Die **Vermittlung**

○ zielt auf eine **Internalisierung** der Werte,
○ beruht auf **intrinsischer** Motivation,
○ setzt am **Verantwortungsbewußtsein** an und
○ trägt **individualethischen** Charakter.

Die **Durchsetzung** hingegen

○ zielt auf eine (bloße) **Befolgung** der Werte,
○ beruht auf **extrinsischer** Motivation,
○ setzt am **Eigeninteresse** an und
○ trägt **institutionalethischen** Charakter.

Die Vermittlung von Werten liegt somit eher in der **kulturellen Sphäre**, die Durchsetzung mehr in der **organisatorischen Struktur** der Unternehmung (zur Trennung von **Kultur** und **Struktur** siehe ausführlich Bleicher 1991). Kultur und Struktur können zwar idealtypisch unterschieden werden, sie sind jedoch in der Realität vielfältig miteinander verwoben. So ist etwa die **Bildung überschaubarer Einheiten** zwar eine **strukturelle Maßnahme**. In dem Maße, wie sie die Bereitschaft zu wertegerechtem Handeln erhöht (vgl. Abschnitt 10.2), hat sie jedoch auch **kulturelle Auswirkungen**.

Vermittlung und Durchsetzung gehören daher trotz ihrer Wesensunterschiede genauso zusammen wie Kultur und Struktur. Hingegen bliebe eine reine **Vermittlung** unvollständig, weil sie das Eigeninteresse des Menschen zu vernachlässigen droht. Genauso bliebe eine ausschließliche **Durchsetzung**, insbesondere durch Gebote und Verbote, unvollständig, weil sie der Würde des Menschen nicht angemessen wäre.

In welchem Maße das Wertesystem einer Unternehmung **vermittelt** werden **kann** oder aber **durchgesetzt** werden **muß**, bestimmen die Mitglieder einer Unternehmung durch ihr Handeln letztlich selbst.

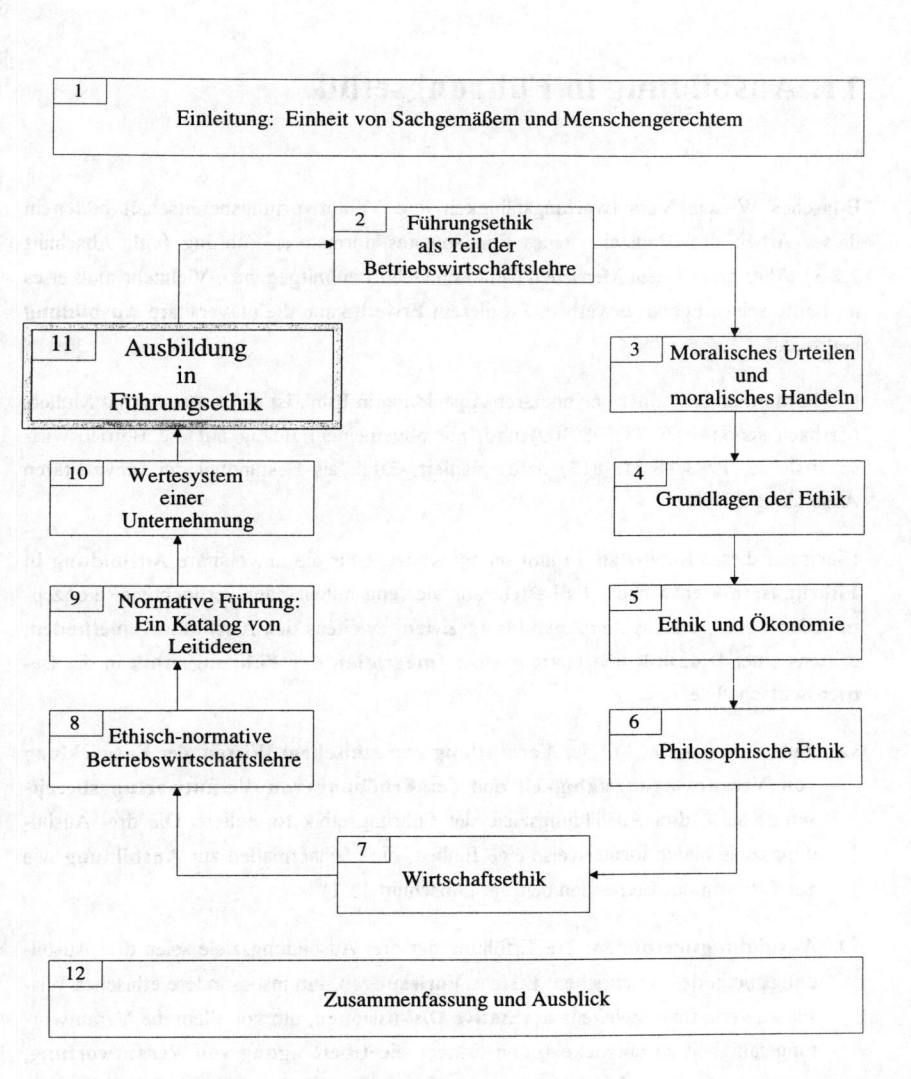

| 1 | Einleitung: Einheit von Sachgemäßem und Menschengerechtem |

| 2 | Führungsethik als Teil der Betriebswirtschaftslehre |

| 11 | Ausbildung in Führungsethik |

| 3 | Moralisches Urteilen und moralisches Handeln |

| 10 | Wertesystem einer Unternehmung |

| 4 | Grundlagen der Ethik |

| 9 | Normative Führung: Ein Katalog von Leitideen |

| 5 | Ethik und Ökonomie |

| 8 | Ethisch-normative Betriebswirtschaftslehre |

| 6 | Philosophische Ethik |

| 7 | Wirtschaftsethik |

| 12 | Zusammenfassung und Ausblick |

Glossar: Grundbegriffe der Führungsethik

11. Ausbildung in Führungsethik

Ethisches Wissen, Verantwortungsfähigkeit und Verantwortungsbereitschaft bilden in dieser Arbeit drei Bausteine eines Fundamentes normativer Führung (vgl. Abschnitt 2.2.3). Alles drei ist dem Menschen nicht von Geburt an mitgegeben. Vielmehr muß er es im Laufe seines Lebens erwerben. Zu diesem Erwerb kann die universitäre **Ausbildung** beitragen.

Die Forderung nach einer universitären Ausbildung in Ethik ist nicht neu. So hat Müller-Merbach schon 1979 (S.308-309) und, mit allgemeinem Bezug auf die Betriebswirtschaftslehre, 1983 (S.813-815) dafür plädiert, Ethik als Bestandteil der universitären Ausbildung zu lehren.

Hier setzt dieses Kapitel an. In ihm sei ein Konzept für die universitäre **Ausbildung in Führungsethik** entwickelt. Es besteht aus vier eng miteinander verflochtenen konzeptionellen Teilen, erstens den **Ausbildungszielen**, zweitens den **Ausbildungsmethoden**, drittens einer **Didaktik** und viertens einer **Integration der Führungsethik** in die Betriebswirtschaftslehre.

○ **Ausbildungsziele:** Mit der **Vermittlung von ethischem Wissen**, der **Entwicklung von Verantwortungsfähigkeit** und der **Erhöhung von Verantwortungsbereitschaft** seien drei Ausbildungsziele der Führungsethik formuliert. Die drei Ausbildungsziele bilden idealerweise eine Einheit, die gleichermaßen zur **Ausbildung** wie zur **Bildung** des Lernenden beiträgt (Abschnitt 11.1).

○ **Ausbildungsmethoden:** Zur Erfüllung der drei Ausbildungsziele seien drei Ausbildungsmethoden beschrieben: Erstens **Vorlesungen**, um insbesondere ethisches Wissen zu vermitteln, zweitens **normative Diskussionen**, um vor allem die Verantwortungsfähigkeit zu entwickeln, und drittens die **Übertragung von Verantwortung**, um vorwiegend die Verantwortungsbereitschaft zu erhöhen. Alle drei Ausbildungsmethoden sollten eingebettet sein in eine **Atmosphäre des Vertrauens** (Abschnitt 11.2).

○ **Didaktik:** Im Rahmen der Ausbildung in Führungsethik sollte eine didaktische Synthese angestrebt werden, durch die sowohl ein Zwang ausübender **Dogmatismus** (auf den Lernenden wird in autoritärer Weise moralisch eingewirkt) als auch ein die Willkür fördender **Relativismus** (der Lernende bleibt moralisch sich selbst überlassen) vermieden wird. Diese didaktische Synthese sei als **gebundene Freiheit** bezeichnet (Abschnitt 11.3).

O **Integration:** Ausbildungsziele, Ausbildungsmethoden und Didaktik der Führungsethik sollten umfassend in die Betriebswirtschaftslehre integriert werden. Zu diesem Zwecke sollte die Führungsethik sowohl als **eigenständiges Fach** als auch als **integraler Bestandteil anderer betriebswirtschaftlicher Fächer** entwickelt werden (Abschnitt 11.4).

Bild 11.1 zeigt den Aufbau dieses Kapitels.

11.1. Drei Ausbildungsziele der Führungsethik

Normative Führung (vgl. Abschnitt 2.1) ist in dieser Arbeit auf einem Fundament aus drei Bausteinen aufgebaut, dem ethischen Wissen (zugleich dem Schwerpunkt der Arbeit), der Verantwortungsfähigkeit und der Verantwortungsbereitschaft (vgl. Abschnitt 2.2.3).

Das ethische Wissen bildet eine **inhaltliche Grundlage** (vgl. die Kapitel 4 bis 8), die Verantwortungsfähigkeit eine **intellektuelle Voraussetzung** (vgl. die Abschnitte 3.1, 3.2 und 3.4) und die Verantwortungsbereitschaft eine **praktische Voraussetzung** (vgl. die Abschnitte 3.3 und 3.4) für die normative Führung, für verantwortungsvolles Handeln in der Führungspraxis.

Aufbauend auf diesem dreifachen Fundament seien drei **Ausbildungsziele der Führungsethik** formuliert,

O die **Vermittlung von ethischem Wissen** (Abschnitt 11.1.1),
O die **Entwicklung von Verantwortungsfähigkeit** (Abschnitt 11.1.2) und
O die **Erhöhung von Verantwortungsbereitschaft** (Abschnitt 11.1.3).

Die drei Ausbildungsziele weisen einerseits **Wesensunterschiede** auf (Abschnitt 11.1.4). Andererseits bilden sie idealerweise eine **Einheit**, die gleichermaßen zur **Ausbildung** und zur **Bildung** des Lernenden beitragen sollte (Abschnitt 11.1.5).

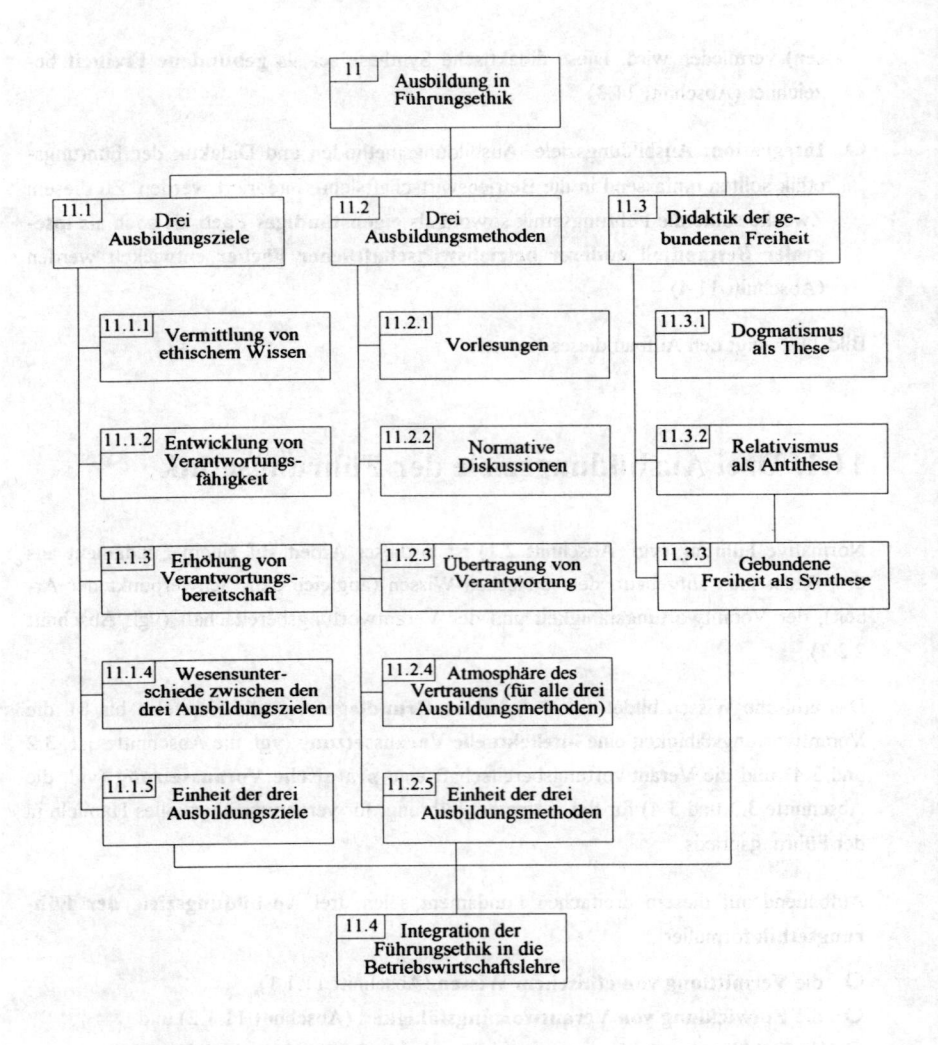

Bild 11.1: Gedankenflußplan zu Kapitel 11

11.1.1. Vermittlung von ethischem Wissen

Durch die Vermittlung von ethischem Wissen sollte beim Lernenden eine **inhaltliche Grundlage** für verantwortungsvolles Handeln gelegt werden. Insbesondere sollte der

Lernende durch die Vermittlung von ethischem Wissen über eine (betriebswirtschafts-) spezifische **ökonomische** Perspektive hinaus eine **ethische** Perspektive der Lebenswelt kennenlernen. Darin sieht Peter Ulrich (1992, S.2) sogar den hauptsächlichen Nutzen der Wirtschaftsethik als Studienfach:

"Den primären Nutzen sehe ich darin, daß wirtschaftsethisches Denken der Gefahr entgegenwirkt, daß der Studierende am Ende seines Wirtschaftsstudiums die ganze Welt nur noch eindimensional durch die 'ökonomische Brille' sieht. Die wichtigste Funktion der Wirtschaftsethik im Wirtschaftsstudium liegt deshalb darin, das Bewußtsein der Studierenden dafür offenzuhalten, daß im realen Leben noch andere als 'rein' ökonomische Werte zählen."

Aus der Perspektive der **Führungsethik** mag ethisches Wissen als **inhaltliche Grundlage für die normative Führung** dienen (vgl. Abschnitt 2.2.3). Mit ethischem Wissen soll der Lernende das theoretische Rüstzeug erwerben, um vor allem die moralische Dimension (vgl. Abschnitt 2.1) praktischer Probleme leichter und sicherer erfassen und einer Lösung zuführen zu können. Als **Richtlinien** hierfür mögen ihm insbesondere die **Leitideen normativer Führung** dienen (vgl. die Kapitel 6 bis 9).

Als inhaltliche Grundlage für eine **umfassende** Lösung praktischer Probleme wird ethisches Wissen alleine jedoch nicht ausreichen. Vielmehr sollte es mit dem Wissen anderer Disziplinen (der Ökonomie, der Technik, dem Recht etc.) **verflochten** und **interdisziplinär angewandt** werden. In diesem Sinne kann ethisches Wissen als **gemeinsamer Kern** verschiedener Disziplinen verstanden werden (vgl. Müller-Merbach 1991, S.5).

11.1.2. Entwicklung von Verantwortungsfähigkeit

Die Vermittlung von ethischem Wissen (Abschnitt 11.1.1) sollte einhergehen mit der **Entwicklung von Verantwortungsfähigkeit** (also von Wahrnehmungsfähigkeit, von Reflexionsfähigkeit und von Urteilsfähigkeit; vgl. Abschnitt 2.2.3). Mit der Verantwortungsfähigkeit soll beim Lernenden eine **intellektuelle Voraussetzung** für verantwortungsvolles Handeln geschaffen werden.

Die Verantwortungsfähigkeit (teilweise auch nur die Urteilsfähigkeit) wird in der Literatur häufig als Ausbildungsziel der Ethik formuliert. Das mögen drei Beispiele zeigen:

O Köck (1979, S.19) untersucht den curricularen Lehrplan für das Unterrichtsfach "Ethik" in Bayern. Ziel dieses Unterrichtes sei unter anderem die "Befähigung zur Übernahme sozialer Verantwortung ..."

○ Schmidt (1983, S.34) betont als Ziel eines Konzeptes von Teutsch (1977) die Ausbildung einer sozialverantwortlichen Einstellung.

○ Reuther (1986, S.273) fordert als Ziel für den Ethikunterricht an Gymnasien eine "Erziehung zu ethischer Urteilsbildung ..."

Die Entwicklung von Verantwortungsfähigkeit des Lernenden sollte an einem **Ideal** ausgerichtet werden, auf das der Lernende und der Lehrende gemeinsam hinarbeiten. Ein solches Ideal hat Kohlberg mit seiner sechsten (und höchsten) Moralstufe, der **Prinzipienorientierung**, formuliert (vgl. Abschnitt 3.2). Die Prinzipienorientierung ist gekennzeichnet durch die Fähigkeit des Menschen, sein moralisches Handeln an **Prinzipien** (vgl. Abschnitt 4.1.2) auszurichten, denen er sich persönlich verbunden fühlt und zu deren Einhaltung er alle Menschen verpflichtet sehen will (vgl. auch Abschnitt 3.4).

Aus der Sicht der **Führungsethik** sei in der Verantwortungsfähigkeit eine **intellektuelle Voraussetzung für die normative Führung** gesehen. Als Zusammenspiel von Wahrnehmungsfähigkeit, Reflexionsfähigkeit und Urteilsfähigkeit hilft sie Führungskräften, die moralische Dimension praktischer Probleme auch dort **wahrzunehmen**, wo sie vordergründig nicht offenkundig ist, sie dann im Gesamtkontext des jeweiligen Problems vernunftgemäß zu **reflektieren** und sie hinsichtlich möglicher Problemlösungen zu **beurteilen**.

Auch kann die Verantwortungsfähigkeit zu einem **selbständigen, aufgeklärten Umgang mit erworbenem ethischen Wissen** (vgl. Abschnitt 11.1.1) beitragen. Das ist etwa bei der Anwendung von Normen und Prinzipien (vgl. Abschnitt 4.1.2), ebenso bei der Anwendung der **Leitideen normativer Führung** (vgl. die Kapitel 6 bis 9) notwendig: Sie alle sollten ihrem **Sinn** nach angewandt, nicht aber ohne Überlegung befolgt werden. Dazu bedarf es häufig ihrer situationsabhängigen Interpretation, Abwandlung, Anpassung; idealerweise sollten sie stets an der eigenen Vernunft, an der eigenen Einsicht reflektiert werden.

11.1.3. Erhöhung von Verantwortungsbereitschaft

Die Vermittlung ethischen Wissens (Abschnitt 11.1.1) und die Entwicklung von Verantwortungsfähigkeit (Abschnitt 11.1.2) sollten verbunden werden mit einer **Erhöhung von**

Verantwortungsbereitschaft. Dadurch soll beim Lernenden eine **praktische Voraussetzung** für verantwortungsvolles Handeln geschaffen werden (vgl. Abschnitt 2.2.3).

Die Erhöhung von Verantwortungsbereitschaft als Ausbildungsziel der Ethik wird auch in der Literatur formuliert, wenngleich teilweise nur implizit.

O Höffe (1979, S.456-464) beschreibt den curricularen Lehrplan Bayerns für den "Unterricht über allgemein anerkannte Grundsätze der Sittlichkeit", in dem als Ausbildungsziel die Entwicklung von "sittlicher Kompetenz" gefordert werde. Diese sittliche Kompetenz schließt auch die Verantwortungsbereitschaft mit ein, etwa die "Bereitschaft zum Umweltschutz" oder die "Bereitschaft, Menschen in Grenzsituationen beizustehen" (S.457).

O Reuter (1986, S.264) nennt als Ausbildungsziel der Ethik die Anleitung zu verantworteter **Selbstbestimmung** und **Selbstverwirklichung**. Hier scheint insbesondere die Forderung nach Selbstverwirklichung über die bloße Verantwortungs**fähigkeit** hinauszugehen und auf die Verantwortungs**bereitschaft** des Lernenden zu zielen.

Wie die Entwicklung von Verantwortungs**fähigkeit** (vgl. Abschnitt 11.1.2) kann auch die Erhöhung von Verantwortungs**bereitschaft** des Lernenden an einem **Ideal** ausgerichtet werden, dem **Ideal verantwortungsvollen Handelns**. Koslowski hat dieses Ideal (als "Option unbedingt moralischen Handelns"; vgl. die Abschnitte 3.3 und 7.2) so formuliert: Der einzelne solle grundsätzlich, jederzeit, ohne Ausnahme, insbesondere **unabhängig vom Handeln anderer**, stets nach eigenen Normen und Prinzipien (vgl. Abschnitt 4.1.2) handeln.

Mit besonderem Blick auf die **Führungsethik** sei in der Verantwortungsbereitschaft eine **praktische Voraussetzung für die normative Führung** gesehen (vgl. Abschnitt 2.2.3). Erst durch eine entsprechend hohe Verantwortungsbereitschaft kann in der Führungspraxis verantwortungsvoll gehandelt werden. Fehlt es hingegen an Verantwortungsbereitschaft, so bleibt erworbenes Wissen (vgl. Abschnitt 11.1.1) bloß theoretisch und passiv; ebenso bleibt die entwickelte Verantwortungsfähigkeit (vgl. Abschnitt 11.1.2) unwirksam (vgl. Abschnitt 11.1.5).

11.1.4. Wesensunterschiede zwischen den drei Ausbildungszielen

Zwischen den drei Ausbildungszielen,

○ der **Vermittlung von ethischem Wissen** (vgl. Abschnitt 11.1.1),
○ der **Entwicklung von Verantwortungsfähigkeit** (vgl. Abschnitt 11.1.2) und
○ der **Erhöhung von Verantwortungsbereitschaft** (vgl. Abschnitt 11.1.3),

bestehen **Wesensunterschiede**. Das zeigt sich etwa bei den Möglichkeiten zur **Überprüfung des Lernerfolges**:

○ Ob und in welchem Umfang dem Lernenden **ethisches Wissen** vermittelt wurde, kann relativ einfach und zuverlässig (etwa durch Abfragen) **unmittelbar** überprüft werden.

○ Ob und in welchem Umfang der Lernende seine **Verantwortungsfähigkeit** entwickelt hat, kann schon nicht mehr unmittelbar, sondern höchstens **mittelbar** überprüft werden, etwa am moralischen Urteilen des Lernenden (vgl. die Abschnitte 3.1, 3.2 und 3.4). Die Zuverlässigkeit dieser Überprüfung wird um so höher sein, je stärker Emotionen des jeweils Urteilenden auf seine Urteilsbildung ausgeschlossen werden können.

○ Ob und in welchem Umfang der Lernende schließlich seine **Verantwortungsbereitschaft** erhöht hat, kann im Rahmen der Ausbildung in Führungsethik **überhaupt nicht** überprüft werden, sondern zeigt sich nur im praktischen Handeln selbst, und auch dort nicht ein für alle Male, sondern bei jedem Handeln aufs neue (vgl. Köck 1979, S.25; Höffe 1979, S.460; Weiler 1982, S.138; Schmidt 1983, S.30).

Der **Erhöhung von Verantwortungsbereitschaft** (vgl. Abschnitt 11.1.3) fällt somit im Rahmen der Ausbildung in Führungsethik eine **Sonderrolle** zu:

● Einerseits **kann** die Erhöhung von Verantwortungsbereitschaft im Rahmen der Ausbildung in Führungsethik selbst **nicht überprüft** werden. Grundsätzlich bleibe, so Pieper (1985, S.89), "die Aufgabe des Erziehers in Sachen Moral und Ethik auf die Vermittlung der Einsicht in das Gute beschränkt ..., in der Hoffnung, daß die Tat der moralischen Einsicht auf dem Fuße folgen möge" (im Original hervorgehoben).

- Andererseits **muß** die Erhöhung von Verantwortungsbereitschaft jedoch **angestrebt** werden, wenn die Ausbildung in Führungsethik nicht ihren Praxisbezug verlieren soll. In diesem Zusammenhang betont Köck (1979, S.20):

"Der Ethikunterricht verfehlt sein Ziel, wenn er über die reine Information, die Theorie der Werte und Normen nicht hinausschreitet zur Befähigung, mit der Welt nach allgemein anerkannten sittlichen Grundsätzen umzugehen."

11.1.5. Einheit der drei Ausbildungsziele

Trotz ihrer Wesensunterschiede (Abschnitt 11.1.4) bilden die drei Ausbildungsziele,
- die **Vermittlung von ethischem Wissen** (vgl. Abschnitt 11.1.1),
- die **Entwicklung von Verantwortungsfähigkeit** (vgl. Abschnitt 11.1.2) und
- die **Erhöhung von Verantwortungsbereitschaft** (vgl. Abschnitt 11.1.3),

idealerweise eine **Einheit**. Für sich genommen hingegen bleibt jedes Ausbildungsziel bloß partiell wirksam: Einerseits bleibt etwa eine reine Vermittlung von ethischem **Wissen** ohne praktische Wirksamkeit, wenn nicht auch die **Fähigkeit** und die **Bereitschaft** zur Umsetzung und Anwendung dieses Wissens (die Verantwortungsfähigkeit und die Verantwortungsbereitschaft) ausgebildet werden bzw. bereits ausgebildet sind.

Andererseits bleibt eine ausschließliche Erhöhung von Verantwortungs**bereitschaft** blind, hilflos oder gar gefährlich, wenn nicht auch die Verantwortungs**fähigkeit** entwickelt wird bzw. bereits entwickelt ist. Die Folge wäre im Extremfall der ausgeprägte Wunsch, verantwortungsvoll zu handeln, bei ebenso ausgeprägtem Unvermögen, ebendies zu tun (dem Verantwortungstypen der **Marionette** entsprechend; vgl. Abschnitt 3.4).

Die **Einheit** der drei Ausbildungsziele wird gelegentlich auch in der Literatur betont. So schreibt Köck (1979, S.19):

"Aufgabe (Ziel; Anmerkung des Verfassers) des Ethikunterrichtes soll mit gleicher Gewichtung Information (**ethisches Wissen**; Anmerkung des Verfassers) und Befähigung sein, **Information** über Werte und Normen und damit auch über unterschiedliche Ansätze der Theoriebildung in diesem Bereich und **Befähigung** zu einem an Werten und Normen orientierten Urteilen, Unterscheiden (**Verantwortungsfähigkeit**; Anmerkung des Verfassers), Entscheiden und Handeln (**Verantwortungsbereitschaft**; Anmerkung des Verfassers) ..."

Einheit von Ausbildung und Bildung

Jede universitäre Ausbildung sollte auch zur Bildung des Lernenden beitragen. Das gilt in besonderem Maße für die Führungsethik, die über die Ethik mit der Philosophie verwandt ist, einer bildungsintensiven Disziplin. Die Ethik wird häufig als praktische Philosophie bezeichnet, also als derjenige Teil der Philosophie, der auf das Handeln gerichtet ist (praxein, griech.: handeln).

Neben die drei **Ausbildungsziele**, die Vermittlung ethischen Wissens, die Entwicklung von Verantwortungsfähigkeit und die Erhöhung von Verantwortungsbereitschaft, sollten daher auch **Bildungsziele** der Führungsethik treten. Sie könnten etwa in einem allseitigen geistigen Wachstum des Lernenden, in der "Reifung und Gestaltung des ganzen Menschen mit dem Zweck seiner seinsgemässen Vervollkommnung" (Dubs 1985, S.471) gesehen werden.

Ausbildung und Bildung sollten in der Führungsethik zu einer **Einheit** verschmelzen, in der eines unvollkommen ohne das andere wäre. Das kommt auch in dem Satz zum Ausdruck: "**Ausbildung ohne Bildung ist leer, Bildung ohne Ausbildung ist blind**" (Müller-Merbach 1990a, S.171).

11.2. Drei Ausbildungsmethoden der Führungsethik

Zur Erfüllung der drei Ausbildungsziele (Abschnitt 11.1) seien drei Ausbildungsmethoden vorgeschlagen: **Vorlesungen**, **normative Diskussionen** und die **Übertragung von Verantwortung** auf den Lernenden. Jede Ausbildungsmethode soll schwerpunktmäßig je ein Ausbildungsziel erfüllen:

O In **Vorlesungen** soll dem Lernenden insbesondere **ethisches Wissen** vermittelt werden (Abschnitt 11.2.1).

O Aufbauend auf dem vermittelten ethischen Wissen mag mit Hilfe von **normativen Diskussionen** überwiegend die **Verantwortungsfähigkeit** des Lernenden entwickelt werden (Abschnitt 11.2.2).

O Durch die **Übertragung von Verantwortung** bereits im Rahmen der akademischen Ausbildung selbst könnte vor allem die **Verantwortungsbereitschaft** des Lernenden erhöht werden (Abschnitt 11.2.3).

Die drei Ausbildungsmethoden sollten geprägt sein durch eine **Atmosphäre des Vertrauens** (Abschnitt 11.2.4); sie bilden gemeinsam eine **Einheit** (Abschnitt 11.2.5).

11.2.1. Vorlesungen

Zur Vermittlung von ethischem Wissen (vgl. Abschnitt 11.1.1) bieten sich in der universitären Ausbildung insbesondere **Vorlesungen** an. Ergänzend und unterstützend sind Seminare, Vorträge, ebenso der Gebrauch von Ton- oder Filmmaterial denkbar.

Vorlesungen alleine sind im Rahmen der Ausbildung in Führungsethik jedoch enge **Grenzen** gesetzt. Zwar kann in ihnen ethisches Wissen vermittelt werden, kaum jedoch der (entscheidende) **Umgang** mit diesem Wissen, seine **Anwendung**, seine praktische **Umsetzung**. Vorlesungen bedürfen daher einer Ergänzung, etwa durch normative Diskussionen (vgl. Abschnitt 11.2.2).

11.2.2. Normative Diskussionen

Um die Anwendung ethischen Wissens auf praktische Probleme zu üben, könnte das erworbene ethische Wissen durch ethische Argumentation vertieft werden. Das kann etwa im Rahmen von **normativen Diskussionen** geschehen.

Als **normative Diskussion** sei eine Ausbildungsmethode der Führungsethik bezeichnet, in der sich Lernende unter Anleitung eines oder mehrerer Lehrender mit tatsächlichen oder erdachten **Problemen aus der Führungspraxis** auseinandersetzen; im Mittelpunkt steht dabei die **moralische Dimension** dieser Probleme (vgl. Abschnitt 2.1).

Als **Beispiele** für tatsächliche Probleme aus der Führungspraxis mit einer ausgeprägten moralischen Dimension untersucht Dyllick (1989) u.a. die Kritik an der Firma Nestlè gegen bestimmte Verkaufspraktiken von Milchersatzprodukten in Entwicklungsländern, die zu einer erhöhten Säuglingssterblichkeit führte (vgl. hierzu auch Steinmann und Löhr 1988). Als weiteres Beispiel beschreibt Dyllick die Auseinandersetzung um die Gesundheitsgefährdung durch Asbestzement, in die u.a. die deutsche Eternit AG verwickelt wurde.

Eine aktive Auseinandersetzung mit solchen Problemen kann beim Lernenden ein tieferes Verständnis des erworbenen ethischen Wissens fördern. Der Lernende mag hierbei auch erkennen, daß ethisches Wissen, etwa in Form von Normen und Prinzipien (vgl. Abschnitt 4.1.2), keine unmittelbaren Lösungen für Probleme liefert, sondern allenfalls **Anleitungen zur Lösungsfindung** (ähnlich Riklin 1991, S.239).

Fallstudien als Gegenstand normativer Diskussionen

Normativen Diskussionen mag eine gewisse innere Struktur auferlegt werden. Zu diesem Zwecke könnten etwa **Fallstudien** verwendet werden, in denen Probleme bis zu einem beliebigen Grade aufbereitet sind und den Lernenden zur Bearbeitung und Lösung überlassen werden.

Die **Inhalte** der Fallstudien könnten auf drei Ebenen angesiedelt werden, der Makroebene, der Mesoebene und der Mikroebene (vgl. Abschnitt 5.2):

○ Auf der **Makroebene** (Ethik der Wirtschafts- und Gesellschaftsordnung) könnten Inhalte in erster Linie aus einem **volkswirtschaftlichen** Kontext diskutiert werden (etwa zum Spannungsfeld zwischen Umweltpolitik und Arbeitsmarktpolitik).

○ Auf der **Mesoebene** (Unternehmungsethik) könnten Inhalte insbesondere aus einem **betriebswirtschaftlichen** Kontext behandelt werden (beispielsweise zum Spannungsfeld zwischen Produktsicherheit und Kosten).

○ Auf der **Mikroebene** (Ethik der Person) könnten Inhalte vor allem aus einem **individuellen** Kontext eine Rolle spielen (etwa zum Spannungsfeld zwischen Loyalität und kritischer Distanz zu Vorgesetzten, Kollegen und Mitarbeitern).

Fallstudien werden insbesondere in der Ausbildung der US-amerikanischen **Business Ethics** eingesetzt (CEBE 1980, S.10-20; DeGeorge 1989, S.443; Mahoney 1990, S.39). Im **deutschsprachigen Raum** kann die Bedeutung von Fallstudien noch kaum abgeschätzt werden - zu gering sind bisherige Erfahrungen mit einer Ausbildung in Wirtschaftsethik (einschließlich Führungsethik).

Allerdings wird der verstärkte Einsatz von Fallstudien in der **Betriebswirtschaftslehre** (jedoch ohne expliziten Bezug auf die Wirtschaftsethik) schon seit den fünfziger Jahren gefordert (vgl. Stähli 1988, S.5), so etwa von Kosiol (1957), später auch Staehle (1974).

Entwicklung von Verantwortungsfähigkeit

Unter Zuhilfenahme erworbenen ethischen Wissens können die Teilnehmer in normativen Diskussionen erlernen, die moralische Dimension von Problemen zuallererst **wahrzunehmen**, sie dann zu **reflektieren** und schließlich zu **beurteilen**. Insofern unterstützen normative Diskussionen die Entwicklung von Wahrnehmungsfähigkeit, von Reflexionsfähigkeit und von Urteilsfähigkeit, kurz: von **Verantwortungsfähigkeit** (vgl. die Abschnitte 2.2.3 und 11.1.2).

Normativen Diskussionen kommt in der Ausbildung in Führungsethik eine unmittelbare Bedeutung für mögliches verantwortungsvolles Handeln zu. Das betont auch Gatzemeier (1989, S.79):

"Wichtige Voraussetzung für die Wahrnehmung der Verantwortung im Berufsleben ist das Einüben von Verantwortungsdiskursen während der Ausbildung (Diskussionen von Fallbeispielen), das zugleich zu einer Sensibilisierung der Verantwortungsproblematik beiträgt."

Stimulierung der Entwicklung von Verantwortungsfähigkeit

Kohlberg fand in seinen Arbeiten heraus, daß die Entwicklung der Verantwortungsfähigkeit des Lernenden (vgl. Abschnitt 11.1.2) **stimuliert**, also von außen, gewissermaßen künstlich angeregt werden könne (Oser 1981, S.321-322; Überblick bei Berkowitz 1986; vgl. Abschnitt 3.2).

Stimulierend wirke insbesondere eine bestimmte **Diskussionsführung**: Der Lehrende solle eine normative Diskussion auf derjenigen Moralstufe führen, die **gerade über** der Moralstufe des Lernenden liege. Urteilt der Lernende etwa auf der vierten Moralstufe, so sollte mit ihm auf der fünften Moralstufe diskutiert werden. Dies bezeichnet Kohlberg als **"+1-Konvention"** (Schmidt 1983, S.51-52). Der "+1-Konvention" liegt die Beobachtung zugrunde, daß der Lernende nur die Argumentation auf der jeweils gerade über ihm liegenden Moralstufe intellektuell durchdringen könne.

Die Diskussionsführung nach der "+1-Konvention" erinnert an die **Dialogmethode** des griechischen Philosophen Sokrates (469-399 v. Chr.). Durch geschicktes Fragen "stimulierte" Sokrates seine Schüler, bisher unreflektiert für wahr gehaltene Ansichten über diese Welt neu zu überdenken. Auf diesem Wege verhalf Sokrates seinen Schülern häufig zu einer (im Sinne Kohlbergs) höheren Stufe der Einsicht, der Erkenntnis, des Verständnisses (Näheres bei Martens 1979, S.141-142; Pieper 1985, S.77).

11.2.3. Übertragung von Verantwortung

Um verantwortungsvolles Handeln nicht nur theoretisch zu lehren (vgl. Abschnitt 11.2.1) oder zu diskutieren (vgl. Abschnitt 11.2.2), sondern auch **praktisch zu ermöglichen**, könnte Lernenden bereits im Rahmen der akademischen Ausbildung **Verantwortung übertragen** werden.

Lernende könnten etwa mit der selbständigen Vorbereitung und Durchführung von normativen Diskussionen beauftragt werden, für die sie verantwortlich sind. Auch sind schriftliche Prüfungen ohne Aufsicht denkbar, in denen Lernende selbst für die Korrektheit des Prüfungsablaufes verantwortlich sind. Diese Form der Prüfung wird teilweise an US-amerikanischen Universitäten praktiziert (vgl. Shenkir 1990, S.30).

Die Übertragung von Verantwortung mag hierbei an einer einfachen Norm ausgerichtet werden: Wird der einzelne seiner Verantwortung gerecht, kann ihm weitere Verantwortung übertragen werden. Mißbraucht er hingegen seine Verantwortung, so sollte sie ihm entzogen werden. Damit zusammen hängt das Verhältnis zwischen **Vertrauen und Kontrolle** (vgl. die Abschnitte 3.1 und 11.2.4): Je mehr der einzelne dem ihm entgegengebrachten Vertrauen gerecht wird, desto weniger braucht er kontrolliert zu werden.

Erhöhung von Verantwortungsbereitschaft

Die Übertragung von Verantwortung (in unterschiedlichem Umfange) mag bei den Lernenden zu einer tieferen Einsicht über den Sinn und die Notwendigkeit verantwortungsvollen Handelns führen.

Da diese Einsicht hier nicht angelernt wurde, sondern dem Handeln selbst entspringt, kann die Übertragung von Verantwortung eine grundsätzliche, nicht auf die Ausbildung beschränkte **Erhöhung von Verantwortungsbereitschaft** (vgl. Abschnitt 11.1.3) begünstigen. Dadurch mag die Wahrscheinlichkeit verantwortungsvollen Handelns auch **außerhalb** der Ausbildung, in der Praxis selbst, steigen. Köck (1979, S.29) betont in diesem Zusammenhang:

"Ethikunterricht (ebenso die Ausbildung in Führungsethik; Anmerkung des Verfassers) wird auf diese Weise zu praktiziertem ethischem Handeln, das aufgrund der Möglichkeit längerfristiger unmittelbarer Erfahrung mehr bei den Schülern (den Lernenden; Anmerkung des Verfassers) (und beim Lehrer) bewirkt als ein Lehrbuch voll ethischer Prinzipien."

11.2.4. Atmosphäre des Vertrauens

Die Ausbildung in Führungsethik sollte geprägt sein von einer **Atmosphäre des Vertrauens** (vgl. Abschnitt 3.2). Eine solche Atmosphäre zu schaffen, aufrechtzuerhalten und zu pflegen, ist ein gemeinsamer Auftrag für Lehrende und Lernende.

Insbesondere der **gegenseitige Umgang** zwischen Lehrenden und Lernenden sollte durch Respekt vor unterschiedlichen Meinungen, durch Toleranz gegenüber Andersdenkenden gekennzeichnet sein. Um zu einem offenen, fairen Umgang miteinander zu gelangen, sollten Ängste abgebaut und "Ironie, Sarkasmus und Rechthaberei" (Köck 1979, S.29) vermieden werden. Lehrende und Lernende sollten sich "ein Höchstmaß an ... Achtung und Anerkennung" (Wiesehöfer 1981, S.29) entgegenbringen.

Die Forderung, eine Atmosphäre des Vertrauens zu schaffen und aufrechtzuerhalten, wird in der Literatur häufig erhoben. Vier Beispiele mögen das verdeutlichen:

○ Hall (1979, S.12) fragt nach einer für die Entwicklung **der Moralvorstellungen förderlichen Atmosphäre** und gibt die Antwort gleich selbst:

"Welche Atmosphäre ist die für die Entwicklung von Moralvorstellungen förderlichste? Es scheint, als sei dies eine Atmosphäre, in der verschiedene verbindliche moralische Standpunkte so vorgestellt werden, daß die Achtung vor unterschiedlichen Meinungen und Überzeugungen gefördert wird."

○ Köck (1979, S.29) betont die Notwendigkeit einer Atmosphäre gegenseitigen Vertrauens:

"Da der Ethikunterricht (ebenso wie die Ausbildung in Führungsethik; Anmerkung des Verfassers) in besonderer Weise die persönliche Stellungnahme, ja das persönliche Bekenntnis der Schüler (der Lernenden; Anmerkung des Verfassers) und des Lehrers zu drängenden und bedrängenden Problemen des Alltags erfordert, wenn er nicht in grauer Theorie erstarren soll, ist er auf eine **Atmosphäre des gegenseitigen Vertrauens** angewiesen."

○ Rapoport (1990, S.51; vgl. Krupinski 1992) betont allgemein die Bedeutung der Atmosphäre (der **"sozialen Situation"**), in die Menschen eingebettet sind, für die Ausbildung von Verantwortungsbewußtsein:

"Eltern, Lehrer und Geistliche mögen Freundlichkeit und Ehrlichkeit allen gegenüber predigen. Ob aber die Menschen lernen, freundlich oder grausam zu sein, ehrlich oder unehrlich, wird im großen und ganzen von der sozialen Situation abhängen, in der sie sich befinden; denn es sind diese Situationen, in denen sie lernen, sich so oder anders zu benehmen."

○ Müller-Merbach (1992a, S.194-195) fordert ein **Klima des Vertrauens**, das Raum läßt für Persönlichkeitsentwicklung und in dem der einzelne als Vorbild für die anderen wirken solle. Als Zeichen gegenseitigen Vertrauens solle insbesondere ein Stil konstruktiven Kritisierens gepflegt werden. Dabei solle der Grundsatz verinnerlicht werden: "Ich empfinde jede offene Anregung und Kritik als Vertrauensbeweis."

Vertrauen und Kontrolle

Eine Atmosphäre des Vertrauens mag mit beitragen zu einer **Entwicklung von Verantwortungsfähigkeit** (vgl. Schmidt 1983, S.52) und zu einer **Erhöhung von Verantwortungsbereitschaft**. Allerdings unterliegt jedes gewährte Vertrauen, genauso wie jede übertragene Verantwortung (vgl. Abschnitt 11.2.3), auch der Gefahr des **Mißbrauches**.

Wo ein Mißbrauch von Vertrauen droht, werden Kontrollen notwendig (vgl. Abschnitt 3.1). Und wo Vertrauen mißbraucht wird, muß dieser Mißbrauch geahndet werden. Ein Beispiel für dieses System gibt Shenkir (1990, S.30). Er berichtet von einem **System der Ehrenhaftigkeit** (system of honor) an der University of Virginia (Hufenbecher 1992, S.34). Dort gelten Lügen, Betrügen, Stehlen etc. als nicht tolerierbare Verstöße gegen das System.

Hier wie überall liegt es im Entschluß jedes einzelnen, inwieweit er dem ihm entgegengebrachten Vertrauen gerecht wird und damit aktiv zu einer Atmosphäre des Vertrauens beiträgt.

11.2.5. Einheit der drei Ausbildungsmethoden

Vorlesungen (Abschnitt 11.2.1), **normative Diskussionen** (Abschnitt 11.2.2) und die **Übertragung von Verantwortung** (Abschnitt 11.2.3), zu dritt eingebettet in eine **Atmosphäre des Vertrauens** (Abschnitt 11.2.4), ergänzen sich idealerweise zu einer **Einheit**. Sie gehören ebenso zusammen wie die Vermittlung von ethischem Wissen (Abschnitt 11.1.1), die Entwicklung von Verantwortungsfähigkeit (Abschnitt 11.1.2) und die Erhöhung von Verantwortungsbereitschaft (Abschnitt 11.1.3).

Wird hingegen eine der Ausbildungsmethoden vernachlässigt, so drohen auch die anderen Ausbildungsmethoden an Wirkung zu verlieren. So wird den Lernenden ohne ein grundlegendes gemeinsames, etwa in Vorlesungen vermitteltes **ethisches Wissen** möglicherweise eine notwendige Basis fehlen, eine "gemeinsame Sprache" für fruchtbare **normative Diskussionen**. Und ohne die **Übertragung von Verantwortung** bliebe erworbenes und diskutiertes Wissen ohne praktischen Bezug, ohne den Nachweis einer Wirksamkeit.

11.3. Didaktik der gebundenen Freiheit

Die Ausbildung in Führungsethik bedarf einer geeigneten **Didaktik**. Insbesondere wird der Lehrende darüber zu entscheiden haben, ob und inwieweit er auf den Lernenden **erziehend einwirken** soll.

Eine intensive erziehende Einwirkung wird im Extremfall zu einem **Dogmatismus** (hier als **These**) führen, zu einem autoritären Anerziehen festgelegter Normen (Abschnitt 11.3.1). Eine mangelnde erziehende Einwirkung hingegen wird im Extremfall zu einem **Relativismus** (als **Antithese**) führen, indem sämtliche Normen so stark kritisiert und dadurch relativiert werden, daß dem Lernenden ein Verlust seiner moralischen Orientierung droht (Abschnitt 11.3.2).

Um beide Extreme zu vermeiden, sei eine **Synthese** aus Dogmatismus und Relativismus vorgeschlagen. Sie wird als Didaktik der **gebundenen Freiheit** bezeichnet (Abschnitt 11.3.3).

Die Unterscheidung zwischen **Dogmatismus** und **Relativismus** und die Suche nach einer geeigneten Synthese werden (wenn auch teilweise unter anderen Bezeichnungen) in der Literatur im Überschneidungsbereich von Ethik und Pädagogik des öfteren thematisiert. So bezeichnet etwa Hall (1979, S.3-20) die Spannungen zwischen Rigidität (hier Dogmatismus) und Gewährenlassen (hier: Relativismus) als Dilemma der moralischen Erziehung. Höffe (1979, S.472) unterscheidet zwischen Indoktrination (hier: Dogmatismus) und Relativismus. Als extreme Alternativen verwirft Schmidt (1984, S.17) die Vermittlung sowohl einer "bestimmten Sinn- und Werttradition" (vergleichbar dem Dogmatismus) als auch lediglich der "Minimalnormen des sog. sittlichen Mindestkonsens'" (ähnlich dem Relativismus).

11.3.1. Dogmatismus als These

Von **Dogmatismus** sei in der Ausbildung in Führungsethik dort gesprochen, wo auf den Lernenden so umfassend wie möglich erziehend eingewirkt werden soll. Dem Lernenden soll eine vorgefertigte Lehrmeinung vermittelt werden, an deren Gültigkeit kein Zweifel gehegt werden darf. Ihm werden "ewig gültige Wahrheiten" verkündet, festgelegte und rigide Normen und Prinzipien etwa, die der Lernende verinnerlichen soll, ohne sie in Frage zu stellen, ohne ihre Inhalte und insbesondere die **Folgen ihrer Anwendung** (vgl. teleologische Ethik, Abschnitt 4.2.2, und Verantwortungsethik, Abschnitt 4.2.3) zu reflektieren.

Angestrebt wird die unbedingte, unreflektierte Anerkennung und Übernahme vorgefertigter "Wahrheiten". Der Lernende soll zur Konformität in einer "Gesinnungs- und Weltanschauungsgemeinschaft" (Schmidt 1984, S.24) etwa politischer oder religiöser Art erzogen werden. **Beispiele** für diese extreme Art der Didaktik liefern der Nationalsozialismus, der Kommunismus, der islamische Fundamentalismus genauso wie etwa einzelne Sekten.

Höffe (1979, S.469) verwirft den Dogmatismus wegen seiner Einseitigkeit:

"Ein Unterricht, der sich ... auf die Seite einer der Gruppen (mit unterschiedlichen grundlegenden Überzeugungen; Anmerkung des Verfassers) schlägt und deren partikulare Überzeugungen als allgemein anerkannte vorträgt, verfährt sozialgeschichtlich gesehen reaktiv, politisch betrachtet totalitär und philosophisch-wissenschaftlich gesehen dogmatisch. ... Er widersetzt sich einem bestehenden Macht- und Theorie-Pluralismus, der keiner politischen, religiösen oder sozialen und auch keiner wissenschaftlichen Instanz ein Beurteilungs- und Entscheidungsmonopol über die Legitimität von sittlichen Normen zugesteht."

Das "Ideal" des Dogmatismus ist eine am Gehorsam ausgerichtete **Fremdorientierung** des Lernenden (vgl. die Abschnitte 3.2 und 3.4). Der Dogmatismus behindert die individuelle Entwicklung von Verantwortungsfähigkeit, er macht den Lernenden unselbständig, "moralisch kurzsichtig" (vgl. Abschnitt 3.4), anstatt ihn im Gegenteil zu selbständigem, "moralisch weitsichtigem", also zu verantwortungsvollem Handeln anzuleiten. Insofern trägt der Dogmatismus zur **moralischen Unmündigkeit** des Lernenden bei.

Moralische Unmündigkeit wird dem einzelnen möglicherweise gar nicht bewußt. Im Gegenteil: Wo der Dogmatismus ideologisch mit einem unbedingten Wahrheitsanspruch versehen wird, drohe, so Lübbe (1987, S.12), eine **Ideologisierung des Bewußtseins**, eine "Änderung dessen also, was man in letzter Instanz für wahr hält." Die Folge sei, so Lübbe (1987, S.41) weiter, eine **ideologiegepanzerte Gewißheit**, eine "skrupelfreie Gewißheit, durch Orientierung an höchsten Zwecken im Recht zu sein ..."

Der Dogmatismus scheint somit als Didaktik wenig geeignet zu sein. Das gilt für die Ethik im allgemeinen wie für die **Führungsethik** im besonderen. In dieser Arbeit wurde daher wiederholt auf die Bedeutung eigener Vernunft, eigener Einsicht, eigenen Verantwortungsbewußtseins hingewiesen (vgl. die Abschnitte 2.2.3, 4.1.2, 10.2 und 11.1.2).

Auch sollten die **Leitideen normativer Führung** (vgl. die Kapitel 6 bis 9) nicht in einem dogmatischen Sinne mißverstanden werden: Sie sollen nicht zu Denkzwängen führen und unreflektiert angewandt werden, sondern den einzelnen unterstützen, verantwortungsvoll zu handeln. Sie sollen dem einzelnen als Richtlinien dienen, ihm zu eigener Einsicht verhelfen, ihn zum Denken anregen, zum Gebrauch seiner Vernunft veranlassen und zu tieferer Erkenntnis stimulieren.

11.3.2. Relativismus als Antithese

Dem Dogmatismus (Abschnitt 11.3.1) steht der Relativismus gegenüber. Hier soll auf den Lernenden überhaupt nicht erziehend eingewirkt werden. Vielmehr wird der Lernende mit einer möglichst großen Anzahl verschiedener Lehrmeinungen konfrontiert - und dann bei der Suche nach dem richtigen, dem angemessenen, dem guten, dem verantwortungsvollen Handeln sich selbst überlassen. Höffe (1979, S.469) schreibt:

"Man trägt die ganze Mannigfaltigkeit von Norm- und Zielvorstellungen vor und enthält sich jeder Stellungnahme oder Wertung."

Weil der Lernende vom Lehrenden keine Entscheidungshilfe erhält, kann der Relativismus eine "sittliche Indifferenz" (Höffe 1979, S.469) begünstigen, eventuell sogar zu einer "Normenkonfusion" (Feil 1977, S.16), einer moralischen Orientierungslosigkeit und Verwirrung beim Lernenden führen. Das betont auch Rokeach; er lehnt daher, von Hall (1979, S.10) zitiert, den Relativismus ab:

"Eine Werterziehung (eine Ausbildung in Führungsethik; Anmerkung des Verfassers), die sich einzig und allein an die eigenen Wertvorstellungen der Schüler (der Lernenden; Anmerkung des Verfassers) wendet, wird zu nichts führen beziehungsweise macht sich selbst etwas vor. Vermutlich wäre ein solches Eingehen auf die Persönlichkeit der Schüler zu egozentrisch, um erzieherisch wirksam sein zu können."

Mit Sartre (vgl. Abschnitt 6.4) muß der Mensch erst zum Menschen gemacht werden, und dafür ist auch ein **moralisches Fundament** notwendig. Dieses moralische Fundament, die Basis für freies, verantwortungsvolles Handeln, wird dem Lernenden durch den Relativismus verweigert, vorenthalten, vielleicht gar entzogen.

Auch daraus entsteht beim Lernenden **moralische Unmündigkeit**: Sie resultiert allerdings nicht wie im Dogmatismus aus einer am Gehorsam ausgerichteten Fremdorientierung des Lernenden, sondern aus dem Vorenthalten inhaltlicher Unterstützungen, aus dem Vorenthalten von Richtlinien für ein eigenständiges, verantwortungsvolles Handeln.

Diese inhaltlichen Unterstützungen, diese Richtlinien, bilden hier in der **Führungsethik** etwa die **Leitideen normativer Führung**. Sie geben dem einzelnen in undogmatischer Weise, trotzdem jedoch mit der Forderung der **Allgemeingültigkeit** (vgl. Abschnitt 4.1.2), ein ethisch-ökonomisches Instrumentarium für verantwortungsvolles Handeln in der Führungspraxis an die Hand.

11.3.3. Gebundene Freiheit als Synthese

Der Dogmatismus (als These; Abschnitt 11.3.1) und der Relativismus (als Antithese; Abschnitt 11.3.2) scheinen in ihrer Extremität für die Führungsethik ungeeignet. Gesucht ist daher eine **Synthese** aus Dogmatismus und Relativismus; diese Synthese sei hier als **gebundene Freiheit** bezeichnet.

Die Suche nach einer geeigneten Synthese aus Dogmatismus und Relativismus wird in der Literatur häufig thematisiert. Drei Beispiele mögen das zeigen:

○ Höffe (1979, S.472) sieht eines der wesentlichen Ausbildungsziele der Ethik darin, "der Alternative von Indoktrination (Dogmatismus; Anmerkung des Verfassers) und Relativismus zu entgehen ..."

○ Hall (1979, S.13) sucht einen Mittelweg, der den Lernenden weder zwinge noch ihn ohne Ratschlag alleine lasse:

"Das Problem und die Herausforderung, die moralische Erziehung in unserer Zeit stellt, besteht darin, ... einen Zugang (zu finden), der junge Menschen weder dazu zwingt, ein bestimmtes System moralischer Regeln zu übernehmen, noch ihnen den Eindruck vermittelt, daß moralische Entscheidungen ausschließlich Sache der persönlichen Meinung oder der augenblicklichen Laune sind."

○ Schmidt (1984, S.17) grenzt die Suche nach einer Synthese zweifach negativ ab:

"Ethikunterricht darf keine bestimmte Sinn- und Werttradition vermitteln wollen, er kann sich aber auch nicht damit begnügen, die Minimalnormen des sog. sittlichen Mindestkonsens' darzustellen und plausibel zu machen."

Eine Alternative (Höffe), ein Mittelweg (Hall), eine Synthese sollte dem Lernenden **soviel Freiheit wie möglich** lassen (ohne in Relativismus zu verfallen) und ihm gleichzeitig **soviel Gebundenheit wie nötig** auferlegen (ohne in Dogmatismus auszuarten).

Freiheit mag nach Höffe (1979, S.471) etwa hinsichtlich der individuellen Bedürfnisse und Talente, des individuellen Verständnisses von dieser Welt und vom eigenen Leben bestehen. Höffe schreibt dazu (1979, S.471):

"Die Überzeugungen, die die menschliche Selbstrealisation leiten, können persönlichen und gruppenmäßigen Freiräumen überlassen bleiben - sofern sie nicht die Selbstrealisation anderer beeinträchtigen."

Gebundenheit wird dort notwendig, wo die Freiheit des einen die Freiheit des anderen zu beeinträchtigen droht. Es sei, so Höffe (1979, S.471-472), eine individuelle Bindung an Normen notwendig, "die den Ausgleich rivalisierender Selbstrealisationen regeln" und somit (neben Institutionen; vgl. Abschnitt 2.3.1) ein gedeihliches Zusammenleben in der Gesellschaft erst ermöglichen.

Freiheit und Gebundenheit sollten daher **gemeinsam** in die Ausbildung in Führungsethik einfließen. Beides erscheint notwendig, denn:

○ Ohne **Freiheit**, etwa um die eigene Vernunft entdecken zu können, bleibt der Lernende unselbständig, hilflos, fremdorientiert (vgl. Abschnitt 3.4). Freiheit scheint unabdingbar notwendig zu sein für die Ausbildung in Führungsethik. Pieper (1985, S.84) betont:

"Bleibendes Ziel (der Ausbildung; Anmerkung des Verfassers) ist der selbständige, seiner Freiheit mächtige Mensch, nicht aber ein abgerichtetes, Befehle kritiklos entgegennehmendes und ausführendes Wesen. ...

... Der Lehrer hat den Prozeß der sich entwickelnden Freiheit, die Emanzipation des Schülers (des Lernenden; Anmerkung des Verfassers) zu unterstützen, indem er sich zum Instrument dieses Prozesses macht, d.h. sein Unterricht soll nicht in Form einer Indoktrination vor sich gehen, sondern im Schüler schon den künftigen mündigen, ihm prinzipiell ebenbürtigen Menschen berücksichtigen und ihn dazu motivieren, dieses Ziel unbedingt anzustreben."

○ Ohne **Gebundenheit**, etwa gegenüber kultureller Tradition, verfassungsrechtlich festgelegten Grundwerten (Schmidt 1984, S.19-20) etc. bleibt der Lernende oberflächlich, nicht verwurzelt, unfähig, an einem gedeihlichen Zusammenleben in der Gesellschaft mitzuwirken und verführbar für alles Totalitäre. Hall (1979, S.14-15) fordert daher:

"Wir können die Gehalte unserer kulturellen Tradition benutzen, um junge Leute dem Verständnis und der Anerkennung der Tatsache näherzubringen, daß die Menschen sich moralische Werte schaffen, nach denen sie ihre Entscheidungen ausrichten und ihr Leben gestalten.

... Wir müssen unsere jungen Menschen ... konfrontieren ... mit dem, was in unserer Gesellschaft an moralischem Konsens besteht. Wir verfügen über eine Tradition, die wir weitergeben können, ... (die) aber viel Raum läßt für abweichende Meinungen sowie für den Entwurf und die Überprüfung abgeleiteter moralischer Urteile."

Um daher einerseits **durch Freiheit Dogmatismus zu überwinden**, sollte der Lernende mit der ganzen Palette verfügbarer Lehrmeinungen, Konzepte, Normen und Prinzipien vertraut gemacht werden. Um andererseits **durch Gebundenheit Relativismus zu vermeiden**, sollte der Lehrende zugleich deutlich machen, inwieweit die vermittelten Lehrmeinungen, Konzepte, Normen und Prinzipien mit den kulturellen Traditionen und dem herrschenden Wertesystem in Einklang stehen.

Insgesamt sollte durch die Didaktik einer **gebundenen Freiheit** der Lehrende weniger als allwissende Autoritätsperson wirken, sondern mehr als **Ratgeber**, der dem Lernenden **"Hilfe zur Selbsthilfe"** leistet beim Umgang mit unterschiedlichen Lehrmeinungen etc. Durch eine ausreichende Hilfe zur Selbsthilfe wird sich der Lehrende im Idealfall selbst überflüssig machen.

Aufruf zur Mündigkeit

Eine Didaktik der gebundenen Freiheit mag in dem Maße erfolgreich sein, wie auch der **Lernende selbst** sich um diese gebundene Freiheit bemüht. Die potentielle moralische Unmündigkeit des Lernenden sollte überwunden werden, indem sich der **Lernende selbst** um moralische Mündigkeit bemüht.

Schon vor mehr als zweihundert Jahren forderte Immanuel Kant (vgl. Abschnitt 6.7) den Menschen auf, seine selbstverschuldete Unmündigkeit zu überwinden. Dies war für Kant der Wahlspruch der Aufklärung (Kasten 11.1; vgl. Müller-Merbach 1989a, S.14-16).

Kasten 11.1: Kants Aufruf zur Mündigkeit, erschienen im Aufsatz von 1784, "Beantwortung der Frage: Was ist Aufklärung?

"Aufklärung ist der Ausgang des Menschen aus seiner selbstverschuldeten Unmündigkeit. Unmündigkeit ist das Unvermögen, sich seines Verstandes ohne Leitung eines anderen zu bedienen. **Selbstverschuldet** ist diese Unmündigkeit, wenn die Ursache derselben nicht am Mangel des Verstandes, sondern der Entschließung und des Mutes liegt, sich seiner ohne Leitung eines anderen zu bedienen. Sapere aude! Habe Mut, dich deines **eigenen** Verstandes zu bedienen! ist also der Wahlspruch der Aufklärung."

Moralische Mündigkeit in der normativen Führung

Der Aufruf Kants zur Mündigkeit sei hier - auf die **moralische** Mündigkeit bezogen - an den Lernenden gerichtet. Im Rahmen der **Führungsethik** dieser Arbeit sei **das Bemühen um moralische Mündigkeit** verstanden als

○ das Bemühen um **eigenes ethisches Wissen** als eine inhaltliche Grundlage für die normative Führung, mit der die moralische Dimension praktischer Probleme erfaßt und einer Lösung zugeführt werden kann (vgl. Abschnitt 11.1.1),

○ das Bemühen um **eigene Verantwortungsfähigkeit**, um die moralische Dimension praktischer Probleme in ihrer ganzen Weite und Tiefe **wahrzunehmen**, sie an der eigenen Vernunft zu **reflektieren** und aus einer moralischen Perspektive zu **beurteilen** (vgl. Abschnitt 11.1.2) sowie

○ das Bemühen um **eigene Verantwortungsbereitschaft**, um in der Führungspraxis tatsächlich verantwortungsvoll zu handeln (vgl. Abschnitt 11.1.3).

11.4. Integration der Führungsethik in die Betriebswirtschaftslehre

Die Ausbildung in Führungsethik kann auf unterschiedlichen Wegen in die Betriebswirtschaftslehre (wie auch in andere Disziplinen) **integriert** werden. Hier sei zunächst zwischen zwei Wegen unterschieden: Führungsethik als **eigenständiges Fach** und Führungsethik als **Bestandteil anderer Fächer**. Um eine möglichst umfassende Integration zu gewährleisten, sei anschließend für eine **Kombination** beider Wege plädiert.

Erster Weg: Führungsethik als eigenständiges Fach

Führungsethik könnte zum einen als **eigenständiges Fach** in die Betriebswirtschaftslehre integriert werden - ebenso wie das Marketing, das Rechnungswesen, die Produktionslehre etc. Als eigenständiges Fach könnte die Führungsethik sowohl im Grundstudium (dann obligatorisch) als auch im Hauptstudium (obligatorisch oder fakultativ) gelehrt werden, etwa in Vorlesungen (vgl. Abschnitt 11.2.1) und in normativen Diskussionen (vgl. Abschnitt 11.2.2).

Wichtig erscheint eine Ausbildung **über mehrere Semester** hinweg, damit der Lernende sich an die aus ökonomischer Perspektive zunächst eher ungewohnte Denk- und Argumentationsweise der Führungsethik (allgemein: der Wirtschaftsethik) schrittweise gewöhnen und diese einüben kann. Unter dieser Voraussetzung, so berichtet etwa Peter Ulrich (1992, S.2), stellten sich "überzeugende" und "erfreuliche" Ergebnisse einer Ausbildung in Wirtschaftsethik ein.

Zweiter Weg: Führungsethik als Bestandteil anderer Fächer

Führungsethik könnte zum anderen als **Bestandteil anderer Fächer** in die Betriebswirtschaftslehre integriert werden.

Zu diesem Zwecke könnte die an Kant orientierte Dreiteilung der Betriebswirtschaftslehre (vgl. Abschnitt 2.1) jedem betriebswirtschaftlichen Fach zugrunde gelegt werden. Jedes Fach verfügte dann über eine

- **Fachtechnik** (den Umgang mit **Sachen** betreffend),
- **Fachpragmatik** (den Umgang mit **Menschen** betreffend) und
- **Fachethik** (den Umgang mit **Normen und Prinzipien** betreffend).

Als **Fachethik** könnten etwa eine **Führungsethik des Marketings**, eine **Führungsethik des Rechnungswesens**, eine **Führungsethik der Produktionslehre** etc. gelehrt werden.

Mit dem Vorschlag von Fachethiken sei jedoch nicht für einen **Ethikpluralismus** plädiert. Vielmehr wird hier von einer **Einheit der Ethik** (einschließlich der Führungsethik) ausgegangen (vgl. Müller-Merbach 1991, S.5); sie hat ihr praktisches Pendant in der **Einheit der Verantwortung** (vgl. Abschnitt 2.2.3). Durch Fachethiken wird die Einheit der Ethik fachspezifisch angewandt, nicht jedoch aufgehoben.

Dritter Weg: Führungsethik als eigenständiges Fach und als Bestandteil anderer Fächer

Um Führungsethik **umfassend** in die Betriebswirtschaftslehre zu integrieren, wird hier für eine Verbindung beider Wege plädiert: Führungsethik sollte **sowohl** als eigenständiges Fach **als auch** als Bestandteil anderer Fächer gelehrt werden.

Führungsethik als eigenständiges Fach: In einem **eigenständigen Fach** könnten insbesondere ethische und ethisch-ökonomische **Grundlagen** der Führungsethik gelehrt werden. Als Anknüpfungspunkte dafür seien die Inhalte dieser Arbeit vorgeschlagen, insbesondere

○ die Abgrenzung der normativen Führung und der Führungsethik an der Kantischen Dreiteilung des Handelns (vgl. die Abschnitte 2.1 und 2.2),
○ die Grundlegung eines Fundamentes normativer Führung, bestehend aus der Verantwortungsfähigkeit, der Verantwortungsbereitschaft und dem ethischem Wissen (vgl. Abschnitt 2.2.3),
○ die Interdependenz zwischen Individualethik und Institutionalethik (vgl. Abschnitt 2.3),
○ die Dichotomie zwischen moralischem Urteilen und moralischem Handeln (vgl. Kapitel 3),
○ Grundlagen der Ethik (vgl. Kapitel 4),
○ das Verhältnis zwischen Ethik und Ökonomie (vgl. Kapitel 5),
○ Konzepte der philosophischen Ethik, der Wirtschaftsethik und der ethisch-normativen Betriebswirtschaftslehre (vgl. die Kapitel 6 bis 8), jeweils mit Leitideen normativer Führung (gemeinsamer Katalog in Kapitel 9), sowie
○ Vorschläge zur Gestaltung, Vermittlung und Durchsetzung eines Wertesystems auf der Ebene der Unternehmung (vgl. Kapitel 10).

Diese Inhalte könnten im Rahmen mehrerer aufeinander aufbauender Vorlesungen (vgl. Abschnitt 11.2.1) vermittelt werden. Zusätzlich könnten in normativen Diskussionen Fallbeispiele benutzt werden (vgl. Abschnitt 11.2.2), für die etwa unter Zuhilfenahme verschiedener Konzepte (vgl. die Kapitel 6 bis 8) Lösungsvorschläge zu erarbeiten sind.

Führungsethik als Bestandteil anderer Fächer: Ergänzend könnte jedes einzelne Fach auch aus einer moralischen Dimension, als **Fachethik**, mit **fächerspezifischen** (führungs-) ethischen Inhalten, gelehrt werden. Das sei hier exemplarisch für eine Führungsethik des Marketings, des Rechnungswesens und der Produktionslehre gezeigt.

○ **Führungsethik des Marketings:** In einer Führungsethik des Marketings könnte die normative Führung (vgl. Abschnitt 2.1) aus einer **marktorientierten Perspektive** thematisiert werden. Hier könnten etwa Fragen der Wahrheit und Aufrichtigkeit in der Werbung oder des Vertriebes umweltverträglicher und gesundheitsfördernder Produkte behandelt werden.

   Insbesondere in den US-amerikanischen Business Ethics haben sich eigenständige **Marketing Ethics** entwickelt (vgl. Laczniak und Murphy 1985). Im deutschsprachigen Raum bemüht sich etwa Hansen (1989) um die Konzeption einer **Marketingethik**.

○ **Führungsethik des Rechnungswesens:** In einer Führungsethik des Rechnungswesens ließe sich die normative Führung aus einer **ergebnisorientierten Perspektive** betrachten. Hier könnten etwa die Grundsätze ordnungmäßiger Buchführung (vgl. Leffson 1991), das Prinzip der Wahrheit im Berichtswesen des Controllers etc. eine Rolle spielen.

○ **Führungsethik der Produktionslehre:** In einer Führungsethik der Produktionslehre könnte die normative Führung aus einer **produktionsorientierten Perspektive** behandelt werden. Hier ließen sich etwa Fragen der Produktsicherheit, allgemein auch der Humanisierung der Arbeit (vgl. Zwierlein 1992) etc. behandeln.

Fächerspezifische ethische Inhalte könnten wiederum in den entsprechenden Fachvorlesungen allgemein vermittelt und zusätzlich in normativen Diskussionen vertieft und argumentativ angewandt werden.

Das Ideal des Lehrenden

Um Führungsethik lehren zu können, allgemein: um Verantwortung innerhalb der Wirtschaftswissenschaften wahrnehmen zu können (vgl. Küpper 1988, auch 1992), sollte der Lehrende idealerweise über einen gleichermaßen ausgeprägten **ethischen und ökonomischen Sachverstand** verfügen. Das wird gelegentlich übersehen. So heißt es in einem Bericht zur US-amerikanischen Ausbildung in Business Ethics (CEBE 1980, S.1; vgl. Müller-Merbach 1988, S.321):

"The possession of certain degrees is not required to teach a course in business ethics. Interest is one of the most important qualifications."

Dem sei hier teilweise widersprochen: Interesse kann wohl als eine Voraussetzung gelten, um Führungsethik zu lehren. Den notwendigen Sachverstand kann Interesse jedoch kaum ersetzen. Vielmehr gilt aus ethischer wie aus ökonomischer Perspektive: "Der Sachverstand muß mit im Spiele sein, wenn ... etwas Substantielles, Weiterführendes und der Realisierung Fähiges herauskommen soll" (Rich 1985, S.72-73; vgl. Abschnitt 7.1).

Zum Erwerb ethischen und ökonomischen Sachverstandes bereits während des Studiums soll die Führungsethik mit beitragen.

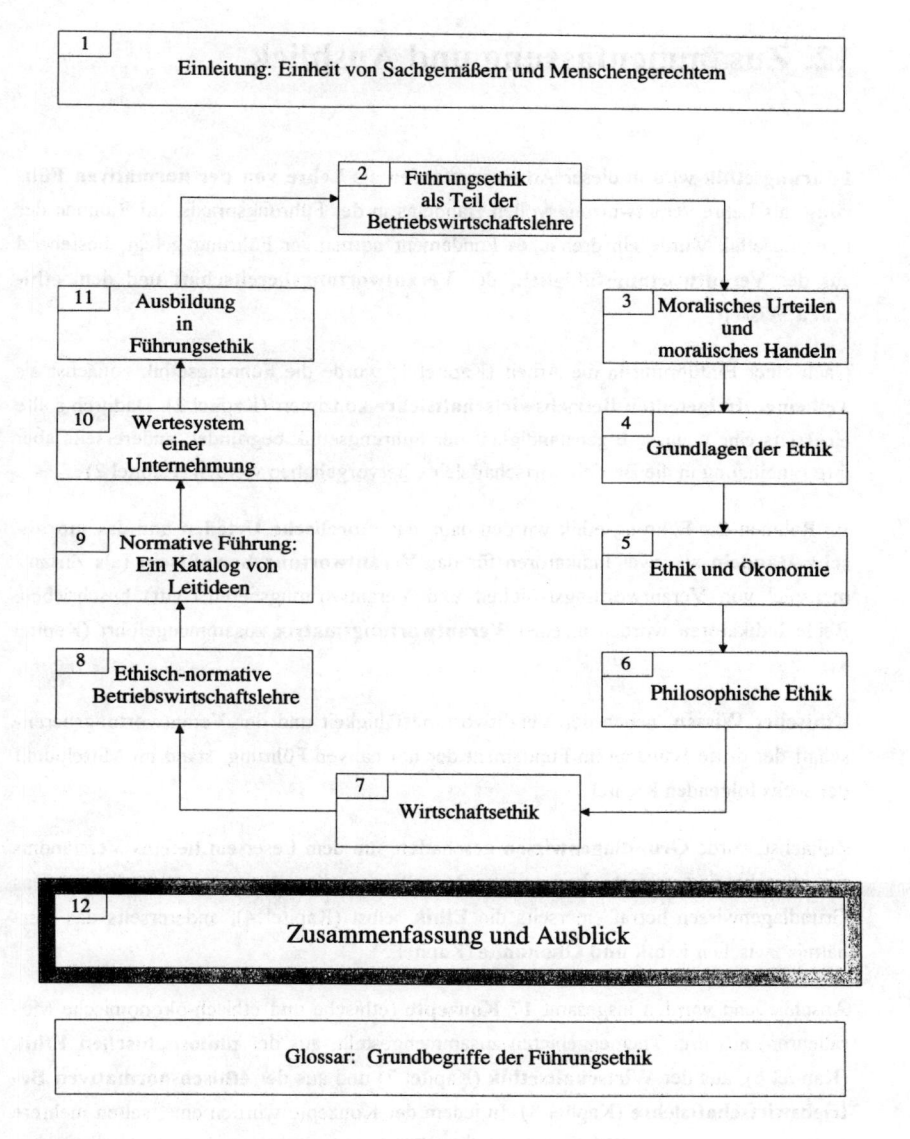

| 1 | Einleitung: Einheit von Sachgemäßem und Menschengerechtem |

| 2 | Führungsethik als Teil der Betriebswirtschaftslehre |

| 11 | Ausbildung in Führungsethik |

| 3 | Moralisches Urteilen und moralisches Handeln |

| 10 | Wertesystem einer Unternehmung |

| 4 | Grundlagen der Ethik |

| 9 | Normative Führung: Ein Katalog von Leitideen |

| 5 | Ethik und Ökonomie |

| 8 | Ethisch-normative Betriebswirtschaftslehre |

| 6 | Philosophische Ethik |

| 7 | Wirtschaftsethik |

| 12 | Zusammenfassung und Ausblick |

Glossar: Grundbegriffe der Führungsethik

12. Zusammenfassung und Ausblick

Führungsethik wird in dieser Arbeit verstanden als **Lehre von der normativen Führung**, als Lehre verantwortungsvollen Handelns in der Führungspraxis. Im Rahmen der Führungsethik wurde ein dreifaches Fundament normativer Führung gelegt, bestehend aus der **Verantwortungsfähigkeit**, der **Verantwortungsbereitschaft** und dem **ethischen Wissen**.

Nach einer Einführung in die Arbeit (Kapitel 1) wurde die Führungsethik zunächst als **Teil einer dreigeteilten Betriebswirtschaftslehre** konzipiert (Kapitel 2). Dadurch sollte einerseits eine gewisse Eigenständigkeit der Führungsethik begründet, andererseits aber ihre Einbindung in die Betriebswirtschaftslehre hervorgehoben werden (Kapitel 2).

Im Rahmen der Führungsethik wurden dann das **moralische Urteilen** und das **moralische Handeln** als zwei Indikatoren für das **Verantwortungsbewußtsein** (als Zusammenspiel von Verantwortungsfähigkeit und Verantwortungsbereitschaft) beschrieben. Beide Indikatoren wurden in einer **Verantwortungsmatrix** zusammengeführt (Kapitel 3).

Ethisches Wissen, neben der Verantwortungsfähigkeit und der Verantwortungsbereitschaft der dritte Baustein im Fundament der normativen Führung, stand im Mittelpunkt der sechs folgenden Kapitel:

Zunächst wurde **Grundlagenwissen** geschaffen, um dem Leser ein tieferes Verständnis für ethische und ethisch-ökonomische Morallehren (Konzepte) zu ermöglichen. Das Grundlagenwissen betraf einerseits die **Ethik** selbst (Kapitel 4), andererseits das Verhältnis zwischen **Ethik und Ökonomie** (Kapitel 5).

Anschließend wurden insgesamt **17 Konzepte** (ethische und ethisch-ökonomische Morallehren) aus drei Themengebieten zusammengestellt, aus der **philosophischen Ethik** (Kapitel 6), aus der **Wirtschaftsethik** (Kapitel 7) und aus der **ethisch-normativen Betriebswirtschaftslehre** (Kapitel 8). In jedem der Konzepte wurden eine, selten mehrere **Leitideen normativer Führung** formuliert. Die Leitideen mögen als Richtlinien für verantwortungsvolles Handeln in der Führungspraxis dienen (gemeinsamer Katalog in Kapitel 9).

Als ein integraler Bestandteil der normativen Führung wurde nachfolgend die **Gestaltung, Vermittlung und Durchsetzung des Wertesystems einer Unternehmung** beschrieben. Das Wertesystem einer Unternehmung sollte idealerweise als gemeinsamer normativer Rahmen, als gemeinsames moralisches Fundament aller Unternehmungsaktivitäten dienen (Kapitel 10).

Um die **Ausbildung in Führungsethik** ging es abschließend. Hier wurden Ausbildungsmethoden und eine Didaktik zur Erreichung dreier Ausbildungsziele vorgeschlagen: der **Vermittlung von ethischem Wissen**, der **Entwicklung von Verantwortungsfähigkeit** und der **Erhöhung von Verantwortungsbereitschaft**. Mit Vorschlägen für eine umfassende Integration der Führungsethik in die Betriebswirtschaftslehre wurde zugleich der Kreis zu Kapitel 2 geschlossen (Kapitel 11).

Ein Glossar der wichtigsten in dieser Arbeit benutzten ethischen und ethisch-ökonomischen Fachbegriffe rundet die Ausführungen ab. Die Fachbegriffe seien als **Grundbegriffe der Führungsethik** bezeichnet. Sie sind dem vorliegenden Kapitel angehängt.

Mit der hier konzipierten Führungsethik sollten zwei Brücken geschlagen werden, eine erste von der **Ökonomie zur Ethik**, eine zweite von der **Theorie zur Praxis**. Beide Brückenschläge scheinen für die normative Führung bedeutend zu sein:

O Der Brückenschlag von der **Ökonomie zur Ethik** zielt auf die **Einheit wirtschaftlichen Handelns**. Wirtschaftliches Handeln weist gleichermaßen eine ökonomische wie eine moralische Dimension auf. Mit Rich kann nicht (ökonomisch) sachgerecht sein, was dem Menschengerechten widerspricht, und es kann nicht (moralisch) menschengerecht sein, was dem Sachgemäßen zuwiderläuft (vgl. Abschnitt 7.1). Ohne speziellen Bezug zur Wirtschaft wies insbesondere Kant auf die moralische Dimension jedes Handelns hin (vgl. Abschnitt 2.1).

O Der Brückenschlag von der **Theorie zur Praxis** liegt in der praktischen Ausrichtung der Ethik selbst - auch in ihrer Verflechtung mit der Ökonomie - begründet. Die Ethik ist auch als theoretische Disziplin direkt auf die Praxis bezogen, etwa dort, wo Normen, wo Richtlinien für verantwortungsvolles Handeln erstellt und durch Prinzipien begründet werden (vgl. Abschnitt 4.1.2).

Normen und Prinzipien, ebenso die Leitideen normativer Führung, können mannigfache, moralisch gut begründete Hinweise auf verantwortungsvolles Handeln geben. Sie können den Menschen unterstützen und anleiten bei der Suche nach einer vernünftigen Antwort auf die Frage: "Was sollen wir tun?"

Allerdings scheint es in der Ethik **keine** "einzig wahre" Antwort auf die Frage zu geben, was wir tun sollen. Es scheint vor allem keinen "ethischen Königsweg" zu geben, keine Norm, keine Richtlinie, keine Leitidee, kein Prinzip, das dem Menschen das eigene moralische Nachdenken, die eigene moralische Reflexion abnehmen könnte. Einen gangbaren Weg verantwortungsvollen Handelns zu finden und einzuschlagen, bleibt eine ständige Herausforderung an die Vernunft, an die Einsicht, an das Verantwortungsbewußtsein jedes einzelnen Menschen.

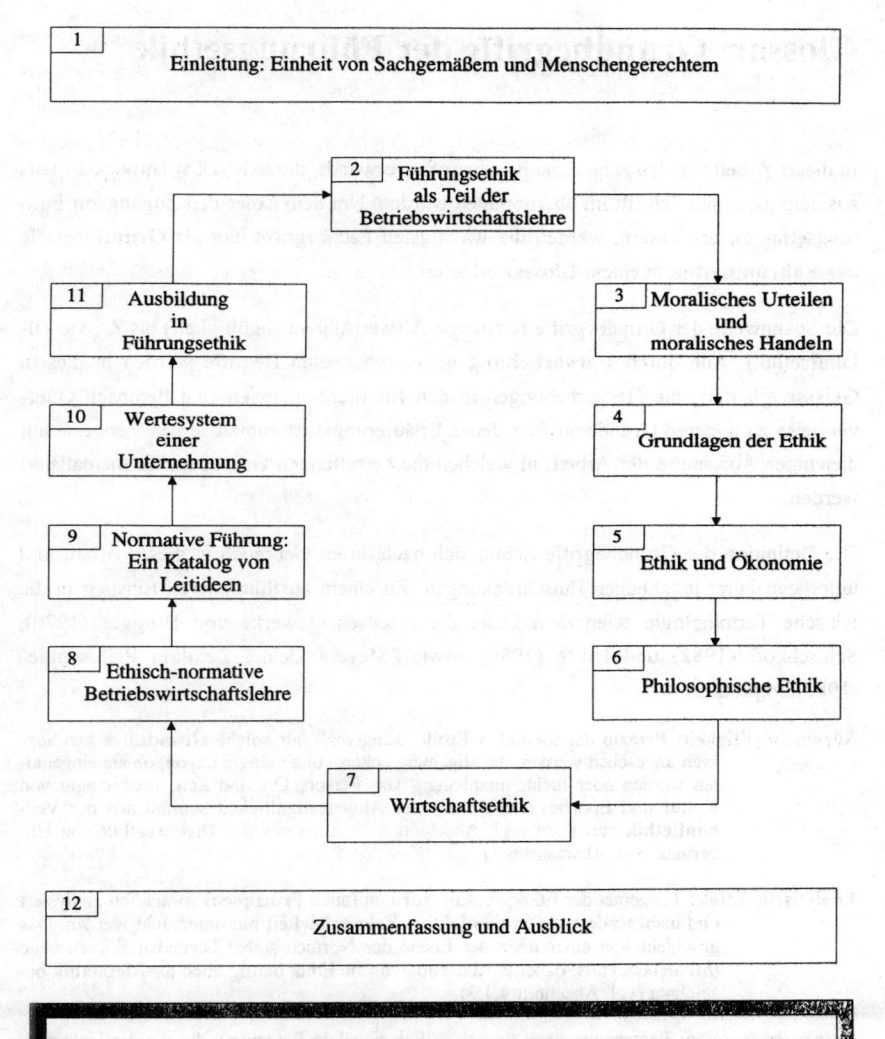

```
┌─────────────────────────────────────────────────────────┐
│ 1                                                       │
│        Einleitung: Einheit von Sachgemäßem und Menschengerechtem │
└─────────────────────────────────────────────────────────┘

                          ┌──────────────────────┐
                          │ 2   Führungsethik    │
                          │     als Teil der     │
                          │  Betriebswirtschaftslehre │
                          └──────────────────────┘
    ┌──────────────────┐                    ┌──────────────────┐
    │ 11  Ausbildung   │                    │ 3  Moralisches Urteilen │
    │       in         │                    │       und        │
    │   Führungsethik  │                    │ moralisches Handeln │
    └──────────────────┘                    └──────────────────┘
    ┌──────────────────┐                    ┌──────────────────┐
    │ 10  Wertesystem  │                    │ 4                │
    │      einer       │                    │ Grundlagen der Ethik │
    │   Unternehmung   │                    │                  │
    └──────────────────┘                    └──────────────────┘
    ┌──────────────────┐                    ┌──────────────────┐
    │ 9 Normative Führung: │                │ 5                │
    │    Ein Katalog von   │                │ Ethik und Ökonomie │
    │      Leitideen       │                │                  │
    └──────────────────┘                    └──────────────────┘
    ┌──────────────────┐                    ┌──────────────────┐
    │ 8 Ethisch-normative │                 │ 6                │
    │ Betriebswirtschaftslehre │            │ Philosophische Ethik │
    └──────────────────┘                    └──────────────────┘
                          ┌──────────────────────┐
                          │ 7                    │
                          │    Wirtschaftsethik  │
                          └──────────────────────┘

┌─────────────────────────────────────────────────────────┐
│ 12                                                      │
│            Zusammenfassung und Ausblick                 │
└─────────────────────────────────────────────────────────┘
```

Glossar: Grundbegriffe der Führungsethik

Glossar: Grundbegriffe der Führungsethik

In dieser Arbeit werden zahlreiche Fachbegriffe verwandt, die teils selbst entwickelt, teils aus dem gängigen Schrifttum übernommen wurden. Um dem Leser den Zugang zur Führungsethik zu erleichtern, werden die wichtigsten Fachbegriffe hier als **Grundbegriffe der Führungsethik** in einem **Glossar** erläutert.

Die Spannweite der Grundbegriffe reicht von A (wie Allgemeingültigkeit) bis Z (wie Zukunftsethik). Alle durch **Hervorhebung** gekennzeichneten Begriffe werden in diesem Glossar erläutert; die Hervorhebungen in den Erläuterungstexten sind demnach Querverweise zu anderen Grundbegriffen. Jeder Erläuterungstext enthält ferner Verweise auf diejenigen Abschnitte der Arbeit, in welchen die betreffenden Grundbegriffe thematisiert werden.

Die Definition der Grundbegriffe richtet sich nach ihrem Gebrauch in dieser Arbeit und unterliegt daher inhaltlichen Einschränkungen. Zu einem ausführlicheren Einstieg in die ethische Terminologie seien dem Leser die Nachschlagewerke von Brugger (1976), Schischkoff (1982) und Höffe (1986) sowie "Meyers kleines Lexikon Philosophie" (1987) empfohlen.

Allgemeingültigkeit: Prinzip der **formalen Ethik**, demgemäß nur solche **Grundsätze** als **Normen** angesehen werden, die allgemein gelten - unabhängig davon, ob sie eingehalten werden oder nicht, unabhängig von Person, Ort und Zeit, unabhängig von Kultur und Epoche. Das Prinzip der Allgemeingültigkeit stammt aus der **Vernunftethik** von Kant (vgl. Abschnitt 6.7), auch aus der **Diskursethik** von Habermas (vgl. Abschnitt 6.8).

Analytische Ethik: Teilgebiet der Ethik, in dem **Normen** (auch **Prinzipien**) sprachlich analysiert und insbesondere auf ihre **objektive Erkennbarkeit** hin untersucht werden. Das geschieht von einer *über* der Ebene der Normen selbst liegenden Sprachebene (*Meta*ebene) aus; daher wird die analytische Ethik häufig auch als **Metaethik** bezeichnet (vgl. Abschnitt 4.1.3).

Anspruchsgruppen: Personengruppen (einschließlich einzelner Personen), die mit der Unternehmung in kurz- oder langfristiger Geschäftsbeziehung stehen (etwa Kunden oder Lieferanten), die auf innerhalb der Unternehmung getroffene Entscheidungen Einfluß nehmen können (etwa der Staat oder der Betriebsrat) oder von solchen Entscheidungen direkt oder indirekt betroffen sind (etwa Konsumenten oder die Gesellschaft als Ganzes). Ein unternehmerisches Denken in Anspruchsgruppen erlaubt eine über die rein ökonomische Betrachtungsweise hinausgehende Erfassung des Unternehmungsgeschehens (vgl. Abschnitt 2.3.1).

Autonomie: Autonomie bedeutet vom Wort her Eigengesetzlichkeit, Selbstbestimmung (autos, griech.: selbst; nomos, griech.: Gesetz). Die Autonomie wird gewöhnlich von der

Heteronomie unterschieden. Als Autonomie bezeichnet Piaget das (gegenüber der Heteronomie) höhere zweier Entwicklungsstadien des moralischen Urteilens (siehe **Urteilsfähigkeit**). Für Kant ist Autonomie die Freiheit der Vernunft (siehe **Vernunftethik**), die Unabhängigkeit des Willens von persönlicher Willkür (Neigungen, Interessen, Wünschen, Begehren, Launen etc.) und von äußeren Zwängen (vgl. Abschnitt 3.1).

Deontologische Ethik: Ansatz der **normativen Ethik**, in welchem dem einzelnen die **Pflicht** auferlegt wird, nach **Normen** zu handeln - unabhängig von den Folgen des jeweiligen Handelns (deon, griech.: Pflicht). Die deontologische Ethik ist verwandt mit der **Gesinnungsethik** (vgl. Abschnitt 4.2.3) und steht im Gegensatz zur **teleologischen Ethik** (vgl. Abschnitt 4.2.2).

Deskriptive Ethik: Teilgebiet der Ethik, in dem insbesondere individuelle und kollektive **Werthaltungen** beobachtet und beschrieben werden. Die deskriptive Ethik ist interdisziplinär verflochten etwa mit der Anthropologie, der Psychologie, der Biologie und der Soziologie (vgl. Abschnitt 4.1.1).

Diskursethik: Als Diskursethik wird allgemein eine Morallehre bezeichnet, die insbesondere Jürgen Habermas (geb. 1929) entwickelt hat. Um über die **Allgemeingültigkeit** von **Grundsätzen** zu befinden, fordert Habermas einen Diskurs, eine strukturierte argumentative Auseinandersetzung zwischen allen, die von den fraglichen Grundsätzen betroffen sind oder betroffen sein könnten. Bedingung für die Allgemeingültigkeit eines Grundsatzes (und damit für seine Annahme als **Norm**) ist ein **Konsens** unter den Betroffenen (vgl. Abschnitt 6.8).

Dogmatismus: Als Dogmatismus sei hier die autoritäre Vermittlung, die Indoktrination festgelegter **Normen** mit dem Ziel unreflektierter (siehe **Reflexionsfähigkeit**) Übernahme beim Adressaten verstanden. Dem Dogmatismus (vgl. Abschnitt 11.3.1) steht der **Relativismus** (vgl. Abschnitt 11.3.2) gegenüber.

Dreiteilung des Handelns: Nach Kant ist jedes Handeln gleichzeitig technisch, pragmatisch und moralisch. Technisches Handeln ist auf Sachen bezogen, pragmatisches Handeln auf Menschen, moralisches Handeln auf **Werthaltungen**, **Normen** und **Prinzipien** (vgl. Abschnitt 2.1).

Eigenorientierung: Die zweite (zugleich die zweitniedrigste) der sechs **Moralstufen** nach Kohlberg. Der einzelne beurteilt (siehe **Urteilsfähigkeit**) dasjenige als moralisch **gut**, was seinem Eigeninteresse förderlich ist; gleichzeitig gesteht er auch allen anderen Eigeninteresse zu (vgl. Abschnitt 3.2).

Emotivismus: Teilbereich des **Nonkognitivismus**, demgemäß **Normen** lediglich der Ausdruck persönlicher Emotionen, Einstellungen, Gefühle, Überzeugungen seien (vgl. Abschnitt 4.1.3).

Ethik: Lehre von der Moral, von **Werthaltungen**, **Normen** und **Prinzipien**. Die Bezeichnung "Ethik" ist abgeleitet vom griechischen Wort "Ethos", das sowohl *(gewohnter) Ort* als auch *Sitte, Brauch, Gewohnheit* bedeutet. Die Ethik sei hier in drei Teilgebiete gegliedert, in die **deskriptive Ethik**, die **normative Ethik** und die **analytische Ethik** (vgl. Abschnitt 4.1).

Ethik der absoluten Verantwortung: Als Ethik der absoluten Verantwortung wird hier die Morallehre von Jean-Paul Sartre (1905-1980) verstanden. Sartre wies dem Menschen eine absolute **Verantwortung** für alle anderen Menschen und für alle Ereignisse seines näheren und weiteren individuellen Umfeldes zu (vgl. Abschnitt 6.4).

Ethisches Wissen: Eine inhaltliche Grundlage für die **normative Führung.** Ethisches Wissen umfaßt hier Grundlagen der **Ethik** (vgl. Kapitel 4), das Verhältnis zwischen Ethik und Ökonomie (vgl. Kapitel 5) sowie **Konzepte** der philosophischen Ethik (vgl. Kapitel 6), der Wirtschaftsethik (vgl. Kapitel 7) und der ethisch-normativen Betriebswirtschaftslehre (vgl. Kapitel 8). In jedem Konzept werden **Leitideen normativer Führung** formuliert, die ebenfalls zum ethischen Wissen gezählt seien (gemeinsamer Katalog der Leitideen in Kapitel 9).

Eudämonismus: Konzept der philosophischen **Ethik,** in dem die Glückseligkeit zum **Prinzip** erhoben wird (eudaimonia, griech.: Glückseligkeit). Einer der bekanntesten Vertreter des Eudämonismus war Aristoteles (384/83-322/21 v. Chr.). Der Eudämonismus ist eng verwandt mit dem **Hedonismus** (vgl. Abschnitt 6.1).

Formale Ethik: Ansatz der normativen Ethik, dem solche **Prinzipien** zugerechnet werden, die **Normen** formal begründen, die also bestimmte **sittliche** Formalismen (wie **Gegenseitigkeit, Allgemeingültigkeit, Konsens, Übereinkunft**) zur Begründung von Normen heranziehen. Die formale Ethik steht im Gegensatz zur **materialen Ethik** (vgl. Abschnitt 4.2.4).

Fremdorientierung: Die erste (zugleich die niedrigste) der sechs **Moralstufen** nach Kohlberg. Der einzelne beurteilt (siehe **Urteilsfähigkeit**) ohne jede eigene Reflexion (siehe **Reflexionsfähigkeit**) dasjenige als moralisch **gut,** was ihm von überlegenen Autoritäten als moralisch gut verbindlich vorgegeben wird (vgl. Abschnitt 3.2).

Führung: Leitung und Gestaltung von Sozialsystemen (Unternehmungen, Verbänden, Gewerkschaften, Parteien etc.). In Anlehnung an die **Dreiteilung des Handelns** von Kant sei hier zwischen fachlicher, personaler und **normativer Führung** unterschieden (vgl. Abschnitt 2.1).

Führungsethik: Lehre von der **normativen Führung** (vgl. Abschnitt 2.2.3).

Gedankenexperiment: Idealtypisches Verfahren in der **Gerechtigkeitsethik** von Rawls, um die Gerechtigkeit von **Normen** zu überprüfen. Im Gedankenexperiment ist jeder Teilnehmer unwissend über seine soziale Stellung in einer künftigen Gesellschaft (siehe **Schleier des Nichtwissens**). Aufgrund dieser Unwissenheit werde jeder Teilnehmer, so Rawls, insbesondere solche Normen für gerecht erachten, von denen die sozial Schwachen einer Gesellschaft profitierten (vgl. Abschnitt 6.9).

Gefangenendilemma: Situation, in der ein individuell vorteilhaft erscheinendes Handeln durch seine Wechselwirkung mit dem Handeln anderer zu individuellen Nachteilen führt (vgl. Abschnitt 3.3).

Gegenseitigkeit: Prinzip der **formalen Ethik,** demgemäß nur solche **Grundsätze** des Handelns moralisch **gut** sind, die der einzelne auch gegen sich selbst gelten lassen würde. Das Prinzip der Gegenseitigkeit kommt etwa in der **Goldenen Regel** zum Ausdruck (vgl. Abschnitt 6.6).

Gerechtigkeitsethik: Morallehre von John Rawls, nach der alle Mitglieder einer Gesellschaft eine vertragliche (siehe **Vertragsorientierung**) Übereinkunft über gerechte **Normen** des Zusammenlebens treffen sollen. Durch ein **Gedankenexperiment** solle die Gerechtigkeit von Normen überprüft werden (vgl. Abschnitt 6.9).

Gesetzesorientierung: Die vierte (zugleich die dritthöchste) der sechs **Moralstufen** nach Kohlberg. Der einzelne beurteilt (siehe **Urteilsfähigkeit**) dasjenige als moralisch **gut,** was den geltenden Gesetzen entspricht (vgl. Abschnitt 3.2).

Gesinnungsethik: Ansatz der **normativen Ethik**, in dem die Gesinnung des Handelnden höher bewertet wird als seine **Verantwortung** für die Folgen seines Handelns. Die Gesinnungsethik ist verwandt mit der **deontologischen Ethik** (vgl. Abschnitt 4.2.2) und steht im Gegensatz zur **Verantwortungsethik** (vgl. Abschnitt 4.2.3).

Goldene Regel: Weitläufige, einprägsame Morallehre, die auf dem **Prinzip der Gegenseitigkeit** beruht. Die Goldene Regel wurde vielfach unterschiedlich formuliert, etwa in der griechischen und der chinesischen Philosophie sowie im Alten und Neuen Testament. Eine bekannte Fassung lautet: "Was du nicht willst, das man dir tu', das füg' auch keinem andern zu" (vgl. Abschnitt 6.6).

Grundsatz: Eine Anleitung für moralisches Handeln, etwa: "Achte deine Mitarbeiter!", oder "Verachte deine Mitarbeiter!" Nach Kant sind Grundsätze (Kant spricht von **Maximen**) genau dann moralisch gut, wenn sie dem Prinzip der **Allgemeingültigkeit** genügen. Allgemeingültige Grundsätze werden in dieser Arbeit als **Normen** bezeichnet (vgl. Abschnitt 4.1.2).

Gut: Als Gut, als Güter, als Gutes im moralischen Sinne wird in der **Ethik** all das bezeichnet, was für den Menschen einen bestimmten (zumeist immateriellen) Wert darstellt und wonach der Mensch strebt. Heute werden zu den höchsten Gütern häufig etwa Grundwerte wie Menschenwürde, Freiheit, Gleichheit und Gerechtigkeit (siehe **Gerechtigkeitsethik**) gezählt. Schleiermacher verband die Güter mit der **Tugend** und der **Pflicht** in einer Einheit aus Tugendlehre, Pflichtenlehre und Güterlehre (vgl. Abschnitt 6.3).

Hedonismus: Konzept der philosophischen **Ethik**, in dem die (körperliche, seelische und geistige) Lust zum **Prinzip** erhoben wird (hedone, griech.: Lust, Freude). Einer der bekanntesten Vertreter des Hedonismus war Epikur (342/41-271/70 v. Chr.). Der Hedonismus ist eng verwandt mit dem **Eudämonismus** (vgl. Abschnitt 6.1).

Heteronomie: Heteronomie bedeutet vom Wort her Fremdgesetzlichkeit, Fremdbestimmung (heteros, griech.: fremd; nomos, griech.: Gesetz). Die Heteronomie wird gewöhnlich von der **Autonomie** unterschieden. Als Heteronomie bezeichnet Piaget das (gegenüber der Autonomie) niedrigere zweier Entwicklungsstadien des moralischen Urteilens (siehe **Urteilsfähigkeit**). Für Kant ist Heteronomie die Abhängigkeit des Willens von persönlicher Willkür (Neigungen, Interessen, Wünschen, Begehren, Launen etc.) oder von äußeren Zwängen (vgl. Abschnitt 3.1). Der Begriff der Heteronomie ist verwandt mit dem Begriff der **Fremdorientierung**, der niedrigsten **Moralstufe** nach Kohlberg (vgl. Abschnitt 3.2).

Hypothetische Imperative: Nach Kant fordern hypothetische Imperative ein Handeln als Mittel zur Erreichung eines vorgegebenen Zieles, eines Zweckes, einer Absicht. Die Zielvorgabe unterscheidet die hypothetischen Imperative vom **kategorischen Imperativ** (vgl. die Abschnitte 2.1 und 6.7).

Individualethik: Auf die **Verantwortung** des einzelnen bezogene **Ethik**. Die Individualethik ist an die Vernunft des einzelnen gerichtet (siehe **Vernunftethik**), an die individuelle Einsicht, an das individuelle **Verantwortungsbewußtsein** (siehe **Verantwortungsethik**, auch Ethik der absoluten Verantwortung, ferner Zukunftsethik) (vgl. Abschnitt 2.3.1).

Institutionalethik: Auf die Gestaltung von **Institutionen** bezogene **Ethik** (vgl. Abschnitt 2.3.2).

Institutionen: Mechanismen, durch die eine Gleichrichtung des Eigeninteresses einzelner mit dem Gemeinwohl der Gesellschaft angestrebt wird. In dieser Arbeit werden drei

Gruppen von Institutionen unterschieden: der Markt, Regelwerke (etwa Steuern oder finanzielle Anreizsysteme) sowie Gebote und Verbote (vgl. Abschnitt 2.3.2).

Intuitionismus: Teilbereich des **Kognitivismus**, demgemäß **Normen** objektiv erkennbar sind (siehe **objektive Erkennbarkeit**), da sie jedem Menschen durch Intuition, durch geistige Anschauung (intuitio, lat.: Schau, Anschauung) zugänglich seien (vgl. Abschnitt 4.1.3).

Isolationsparadox: Nach dem Isolationsparadox neigt der einzelne dazu, **Normen** zu brechen, obwohl er sie grundsätzlich einzuhalten bereit ist. Der Grund dafür liegt in der Befürchtung des einzelnen, durch die Einhaltung von Normen gegenüber anderen, welche die Normen möglicherweise nicht einhalten, dauerhaft Nachteile einzugehen (vgl. Abschnitt 3.3).

Kategorischer Imperativ: In der Formulierung von Kant die unbedingte Aufforderung an den Menschen, nur nach solchen **Grundsätzen** (Kant spricht von **Maximen**) zu handeln, die als **Norm** (in Kants Terminologie als moralisches Gesetz) allgemein, ohne Ausnahme, unabhängig von verschiedenen Situationen (siehe **Situationsethik**), Kulturen und Epochen, für alle Menschen gleich gelten könnten (siehe **Allgemeingültigkeit**). Eine Formulierung des kategorischen Imperativs lautet (Kant 1991, S.140): "Handle so, daß die Maxime deines Willens jederzeit zugleich als Prinzip einer allgemeinen Gesetzgebung gelten könne" (siehe **Prinzip**). Im Gegensatz zu **hypothetischen Imperativen** fordert der kategorische Imperativ den einzelnen auf, sich die Ziele seines Handelns (unter Beachtung von **Normen**) selbst vorzugeben (vgl. die Abschnitte 2.1 und 6.7).

Kognitivismus: Richtung der **analytischen Ethik**, nach der **Normen** für den Menschen objektiv erkennbar sind (cognoscere, lat.: erkennen; siehe **objektive Erkennbarkeit**). Im Kognitivismus wird häufig mit den Erkenntniskriterien einer allen Menschen gleichmöglichen Erfahrung und einer allen Menschen gleichmöglichen, alle Menschen umfassenden Vernunft (siehe **Vernunftethik**), gearbeitet. Der Kognitivismus wird des öfteren in den **Naturalismus** und in den **Intuitionismus** unterteilt (vgl. Abschnitt 4.1.3).

Konsens: Prinzip der formalen **Ethik**, demgemäß sich nur solche **Grundsätze** als **Normen** eignen, auf die sich alle von den Grundsätzen Betroffenen gemeinsam einigen. Das Prinzip des Konsenses liegt insbesondere der **Diskursethik** zugrunde (vgl. Abschnitt 6.8).

Konventionelles Niveau: Niveau der beiden mittleren der sechs **Moralstufen** nach Kohlberg, der **Sozialorientierung** und der **Gesetzesorientierung**. Kohlberg nennt dieses Niveau konventionell, weil auf ihm das durchschnittliche, das übliche, das empirisch am häufigsten beobachtete Vermögen des Menschen zu moralischem Urteilen (siehe **Urteilsfähigkeit**) liege (vgl. Abschnitt 3.2).

Konzept: Als Konzepte seien hier ethische und ethisch-ökonomische Morallehren aus drei Themengebieten bezeichnet, der philosophischen **Ethik** (vgl. Kapitel 6), der Wirtschaftsethik (vgl. Kapitel 7) und der ethisch-normativen Betriebswirtschaftslehre (vgl. Kapitel 8).

Leitideen normativer Führung: Richtlinien für verantwortungsvolles Handeln in der Führungspraxis.

Makroebene: Zur Makroebene werden ethisch-ökonomische Ansätze gezählt, die im weitesten Sinne die Wirtschafts- und Gesellschaftsordnung betreffen (vgl. Abschnitt 5.2.1).

Von der Makroebene werden häufig die **Mesoebene** und die **Mikroebene** unterschieden (vgl. Abschnitt 5.2).

Materiale Ethik: Ansatz der normativen **Ethik**, dem solche **Prinzipien** zugerechnet werden, die **Normen** inhaltlich begründen, die also bestimmte sittliche Inhalte (wie Glück, Zufriedenheit, Freude, Nutzen, Gemeinwohl) zur Begründung von Normen heranziehen. Die materiale Ethik steht im Gegensatz zur **formalen Ethik** (vgl. Abschnitt 4.2.4).

Maxime: Grundsatz des Handelns in der Terminologie von Kant. Nach Kant sind nur diejenigen Maximen moralisch gut, die dem **Prinzip** der **Allgemeingültigkeit** genügen (vgl. Abschnitt 6.7). Solche allgemeingültigen Maximen (Grundsätze) seien hier als **Normen** bezeichnet.

Mesoebene: Zur Mesoebene werden ethisch-ökonomische Ansätze gezählt, die Sozialsysteme wie Unternehmungen, Gewerkschaften, Verbände etc. betreffen. Auf der Mesoebene wird häufig die **Unternehmungsethik** angesiedelt (vgl. Abschnitt 5.2.2). Von der Mesoebene können eine **Makroebene** und eine **Mikroebene** unterschieden werden (vgl. Abschnitt 5.2).

Metaethik: Häufige Bezeichnung für die **analytische Ethik** (vgl. Abschnitt 4.1.3).

Mikroebene: Zur Mikroebene werden ethisch-ökonomische Ansätze gezählt, die im weitesten Sinne die **Verantwortung** der einzelnen Person betreffen. Hier kann von einer **Ethik der Person** gesprochen werden (vgl. Abschnitt 5.2.3). Die Mikroebene wird häufig von einer **Makroebene** und von einer **Mesoebene** unterschieden (vgl. Abschnitt 5.2).

Moralische Dimension: Von Kant stammt die **Dreiteilung des Handelns** in die technische, die pragmatische und die moralische Dimension. In Anlehnung daran werden hier eine technische, eine pragmatische und eine moralische Dimension der Vernunft (siehe **Vernunftethik**), des **Verantwortungsbewußtseins** (als Zusammenspiel von **Verantwortungsfähigkeit** und **Verantwortungsbereitschaft**), der Komponenten der Verantwortungsfähigkeit (**Wahrnehmungsfähigkeit, Reflexionsfähigkeit, Urteilsfähigkeit**), des Urteilens selbst etc. unterschieden. In dieser Arbeit steht jeweils die moralische Dimension im Vordergrund (vgl. Abschnitt 2.1).

Moralisierung der Ökonomie: Merkmal ethisch-ökonomischer Ansätze, in denen gegen ökonomische Zielsetzungen (etwa gegen das Gewinnziel) ethisch argumentiert und damit die Ökonomie moralisiert wird (vgl. Abschnitt 5.1.1). Die Moralisierung der Ökonomie steht in einem gewissen Gegensatz zur **Ökonomisierung der Ethik** (vgl. Abschnitt 5.1.2).

Moralstufe: Kohlberg teilt die **Urteilsfähigkeit** in sechs Moralstufen (im engl. Original: moral stages) ein. Die sechs Moralstufen seien hier als **Fremdorientierung** (niedrigste Moralstufe), **Eigenorientierung, Sozialorientierung, Gesetzesorientierung, Vertragsorientierung** und **Prinzipienorientierung** (höchste Moralstufe) bezeichnet. Die Moralstufen werden in dieser Arbeit zur qualitativen Bewertung der **Verantwortungsfähigkeit** herangezogen; auf der Moralstufe der Fremdorientierung ist die Verantwortungsfähigkeit extrem niedrig, auf der Moralstufe der Prinzipienorientierung extrem hoch (vgl. die Abschnitte 3.2 und 3.4).

Naturalismus: Teilbereich des **Kognitivismus**, demgemäß **Normen** objektiv erkennbar sind (siehe **objektive Erkennbarkeit**), da sie aus einer allen Menschen gleichen Erfahrung abgeleitet werden könnten (vgl. Abschnitt 4.1.3).

Nonkognitivismus: Richtung der **analytischen Ethik**, nach der **Normen** aus subjektiven Vorstellungen resultieren. Objektiv seien Normen hingegen für den Menschen nicht erkennbar (non cognoscere, lat.: nicht erkennen; siehe **objektive Erkennbarkeit**). Als Erkenntniskriterien werden zumeist die empirische Überprüfbarkeit oder die logische Beweisbarkeit der Normen zugrundegelegt. Der Nonkognitivismus wird häufig in den **Emotivismus** und in den **Präskriptivismus** unterteilt (vgl. Abschnitt 4.1.3).

Norm: Eine Richtlinie für verantwortungsvolles Handeln. Normen gelten im Sinne des **kategorischen Imperativs** von Kant allgemein; sie können zwar übertreten, aber nicht außer Kraft gesetzt werden (vgl. Abschnitt 4.1.2). Im Rahmen der **Führungsethik** seien Normen als **Leitideen normativer Führung** bezeichnet; sie mögen als Richtlinien für verantwortungsvolles Handeln in der Führungspraxis dienen (vgl. die Kapitel 6 bis 9).

Normative Diskussion: Unter einer normativen Diskussion sei hier eine strukturierte Argumentation über moralische Probleme verstanden, etwa anhand von Fallstudien. Die normative Diskussion kann der Entwicklung des moralischen Urteilens (siehe **Urteilsfähigkeit**) und damit der Entwicklung der **Verantwortungsfähigkeit** dienen (vgl. Abschnitt 11.2.2).

Normative Ethik: Teilgebiet der **Ethik**, in dem insbesondere **Normen** formuliert und durch **Prinzipien** begründet werden (vgl. die Abschnitte 4.1.2 und 4.2).

Normative Führung: Die **moralische Dimension** der **Führung**; in ihrem Mittelpunkt stehen für die Führungspraxis relevante **Werthaltungen, Normen, Prinzipien** (vgl. Abschnitt 2.1) und **Leitideen** (vgl. die Kapitel 6 bis 9).

Normenethik: Ansatz der normativen **Ethik**, in dem die Formulierung von **Normen** als notwendig erachtet wird. Die Normenethik steht im Gegensatz zur **Situationsethik** (vgl. Abschnitt 4.2.1).

Objektive Erkennbarkeit: In der **analytischen Ethik** werden u.a. **Normen** (und Prinzipien) auf ihre objektive Erkennbarkeit hin untersucht. Es geht dabei um die Frage, ob der Mensch Normen (ähnlich wie Naturgesetze) erkennen könne. Die Antwort auf diese Frage trennt den **Nonkognitivismus** (Normen sind objektiv nicht erkennbar) vom **Kognitivismus** (Normen sind objektiv erkennbar) (vgl. Abschnitt 4.1.3).

Ökonomisierung der Ethik: Merkmal ethisch-ökonomischer Ansätze, in denen moralisches Handeln und ethische **Konzepte, Normen** und **Prinzipien** ausschließlich mit Hilfe ökonomischer Nutzenkriterien (Gewinn, Kosten etc.) erklärt, interpretiert, gerechtfertigt, begründet werden. Die Ökonomisierung der **Ethik** (vgl. Abschnitt 5.1.2) steht in einem gewissen Gegensatz zur **Moralisierung der Ökonomie** (vgl. Abschnitt 5.1.1).

Pflicht: Unter der Pflicht sei hier die moralische Verpflichtung des Menschen zu verantwortungsvollem Handeln verstanden. Für Kant ist die Pflicht die Notwendigkeit einer Handlung aus Achtung vor dem moralischen Gesetz. Schleiermacher verband die Pflicht mit der **Tugend** und den ethischen **Gütern** in einer Einheit aus Tugendlehre, Pflichtenlehre und Güterlehre (vgl. Abschnitt 6.3).

"+1"-Konvention: Ein Vorschlag von Kohlberg für eine Form der **normativen Diskussion**, in der mit einer Person auf einer **Moralstufe** argumentiert wird, die gerade eine Moralstufe über derjenigen liegt, auf welcher die Person gegenwärtig moralisch urteilt (siehe **Urteilsfähigkeit**) (vgl. Abschnitt 11.2.2).

Postkonventionelles Niveau: Niveau der beiden höchsten der sechs **Moralstufen** nach Kohlberg, der **Vertragsorientierung** und der **Prinzipienorientierung**. Kohlberg nennt dieses Niveau postkonventionell, weil es in der individuellen Entwicklung des moralischen Urteilens (siehe **Urteilsfähigkeit**) dem **konventionellen** Niveau nachfolge (vgl. Abschnitt 3.2).

Präkonventionelles Niveau: Niveau der beiden niedrigsten der sechs **Moralstufen** nach Kohlberg, der **Fremdorientierung** und der **Eigenorientierung**. Kohlberg nennt dieses Niveau präkonventionell, weil es in der individuellen Entwicklung des moralischen Urteilens (siehe **Urteilsfähigkeit**) dem **konventionellen** Niveau vorausgehe (vgl. Abschnitt 3.2).

Präskriptivismus: Teilbereich des **Nonkognitivismus**, demgemäß **Normen** individuell erlassene, jedoch gemäß dem **Prinzip** der **Allgemeingültigkeit** zu begründende Vorschriften verkörpern (vgl. Abschnitt 4.1.3).

Prinzip: Begründung für **Normen**. In der Ethik tritt an die Stelle der als nicht gegeben angesehenen empirischen Überprüfbarkeit oder logischen Beweisbarkeit von Normen deren Begründung durch Prinzipien (vgl. Abschnitt 4.1.2).

Prinzipienorientierung: Die sechste (zugleich die höchste) **Moralstufe** nach Kohlberg. Der einzelne beurteilt (siehe **Urteilsfähigkeit**) dasjenige als moralisch **gut**, was mit **Prinzipien** im Einklang steht (vgl. Abschnitt 3.2).

Reflexionsfähigkeit: Hier das intellektuelle Vermögen des Menschen, die wahrgenommene (siehe **Wahrnehmungsfähigkeit**) moralische **Dimension** der Lebenswelt, etwa individuelle und kollektive **Werthaltungen**, selbständig zu überdenken, an der eigenen Vernunft (siehe **Vernunftethik**), der eigenen Einsicht zu reflektieren. Die Reflexionsfähigkeit bildet hier eine Komponente der **Verantwortungsfähigkeit** (vgl. Abschnitt 2.2.3).

Relativismus: Als Relativismus sei eine Form der Didaktik bezeichnet, in welcher die ganze Vielfalt von **Normen** vorgetragen, aber nicht bewertet wird. Bei der Auswahl geeigneter Normen bleibt der einzelne sich selbst überlassen. Dem Relativismus (vgl. Abschnitt 11.3.2) steht der **Dogmatismus** entgegen (vgl. Abschnitt 11.3.1).

Schleier des Nichtwissens: Teil eines **Gedankenexperimentes** in der **Gerechtigkeitsethik** von Rawls. Von einem Schleier des Nichtwissens umgeben, habe der einzelne keinerlei Vorstellung darüber, welche soziale Stellung er in einer künftigen Gesellschaft einnehmen werde. Dies stellt nach Ansicht von Rawls eine ideale Voraussetzung dar, damit jeder auch die Interessen sozial schwacher Gruppen hinreichend berücksichtigen würde, da er jeder diesen Gruppen selbst angehören könnte (vgl. Abschnitt 6.9).

Sittlich: Hier verstanden als moralisch **gut**. Während der Begriff "moralisch" in einem wertfreien Sinne gebraucht wird (jedes Handeln hat eine **moralische Dimension** und kann daher moralisch gut oder schlecht sein), wird der Begriff "sittlich" positiv wertend benutzt.

Situationsethik: Ansatz der **normativen Ethik**, in dem die Einzigartigkeit jeder Situation hervorgehoben wird. Eine Formulierung allgemeingültiger **Normen** sei daher nicht sinnvoll. Vielmehr müsse jeder einzelne in jeder Situation selbst wissen, was moralisch richtig sei. Die Situationsethik steht im Gegensatz zur **Normenethik** (vgl. Abschnitt 4.2.1).

Sozialethik: Häufige Bezeichnung für die **Institutionalethik** (vgl. Abschnitt 2.3.2).

Sozialorientierung: Die dritte (zugleich die drittniedrigste) der sechs **Moralstufen** nach Kohlberg. Der einzelne beurteilt (siehe **Urteilsfähigkeit**) dasjenige als moralisch **gut**, was in Übereinstimmung mit den Wertvorstellungen seiner näheren sozialen Umgebung (Familie, Freundeskreis, Bekannte etc.) steht (vgl. Abschnitt 3.2).

Stimulierung: Nach Kohlberg (vgl. Abschnitt 3.2) kann der Mensch zur Entwicklung des moralischen Urteilens (siehe **Urteilsfähigkeit**) und damit zur Entwicklung seiner **Verantwortungsfähigkeit** (vgl. Abschnitt 11.1.2) stimuliert, angeregt werden. Dafür seien beispielsweise **normative Diskussionen** nach der "+1"-Konvention hilfreich (vgl. Abschnitt 11.2.2).

Teleologische Ethik: Ansatz der **normativen Ethik**, in dem die Folgen des Handelns ausschlaggebend sind für seine moralische Qualität. Tragen die Folgen des Handelns zu einem **guten** Zweck (Ziel) bei, so ist auch das Handeln selbst gut (telos, griech.: Zweck, Ziel). Die teleologische Ethik ist verwandt mit der **Verantwortungsethik** (vgl. Abschnitt 4.2.3) und steht im Gegensatz zur **deontologischen Ethik** (vgl. Abschnitt 4.2.2).

Tugend: Tugend bedeutet etymologisch "Tauglichkeit". Für Platon (427-347 v. Chr.) war Tugend die Tauglichkeit der Seele zu dem ihr gemäßen Werke. Schleiermacher verband die **Tugend** mit der **Pflicht** und den **Gütern** in einer Einheit aus Tugendlehre, Pflichtenlehre und Güterlehre (vgl. Abschnitt 6.3).

Übereinkunft: Prinzip der **formalen Ethik**, demgemäß solche **Normen** moralisch **gut** sind, auf die sich alle Mitglieder einer Gesellschaft vertraglich (siehe **Vertragsorientierung**) einigen. Das Prinzip der Übereinkunft liegt insbesondere der **Gerechtigkeitsethik** von Rawls zugrunde (vgl. Abschnitt 6.9).

Unternehmungsethik: Zur Unternehmungsethik zählen ethisch-ökonomische Ansätze, in deren Mittelpunkt die **moralische Dimension** des Unternehmungsgeschehens steht. Die Unternehmungsethik betrifft die Unternehmung sowohl als Einheit als auch als Zusammenschluß aller Mitglieder (vgl. Abschnitt 5.2.2 und Kapitel 10).

Urteilsfähigkeit: Hier das intellektuelle Vermögen des Menschen, über **Werthaltungen**, das aus ihnen entspringende Handeln (und Unterlassen) und die Folgen dieses Handelns moralisch zu urteilen. Die Urteilsfähigkeit bildet hier eine Komponente der **Verantwortungsfähigkeit** (vgl. Abschnitt 2.2.3).

Utilitarismus: Konzept der philosophischen **Ethik**, in dem das Gemeinwohl zum **Prinzip** erhoben wird (utilitas, lat.: Nutzen, Vorteil, Wohl). Häufig wird das Gemeinwohl als größtmögliches Glück der größtmöglichen Anzahl von Menschen interpretiert. Das verbindet den Utilitarismus mit dem auf den einzelnen bezogenen **Eudämonismus**; der Utilitarismus wird daher gelegentlich auch als sozialer Eudämonismus bezeichnet. Bekannte Utilitaristen waren die Schotten David Hume (1711-1776) und Adam Smith (1723-1790) sowie die Engländer John Stuart Mill (1806-1873) und Henry Sidgwick (1838-1900). Als eigentlicher Begründer des Utilitarismus wird häufig der Engländer Jeremias Bentham genannt (1748-1832) (vgl. Abschnitt 6.1).

Verantwortung: Persönliche Zuständigkeit für alle Folgen eigenen wissentlichen und willentlichen Handelns. Die Verantwortung sei hier als Einheit aller drei Dimensionen des Handelns (siehe **Dreiteilung des Handelns**) verstanden (vgl. Abschnitt 2.1). Sie umfaßt sämtliches Handeln gegenüber allen betroffenen Personen (einschließlich der eigenen Person und einschließlich zukünftiger Generationen) und sämtliche soziale Rollen eines Menschen, etwa als Familienmitglied, Staatsbürger oder Führungskraft (vgl. Abschnitt 2.2.3). Die Verantwortung des einzelnen wird insbesondere in der **Verantwortungsethik** (vgl. Abschnitt 4.2.3) betont. Sie steht auch im Mittelpunkt der **Ethik der absoluten Verantwortung** (vgl. Abschnitt 6.4) und der **Zukunftsethik** (vgl. Abschnitt 6.5).

Verantwortungsbereitschaft: Die Bereitschaft zu verantwortungsvollem Handeln, die Bereitschaft, das als **gut** beurteilte (siehe **Urteilsfähigkeit**) in die Tat umzusetzen. Die Verantwortungsbereitschaft sei hier als Komponente des **Verantwortungsbewußtseins** und als praktische Voraussetzung für verantwortungsvolles Handeln verstanden.

Verantwortungsbewußtsein: Bewußtsein der Zuständigkeit für die Folgen des eigenen Handelns. Das Verantwortungsbewußtsein wird hier verstanden als Zusammenspiel von **Verantwortungsfähigkeit** und **Verantwortungsbereitschaft** (vgl. Abschnitt 2.2.3). Im Vordergrund steht in dieser Arbeit die **moralische Dimension** des Verantwortungsbewußtseins (vgl. Abschnitt 2.1); in dieser Dimension sei das Verantwortungsbewußtsein allgemein verstanden als eine vom einzelnen empfundene Verpflichtung (siehe **Pflicht**) gegenüber dem Ganzen.

Verantwortungsethik: Ansatz der **normativen Ethik**, in dem explizit die **Verantwortung** des einzelnen für die Folgen seines Handelns hervorgehoben wird (siehe auch **Ethik der absoluten Verantwortung**, ferner **Zukunftsethik**). Die Verantwortungsethik ist mit der **teleologischen Ethik** (vgl. Abschnitt 4.2.2) verwandt und steht im Gegensatz zur **Gesinnungsethik** (vgl. Abschnitt 4.2.3).

Verantwortungsfähigkeit: Die Verantwortungsfähigkeit sei hier als Zusammenspiel dreier intellektueller Voraussetzungen für verantwortungsvolles Handeln angesehen, der **Wahrnehmungsfähigkeit**, der **Reflexionsfähigkeit** und der **Urteilsfähigkeit** (vgl. Abschnitt 2.2.3). Die Verantwortungsfähigkeit sei als eine Komponente des **Verantwortungsbewußtseins** verstanden.

Vernunftethik: Als Vernunftethik sei hier (wie des öfteren in der Literatur) die Morallehre von Immanuel Kant (1724-1804) bezeichnet. Kant sah in der Vernunft des Menschen die Voraussetzung und den höchsten Maßstab für moralisch **gutes**, für **sittliches** Handeln. Als Maßstab für die **Normen** sittlichen Handelns formulierte Kant den **kategorischen Imperativ**. Ihm liegt das Prinzip der **Allgemeingültigkeit** zugrunde (vgl. Abschnitt 6.7).

Vertragsorientierung: Die fünfte (zugleich die zweithöchste) der sechs **Moralstufen** nach Kohlberg. Der einzelne beurteilt (siehe **Urteilsfähigkeit**) dasjenige als moralisch **gut**, worauf sich alle Mitglieder der Gesellschaft im Sinne eines Gesellschaftsvertrages einigen (vgl. Abschnitt 3.2).

Wahrnehmungsfähigkeit: Hier das intellektuelle Vermögen des Menschen, die **moralische Dimension** der Lebenswelt, etwa individuelle und kollektive **Werthaltungen**, wahrzunehmen - besonders dann, wenn die moralische Dimension vordergründig nicht offenkundig ist. Die Wahrnehmungsfähigkeit bildet hier eine Komponente der **Verantwortungsfähigkeit** (vgl. Abschnitt 2.2.3).

Wertesystem einer Unternehmung: Als Wertesystem einer Unternehmung sei hier ein gemeinsamer normativer Rahmen bezeichnet, an dem alle Unternehmungsaktivitäten ausgerichtet werden sollen und der zur moralischen Legitimation der Unternehmungsaktivitäten beiträgt (vgl. Kapitel 10).

Werthaltungen: Unter Werthaltungen seien moralische Grundüberzeugungen einzelner oder vieler verstanden. Werthaltungen können einem Wandel unterliegen; sie gelten nicht absolut, sondern nur relativ (vgl. in ähnlichem Zusammenhang auch **Rela-**

tivismus). Verschiedene Personen oder Personengruppen, verschiedene Länder und Kulturen, verschiedene Epochen weisen häufig verschiedene, sich teilweise widersprechende Werthaltungen auf, die sich zudem permanent wandeln können (siehe **deskriptive Ethik**; vgl. Abschnitt 4.1.1).

Werturteilsfreiheit: Mit der Forderung nach Werturteilsfreiheit plädierte Max Weber (1864-1920) für eine eindeutige Trennung von **Normen** (Werturteilen) und Tatsachenaussagen (vgl. Abschnitt 2.2.4). Da Normen im Gegensatz zu Tatsachenaussagen weder empirisch überprüfbar noch logisch beweisbar seien (siehe **Nonkognitivismus**), sollten sie von Tatsachenaussagen getrennt werden. Gegen die Forderung nach Werturteilsfreiheit wurde etwa in der ethisch-normativen Betriebswirtschaftslehre verstoßen (vgl. Kapitel 8).

Zukunftsethik: Als Zukunftsethik sei hier die Morallehre von Hans Jonas (geb. 1903) bezeichnet. Jonas fordert insbesondere vor dem Hintergrund der aktuellen technologischen Entwicklung eine umfassende **Verantwortung** auch für zukünftige Generationen (vgl. Abschnitt 6.5).

Literaturverzeichnis

Amelung, Eberhard: Arthur Rich's Wirtschaftsethik, in: Loccumer Protokolle: Theologische Aspekte der Wirtschaftsethik, Band IV. Loccum: Evangelische Akademie Loccum **1988**, S.137-162.

Apel, Karl-Otto; Dietrich **Böhler**; Karlheinz **Rebel** (Hrsg.): Praktische Philosophie/Ethik. Studientexte des Funkkollegs, Band 2. Weinheim, Basel: Beltz **1984**.

Arbeitsgemeinschaft Selbständiger Unternehmer (ASU) (Hrsg.): Ethik und Marktwirtschaft - Positionen und Argumente, 2. Auflage. Bonn: Mai **1990**.

Aristoteles: Nikomachische Ethik. Übersetzt und kommentiert von Franz Dirlmeier. Berlin: Akademie-Verlag **1974**.

ASU siehe Arbeitsgemeinschaft Selbständiger Unternehmer

Barbier, Hans D.: Die Moral des Marktes - Wirtschaftspolitik in einer offenen Welt. Wiesbaden: Gabler - Frankfurt am Main: Frankfurter Allgemeine Zeitung **1990**.

Bayer, Hermann (Hrsg.). Unternehmensführung und Führungsethik. Heidelberg: Sauer **1985**.

Beauchamp, Tom L.: Philosophical Ethics - An Introduction to Moral Philosophy. New York: McGraw-Hill **1982**.

Berkowitz, Marvin W.: Die Rolle der Diskussion in der Moralerziehung, in: Fritz Oser; Reinhard Fatke; Otfried Höffe (Hrsg.): Transformation und Entwicklung - Grundlagen der Moralerziehung. Frankfurt am Main: Suhrkamp **1986**, S.89-123.

Biemel, Walter: Jean-Paul Sartre mit Selbstzeugnissen und Bilddokumenten. Reinbek bei Hamburg: Rowohlt Taschenbuch **1964**.

Bien, Günther: Die Aristotelische Ökonomik und die moderne Ökonomie, in: Michael Wörz; Paul Dingwerth; Rainer Öhlschläger (Hrsg.): Moral als Kapital - Perspektiven des Dialogs zwischen Wirtschaft und Ethik. Stuttgart: Akademie der Diözese Rottenburg-Stuttgart **1990**, S.211-234.

Biervert, Bernd; Martin **Held** (Hrsg.): Ökonomische Theorie und Ethik. Frankfurt am Main, New York: Campus **1987**.

Biervert, Bernd; Martin **Held** (Hrsg.): Ethische Grundlagen der ökonomischen Theorie - Eigentum, Verträge, Institutionen. Frankfurt am Main, New York: Campus **1989**.

Binz, Martin: Unternehmenskultur und Unternehmensgrundsätze. Studienarbeit im Fachbereich Sozial- und Wirtschaftswissenschaften an der Universität Kaiserslautern. Kaiserslautern **1991**.

Birnbacher, Dieter: Neue Entwicklungen des Utilitarismus, in: Bernd Biervert; Martin Held (Hrsg.): Ethische Grundlagen der ökonomischen Theorie - Eigentum, Verträge, Institutionen. Frankfurt am Main, New York: Campus **1989**, S.15-36.

Birnbacher, Dieter; Norbert **Hoerster** (Hrsg.): Texte zur Ethik. München: Deutscher Taschenbuch Verlag (dtv) **1976**.

Bleicher, Knut: Organisation. Strategien - Strukturen - Kulturen, 2. Auflage. Wiesbaden: Gabler **1991**.

Böhm, Hans: Gesellschaftlich verantwortliche Unternehmensführung. Weilheim/Teck: Bräuer **1979**.

Bollnow, Otto F.: Wesen und Wandel der Tugenden. Frankfurt am Main, Berlin, Wien: Ullstein **1975**.

Boyd, Dwight R.: Die Rekonstruktion der moralischen Entwicklung - Eine Brücke zwischen Sein und Sollen, in: Wolfgang Edelstein; Gertrud Nunner-Winkler (Hrsg.): Zur Bestimmung der Moral - Philosophische und sozialwissenschaftliche Beiträge zur Moralforschung. Frankfurt am Main: Suhrkamp **1986**, S.181-204.

Brantl, Stefan: Management und Ethik - Unternehmenspolitische Rahmenplanung und moralisch-praktische Rationalisierung der Unternehmensführung. München: Planungs- und Organisationswissenschaftliche Schriften, Band 43. Dissertation München **1985**.

Brantl, Stefan: Stichwortaufsatz "Wirtschaftsethik", in: Gabler Wirtschaftslexikon, Taschenbuchausgabe in 6 Bänden, Band 6, 12. Auflage. Wiesbaden: Gabler **1988**, Sp.2736-2741.

Brennan, Geoffrey; James **Buchanan**: The Reason of Rules - Constitutional Political Economy. Cambridge (Massachusetts): Cambridge University Press **1985**.

Brugger, Walter (Hrsg.): Philosophisches Wörterbuch, 17. Auflage. Freiburg, Basel, Wien: Herder **1976**.

Buchanan, James; Gordon **Tullock**: The Calculus of Consent. Ann Arbor (Michigan): University of Michigan Press **1965**.

Bülow, Friedrich; Oswald **von Nell-Breuning**: Solidarismus (Solidaritätsprinzip), in: Wilhelm Bernsdorf (Hrsg.): Wörterbuch der Soziologie: Stuttgart: Enke **1969**, S.943.

CEBE (Committee for Education in Business Ethics): Report of the Committee for Education in Business Ethics. Hrsg. von der American Philosophical Association. Newark (Delaware): University of Delaware **1980**.

Chmielewicz, Klaus: Forschungskonzeptionen der Wirtschaftswissenschaft, 2. Auflage. Stuttgart: Poeschel **1979**.

Colby, Ann; Lawrence **Kohlberg**: Das moralische Urteil - der kognitionszentrierte entwicklungspsychologische Ansatz, in: Hans Bertram (Hrsg): Gesellschaftlicher Zwang und moralische Autonomie. Frankfurt am Main: Suhrkamp **1986**, S.130-162.

Cordes, Walter (Hrsg.): Eugen Schmalenbach. Der Mann - Sein Werk - Die Wirkung. Von Max Kruk, Erich Pothoff und Günter Sieben unter Mitarbeit von Harald Lutz. Stuttgart: Schäffer **1984**.

Dahm, Karl-Wilhelm: Unternehmensbezogene Ethikvermittlung, in: Interdisziplinäres Wirtschaftsethikforum (IWF) Passau (Hrsg.): Verhaltenskodizes - Angewandte Wirtschaftsethik im Unternehmen. Passau: IWF **1989**, S.58-62.

Deal, Terence E.; Allan A. **Kennedy**: Corporate Cultures - The Rites and Rituals of Corporate Life. Reading (Massachusetts): Addison-Wesley **1982**.

DeGeorge, Richard T.: Business Ethics, 2. Auflage. New York: Macmillan **1986**.

DeGeorge, Richard T.: The Status of Business Ethics: Past and Future, in: Horst Steinmann; Albert Löhr (Hrsg.): Unternehmensethik. Stuttgart: Poeschel **1989**, S.437-454.

Detzer, Kurt A.: Auf der Suche nach Orientierung - Wirtschaftsethik für Führungskräfte. Nr. 8 der MAN Informationen zur Technikbewertung. Hrsg. von der MAN Aktiengesellschaft. München **1990**.

Dialogprogramm Wirtschaft und Christliche Ethik, Heft 5: Moralische Grundlagen erfolgreicher Unternehmensführung. Stuttgart: Akademie der Diözese Rottenburg-Stuttgart **1989**.

Dialogprogramm Wirtschaft und Christliche Ethik, Heft 6: Unternehmenskultur und Verantwortung; zusammen mit Heft 7: Unternehmenskultur und Mitbestimmung. Stuttgart: Akademie der Diözese Rottenburg-Stuttgart **1990a**.

Dialogprogramm Wirtschaft und Christliche Ethik, Heft 8: Unternehmensethik und Selbstorganisation. Stuttgart: Akademie der Diözese Rottenburg-Stuttgart **1990b**.

Diemer, Alwin: Grundriß der Philosophie, Band 1: Allgemeiner Teil. Meisenheim am Glan: Hain **1962**.

Diemer, Alwin; Ivo **Frenzel**: Stichwortaufsatz "Ethik", in: Das Fischer Lexikon - Philosophie. Frankfurt am Main: Fischer **1967**.

Dierkes, Meinolf: Unternehmenskultur, Leitbilder und Führung - Versuch einer bewertenden Zusammenfassung der bisherigen Forschung, in: Peter Meyer-Dohm (Hrsg.): Der Mensch im Unternehmen. Festschrift zum 65. Geburtstag von Karl-Heinz Briam. Bern, Stuttgart: Haupt **1988**, S.19-47.

Dietrich, Rudolf: Betrieb-Wissenschaft. München, Leipzig: Duncker & Humblot **1914**.

Dihle, Albrecht: Die Goldene Regel - Eine Einführung in die Geschichte der antiken und frühchristlichen Vulgärethik. Göttingen: Vandenhoeck & Ruprecht **1962**.

Dubs, Rolf: Managementlehre in der Ausbildung, in: Gilbert J. Probst (Hrsg.): Integriertes Management - Bausteine des systemorientierten Managements. Festschrift zum 65. Geburtstag von Hans Ulrich. Bern, Stuttgart: Haupt **1985**, S.469-489.

Duden: Das Fremdwörterbuch, 4. Auflage. Mannheim, Wien, Zürich: Dudenverlag **1982**.

Dülfer, Eberhard: Unternehmerische Verantwortung bei internationaler Geschäftstätigkeit. Manuskript **1991**.

Dyllick, Thomas: Management der Umweltbeziehungen - Öffentliche Auseinandersetzungen als Herausforderung. Wiesbaden: Gabler **1989**.

Eckensberger, Lutz H.; Rainer K. **Silbereisen**: Entwicklung sozialer Kognitionen. Stuttgart: Klett-Cotta **1980**.

Eisler, Rudolf: Wörterbuch der philosophischen Begriffe, Band 1, 4. Auflage. Berlin: Mittler & Sohn **1927**.

Enderle, Georges (Hrsg.): Ethik und Wirtschaftswissenschaft. Schriften des Vereins für Socialpolitik, N.F., Band 147. Berlin: Duncker & Humblot **1985**.

Enderle, Georges: Problembereiche einer Führungsethik im Unternehmen. Beiträge und Berichte der Forschungsstelle für Wirtschaftsethik an der Hochschule St. Gallen, Heft 15, **1986**.

Enderle, Georges: Ethik als unternehmerische Herausforderung, in: Die Unternehmung, 41.Jg., **1987**, Heft 6, S.433-450.

Enderle, Georges: Die Goldene Regel für Manager?, in: Charles Lattmann (Hrsg.): Ethik und Unternehmensführung. Heidelberg: Physica **1988a**, S.130-148.

Enderle, Georges: Wirtschaftsethik im Werden - Ansätze und Problembereiche der Wirtschaftsethik. Stuttgart: Akademie der Diözese Rottenburg-Stuttgart **1988b**.

Enderle, Georges: Zum Zusammenhang von Wirtschaftsethik, Unternehmensethik und Führungsethik, in: Horst Steinmann, Albert Löhr (Hrsg.): Unternehmensethik. Stuttgart: Poeschel **1989**, S.163-177.

Enderle, Georges: Zur Grundlegung einer Unternehmensethik - Das Unternehmen als moralischer Akteur. Vortrag, gehalten am 14. Juni 1990 in Hannover. Unveröffentlichtes Manuskript, Hochschule St. Gallen **1990a**.

Enderle, Georges: Marktwirtschaft - Planwirtschaft - Weltwirtschaft. Zum soeben erschienenen zweiten Band der Wirtschaftsethik von Arthur Rich. Teil I, in: Orientierung, 54.Jg., **1990b**, Heft 10, S.118-120.

Enderle, Georges: Die Ordnungsfrage der Wirtschaft. Zu Band zwei der Wirtschaftsethik von Arthur Rich. Teil II, in: Orientierung, 54.Jg., **1990c**, Heft 11, S.134-136.

Engels, Wolfram: Prinzipienstreiterei. Kommentar in: Wirtschaftswoche, Nr.50, 40.Jg., 5. Dezember **1986**, S.168.

Epikur: Philosophie der Freude - Briefe, Hauptlehrsätze, Spruchsammlung, Fragmente. Übertragen und mit einem Nachwort versehen von Paul M. Laskowsky. Frankfurt am Main: Insel **1988**.

Esslinger, Wilhelm: Das Methodenproblem in der Betriebswirtschaftslehre. Dissertation Tübingen **1949**.

Feil, Hans-Dieter: Normativer Unterricht - Ein didaktisches Konzept zur Transparenz von Normen. München: Ehrenwirth **1977**.

Fiedler-Winter, Rosemarie: Die Moral der Manager - Dokumentation und Analyse. Stuttgart: Seewald **1977**.

Fleischmann, Gerd: Die institutionelle Verfassung des Systems Wirtschaft - Beschreibungen, Probleme, ökonomische Erklärungen und Werturteile, in: Loccumer Protokolle: Theologische Aspekte der Wirtschaftsethik, Band I. Loccum: Evangelische Akademie Loccum **1986**, S.77-97.

Förster, Nikolaus: Die Grundgedanken der Betriebswirtschaftslehre von Heinrich Nicklisch in historischer und systematischer Betrachtung. Dissertation Marburg **1958**.

Frankena, William K.: Analytische Ethik, 4. Auflage. München: Deutscher Taschenbuch Verlag (dtv) **1986**.

Freeman, R. Edward: Strategic Management - A Stakeholder Approach. Marshfield: Pitman **1984**.

French, Peter A.: Die Korporation als moralische Person, in: Hans Lenk; Matthias Maring (Hrsg.): Wirtschaft und Ethik. Stuttgart: Reclam **1992**, S.317-328.

Gabele, Eduard; Werner **Kirsch**; Jürgen **Treffert**: Werte von Führungskräften der deutschen Wirtschaft - Eine empirische Analyse. München: Planungs- und Organisationswissenschaftliche Schriften, Band 23, **1977**.

Gabele, Eduard; Helmut **Kretschmer**: Unternehmensgrundsätze - empirische Erhebungen und praktische Erfahrungsberichte zur Konzeption, Einrichtung und Wirkungsweise eines modernen Führungsinstrumentes. Frankfurt am Main, Bern, New York: Lang **1985**.

Gablers Wirtschaftslexikon in 2 Bänden, Band 1. Hrsg. von Reinhold Sellien und Helmut Sellien, 10. Auflage. Wiesbaden: Gabler **1979**.

Gaertner, Wulf: Einige Theorien der Verteilungsgerechtigkeit im Vergleich, in: Georges Enderle (Hrsg.): Ethik und Wirtschaftswissenschaft. Schriften des Vereins für Socialpolitik, N.F., Band 147. Berlin: Duncker & Humblot **1985**, S.111-142.

Gandz, Jeffrey; Nadine **Hayes**: Teaching Business Ethics, in: Journal of Business Ethics, 7.Jg., **1988**, Heft 9, S.657-669.

Gatzemeier, Matthias: Thesen, in: Interdisziplinäres Wirtschaftsethikforum (IWF) Passau (Hrsg.): Verhaltenskodizes - Angewandte Wirtschaftsethik im Unternehmen. Passau: IWF **1989**, S.78-79.

Geulincx, Arnoldus: Ethik oder über die Kardinaltugenden Fleiß, Gehorsam, Gerechtigkeit und Demut. Hamburg: Meiner **1948**.

Gfeller, Nicolas: "Du sollst ..." - Eine kleine Geschichte der Ethik von Buddha bis Ernst Bloch. Zürich: Diogenes **1986**.

Ginters, Rudolf: Typen ethischer Argumentation - Zur Begründung sittlicher Normen. Düsseldorf: Patmos **1976**.

Gölz, Walter: Begründungsprobleme der praktischen Philosophie. Stuttgart - Bad Cannstatt: frommann-holzboog **1978**.

Goodpaster, Kenneth E.: Ethical Frameworks for Management, in: John B. Matthews; Kenneth E. Goodpaster; Laura L. Nash: Policies and Persons - A Casebook in Business Ethics. New York: McGraw-Hill **1985**, S.507-522.

Goodpaster, Kenneth E.; John B. **Matthews**: Können Unternehmen ein Gewissen haben?, in: Harvard Manager (Hrsg.): Unternehmensethik, Band 1. Hamburg: Manager Magazin **1989**, S.9-18.

Gripp, Helga: Jürgen Habermas - Und es gibt sie doch. Zur kommunikationstheoretischen Begründung von Vernunft bei Jürgen Habermas. Paderborn, München, Wien, Zürich: Schöningh **1984**.

Gutenberg, Erich: Die Unternehmung als Gegenstand betriebswirtschaftlicher Theorie. Berlin, Wien: Spaeth & Linde **1929**.

Habermas, Jürgen: Wahrheitstheorien, in: Helmut Fahrenbach (Hrsg.): Wirklichkeit und Reflexion - Walter Schulz zum 60. Geburtstag. Pfullingen: Neske **1973**, S.211-265.

Habermas, Jürgen: Theorie des kommunikativen Handelns, Band I: Handlungsrationalität und gesellschaftliche Rationalisierung. Frankfurt am Main: Suhrkamp **1981**.

Habermas, Jürgen: Moralbewußtsein und kommunikatives Handeln. Frankfurt am Main: Suhrkamp **1983**.

Habermas, Jürgen: Gerechtigkeit und Solidarität - Eine Stellungnahme zur Diskussion über "Stufe 6", in: Wolfgang Edelstein; Gertrud Nunner-Winkler (Hrsg.): Zur Bestimmung der Moral - Philosophische und sozialwissenschaftliche Beiträge zur Moralforschung. Frankfurt am Main: Suhrkamp **1986**, S.291-318.

Hahn, Dietger: Entwicklungstendenzen der strategischen Führung, in: technologie & management, 41.Jg., **1992a**, Heft 2, S.10-21.

Hahn, Dietger: Unternehmungsführung und Öffentlichkeitsarbeit, in: Zeitschrift für Betriebswirtschaft, 62.Jg., **1992b**, Heft 2, S.137-157.

Hall, Robert T.: Unterricht über Werte - Lernhilfen und Unterrichtsmodelle. München, Wien, Baltimore: Urban & Schwarzenberg **1979**.

Hansen, Ursula: Marketing und Soziale Verantwortung, in: Horst Steinmann; Albert Löhr (Hrsg.): Unternehmensethik. Stuttgart: Poeschel **1989**, S.233-246.

Hansen, Ursula; Bernd **Stauss**: Funktionen einer Verbraucherabteilung und Kriterien ihrer Einrichtung, in: Ursula Hansen; Ingo Schoenheit (Hrsg.): Verbraucherabteilungen in privaten und öffentlichen Unternehmen. Frankfurt am Main, New York: Campus **1985**, S.149-172.

Hare, Richard M.: Eine moderne Form der Goldenen Regel, in: Dieter Birnbacher; Norbert Hoerster (Hrsg.): Texte zur Ethik. München: Deutscher Taschenbuch Verlag (dtv) **1976**, S.109-124.

Hartfelder, Dieter: Unternehmen und Management vor der Sinnfrage - Ursachen, Probleme und Gestaltungshinweise zu ihrer Bewältigung. Konstanz: Hartung-Gorre **1989**.

Hartmann, Nicolai: Ethik, 4. Auflage. Berlin: de Gruyter **1962**.

Harvard Manager (Hrsg.): Unternehmensethik, Band 1. Hamburg: Manager Magazin **1989**.

Heinen, Edmund: Unternehmenskultur. Perspektiven für Wissenschaft und Praxis. München, Wien: Oldenbourg **1987**.

Hengsbach, Friedhelm: Wirtschaftsethik. Aufbruch - Konflikte - Perspektiven. Freiburg: Herder **1991**.

Hengstenberg, Hans-Eduard: Philosophische Begründung des Subsidiaritätsprinzips, in: Arthur F. Utz (Hrsg.): Das Subsidiaritätsprinzip. Heidelberg: Kerle **1953**, S.20.

Herder-Dorneich, Philipp: Unternehmensphilosophie, 2. Auflage. Baden-Baden: Nomos **1991**.

Herrhausen, Alfred: Wir sollten voneinander lernen wollen - Auszüge aus einer Rede vom 23. Oktober 1989. Frankfurter Allgemeine Zeitung vom 1. Dezember **1989**, S.19.

Hesse, Helmut (Hrsg.): Wirtschaftswissenschaft und Ethik. Schriften des Vereins für Socialpolitik, N.F., Band 171. Berlin: Duncker & Humblot **1988**.

Hesse, Helmut: Wirtschaft und Moral. Vorlesung im Fachprojekt 1989/90 zum Thema "Universität, Wirtschaft und Gesellschaft". Hrsg. vom Fachbereich Wirtschaftswissenschaften der Universität Hannover, **1989**.

Higgins, Ann; Clark **Power**; Lawrence **Kohlberg**: The Relationship of Moral Atmosphere to Judgements of Responsibility, in: William M. Kurtines (Hrsg.): Morality, Moral Behavior, and Moral Development. New York: Wiley **1984**, S.74-106.

Hill, Wilhelm: Basisperspektiven der Managementforschung, in: Die Unternehmung, 45.Jg., **1991**, Heft 1, S.2-15.

Hinske, Norbert: Kant als Herausforderung an die Gegenwart. Freiburg, München: Alber **1980**.

Hochreutener, Peter E.: Die Entwicklung von Unternehmenskultur - Leitbilder als Grundlage für ein zielgerichtetes Management. Dissertation St. Gallen **1984**.

Hodges, Luther H.: Geschäft und Moral - Die soziale Verantwortung des Unternehmers. Wiesbaden: Gabler **1966**.

Höffe, Otfried (Hrsg.): Einführung in die utilitaristische Ethik - Klassische und zeitgenössische Texte. München: Beck **1975**.

Höffe, Otfried: Ethik und Politik - Grundmodelle und -probleme der praktischen Philosophie. Frankfurt am Main: Suhrkamp **1979**.

Höffe, Otfried: Sittlich-politische Diskurse. Frankfurt am Main: Suhrkamp **1981a**.

Höffe, Otfried (Hrsg.): Klassiker der Philosophie, Band II: Von Kant bis Sartre. München: Beck **1981b**.

Höffe, Otfried: Sittlichkeit als Moral und Recht - eine philosophisch-ethische Problemskizze, in: Christoph Hubig (Hrsg.): Ethik institutionellen Handelns. Frankfurt am Main, New York: Campus **1982**, S.28-55.

Höffe, Otfried (Hrsg.): Lexikon der Ethik, 3. Auflage. München: Beck **1986**.

Hoffman, Martin L.: Moral Development, in: Paul H. Mussen (Hrsg.): Child Psychology, Band 2. New York: Wiley **1970**, S.261-359.

Hoffmann, Friedrich; Wolfgang **Rebstock**: Unternehmungsethik - Eine Herausforderung an die Unternehmung, in: Zeitschrift für Betriebswirtschaft, 59.Jg., **1989**, Heft 6, S.667-687.

Hoffmeister, Johannes: Wörterbuch der philosophischen Begriffe, 2. Auflage. Hamburg: Meiner **1955**.

Homann, Karl: Die Rolle ökonomischer Überlegungen in der Grundlegung der Ethik, in: Helmut Hesse (Hrsg.): Wirtschaftswissenschaft und Ethik. Schriften des Vereins für Socialpolitik, N.F., Band 171. Berlin: Duncker & Humblot **1988**, S.215-240.

Homann, Karl; Helmut **Hesse**; et al.: Wirtschaftswissenschaft und Ethik, in: Helmut Hesse (Hrsg.): Wirtschaftswissenschaft und Ethik. Schriften des Vereins für Socialpolitik, N.F., Band 171. Berlin: Duncker & Humblot **1988**, S.9-33.

Homann, Karl; Andreas **Suchanek**: Wirtschaftsethik - Angewandte Ethik oder Beitrag zur Grundlagendiskussion?, in: Bernd Biervert; Martin Held (Hrsg.): Ökonomische Theorie und Ethik. Frankfurt am Main, New York: Campus **1987**, S.101-121.

Horkheimer, Max: Zur Kritik der instrumentellen Vernunft. Frankfurt am Main: Fischer Athenaeum **1974**.

Hubig, Christoph (Hrsg.): Ethik institutionellen Handelns. Frankfurt am Main, New York: Campus **1982**.

Hufenbecher, Philipp: Wirtschaftsethik als Ausbildungsfach an Hochschulen. Studienarbeit im Fachbereich Sozial- und Wirtschaftswissenschaften an der Universität Kaiserslautern. Kaiserslautern **1992**.

Institut für Gesellschaftswissenschaften Walberberg (Hrsg.): Im Gespräch: Wirtschaftsethik - Ausweg aus der Ordnungskrise. Sondernummer von "Die Neue Ordnung", August **1986**.

Irrgang, Bernhard: Das Konzept des Regelkonsequentialismus als Grundlegung einer Wirtschaftsethik, in: Michael Wörz; Paul Dingwerth; Rainer Öhlschläger (Hrsg.): Moral als Kapital - Perspektiven des Dialogs zwischen Wirtschaft und Ethik. Stuttgart: Akademie der Diözese Rottenburg-Stuttgart **1990**, S.235-252.

Janke, Wolfgang: Existenzphilosophie. Berlin, New York: de Gruyter **1982**.

Jonas, Hans: Das Prinzip Verantwortung, 5. Auflage. Frankfurt am Main: Insel **1979**.

Kalveram, Wilhelm: Der christliche Gedanke in der Wirtschaft. Köln: Bachem **1949**.

Kalveram, Wilhelm: Ethik und Ethos in Wirtschaftspraxis und Wirtschaftstheorie, in: Zeitschrift für Betriebswirtschaft, 21.Jg., **1951**, Heft 1, S.15-22.

Kant, Immanuel: Beantwortung der Frage: Was ist Aufklärung?, in: Berlinische Monatsschrift, Dezember **1784**, S.481-494 (heute in vielen Sammlungen nachgedruckt).

Kant, Immanuel: Die drei Kritiken in ihrem Zusammenhang mit dem Gesamtwerk. Mit verbindendem Text zusammengefaßt von Raymund Schmidt. Stuttgart: Kröner **1975**.

Kant, Immanuel: Kritik der praktischen Vernunft, und: Grundlegung zur Metaphysik der Sitten. Werksausgabe, Band 7. Hrsg. von Wilhelm Weischedel, 11. Auflage. Frankfurt am Main: Suhrkamp **1991**.

Katterle, Siegfried: Normative und explikative Betriebswirtschaftslehre. Göttingen: Schwarz **1964**.

Kaufmann, Franz-Xaver; Walter **Kerber**; Paul M. **Zulehner**: Ethos und Religion bei Führungskräften. München: Kindt **1986**.

Keinhorst, Hermann: Die normative Betrachtungsweise in der Betriebswirtschaftslehre. Berlin: Duncker & Humblot **1956**.

Keller, Andrea: Die Rolle der Unternehmenskultur im Rahmen der Differenzierung und Integration der Unternehmung. Bern, Stuttgart: Haupt **1990**.

Kesting, Helmut: Fairneßtheoreme der Verteilung, in: Wirtschaftswissenschaftliches Studium, 20.Jg., **1991**, Heft 2, S.60-64.

Kley, Roland: John Rawls' Theorie der Gerechtigkeit - Eine Einführung. Beiträge und Berichte der Forschungsstelle für Wirtschaftsethik an der Hochschule St. Gallen, Heft 13, **1983**.

Kobi, Jean-Marcel; Hans A. **Wüthrich**: Unternehmenskultur verstehen, erfassen und gestalten. Landsberg am Lech: Moderne Industrie **1986**.

Koch, Helmut: Unternehmerische Entscheidungen und ethische Normen, in: Zeitschrift für betriebswirtschaftliche Forschung, 41.Jg., **1989**, Heft 9, S.739-753.

Köck, Peter: Anmerkungen zur Didaktik und Methodik des Ethikunterrichts, in: Peter Köck (Hrsg.): Modelle zum Ethikunterricht. Donauwörth: Auer **1979**, S.11-49.

Kohland, Rheinhard: Ethik am Prüfstand - Eine empirische Grundlegung von Recht, Moral und Gerechtigkeit und eine Kritik politischer Ästhetik. Wien: Braumüller **1988**.

Kohlberg, Lawrence: Zur kognitiven Entwicklung des Kindes. Frankfurt am Main: Suhrkamp **1974**.

Kohlberg, Lawrence: Moral Stages and Moralization. The Cognitive-Developmental Approach, in: Thomas Lickona (Hrsg.): Moral Development and Behaviour. New York: Holt, Rinehart, and Winston **1976**, S.31-53.

Kohlberg, Lawrence: The Philosophy of Moral Development. San Francisco (Kalifornien): Harper & Row **1981**.

Kohlberg, Lawrence: Essays on Moral Development, Band I: The Philosophy of Moral Development. San Francisco: Harper & Row **1984**.

Kohlberg, Lawrence; Charles L. **Levine**; Alexandra **Hewer**: Moral Stages - A Current Formulation and a Response to Critics. Basel et al.: Karger **1983**.

König, Traugott (Hrsg.): Sartre Lesebuch - den Menschen erfinden. Reinbek bei Hamburg: Rowohlt Taschenbuch **1992**.

Kosiol, Erich: Die Behandlung praktischer Fälle im betriebswirtschaftlichen Unterricht (Case Method). Berlin: Duncker & Humblot **1957**.

Koslowski, Peter: Religion, Ökonomie, Ethik - Eine sozialtheoretische und ontologische Analyse ihres Zusammenhangs, in: Peter Koslowski (Hrsg.): Die religiöse Dimension der Gesellschaft - Religion und ihre Theorie. Tübingen: Mohr **1985**, S.76-96.

Koslowski, Peter: Ethik des Kapitalismus. Tübingen: Mohr **1986**.

Koslowski, Peter: Über die Notwendigkeit von ökonomischen und zugleich ethischen Urteilen, in: Orientierungen zur Wirtschafts- und Gesellschaftspolitik, 33.Jg., **1987a**, Heft 3, S.7-13.

Koslowski, Peter: Wirtschaftsethik in der marktwirtschaftlichen Ordnung, oder: Private Laster sind nicht öffentliche Vorteile, in: Loccumer Protokolle: Theologische Aspekte der Wirtschaftsethik, Band II. Loccum: Evangelische Akademie Loccum **1987b**, S.5-19.

Koslowski, Peter: Prinzipien der ethischen Ökonomie - Grundlegung der Wirtschaftsethik und der auf die Ökonomie bezogenen Ethik. Tübingen: Mohr **1988a**.

Koslowski, Peter: Private Laster sind kein öffentlicher Vorteil, in: Hans Thomas (Hrsg.): Ethik der Leistung. Colloquium des Lindenthal-Institutes Köln 1987. Herford: Busse Seewald **1988b**, S.263-278.

Koslowski, Peter: Grundlinien der Wirtschaftsethik, in: Zeitschrift für Wirtschafts- und Sozialwissenschaften, 109.Jg., **1989**, Heft 3, S.345-383.

Koslowski, Peter: Wirtschaftsethik als Synthese von ökonomischer und ethischer Theorie - Antwort auf Hans-Peter Weikard, in: Zeitschrift für Wirtschafts- und Sozialwissenschaften, 110.Jg., **1990**, Heft 2, S.277-281.

Kröger, Jörn: Der Normativismus in der Betriebswirtschaftslehre. Stuttgart: Poeschel **1981**.

Krüger, Wolfgang: Der Sündenfall der Ökonomie - Die Lehre von der Wirtschaft braucht eine neue philosophische Grundlage, in: Die Zeit vom 2. Januar **1987**, S.17.

Krupinski, Guido: Führungsethik - Wirtschaftsthema der 90er Jahre?, in: Akademische Blätter, 92.Jg., **1990**, Heft 3/4, S.89-90.

Krupinski, Guido: Ethik und Wirtschaftspraxis, in: technologie & management, 40.Jg., **1991**, Heft 3, S.13-19.

Krupinski, Guido: Ursprünge der Gewalt. Buchbesprechung zu: Anatol Rapoport: Ursprünge der Gewalt - Ansätze der Konfliktforschung (Darmstadt: Darmstädter Blätter 1990), in: technologie & management, 41.Jg., **1992**, Heft 3, S.47.

Küpper, Hans-Ulrich: Verantwortung in der Wirtschaftswissenschaft, in: Zeitschrift für betriebswirtschaftliche Forschung, 40.Jg., **1988**, Heft 4, S.318-339.

Küpper, Hans-Ulrich: Unternehmensethik - ein Gegenstand betriebswirtschaftlicher Forschung und Lehre?, in: Betriebswirtschaftliche Forschung und Praxis, 44.Jg., **1992**, Heft 6, S.498-518.

Kutschera, Franz von: Grundlagen der Ethik. Berlin, New York: de Gruyter **1982**.

Lachmann, Werner: Wirtschaft und Ethik - Maßstäbe wirtschaftlichen Handelns. Neuhausen-Stuttgart: Hänssler **1987**.

Lachmann, Werner: Ethik und Soziale Marktwirtschaft - einige wirtschaftswissenschaftliche und biblisch-theologische Überlegungen, in: Helmut Hesse (Hrsg.): Wirtschaftswissenschaft und Ethik. Schriften des Vereins für Socialpolitik, N.F., Band 171. Berlin: Duncker & Humblot **1988**, S.277-304.

Laczniak, Gene R.; Patrick E. **Murphy**: Marketing Ethics. Guidelines for Managers. Lexington (Massachusetts), Toronto: Heath **1985**.

Lattmann, Charles: Wissenschaftstheoretische Grundlagen der Unternehmensethik, in: Charles Lattmann (Hrsg.): Ethik und Unternehmensführung. Heidelberg: Physica **1988**, S.1-30.

Lay, Rupert: Ethik für Wirtschaft und Politik. Herbig: Langen-Müller **1983**.

Lay, Rupert: Philosophie für Manager. Düsseldorf, Wien, New York: Econ **1988**.

Lay, Rupert: Ethik für Manager. Düsseldorf, Wien, New York: Econ **1989**.

Lay, Rupert: Die Macht der Moral - Unternehmenserfolg durch ethisches Management, 2. Auflage. Düsseldorf, Wien, New York: Econ **1991**.

Leffson, Ulrich: Stichwortaufsatz "Grundsätze ordnungsmäßiger Buchführung", in: Lexikon des Rechnungswesens. Hrsg. von Walther Busse von Colbe, 2. Auflage. München, Wien: Oldenbourg **1991**.

Lempert, Wolfgang: Moralisches Denken - seine Entwicklung jenseits der Kindheit und seine Beeinflußbarkeit in der Sekundarstufe II. Essen: Neue Deutsche Schule **1988**.

Lenk, Hans; Matthias **Maring**: Wirtschaftsethik - Ein Widerspruch in sich selbst?, in: Hans Lenk; Matthias Maring (Hrsg.): Wirtschaft und Ethik. Stuttgart: Reclam **1992**, S.7-30.

Leonhardt, Birgit: Schlüsseltechnologien im ökonomischen Wettrüsten, in: DER TECHNOLOGIE-MANAGER (heute: technologie & management), 34.Jg., **1985**, Heft 2, S.6-16.

Levine, Charles L.; Lawrence **Kohlberg**; Alexandra **Hewer**: The Current Formulation of Kohlbergs Theory and a Response to Critics, in: Human Development, 28.Jg., **1985**, S.94-100.

Loccumer Protokolle: Theologische Aspekte der Wirtschaftsethik, Band I. Loccum: Evangelische Akademie Loccum **1986**.

Loccumer Protokolle: Theologische Aspekte der Wirtschaftsethik, Band II. Loccum: Evangelische Akademie Loccum **1987a**.

Loccumer Protokolle: Theologische Aspekte der Wirtschaftsethik, Band III. Loccum: Evangelische Akademie Loccum **1987b**.

Loccumer Protokolle: Theologische Aspekte der Wirtschaftsethik, Band IV. Loccum: Evangelische Akademie Loccum **1988a**.

Loccumer Protokolle: Theologische Aspekte der Wirtschaftsethik, Band V. Loccum: Evangelische Akademie Loccum **1988b**.

Loccumer Protokolle: Theologische Aspekte der Wirtschaftsethik, Band VI. Loccum: Evangelische Akademie Loccum **1989**.

Loccumer Protokolle: Theologische Aspekte der Wirtschaftsethik, Band VII. Loccum: Evangelische Akademie Loccum **1991**.

Löffelholz, Josef: Stichwortaufsatz "Wirtschaftsethik", in: Handwörterbuch der Betriebswirtschaft, Band 3. Hrsg. von Erwin Grochla und Waldemar Wittmann, 4. Auflage. Stuttgart: Poeschel **1976**, Sp.4547-4552.

Lübbe, Hermann: Politischer Moralismus - Der Triumph der Gesinnung über die Urteilskraft, 2. Auflage. Berlin: Siedler **1987**.

Luhmann, Niklas: Die Wirtschaft der Gesellschaft. Frankfurt am Main: Suhrkamp **1988**.

Luijk, Henk van: Crucial Issues in Successful European Business, in: Journal of Business Ethics, 8.Jg., **1989**, Heft 8, S.579-582.

Lukas (6,31): Das Evangelium nach Lukas, in: Die Bibel - Altes und Neues Testament in neuer Einheitsübersetzung, Band 5. Hrsg. von Mirjam Prager und Günter Stemberger. Salzburg: Andreas **1976**, S.2207-2270.

MacIntyre, Alasdair: Geschichte der Ethik im Überblick - Vom Zeitalter Homers bis zum 20. Jahrhundert. Meisenheim am Glan: Hain **1984**.

Mackie, John L.: Ethik - Auf der Suche nach dem Richtigen und Falschen. Stuttgart: Reclam **1981**.

Mahoney, Jack: Teaching Business Ethics in the UK, Europe, and the USA: A Comparative Study. London: Athlone Press **1990**.

Martens, Ekkehard: Dialogisch-pragmatische Philosophiedidaktik. Hannover, Dortmund, Darmstadt, Berlin: Schroedel **1979**.

Matthäus (7,12): Das Evangelium nach Matthäus, in: Die Bibel - Altes und Neues Testament in neuer Einheitsübersetzung, Band 4. Hrsg. von Mirjam Prager und Günter Stemberger. Salzburg: Andreas 1976, S.1981-2046.

Matthiesen, Christian (Hrsg.): Ökonomie und Ethik - Moral des Marktes oder Kritik der reinen ökonomischen Vernunft. Freiburg: Hochschulverlag **1990**.

Meadows, Dennis; Donella **Meadows**; Erich **Zahn**; Peter **Milling**: Die Grenzen des Wachstums. Bericht des Club of Rome zur Lage der Menschheit. Stuttgart: Deutsche Verlags-Anstalt **1972**.

Meadows, Dennis; Donella **Meadows**; J·rgen **Randers**: Die neuen Grenzen des Wachstums. Die Lage der Menschheit: Bedrohung und Zukunftschancen, 2. Auflage. Stuttgart: Deutsche Verlags-Anstalt **1992**.

Meran, Josef: Ist es ökonomisch vernünftig, moralisch richtig zu handeln? in: Peter Ulrich (Hrsg.): Auf der Suche nach einer modernen Wirtschaftsethik. Bern, Stuttgart: Haupt **1990**, S.53-88.

Meyer, Martin: Jean-Paul Sartre, in: Otfried Höffe (Hrsg.): Klassiker der Philosophie, Band II: Von Kant bis Sartre. München: Beck **1981**, S.433-451.

Meyers kleines Lexikon Philosophie. Hrsg. vom Bibliographischen Institut. Mannheim, Wien, Zürich: Meyers Lexikonverlag **1987**.

Michel, Herbert: Mit Japan im Wettbewerb - Die Praxis der Absatzsicherung in USA und Kanada. Frankfurt am Main: Frankfurter Allgemeine Zeitung **1989**.

Mieth, Dietmar: Die neuen Tugenden. Düsseldorf: Patmos **1984**.

Mill, John St.: Was heißt Utilitarismus?, in: John St. Mill: Der Utilitarismus. Stuttgart: Reclam **1976**, S.13-21.

Mittelstraß, Jürgen (Hrsg.): Enzyklopädie Philosophie und Wirtschaftstheorie, Band 1. Mannheim, Wien, Zürich: BI-Wissenschaftsverlag des Bibliographischen Institutes **1980**.

Mittelstraß, Jürgen (Hrsg.): Enzyklopädie Philosophie und Wirtschaftstheorie, Band 2. Mannheim, Wien, Zürich: BI-Wissenschaftsverlag des Bibliographischen Institutes **1984**.

Mittelstraß, Jürgen: Wirtschaftsethik oder der erklärte Abschied vom Ökonomismus auf philosophischen Wegen, in: Peter Ulrich (Hrsg.): Auf der Suche nach einer modernen Wirtschaftsethik. Bern, Stuttgart: Haupt **1990**, S.17-38.

Möhrle, Martin: Informationssysteme in der betrieblichen Forschung und Entwicklung. Bad Homburg v.d.H.: DIE **1991**.

Molitor, Bruno: Wirtschaftsethik. München: Vahlen **1989a**.

Molitor, Bruno: Zur Moral der Wirtschaftsordnung, in: Aus Politik und Zeitgeschichte - Beilage (B52-53/89) zur Wochenzeitung "Das Parlament" vom 22. Dezember **1989b**, S.21-30.

Montada, Leo: Entwicklung der Moral, in: Rolf Oerter; Leo Montada (Hrsg.): Entwicklungspsychologie, 2. Auflage. München, Weinheim: Psychologie-Verlags-Union **1987**, S.738-766.

Müller-Merbach, Heiner: Operations Research - mit oder ohne Zukunftschancen?, in: Kurt Krüger; Günter Rühl; Klaus J. Zink (Hrsg.): Industrial Engineering und Organisations-Entwicklung. Festschrift für Günter Rühl. München: Hanser **1979**, S.291-311.

Müller-Merbach, Heiner: Schönheitsfehler der Betriebswirtschaftslehre - Eine subjektive Sammlung subjektiver Wahrnehmungen, in: Zeitschrift für Betriebswirtschaft, 53.Jg., **1983**, Heft 9, S.811-830.

Müller-Merbach, Heiner: Marktorientierte Unternehmungsführung als Grundkonzept der Betriebswirtschaftslehre, in: Josef Mazanec; Fritz Scheuch (Hrsg.): Marktorientierte Unternehmungsführung. Wien: Fachverlag der Wirtschaftsuniversität Wien **1984**, S.59-79.

Müller-Merbach, Heiner: Immanuel Kant: Drei Arten des Handelns, in: technologie & management, 36.Jg., **1987**, Heft 4, S.60-61.

Müller-Merbach, Heiner: Ethik ökonomischen Verhaltens - Eine Lehre der verantwortungsbewußten Unternehmensführung in marktwirtschaftlichen Gesellschaftsordnungen, in: Helmut Hesse (Hrsg.): Wirtschaftswissenschaft und Ethik. Schriften des Vereins für Socialpolitik, N.F., Band 171. Berlin: Duncker & Humblot **1988**, S.305-323.

Müller-Merbach, Heiner: Ziel: innere Mündigkeit, in: Innovatio, 5.Jg., **1989a**, Heft 9/10, S.14-16.

Müller-Merbach, Heiner: Zur Ethik ökonomischen Handelns, in: Hans Dieter Deppe (Hrsg.): Geldwirtschaft und Rechnungswesen. Göttingen: Schwartz **1989b**, S.3-25.

Müller-Merbach, Heiner: Gedanken über die Bestgestaltung eines Universitätsstudiums, in: Walther Ch. Zimmerli (Hrsg.): Wider die "Zwei Kulturen" - Fachübergreifende Inhalte in der Hochschulausbildung. Berlin et al.: Springer **1990a**, S.171-195.

Müller-Merbach, Heiner: Strategische Positionen der Industrieprodukte im Außenhandel - Charakteristische Unterschiede zwischen Deutschland, Japan und den USA, in: technologie & management, 39.Jg., **1990b**, Heft 1, S.46-55.

Müller-Merbach, Heiner: Ethik und Interdisziplinarität. Vortrag im Rahmen einer Tagung des Ausschusses "Wirtschaftswissenschaft und Ethik" des Vereins für Socialpolitik vom 7. bis 9. Februar 1991 in Arnoldshain. Unveröffentlichtes Manuskript, Universität Kaiserslautern **1991**.

Müller-Merbach, Heiner: Philosophie-Splitter für das Management - 16 praktische Handreichungen für Führungskräfte, 2. Auflage. Bad Homburg v.d.H.: DIE **1992a**.

Müller-Merbach, Heiner: Ausbeutung der ersten und zweiten Art - Eine Metapher zur Gestaltung von Sozialsystemen, in: technologie & management, 41.Jg., **1992b**, Heft 2, S.6-9.

Murphy, John M.; Carol **Gilligan**: Moral Development in Late Adolescence and Adulthood: a Critique and Reconstruction of Kohlberg's Theory, in: Human Development, 23.Jg., **1980**, Heft 2, S.77-104.

Nicklisch, Heinrich: Allgemeine kaufmännische Betriebslehre als Privatwirtschaftslehre des Handels (und der Industrie). Leipzig: Poeschel **1912**.

Nicklisch, Heinrich: Rede über Egoismus und Pflichtgefühl, in: Zeitschrift für Handelswissenschaft und Handelspraxis, 8.Jg., **1915**, Heft 5, S.101-104.

Nicklisch, Heinrich: Der Weg aufwärts! Organisation. Stuttgart: Poeschel **1920**.

Noelle-Neumann, Elisabeth: Die Schweigespirale. Öffentliche Meinung - unsere soziale Haut. München, Zürich: Riper **1980**.

Ochsenbauer, Christian: Organisatorische Alternativen zur Hierarchie. München: GBI **1989**.

Oppenrieder, Bernd: Implementationsprobleme einer Unternehmensethik. Heft 34 der Diskussionsbeiträge des Lehrstuhls für Allgemeine Betriebswirtschaftslehre und Unternehmensführung der Universität Erlangen-Nürnberg. Nürnberg **1986**.

Oser, Fritz: Das Gewissen lernen - Probleme intentionaler Lernkonzepte im Bereich der moralischen Erziehung. Freiburg: Olten **1976**.

Oser, Fritz; André **Schlaefli**: Und sie bewegt sich doch - Zur Schwierigkeit der stufenmäßigen Veränderung des moralischen Urteils am Beispiel von Schweizer Banklehrlingen, in: Fritz Oser; Reinhard Fatke; Otfried Höffe (Hrsg.): Transformation und Entwicklung - Grundlagen der Moralerziehung. Frankfurt am Main: Suhrkamp **1986**, S.217-251.

Osterloh, Margit: Unternehmensethik und Unternehmenskultur, in: Horst Steinmann; Albert Löhr (Hrsg): Unternehmensethik. Stuttgart: Poeschel **1989**, S.143-161.

Otto, Hans-Günther: Johann Friedrich Schär und die moderne deutschsprachige Betriebswirtschaftslehre. Basel: Helbing & Lichtehahn **1957**.

Peters, Thomas J.; Robert H. **Waterman**: Auf der Suche nach Spitzenleistungen - Was man von den bestgeführten US-Unternehmen lernen kann. Landsberg am Lech: Moderne Industrie **1984**.

Piaget, Jean: Das moralische Urteil beim Kinde. Zürich: Rascher **1954**.

Piaget, Jean; **Inhelder** (1974): (Quelle nicht nachweisbar), zitiert aus: Stefan Brantl: Management und Ethik - Unternehmenspolitische Rahmenplanung und moralisch-praktische Rationalisierung der Unternehmensführung. München: Planungs- und Organisationswissenschaftliche Schriften, Band 43. Dissertation München 1985, S.339.

Pieper, Annemarie: Analytische Ethik - Ein Überblick über die seit 1900 in England und Amerika erschienene Ethik-Literatur, in: Philosophisches Jahrbuch, 78.Jg., **1971**, S.144-176.

Pieper, Annemarie: Ethik und Moral - Eine Einführung in die praktische Philosophie. München: Beck **1985**.

Pinchot, Gifford: Intrapreneuring - Why You Don't Have to Leave the Corporation to Become an Entrepreneur. San Francisco: Harper & Row **1986** (deutsch: Intrapreneuring. Wiesbaden: Gabler 1988).

Platon: Hauptwerke. Ausgewählt und eingeleitet von Wilhelm Nestle. Stuttgart: Kröner **1973**.

Pohlmann, Dieter; Jürgen **Wolf** (Hrsg.): Moralerziehung in der Schule? Göttingen: Vandenhoeck & Ruprecht **1982**.

Priddat, Birger P.; Eberhard K. **Seifert**: Gerechtigkeit und Klugheit - Spuren aristotelischen Denkens in der modernen Ökonomie, in: Bernd Biervert; Martin Held (Hrsg.): Ökonomische Theorie und Ethik. Frankfurt am Main, New York: Campus **1987**, S.51-77.

Puka, Bill: Vom Nutzen und Nachteil der Stufe 6, in: Wolfgang Edelstein; Gertrud Nunner-Winkler (Hrsg.): Zur Bestimmung der Moral - Philosophische und sozialwissenschaftliche Beiträge zur Moralforschung. Frankfurt am Main: Suhrkamp **1986**, S.241-290.

Puka, Bill: Vom Nutzen und Nachteil der Stufe 6, in: Wolfgang Edelstein; Gertrud Nunner-Winkler (Hrsg.): Zur Bestimmung der Moral - Philosophische und sozialwissenschaftliche Beiträge zur Moralforschung. Frankfurt am Main: Suhrkamp **1986**, S.241-290.

Pümpin, Cuno; Carlo **Imboden**: Unternehmungs-Dynamik - Wie führen wir Unternehmungen in neue Dimensionen? Heft 98 der Reihe "Die Orientierung". Bern: Schweizerische Volksbank **1991**.

Purtill, Richard L.: Grundfragen der Ethik. Düsseldorf: Patmos **1977**.

Raffée, Hans: Grundprobleme der Betriebswirtschaftslehre. Göttingen: Vandenhoeck & Ruprecht **1974**.

Rapoport, Anatol: Ursprünge der Gewalt - Ansätze der Konfliktforschung. Darmstadt: Darmstädter Blätter **1990**.

Rawls, John: Gerechtigkeit als Fairneß. Freiburg, München: Alber **1977**.

Rawls, John: Eine Theorie der Gerechtigkeit. Frankfurt am Main: Suhrkamp **1979**.

Rebstock, Michael: Organisation und Ethik. Frankfurt am Main, Bern, New York: Lang **1992**.

Rebstock, Wolfgang: Unternehmensethik, Werte und Normen für die Unternehmung. Spardorf: Wilfer **1988**.

Recktenwald, Horst Claus: Ethik, Selbstinteresse und *bonum communae* - Eine Analyse der klassischen Ordnungstheorie Adam Smiths, in: Georges Enderle (Hrsg.): Ethik und Wirtschaftswissenschaft. Schriften des Vereins für Socialpolitik, N.F., Band 147. Berlin: Duncker & Humblot **1985**, S.143-161.

Reese-Schäfer, Walter: Jürgen Habermas. Frankfurt am Main, New York: Campus **1991**.

Reiner, Hans: Die "Goldene Regel" - Die Bedeutung einer sittlichen Grundformel für die Menschheit, in: Zeitschrift für philosophische Forschung, 3.Jg., **1948**, S.74-105.

Reuther, Hermann-Josef: Ethikunterricht am Gymnasium - Inhalte philosophischer Ethik in den Lehrplänen der Sekundarstufe II. Frankfurt am Main, Bern, New York: Lang **1986**.

Rich, Arthur: Wirtschaftsethik - Grundlagen in theologischer Perspektive. Gütersloh: Mohn **1985**.

Rich, Arthur: Wirtschaftsethik, Band II - Marktwirtschaft, Planwirtschaft, Weltwirtschaft aus sozialethischer Sicht. Gütersloh: Mohn **1990**.

Ricken, Friedo: Allgemeine Ethik. Stuttgart, Berlin, Köln, Mainz: Kohlhammer **1983**.

Rohmert, Walter: Umdruck zur Vorlesung Arbeitswissenschaft I, 16. Auflage. Darmstadt: Technische Hochschule Darmstadt **1986**.

Ropohl, Günter: Neue Wege, die Technik zu verantworten, in: Hans Lenk; Günter Ropohl (Hrsg.): Technik und Ethik. Stuttgart: Reclam **1987**, S.149-176.

Rosenstiel, Lutz von; Friedemann W. **Nerdinger**; Erika **Spieß**; Martin **Stengel**: Führungsnachwuchs im Unternehmen - Wertekonflikte zwischen Individuum und Organisation. München: Beck **1989**.

Rosenstiel, Lutz von; Erika **Regnet**; Michel **Domsch** (Hrsg.): Führung von Mitarbeitern - Handbuch für erfolgreiches Personalmanagement. Stuttgart: Schäffer **1991**.

Ross, David: Ein Katalog von Prima-facie-Pflichten, in: Dieter Birnbacher; Norbert Hoerster (Hrsg.): Texte zur Ethik. München: Deutscher Taschenbuch Verlag (dtv) **1976**, S.253-268.

Rothschild, Kurt W.: Ethik und Wirtschaftstheorie. Tübingen: Mohr **1992**.

Sandig, Curt: Betriebswirtschaftspolitik. Stuttgart: Poeschel **1953**.

Sandvoss, Ernst R.: Geschichte der Philosophie, Band 1: Indien, China, Griechenland, Rom. München: Deutscher Taschenbuch Verlag (dtv) **1989a**.

Sandvoss, Ernst R.: Geschichte der Philosophie, Band 2: Mittelalter, Neuzeit, Gegenwart. München: Deutscher Taschenbuch Verlag (dtv) **1989b**.

Sartre, Jean-Paul: Ist der Existentialismus ein Humanismus?, in: Jean-Paul Sartre: Drei Essays. Frankfurt am Main, Berlin, Wien: Ullstein **1961**, S.7-51.

Sartre, Jean-Paul: Kritik der dialektischen Vernunft. Reinbek bei Hamburg: Rowohlt Taschenbuch **1967**.

Sartre, Jean-Paul: Das Sein und das Nichts - Versuch einer phänomenologischen Ontologie. Reinbek bei Hamburg: Rowohlt Taschenbuch **1970**.

Sautter, Hermann: Wie moralisch ist der Markt? Mit Adam Smith gegen angebotsorientiertes Wirtschaften, in: Evangelische Kommentare, 16.Jg., **1983**, S.602-605.

Schanz, Günther: Wissenschaftsprogramme der Betriebswirtschaftslehre, in: Franz Xaver Bea; Erwin Dichtl; Marcell Schweitzer (Hrsg.): Allgemeine Betriebswirtschaftslehre, Band 1: Grundfragen. 3. Auflage. Stuttgart, New York: Fischer **1985**, S.49-114.

Schär, Johann Friedrich: Der soziale Handel. Rede zum Geburtstag Kaiser Wilhelms II am 27.1.1916. Berlin **1916**.

Schär, Johann Friedrich: Allgemeine Handelsbetriebslehre, 5. Auflage. Leipzig: Gloeckner **1923**.

Scheler, Max: Der Formalismus in der Ethik und die materiale Wertethik, 3. Auflage. Halle: Niemeyer **1927**.

Schierenbeck, Henner: Grundzüge der Betriebswirtschaftslehre, 5. Auflage. München, Wien: Oldenbourg **1980**.

Schilling, Kurt: Geschichte der sozialen Ideen. Individuum, Gemeinschaft, Gesellschaft, 2. Auflage. Stuttgart: Kröner **1966**.

Schischkoff, Georgi: Philosophisches Wörterbuch. Stuttgart: Kröner **1982**.

Schlegelmilch, Bodo: Die Kodifizierung ethischer Grundsätze in europäischen Unternehmen, in: Die Betriebswirtschaft, 50.Jg., **1990**, Heft 3, S.365-374.

Schleiermacher, Friedrich E.: Grundlinien einer Kritik der bisherigen Sittenlehre. Berlin: Reimer **1834**.

Schmalenbach, Eugen: Pretiale Wirtschaftslenkung, Band 1: Die optimale Geltungszahl. Bremen: Dorn **1947**.

Schmalenbach, Eugen: Industrielle Kleinbetriebe und pretiale Betriebslenkung, in: Betriebswirtschaftliche Beiträge, 2.Jg., **1948**, S.14-17.

Schmalenbach, Eugen: Goethe zur Frage der pretialen Betriebslenkung, in: Zeitschrift für handelswissenschaftliche Forschung, N.F., 1.Jg., **1949**, S.96.

Schmidt, Heinz: Didaktik des Ethikunterrichtes I. Stuttgart, Berlin, Köln, Mainz: Kohlhammer **1983**.

Schmidt, Heinz: Didaktik des Ethikunterrichtes II. Stuttgart, Berlin, Köln, Mainz: Kohlhammer **1984**.

Schmidt, Walter: Führungsethik als Grundlage betrieblichen Managements. Heidelberg: Sauer **1986**.

Schmietow, Erwin: Die technologische Wettbewerbsfähigkeit der Bundesrepublik. Bad Homburg v.d.H.: DIE **1988**.

Schmitz, Wolfgang: Renaissance der Wirtschaftsethik, in: (Quellennachweis anhand des Textes nicht möglich), **1986**, S.59-76.

Schneider, Dieter: Allgemeine Betriebswirtschaftslehre, 2. Auflage der "Geschichte betriebswirtschaftlicher Theorie". München, Wien: Oldenbourg **1985**.

Schnyder, Alfons B.: Unternehmungskultur - Die Entwicklung eines Unternehmungskultur-Modells unter Berücksichtigung ethnologischer Erkenntnisse und dessen Anwendung auf die Innovations-Thematik. Frankfurt am Main, Bern, New York: Lang **1989**.

Schönpflug, Fritz: Betriebswirtschaftslehre - Methoden und Hauptströmungen, 2. Auflage. Stuttgart: Poeschel **1954**.

Schreiner, Günter: Zum Verhältnis von moralischer Erziehung und politischer Bildung, in: Dietmar Pohlmann; Jürgen Wolf (Hrsg.): Moralerziehung in der Schule? - Beiträge zur Entwicklung des Unterrichts Ethik / Werte und Normen. Göttingen: Vandenhoeck & Ruprecht **1982**, S.175-211.

Schreyögg, Georg: Kann und darf man Unternehmungskulturen verändern?, in: Eberhard Dülfer (Hrsg.): Organisationskultur: Phänomen - Philosophie - Technologie. Stuttgart: Poeschel **1988**, S.155-168.

Schreyögg, Georg: Zu den problematischen Konsequenzen starker Unternehmenskulturen, in: Zeitschrift für betriebswirtschaftliche Forschung, 41.Jg., **1989**, Heft 2, S.94-113.

Schröder, Klaus T.: Soziale Verantwortung in der Führung der Unternehmung. Berlin: Duncker & Humblot **1978**.

Schulte, Günter: Immanuel Kant. Frankfurt am Main, New York: Campus **1991**.

Schulz, Walter: Grundprobleme der Ethik. Pfullingen: Neske **1989**.

Schwarz, Gerhard: Interkulturelles Management, in: Peter Meyer-Dohm (Hrsg.): Der Mensch im Unternehmen. Festschrift zum 65. Geburtstag von Karl-Heinz Briam. Bern, Stuttgart: Haupt **1988**, S.111-121.

Sen, Amartya K.: Isolation, Assurance, and the Social Rate of Discount, in: Quarterly Journal of Economics, 81.Jg., **1967**, S.112-124.

Shenkir, William G.: A Perspective from Education: Business Ethics, in: Management Accounting, 71.Jg., **1990**, Heft 12, S.30-33.

Sihler, Helmut: Ethik und Management. Vortrag, gehalten am 11. Juni 1991 in Düsseldorf. Hrsg. vom Industrie-Club Düsseldorf, **1991**.

Staehle, Wolfgang H.: Plädoyer für die Einbeziehung normativer Aussagen in die Betriebswirtschaftslehre, in: Zeitschrift für betriebswirtschaftliche Forschung, 25.Jg., **1973a**, Heft 3, S.184-197.

Staehle, Wolfgang H.: Organisation und Führung sozio-technischer Systeme. Grundlagen einer Situationstheorie. Stuttgart: Enke **1973b**.

Staehle, Wolfgang H.: Zur Anwendung der Fallmethode in den Wirtschafts- und Sozialwissenschaften, in: Roland Pilz (Hrsg.): Entscheidungsorientierte Unterrichtsgestaltung in der Wirtschaftslehre. Paderborn, München, Wien, Zürich: Schöningh **1974**, S.116-120.

Staehle, Wolfgang H.: Die Stellung des Menschen in neueren betriebswirtschaftlichen Theoriesystemen, in: Zeitschrift für Betriebswirtschaft, 45.Jg., **1975**, Heft 11, S.713-724.

Staehle, Wolfgang H.: Management, 6. Auflage. München: Vahlen **1991**.

Staffelbach, Bruno: Ethik und Management - Grundlagen und Ansätze, in: Die Unternehmung, 41.Jg., **1987**, Heft 6, S.458-479.

Staffelbach, Bruno: Management-Ethik - Ansätze und Konzepte aus betriebswirtschaftlicher Sicht. Habilitationsschrift Zürich **1990**.

Stähli, Albert: Management-Andragogik III - Fallstudienmethodik in der Managementausbildung. Zürich: Graduate School of Business Administration **1988**.

Starbatty, Joachim: Die List der unsichtbaren Hand, in: Frankfurter Allgemeine Zeitung vom 14. Juli **1990**, S.11.

Steinmann, Horst: Zur Lehre von der "Gesellschaftlichen Verantwortung der Unternehmensführung" - Zugleich eine Kritik des Davoser Manifests, in: Wirtschaftswissenschaftliches Studium, 2.Jg., **1973**, Heft 10, S.467-473.

Steinmann, Horst; Albert **Löhr**: Unternehmensverfassung und Unternehmensethik, in: Die Unternehmung, 41.Jg., **1987a**, Heft 6, S.451-457.

Steinmann, Horst; Albert **Löhr**: Unternehmensethik - Begriff, Problembestände und Begründungsleistungen, in: Loccumer Protokolle: Theologische Aspekte der Wirtschaftsethik, Band II. Loccum: Evangelische Akademie Loccum **1987b**, S.21-92.

Steinmann, Horst; Albert **Löhr**: Die Aufgabenstellung einer Unternehmensethik, in: Die Betriebswirtschaft, 47.Jg., **1987c**, Heft 4, S.498-502.

Steinmann, Horst; Albert **Löhr**: Unternehmensethik - eine "realistische" Idee. Versuch einer Begriffsbestimmung anhand eines praktischen Falles, in: Zeitschrift für betriebswirtschaftliche Forschung, 40.Jg., **1988**, Heft 4, S.299-317.

Steinmann, Horst; Albert **Löhr**: Einleitung: Grundfragen und Problembestände einer Unternehmensethik, in: Horst Steinmann; Albert Löhr (Hrsg.): Unternehmensethik. Stuttgart: Poeschel **1989a**, S.3-21.

Steinmann, Horst; Albert **Löhr**: Wider eine empirische Wendung der Unternehmensethik, in: Zeitschrift für betriebswirtschaftliche Forschung, 41.Jg., **1989b**, Heft 4, S.325-328.

Steinmann, Horst; Albert **Löhr** (Hrsg.): Unternehmensethik. Stuttgart: Poeschel **1989c**.

Steinmann, Horst; Albert **Löhr**: Der Beitrag von Ethik-Kommissionen zur Legitimation der Unternehmensführung, in: Horst Steinmann; Albert Löhr (Hrsg.): Unternehmensethik. Stuttgart: Poeschel **1989d**, S.259-269.

Steinmann, Horst; Albert **Löhr**: Grundlagen der Unternehmensethik. Stuttgart: Poeschel **1991**.

Steinmann, Horst; Bernd **Oppenrieder**: Brauchen wir eine Unternehmensethik? - Ein thesenartiger Aufriß einzulösender Argumentationspflichten, in: Die Betriebswirtschaft, 45.Jg., **1985**, Heft 2, S.170-183.

Steinmann, Horst; Georg **Schreyögg**: Management - Grundlagen der Unternehmensführung. Wiesbaden: Gabler **1990**.

Störig, Hans-Joachim: Kleine Weltgeschichte der Philosophie, 15. Auflage. Stuttgart, Berlin, Köln, Mainz: Kohlhammer **1990**.

Teutsch, Gotthard M.: Die Vermittlung sozialverantwortlicher Einstellungen im Schulgeschehen, in: Lehren und Lernen, 3.Jg., **1977**, Heft 4, S.20-51.

Tobias (4,15): Das Buch Tobias, in: Die Bibel - Altes und Neues Testament in neuer Einheitsübersetzung, Band 2. Hrsg. von Mirjam Prager und Günter Stemberger. Salzburg: Andreas 1976, S.927-948.

Tuchfeldt, Egon: Soziale Verantwortlichkeit: Neue Aufgaben des Unternehmens, in: Peter Meyer-Dohm (Hrsg.): Der Mensch im Unternehmen. Festschrift zum 65. Geburtstag von Karl-Heinz Briam. Bern, Stuttgart: Haupt **1988**, S.49-79.

Tuleja, Tad: Ethik und Unternehmensführung. Landsberg am Lech: Moderne Industrie **1987**.

Ullmann, Arieh A.: "Lohnt" sich soziale Verantwortung?, in: Zeitschrift für Betriebswirtschaft, 58.Jg., **1988**, Heft 9, S.908-926.

Ulrich, Hans: Die Bedeutung der Management-Philosophie für die Unternehmungsführung, in: Hans Ulrich (Hrsg.): Management-Philosophie für die Zukunft - Gesellschaftlicher Wertewandel als Herausforderung an das Management. Bern, Stuttgart: Haupt **1981a**, S.11-23.

Ulrich, Hans (Hrsg.): Management-Philosophie für die Zukunft - Gesellschaftlicher Wertewandel als Herausforderung an das Management. Bern, Stuttgart: Haupt **1981b**.

Ulrich, Hans; Gilbert J. **Probst**: Werthaltungen schweizerischer Führungskräfte. Bern, Stuttgart: Haupt **1982**.

Ulrich, Hans; Gilbert J. **Probst**: Anleitung zum ganzheitlichen Denken und Handeln - Ein Brevier für Führungskräfte. Bern, Stuttgart: Haupt **1988**.

Ulrich, Hans; Gilbert J. **Probst**; Hans-Peter **Studer** (Hrsg.): Konstanz und Wandel in den Werthaltungen schweizerischer Führungskräfte. Bern, Stuttgart: Haupt **1985**.

Ulrich, Hans; Gilbert J. Probst; Hans-Peter Studer (Hrsg.): Konstanz und Wandel in den Werthaltungen schweizerischer Führungskräfte. Bern, Stuttgart: Haupt **1985**.

Ulrich, Peter: Die Großunternehmung als quasi-öffentliche Institution - Eine politische Theorie der Unternehmung. Stuttgart: Poeschel **1977**.

Ulrich, Peter: Wirtschaftsethik und Unternehmensverfassung: Das Prinzip des unternehmungspolitischen Dialogs, in: Hans Ulrich (Hrsg.): Management-Philosophie für die Zukunft - Gesellschaftlicher Wertewandel als Herausforderung an das Management. Bern, Stuttgart: Haupt **1981**, S.57-75.

Ulrich, Peter: Konsensus-Management - Zur Ökonomie des Dialogs, in: gdi impuls, 1.Jg., **1983**, Heft 2, S.33-41.

Ulrich, Peter: Die Weiterentwicklung der ökonomischen Rationalität - Zur Grundlegung der Ethik der Unternehmung, in: Bernd Biervert; Martin Held (Hrsg.): Ökonomische Theorie und Ethik. Frankfurt am Main, New York: Campus **1987a**, S.122-149.

Ulrich, Peter: Transformation der ökonomischen Vernunft - Fortschrittsperspektiven der modernen Industriegesellschaft, 2. Auflage. Bern, Stuttgart: Haupt **1987b**.

Ulrich, Peter: Die neue Sachlichkeit - oder: Wie kann die Unternehmensethik betriebswirtschaftlich zur Sache kommen?, in: Die Unternehmung, 41.Jg., **1987c**, Heft 6, S.409-424.

Ulrich, Peter: Zur Ethik der Kooperation in Organisationen. Beiträge und Berichte der Forschungsstelle für Wirtschaftsethik an der Hochschule St. Gallen, Heft 21, **1988a**.

Ulrich, Peter: Unternehmensethik - diesseits oder jenseits der betriebswirtschaftlichen Vernunft?, in: Charles Lattmann (Hrsg.): Ethik und Unternehmensführung. Heidelberg: Physica **1988b**, S.96-116.

Ulrich, Peter: Wirtschaftsethik als Wirtschaftswissenschaft - Standortbestimmungen im Verhältnis von Ethik und Ökonomie. Beiträge und Berichte der Forschungsstelle für Wirtschaftsethik an der Hochschule St. Gallen, Heft 23, **1988c**.

Ulrich, Peter: Unternehmensethik - Führungsinstrument oder Grundlagenreflexion?, in: Horst Steinmann; Albert Löhr (Hrsg.): Unternehmensethik. Stuttgart: Poeschel **1989**, S.179-200.

Ulrich, Peter: Wirtschaftsethik auf der Suche nach der verlorenen ökonomischen Vernunft, in: Peter Ulrich (Hrsg.): Auf der Suche nach einer modernen Wirtschaftsethik. Bern, Stuttgart: Haupt **1990**, S.179-226.

Ulrich, Peter: Wirtschaftsethik - ein unmögliches Studienfach?, in: Beilage (Nr. 80) der Süddeutschen Zeitung vom 4./5. April **1992**, S.2.

Waters, James A.: Catch 20.5: Corporate Morality as an Organizational Phenomenon, in: Organizational Dynamics, 6.Jg, **1978**, Heft 2, S.3-19.

Weber, Max: Die Wirtschaftsethik der Weltreligionen - Konfuzianismus und Taoismus. Schriften 1915-1920. Tübingen: Mohr **1991a.**

Weber, Max: Die protestantische Ethik I - Eine Aufsatzsammlung. Hrsg. von Johannes Winckelmann, 8. Auflage. Gütersloh: Mohn **1991b.**

Weiler, Hagen: Niedersächsische Rahmenrichtlinien "Werte und Normen" des Niedersächsischen Kultusministers vom Juli 1980, in: Dieter Pohlmann; Jürgen Wolf (Hrsg.): Moralerziehung in der Schule? Göttingen: Vandenhoeck & Ruprecht **1982**, S.108-142.

Weischedel, Wilhelm: Die philosophische Hintertreppe - 34 große Philosophen in Alltag und Denken. München: Deutscher Taschenbuch Verlag (dtv) **1975.**

Weischedel, Wilhelm (Hrsg.): Schriften zur Ethik und Religionsphilosophie, Band 4. Darmstadt: Wissenschaftliche Buchgesellschaft **1979.**

Weitzig, Joachim K.: Gesellschaftsorientierte Unternehmenspolitik und Unternehmensverfassung. Schriftenreihe "Mensch und Organisation", Band 7. Berlin, New York: de Gruyter **1979.**

Werhane, Patricia H.: Rechte und Verantwortungen von Korporationen, in: Hans Lenk; Matthias Maring (Hrsg.): Wirtschaft und Ethik. Stuttgart: Reclam **1992**, S.329-336.

Werner, Josua: Ethische Postulate und wirtschaftspolitische Gestaltungsmöglichkeiten, in: Hans G. Nutzinger (Hrsg.): Wirtschaft und Ethik. Wiesbaden: Deutscher Universitäts-Verlag **1991**, S.129-143.

Weßling, Matthias: Unternehmensethik und Unternehmenskultur. Münster, New York: Waxmann **1992.**

Wiesehöfer, Philipp: Ethikunterricht - Werte und Normen. Frankfurt am Main: Hirschgraben **1981.**

Wilhelm, Richard (Hrsg.): Kungfutse: Gespräche - Lun Yü. München: Diederichs **1955.**

Wimmer, Rainer: Universalisierung in der Ethik. Frankfurt am Main: Suhrkamp **1980.**

Wirz, Adolf: Der Humanist ist der bessere Manager. Zürich: Verlag des Schweizerischen Kaufmännischen Verbandes **1984.**

Wirz, Adolf: Der Humanist ist der bessere Manager - Geschäftemacher versus Unternehmer, in: Innovatio, 3.Jg., **1987**, Heft 3/4, S.38-40.

Wöhe, Günter: Methodologische Grundprobleme der Betriebswirtschaftslehre. Meisenheim am Glan: Hain **1959.**

Wöhe, Günter: Einführung in die allgemeine Betriebswirtschaftslehre, 17. Auflage. München: Vahlen **1991**.

Wörz, Michael: Einführung in die Perspektiven des Dialogs zwischen Wirtschaft und Ethik, in: Michael Wörz; Paul Dingwerth; Rainer Öhlschläger (Hrsg.): Moral als Kapital - Perspektiven des Dialogs zwischen Wirtschaft und Ethik. Stuttgart: Akademie der Diözese Rottenburg-Stuttgart **1990**, S.17-42.

Wörz, Michael; Paul **Dingwerth**; Rainer **Öhlschläger** (Hrsg.): Moral als Kapital - Perspektiven des Dialogs zwischen Wirtschaft und Ethik. Stuttgart: Akademie der Diözese Rottenburg-Stuttgart **1990**.

Wuchterl, Kurt: Lehrbuch der Philosophie, 2. Auflage. Bern, Stuttgart: Haupt **1986**.

Zahn, Joachim: Die Gesamtverantwortung des Unternehmers, in: Bénédict Hentsch; Fredmund Malik (Hrsg.): Systemorientiertes Management. Bern, Stuttgart: Haupt **1982**, S.15-26.

Zhai, Lilin: Konfuzius: Führen durch Vorbild, in: technologie & management, 41.Jg., **1992**, Heft 3, S.35-38.

Ziegler, Albert: Unternehmensethik - Schöne Worte oder dringende Notwendigkeit? Beiträge und Berichte der Forschungsstelle für Wirtschaftsethik an der Hochschule St. Gallen, Heft 17, **1987**.

Ziegler, Albert: Ethik und Unternehmensführung aus der Sicht der katholischen Soziallehre, in: Charles Lattmann (Hrsg.): Ethik und Unternehmensführung. Heidelberg: Physica **1988**, S.59-78.

Zink, Klaus J.: Angewandte Gruppenpsychologie, Teil VI des Rahmenmanuskriptes Arbeitswissenschaft B. Lehrstuhl für Industriebetriebslehre und Arbeitswissenschaft an der Universität Kaiserslautern. Kaiserslautern **1989a**.

Zink, Klaus J. (Hrsg.): Qualität als Managementaufgabe. Landsberg am Lech: Moderne Industrie **1989b**.

Zink, Klaus J.: Total Quality Management. Arbeitspapier des Lehrstuhles für Industriebetriebslehre und Arbeitswissenschaft an der Universität Kaiserslautern. Kaiserslautern **1992**.

Zoozmann, Richard: Zitatenschatz der Weltliteratur. Gütersloh: Bertelsmann **1960**.

Zürn, Peter: Vom Geist und Stil des Hauses. Unternehmenskultur in Deutschland. Landsberg am Lech: Moderne Industrie **1985**.

Zwierlein, Eduard (Hrsg.): Arbeit und Humanität. Idstein: Schulz-Kirchner **1992**.

DUV DeutscherUniversitätsVerlag
GABLER · VIEWEG · WESTDEUTSCHER VERLAG

Aus unserem Programm

Heinz Dedering/Gottfried Feig
Personalplanung und Weiterbildung im Betrieb
Ein Lern- und Arbeitsbuch
1993. 333 Seiten, 49 Abb.,
Broschur DM 59,-/ ÖS 460,-/ SFr 60,60
ISBN 3-8244-4135-7
Personalplanung wird als Strategie vorgestellt, die dem Faktor Qualifikation in Anbetracht neuer Technologien und Organisationen erhöhte Bedeutung beimißt. Hieran knüpft eine Auseinandersetzung mit der betrieblichen Weiterbildung an.

Evelyne Dietmann
Personalmarketing
Ein Ansatz zielgruppenorientierter Personalpolitik
1993. XVII, 324 Seiten, 69 Abb., 3 Tab.,
Broschur DM 98,-/ ÖS 765,-/ SFr 100,10
ISBN 3-8244-0168-1
Der zentrale Beitrag von Personalmarketing liegt im Aufbau eines Arbeitgeber-Image, das dem Unternehmen in der arbeitsplatzbezogenen Wahrnehmungswelt seiner Zielgruppen eine strategische Erfolgsposition gegenüber der Konkurrenz einräumt.

Maryam Djarrahzadeh
Internationale Personalentwicklung
Ausländische Führungskräfte in deutschen Stammhäusern
1993. XV, 333 Seiten, 14 Abb., 75 Tab.,
Broschur DM 98,-/ ÖS 765,-/ SFr 100,10
ISBN 3-8244-0157-6
Im Zusammenhang der Zunahme von Auslandsaktivitäten deutscher Unternehmen (von der Exportorientierung bis zur Gründung von Tochtergesellschaften) stellt sich die Frage nach dem Personalmanagement. Die Arbeit gibt theoretische und empirische Antworten.

Patrick Eichenberger
Betriebliche Bildungsarbeit
Return on Investment und Erfolgscontrolling
1992. XVI, 321 Seiten, 32 Abb.,
Broschur DM 98,-/ ÖS 765,-/ SFr 100,10
ISBN 3-8244-0117-7
In diesem Buch werden gangbare Wege aufgezeigt, wie mit relativ einfachen Mitteln die mutmaßlichen Folgeeffekte der Bildungsarbeit in "vergeldlichten" Nutzenbandbreiten ausgedrückt werden können.

DUV Deutscher Universitäts Verlag
GABLER · VIEWEG · WESTDEUTSCHER VERLAG

Heinz-Dieter Hardes/Hartmut Wächter (Hrsg.)
Personalmanagement in Europa
Anforderungsprofile, Rekrutierung, Auslandsentsendung
1993. VII, 222 Seiten, 46 Abb.,
Broschur DM 89,-/ ÖS 694,-/ SFr 91,-
ISBN 3-8244-0182-7
Diese empirische Studie beschäftigt sich mit zentralen Aufgabenbereichen des europäischen Personalmanagement: der Anforderungsermittlung des "Euro-Managers", der Rekrutierung und der Auslandsentsendung von Führungskräften.

Janusz Kirsch
Personalentwicklung im Ost-West-Vergleich
1991. XII, 518 Seiten,
Broschur DM 128,-/ ÖS 999,-/ SFr 129,-
ISBN 3-8244-0077-4
In der Studie wird dargestellt, wie in polnischen Betrieben unter knappen Ressourcen Personalentwicklung gestaltet wird. In aktuellen Problemfeldern ergeben sich aus dem Vergleich der Arbeit in unterschiedlichen Gesellschaftssystemen Anregungen für alternative Lösungen.

Peter Schettgen
Führungspsychologie im Wandel
Neue Ansätze in der Organisations-, Interaktions- und Attributionsforschung
1991. IV, 339 Seiten, 32 Abb., 7 Tab.,
Broschur DM 64,-/ ÖS 499,-/ SFr 65,70
ISBN 3-8244-4094-6
Die Arbeit gewinnt aus einer konstruktiven Kritik am aktuellen Stand der Führungspsychologie und -forschung alternative Ansatzpunkte für Neuorientierungen.

Die Bücher erhalten Sie in Ihrer Buchhandlung!
Unser Verlagsverzeichnis können Sie anfordern bei:

Deutscher Universitäts-Verlag
Postfach 30 09 44
51338 Leverkusen